高等院校公共事业管理专业"十二五"规划教材

社会组织管理概论

陈德权 主编
王 猛 秦伟江 梁 勇 副主编

Introduction to Social
Organization
Management

清华大学出版社
北京

内 容 简 介

《社会组织管理概论》一书浓缩了编者多年教学实践的精华，囊括了政府管理和社会组织管理方面的先进理论和优秀实践。本书既分析了政府对社会组织的宏观管理，又分析了社会组织自身的微观管理，较为全面地介绍了社会组织管理涉及的各方面知识。首先介绍了社会组织管理的基础理论，包括社会组织管理体制、运行机制、人员、财务、薪酬、项目和评估管理；然后介绍了社会团体、社会服务机构和基金会三类社会组织；最后介绍了慈善组织管理、社会组织参与政府采购以及境外非政府组织境内活动管理的最新政策措施。

本书可以作为普通高等院校相关专业教学用书，也可供政府社会组织管理部门及社会组织参考借鉴。本书配有 PPT 课件，方便教师教学及学生学习。

本书封面贴有清华大学出版社防伪标签，无标签者不得销售。
版权所有，侵权必究。举报: 010-62782989, beiqinquan@tup.tsinghua.edu.cn。

图书在版编目(CIP)数据

社会组织管理概论/陈德权 主编. —北京: 清华大学出版社，2016(2025.1 重印)
(高等院校公共事业管理专业"十二五"规划教材)
ISBN 978-7-302-45795-4

Ⅰ.①社… Ⅱ.①陈… Ⅲ.①社会组织管理—高等学校—教材 Ⅳ.①C916.1

中国版本图书馆 CIP 数据核字(2016)第 290849 号

责任编辑: 施 猛 王旭阳
封面设计: 常雪影
版式设计: 方加青
责任校对: 曹 阳
责任印制: 刘 菲

出版发行: 清华大学出版社
网　　址: https://www.tup.com.cn, https://www.wqxuetang.com
地　　址: 北京清华大学学研大厦 A 座　　　　邮　编: 100084
社 总 机: 010-83470000　　　　　　　　　　邮　购: 010-62786544
投稿与读者服务: 010-62776969, c-service@tup.tsinghua.edu.cn
质 量 反 馈: 010-62772015, zhiliang@tup.tsinghua.edu.cn
课 件 下 载: https://www.tup.com.cn, 010-62781730

印 装 者: 三河市龙大印装有限公司
经　　销: 全国新华书店
开　　本: 185mm×260mm　　印　张: 25　　字　数: 546 千字
版　　次: 2016 年 12 月第 1 版　　印　次: 2025 年 1 月第 9 次印刷
定　　价: 69.00 元

产品编号: 072407-03

前　言

近几年来，公共管理学、政治学和社会学等学科分别从学科研究视角，加大了对社会组织的存在根据、地位与功能、发展状况与策略等方面的探讨力度。这与我国经济社会转型，特别是政府转型有很大关系。毋庸讳言，我国社会组织的研究一定是扎根于我国政治社会土壤中的，一定是服务于我国"两个一百年"和"中国梦"建设需要的。因此，无论是理论学者还是政府社会实践应用者都亟待建构中国特色社会组织理论体系，推动中国社会组织成熟和发展。

很可惜的是，我国社会组织研究状况、能力和重点等众说纷纭，而实践层面的需求确实迫在眉睫。比如从社会组织概念的统一层面，就可看出端倪。本书将研究对象统一称为社会组织，而在此之前的大量研究则分散在诸如非政府(营利)组织、第三部门、民间组织、公益组织、慈善组织、社会中介组织、草根组织以及社会团体、民办非企业单位和基金会等，不下十几个概念。基于概念或者定义的差异，理论学者不断在自己认可的领域进行深入探讨，给出研究成果；政府实用界则采用很多种名称颁布管理规则和发展意见等。这种研究对象的概念纷乱的局面，必然造成理论界和实务界思维混乱、各执一词、乱用套用等诸多问题。因此，结合我国目前社会和政府改革与转型的需要，瞄准相关领域研究前沿和发展趋势，我国要在相关概念统一、研究重点凝练等方面，加强顶层设计和规范建设，更好地满足社会发展对理论的需要。

本书使用"社会组织"一词并非编者的自由杜撰，而是基于三个方面的思考：一是主编在汇集国内众多学界贤人的超大群中进行了问题征询，众多学界贤人经过讨论和酝酿，大多数人认为用"社会组织"这一概念更符合我国当前学界主流意见和政府应用实际——我国很多地方政府一般设立有社会组织管理局(处、科)。二是我国党政重要报告和领导讲话中涉及此类词汇使用的就是"社会组织"，一些法规政策也多用此词，反映出我国当前政治层面的态度和倾向。三是主编从2002年开始接触社会组织方面的研究，如出版过《社会中介组织管理概论》《我国科技中介发展战略和政府选择》以及《公共事业管理概论》等书，基本是围绕某一方面的社会组织或者相关政策等方面的研究，并且在从2008年开始的研究生教学中应用"第三部门管理"概念至今，对社会组织相关理论、案例和政策等方面的创新发展,一直在跟踪、探讨和交流着,因此,本书采用"社会组织"一词,能够从学理上说通,从实践上找到应用场。

社会组织管理主要以政府作为管理主体,从自身转型和加强公共服务角度,迫切需要加快社会组织孵育和发展,承担政府转移职能,开辟新的社会服务领域,不断满足公众生活幸福感。因此,本书在充分考虑社会组织理论和应用的应然前提下,重点突出我国政府针对社会组织进行的一系列带有我国政府管理特色的社会组织管理理论和实践。

为此,本书提出写作的基本结构框架——基本理论+分类介绍。基本理论部分主要包括:第1章社会组织概述、第2章社会组织管理制度、第3章社会组织运行管理、第4章社会组织人员管理、第5章社会组织薪酬管理、第6章社会组织财务管理、第7章社会组织项目管理和第8章社会组织评估。分类介绍包括当前的热点组织类型:第9章社会团体管理、第10章社会服务机构管理、第11章基金会管理、第12章慈善组织活动管理、第13章境外非政府组织境内活动管理和第14章社会组织参与政府购买公共服务管理。本书前面8章是从总体上介绍了社会组织基本理论和涉及的基本活动要素;后面6章则是从当前管理重点部门和组织类型介绍管理内容和管理特色。

通过章节设计可以看到,本书基本浓缩了社会组织管理框架及其具体要素,涉及政府在当前对重点社会组织类型进行的制度设计和管理,如最后3章内容,都是从2016年9月开始实施的。因此,本书具有承前启后的价值,基本可以给研究者、政府部门人员和学生提供社会组织管理需要的各个方面内容,可以获得基本理论认知,也可以获得具体的管理规范,具有理论价值,更具有实践指导和操作价值。本书将我国各个方面的社会组织管理政策法规进行分解、融合和注释,用教材的编写方式加以阐述和编排框架,具有理论通读性,也具有现实参考性。

为了更好地将结构设计和主要内容呈现给读者,本书主编经过海选,尽量使编者具有地域性、分布广泛性、教学研究一线性和专业性,并组成本书的编写团队。大家分工协作,密切讨论,在清华大学出版社编辑施猛的支持下,奋战三伏夏暑,战斗金秋九月,终于完成本书的编写工作。具体分工如下:秦伟江(华北电力大学)、蔡建旺(温州民政局)负责第1章;蔡建旺、周俊(华东师范大学)负责第2章;徐晞(华侨大学)负责第3章;秦伟江负责第4章和第14章;梁勇(宁夏医科大学)负责第5章;陈德权(东北大学)负责第10章和第12章;谢晓霞(北京航空航天大学)负责第6章;何乃柱(广西师范大学)负责第7章;彭飞燕(广西师范大学)负责第8章;王猛(青岛大学)负责第9章、第11章和第13章。陈德权负责本书最初的框架设计、人员召集和书稿最后统筹。

本书的出版,固然是编委们辛勤劳作的结果,但也离不开专家、学者们的前期知识奉献以及一些政府部门的开拓实践,对这些直接引用或者间接体现在教材中的知识,不能一一列举,在此一并感谢!

本书出版得到以下项目资助和支持：国家社会科学基金重大项目(意识形态视域下网络文化安全治理研究，项目编号【15ZDA039】)，北京市社会科学基金项目(北京市居家养老服务的成本项目及成本标准研究，项目编号【14SHC026】)。

本书还有很多不足，特别是结构体系、内容要点以及一些基本观点可能仍存在商榷之处，恳望读者斧正和指教。反馈邮箱：wkservice@vip.163.com。

主编

东北大学浑南校区

2016年9月10日

目 录

第1章 社会组织概述 ··· 1
  1.1 社会组织的界定与特征 ··· 1
    1.1.1 相关概念的比较与选择 ··· 1
    1.1.2 社会组织的界定 ·· 3
    1.1.3 社会组织的特征 ·· 6
  1.2 社会组织的分类体系 ·· 8
    1.2.1 国际分类方法 ·· 8
    1.2.2 社会组织分类的中国经验 ·· 10
  1.3 社会组织的职能 ··· 12
    1.3.1 社会组织职能的内部构成 ·· 13
    1.3.2 社会组织的功能与职责 ·· 13
    1.3.3 社会组织的角色与作用 ·· 14
  1.4 社会组织的起源 ··· 15
    1.4.1 社会组织的历史渊源与传承过程 ······························ 15
    1.4.2 社会组织起源的理论解释 ·· 18

第2章 社会组织管理制度 ··· 23
  2.1 我国社会组织管理制度概述 ·· 23
    2.1.1 社会组织管理制度概念的界定 ································· 23
    2.1.2 构建中国特色社会组织管理制度 ······························ 25
    2.1.3 建立与市场经济相适应的现代社会组织 ··················· 26
  2.2 现有社会组织管理制度安排 ·· 27
    2.2.1 双重管理体制 ·· 27
    2.2.2 日常管理和扶持政策 ·· 30
  2.3 社会组织管理制度的中央变革与地方实践 ····················· 34
    2.3.1 中央层面登记管理制度的变革 ································· 34
    2.3.2 直接登记制度的出台 ·· 35

2.3.3　温州市的实践……………………………………………………37
　2.4　社会组织管理面临的挑战………………………………………………41
　　　2.4.1　直接登记管理制度面临的挑战…………………………………41
　　　2.4.2　日常监管面临的挑战……………………………………………42
　　　2.4.3　培育和扶持工作面临的挑战……………………………………43

第3章　社会组织运行管理……………………………………………………49
　3.1　社会组织的战略规划……………………………………………………49
　　　3.1.1　社会组织的目标和使命…………………………………………49
　　　3.1.2　社会组织的计划与战略规划……………………………………52
　3.2　社会组织的治理结构……………………………………………………54
　　　3.2.1　治理的概念………………………………………………………55
　　　3.2.2　社会组织内部治理结构…………………………………………56
　3.3　社会组织的结构设计……………………………………………………59
　　　3.3.1　社会组织结构的概念……………………………………………59
　　　3.3.2　社会组织结构的基础……………………………………………60
　　　3.3.3　社会组织结构的类型……………………………………………61
　　　3.3.4　社会组织结构的设计……………………………………………66
　3.4　社会组织的环境管理……………………………………………………67
　　　3.4.1　社会组织环境的概念……………………………………………67
　　　3.4.2　社会组织的环境分析……………………………………………70
　　　3.4.3　社会组织的环境策略……………………………………………71

第4章　社会组织人员管理……………………………………………………75
　4.1　社会组织人员管理概述…………………………………………………75
　　　4.1.1　社会组织人力资源管理的内涵…………………………………75
　　　4.1.2　三元结构…………………………………………………………76
　4.2　正式职员管理……………………………………………………………77
　　　4.2.1　人力资源规划……………………………………………………78
　　　4.2.2　工作分析…………………………………………………………78
　　　4.2.3　招聘与录用………………………………………………………80
　　　4.2.4　培训与开发………………………………………………………82
　　　4.2.5　绩效评估…………………………………………………………85
　4.3　志愿者管理………………………………………………………………88
　　　4.3.1　志愿者管理相关概念……………………………………………88

	4.3.2	志愿者管理系统	90
	4.3.3	志愿者管理流程	93

- 4.4 理事管理 ... 95
  - 4.4.1 选择理事的标准 ... 96
  - 4.4.2 理事的招募、甄选 ... 96
  - 4.4.3 如何留住对组织有用的理事 ... 98

第5章 社会组织薪酬管理 ... 104

- 5.1 社会组织薪酬管理概述 ... 104
  - 5.1.1 薪酬及其理论 ... 105
  - 5.1.2 我国社会组织薪酬管理现状 ... 109
- 5.2 我国社会组织薪酬管理改革 ... 123
  - 5.2.1 社会组织薪酬管理改革的背景、要求与原则 ... 123
  - 5.2.2 社会组织薪酬改革中新的标准与机制建设 ... 125
  - 5.2.3 社会组织薪酬管理改革规范与组织领导 ... 127

第6章 社会组织财务管理 ... 131

- 6.1 社会组织财务管理概述 ... 131
  - 6.1.1 社会组织财务管理的内涵与特征 ... 131
  - 6.1.2 社会组织财务管理的目标和内容 ... 132
- 6.2 社会组织的预算管理 ... 134
  - 6.2.1 社会组织的预算管理概述 ... 134
  - 6.2.2 社会组织的预算管理程序 ... 135
  - 6.2.3 社会组织的预算管理方法 ... 136
  - 6.2.4 社会组织预算管理的考核体系 ... 136
- 6.3 社会组织日常资金管理 ... 137
  - 6.3.1 社会组织日常资金管理概述 ... 137
  - 6.3.2 社会组织日常资金管理制度 ... 139
- 6.4 社会组织的项目资金管理 ... 141
  - 6.4.1 社会组织项目资金的收入管理 ... 142
  - 6.4.2 社会组织项目资金的支出管理 ... 142
- 6.5 社会组织筹资管理与投资管理 ... 143
  - 6.5.1 社会组织筹资管理概述 ... 143
  - 6.5.2 社会组织筹资管理制度 ... 144
  - 6.5.3 社会组织投资管理概述 ... 144

6.5.4 社会组织投资管理制度 147
6.6 社会组织财务报告与分析 148
6.6.1 社会组织财务报告的概念 148
6.6.2 社会组织财务报告的编制 148
6.6.3 社会组织财务报告分析 151

第7章 社会组织项目管理 160
7.1 社会组织项目管理概述 160
7.1.1 项目的概念与特征 160
7.1.2 社会组织项目的概念与特征 162
7.1.3 项目管理 162
7.1.4 社会组织项目管理 163
7.1.5 社会组织项目管理的意义与原则 165
7.2 社会组织项目设计的前期评估 166
7.2.1 以需求为导向的项目设计逻辑思维 166
7.2.2 项目前期评估的流程和内容 168
7.2.3 项目前期评估的方法与工具 168
7.3 社会组织的项目设计 172
7.3.1 社会组织项目设计概述 172
7.3.2 项目目标的设定 174
7.3.3 项目策略与项目活动的设计 174
7.3.4 项目的实施计划和进度设计 175
7.3.5 项目的资源投入 177
7.3.6 项目的风险预估与规避 178
7.3.7 项目设计的其他内容 179
7.4 社会组织项目的执行、监测和督导 179
7.4.1 社会组织项目的执行 179
7.4.2 社会组织项目的监测 180
7.4.3 社会组织项目的督导 182
7.5 项目收尾、终期评估与项目管理中常见的问题 182
7.5.1 项目的收尾工作 182
7.5.2 项目的终期评估 183
7.5.3 社会组织项目管理中常见的问题与对策 185

第8章 社会组织评估······189

8.1 社会组织评估概述······189
8.1.1 社会组织评估的概念······189
8.1.2 社会组织评估的类型······190

8.2 中国社会组织评估的发展与现状······191
8.2.1 中国社会组织评估机制的探索(1978—2003年)······192
8.2.2 中国社会组织评估机制的建立(2004—2009年)······192
8.2.3 中国社会组织评估机制的深化发展(2010—2015年)······192

8.3 社会组织评估的基本框架······193
8.3.1 评估的意义与原则······193
8.3.2 评估的主体及其职责······195
8.3.3 评估的理论······197
8.3.4 评估的内容与指标······199
8.3.5 评估的程序与方法······204
8.3.6 评估的结果与应用······206

8.4 我国社会组织评估的问题及发展对策······207
8.4.1 社会组织评估存在的问题······207
8.4.2 社会组织评估的发展对策······209

第9章 社会团体管理······213

9.1 社会团体的概念界定······213
9.1.1 世界语境下的社会团体······213
9.1.2 中国语境下的社会团体······214

9.2 社会团体的分类和功能······216
9.2.1 社会团体的分类······216
9.2.2 社会团体的功能······218

9.3 社会团体的历史沿革和发展现状······219
9.3.1 社会团体的历史沿革······219
9.3.2 社会团体的发展现状······221

9.4 社会团体的登记管理······221
9.4.1 从双重管理到直接登记······222
9.4.2 限制竞争······224
9.4.3 社会团体设立党组织······225

9.5 社会团体的日常管理 —— 226
9.5.1 年度检查 —— 226
9.5.2 财务管理 —— 227
9.5.3 重大活动报告机制 —— 228
9.6 行业协会商会去行政化 —— 228
9.6.1 行业协会商会与政府之间的权责关系 —— 229
9.6.2 行业协会商会与行政机关脱钩改革 —— 233

第10章 社会服务机构管理 —— 236
10.1 社会服务机构管理概述 —— 236
10.1.1 社会服务机构概述 —— 236
10.1.2 社会服务机构登记管理与清算管理 —— 240
10.2 社会服务机构组织管理 —— 247
10.2.1 社会服务机构法人治理结构 —— 247
10.2.2 社会服务机构产权制度与财产管理 —— 250
10.2.3 社会服务机构信息公开 —— 252
10.2.4 社会服务机构监督 —— 254
10.3 社会服务机构发展 —— 257
10.3.1 社会服务机构发展理论与现状 —— 257
10.3.2 社会服务机构发展方法与策略 —— 261
10.3.3 社会服务机构的社会工作创新方式 —— 263

第11章 基金会管理 —— 269
11.1 基金会的概念、特征和分类 —— 269
11.1.1 基金会的概念 —— 269
11.1.2 基金会的特征 —— 270
11.1.3 基金会的分类 —— 272
11.2 我国基金会的历史与发展现状 —— 274
11.2.1 我国基金会的历史 —— 274
11.2.2 我国基金会的发展现状 —— 276
11.3 基金会登记管理 —— 279
11.3.1 双重管理的登记管理体制 —— 279
11.3.2 直接登记和双重管理混合的登记管理体制 —— 281
11.4 基金会组织管理 —— 282
11.4.1 现行基金会内部治理机制 —— 282

11.4.2　基金会内部治理体制改革·································284
11.5　基金会外部治理机制··285
　　11.5.1　政府监督管理···285
　　11.5.2　社会监督···286
11.6　基金会评估管理··288
　　11.6.1　基金会评估的功能···289
　　11.6.2　基金会评估管理的历程和内容·····································290

第12章　慈善组织活动管理···296
12.1　慈善组织活动管理概述··296
　　12.1.1　慈善组织与慈善活动···296
　　12.1.2　慈善组织经费管理···302
12.2　慈善活动管理··303
　　12.2.1　慈善募捐···303
　　12.2.2　慈善捐赠···306
　　12.2.3　慈善信托···308
12.3　慈善财产与慈善服务管理··314
　　12.3.1　慈善财产管理···314
　　12.3.2　慈善服务管理···316
12.4　慈善监管方式··316
　　12.4.1　慈善信息公开···317
　　12.4.2　促进激励措施···317
　　12.4.3　监督管理手段···318
　　12.4.4　追究法律责任···319

第13章　境外非政府组织境内活动管理·····························323
13.1　境外非政府组织境内活动概述··323
　　13.1.1　境外非政府组织的定义···324
　　13.1.2　境外非政府组织境内活动的界定···································325
13.2　境外非政府组织的类型··326
13.3　境外非政府组织在华发展历程··331
13.4　我国对于境外非政府组织的管理··334
　　13.4.1　境外在华非政府组织相关法律政策环境·····························334
　　13.4.2　有关境外非政府组织在华登记的管理·······························335
　　13.4.3　有关在华境外非政府组织资金募捐的管理···························336

13.4.4　有关在华境外非政府组织免税优惠的管理……………………337
　　13.4.5　我国在境外非政府组织管理方面面临的挑战和风险…………341

第14章　社会组织参与政府购买公共服务管理……………………………346
14.1　社会组织参与政府购买公共服务的学理基础………………………346
　　14.1.1　公共物品理论………………………………………………346
　　14.1.2　政府供给公共服务的理论基础………………………………348
　　14.1.3　社会组织提供公共服务的理论基础…………………………350
　　14.1.4　政府购买与社会组织承接公共服务的理论基础……………352
14.2　社会组织参与政府购买公共服务的国际经验………………………356
　　14.2.1　英国……………………………………………………………357
　　14.2.2　美国……………………………………………………………359
　　14.2.3　欧盟……………………………………………………………362
　　14.2.4　新西兰…………………………………………………………363
　　14.2.5　经验总结………………………………………………………364
14.3　社会组织参与政府购买公共服务的中国实践………………………364
　　14.3.1　发展阶段………………………………………………………365
　　14.3.2　顶层设计………………………………………………………367
　　14.3.3　基层实践………………………………………………………369

参考文献……………………………………………………………………379

后　　记……………………………………………………………………383

第1章 社会组织概述

现代社会是一个由政府、企业和社会组织构成的"三足鼎立"的综合体系。其中，政府构成政治资本，企业构成市场资本，社会组织则构成社会资本。本章将主要概述社会组织的界定、特征、分类、职能及其起源。

1.1 社会组织的界定与特征

目前，国内外对于社会组织的概念尚未形成统一的界定，处于众说纷纭的状态。因此，在这一部分，我们将在概念选取的基础上，介绍几种传统的社会组织界定方法，然后尝试给出自己的界定，并阐述社会组织的基本特征。

1.1.1 相关概念的比较与选择

1. 相关概念及其比较

由于切入角度和强调重点的不同，在不同国家和地区以及相关文献中对于那些处于政府与企业之间特殊的组织现象有着不同的称谓。其中，比较重要的称谓有以下几种。

(1) 第三部门。这种称谓主要源自美国，后来流行于全世界。"第三部门"是旨在强调与政府(第一部门)、市场(第二部门)相并立的非私人领域的组织。1973年，美国学者T·列维特(T. Levitt)首次使用第三部门(Third Sector)的概念。考登(Korten)将第三部门分为4种主要的组织范畴：①志愿组织，在共享价值的信仰驱动下承担社会使命；②公共服务承包人，其功能是服务于公共目的、市场定向的非营利商人；③人民组织(People's Organization)，代表他们自己成员的利益，有向成员负责的领导人，实质上是依靠自我的组织；④官办非政府组织，是政府创造出来主要服务于公共政策的工具。[①]在日本，"第三部门"一词是指由地方政府出资设立的法人。在中国，"第三部门"的概念往往容易与

---

① D. C. Korten. Getting to the 21st century: Voluntary Action and the Global Agenda[M]. West Hartford: Kumnrian Press, 1990.

国民经济中的"第三部门"即服务业领域相混淆。政府、市场和社会三个领域构成人们活动的三种公共空间，逐渐为人们所接受。

(2) 非政府组织(Non-Governmental Organization，NGO)。非政府组织最初是指第二次世界大战以后，在国际社会中特别是在联合国框架内所形成的在国家层面处理国家间关系的组织，这些组织往往需要经过各相关国家的正式批准。非政府组织的概念最早在1945年6月签订的《联合国宪章》第71款中被正式使用。"经济及社会理事会得采取适当办法，俾与各种非政府组织会商关于本理事会职权范围内之事件。此项办法得与国际组织商定之，关于适当情形下，经与关系联合国会员国会商后，得与该国国内组织商定之。"20世纪60年代以后，非政府组织开始涵盖发达国家中以促进第三世界发展为目的的社会性组织。现在，非政府组织泛指一个国家内部以促进发展为目的、以社会为取向、以影响公共政策为手段的公共部门。

(3) 非营利组织(Non-Profit Organizations，NPO)。非营利组织的概念主要源自美国。在美国，非营利组织又被称为"免税组织"(Tax-exempt Sector Organization)，强调这些组织在国家税收法律中拥有免税地位。事实上，在不同国家，非营利组织免税地位的认定和规定条件并不相同，并且随着社会发展阶段的不同，在不同的时期都会发生变化。目前，非营利组织的概念主要强调自身活动的志愿性以及非分配约束。

(4) 慈善组织(Philanthropic Organization)，又叫慈善部门。强调这类组织以公益慈善为目标，组织经费来自民间的慈善捐赠。但是，民间捐赠并不一定是这些组织的唯一经费来源，甚至可能不会是主要的经费来源。由于政府与慈善组织合作的风气日盛，不少慈善组织的财源多是政府补助。

(5) 志愿组织(Private Voluntary Organization)。强调此类组织的志愿性，即这些组织的运作和管理在很大程度上依靠志愿者在时间、精力和金钱上的无偿投入。但事实上，大多数志愿组织的运作和日常活动都是由从组织获取薪水的专职人员来完成的。特别是一些专业化的社会福利机构，聘用越来越多需要支付薪水的专业人员。

上述诸多称谓分别具有不同的内涵和外延，但它们都是对那些介于政府和企业之间的特殊组织现象的概括，只是各自有所侧重而已。在英国和印度，人们的注意力放在"志愿组织"上；在法国，人们谈论较多的是社会经济；在东亚国家，"社团"是最常用的概念；在转型国家，"公民社会组织"这一概念最为时髦；在发展中国家，人们只知道"非政府组织"。[①]

人们之所以会同时使用多个称谓，主要基于两个原因：①历史传统。概念上的差别与该名词在不同国家或领域的传统有关；②使用偏好。研究者或组织，认为特定的名词更能完整地诠释其所涵盖的概念。

---

① 王绍光.多元与统一：第三部门国际比较研究[M].杭州：浙江人民出版社，1999：414.

2. 概念的选择

"社会组织"是一个极具中国特色的概念，与"非政府组织""非营利组织"等概念相比，"社会组织"有着不同的内涵和外延。

1995年9月，第四次世界妇女大会在北京召开，按照国际惯例需要同期同地召开国际NGO论坛。在北京怀柔召开的世界妇女非政府组织论坛将"非政府组织"这一概念引入中国，并被中国公众所了解，这也使得对非政府组织的界定及其相关问题第一次摆在中国人面前。各国国情和知识体系的差异，造成对非政府组织界定标准的不同，如果依据欧美国家标准来判断，中国非政府组织的数量非常少。事实上，非政府组织所强调的结社自由和政策参与是与中国社会经济转型的基本方向大体相符的。

2005年1月1日，《民间非营利组织会计制度》开始生效。其中，第二条对非营利组织做出了明确界定："民间非营利组织包括依照国家法律、行政法规登记的社会团体、基金会、民办非企业单位和寺院、宫观、清真寺、教堂等。本制度规定的民间非营利组织应同时具备以下特征：该组织不以营利为宗旨和目的；资源提供者向该组织投入资源不取得经济回报；资源提供者不享有该组织的所有权。"事实上，无论是在中国，还是在国际上，非营利组织都不是一个具有明确的内涵和外延的术语。

1998年，国务院将民政部原社会团体和民办非企业单位管理司改为民间组织管理局，从此以后"民间组织"作为官方用语得到正式使用。按照相关规定，民间组织包括社会团体、民办非企业单位和基金会三类组织。民间组织的概念类似公民社会组织，具有"官民对立"的含义。

2006年10月，中共中央十六届六中全会通过的《中共中央关于构建社会主义和谐社会若干重大问题的决定》首次使用了"社会组织"的概念，并且系统论述了社会组织的培育发展和监督管理，从而基本确立了"社会组织"的概念。

总体来看，"社会组织"这一概念是对非政府组织、非营利组织等称谓的中国式改造。相比之下，其他名称都无法反映中国社会组织的特殊性，也不能代表全部社会组织的情况。"社会组织"这一概念所涵盖的范围最大、覆盖面最广，能把除政府、企业之外的、具有非营利和非政府性的多种组织囊括其中。从社会心理来看，"社会组织"这个词能够比较容易地被社会各界所接受。

1.1.2 社会组织的界定

1. 传统的界定方法

目前，常见的社会组织界定方法主要有"剩余界定法""经济核算法""法律地位法""结构-运作法"和"功能定义法"。严格来讲，这些界定方法的适用对象都是"非营利组织"或"非政府组织"，而非专门针对社会组织。为保证行文统一，在这里统一采用"社会组织"的称谓进行指代。

(1) 剩余界定法。这是一种早期界定社会组织的方法,由美国学者帕登(Padron)依据"社会三元结构"理论提出。"社会三元结构"理论认为,社会由三大部门组成:第一部门为政府,第二部门为企业(营利组织),第三部门为非政府、非营利性组织。帕登将组织中存在于政府和企业之外的剩余组织界定为社会组织,认为所有非政府、非企业的组织都是社会组织。社会组织是指那些在政府组织体制之外,既不是根据政府之间的协议建立也不是企业的组织,例如学术研究机构、专业协会、工会、体育组织、慈善机构、宗教组织、商会等,甚至政党也包括在其中。

剩余界定法的优点是简单易行,针对具体组织具有可操作性。它的缺点是过于简单,对社会组织没有做详细分类。

从实践来看,社会组织相对于政府体系和市场体系,存在一系列问题。[①]第一,政府体系和市场体系都是相对独立的整体,社会组织尚不构成一个整体,更像一堆散沙、无所不包。第二,社会组织在能够动员的社会资源的规模与结构上都无法与政府体系和市场体系相比。第三,社会组织之间难以形成真正平等的相互关系,因此,无论是作为整体还是个体,都难以与政府、企业相抗衡。严格来说,社会组织作为一个整体,并不能构成与政府体系、市场体系相对应的第三体系,只是对应于政府、企业这两种组织形式的另外一种组织形式。

(2) 经济核算法。可以根据组织的经济实质,而非组织的形态、名称或者法律地位来判断一个组织是否属于社会组织。经济核算法可以分为两种方法:①收入法,即从组织的收入构成来判断组织是否属于社会组织;②支出法,即从组织的支出构成来判断组织是否属于社会组织。例如,联合国国民经济核算体系将经济活动的领域划分为五大部门:金融组织、非金融组织、政府、社会组织和家庭。其中,社会组织与其他四类组织的区别在于:其大部分收入不是来自以市场价格出售的商品与服务,而是来自其成员缴纳的会费和支持者的捐赠。收入的一半及以上来自收费或政府补贴的组织被排除在外。

经济核算法的优点是:有利于税务部门和其他社会机构对社会组织进行监督,使社会组织能够按照非营利的原则运作。它的不足之处在于:经济核算法只考察组织的经济特征,不能说明社会组织为什么区别于其他组织。

(3) 法律地位法。可以根据社会组织存在的具体法律形式来列举哪些类别的组织属于社会组织。例如,日本的社会组织可以划分为公益法人、社会福利法人、学校法人、宗教法人、医疗法人、特殊法人、公益信托基金、共同组织和市民社团等。

美国依据组织是否享有免税资格对社会组织进行分类与界定,凡是能够享受免税资格的组织就是社会组织。美国联邦税法对于合乎规定的社会组织做了以下界定:社会组织本质上是一种组织,其净盈余的分配,包括给任何监督与经营该组织的人的报酬都要受到限制。根据美国联邦税法相关条款,社会组织应该具备的基本条件包括:①专心致力于社会

---

① 王名.非营利组织管理概论(修订版)[M].北京:中国人民大学出版社,2010:15.

公益性的事业，如宗教性、教育性和科学性的事业；②组织的运作目标需要符合税法明文规定的免税理由；机构的净收入应该用于公益活动而非私人所得；③不参与政治活动的某些限制，如不能影响立法或干预公开选举。[①]

法律地位界定法的优点是界定方法灵活，并且同政府的管理政策密切相关。它的缺点则是过于琐碎，不便于将社会组织作为整体来进行研究。

(4) 结构-运作界定法。这是一种属性界定法，着重从组织的基本结构和运作方式来进行界定，首先提出社会组织的一系列性质，然后根据这些性质来判断一个组织是否属于社会组织。无论社会组织的实体形态如何变化，它都具有一系列共同的性质或特征。凡具有这些特征的组织一般都被称为社会组织。

最具代表性的是美国约翰·霍普金斯大学教授萨拉蒙的观点。他提出了社会组织的5项特征[②]：①组织性，即这些机构都具有一定的制度和结构；②私有性，即这些机构都在制度上与国家相分离；③非营利属性，即这些机构基本上不向它们的经营者或"所有者"提供利润；④自治性，即这些机构基本上能独立处理各自的事务；⑤志愿性，即这些机构的成员不是法律要求的，这些机构接受一定程度的时间和资金的自愿捐赠。

沃夫(Wolf Thomas)指出了社会组织的6项特征[③]：①社会组织具有公共服务的使命；②必须在政府立案，接受相关法令规章的约束；③必须成为一个非营利或慈善的机构；④其经营结构必须排除私人利益或者财物的获得；⑤其经营所得享有免除政府税收的优待；⑥社会组织享有法律上的特别地位，其捐助者或赞助者的捐款列入免(减)税的范围。

结构-运作界定法的优点在于：容易把握社会组织的本质特征。它的缺点在于：对社会组织应该满足哪些性质或特征，目前仍然存在很多争议，并且容易忽视社会组织其他方面的特征。

(5) 功能定义法。凡是以促进"团体利益"或"公众利益"为目的的合法组织皆可称为社会组织。[④]功能定义法的优点是标准简单。如果一个私人组织的目的是促进公共利益或团体利益，那么其就可以作为社会组织的一部分。它的缺点是容易产生分歧。社会组织是满足公共目的、实现公众利益的私人组织。但是，何为团体利益或公众利益？在不同国家、不同历史时期以及不同的社会组织，会有不一致的理解，从而会造成这一概念的歧义性。

2. 本书的界定方法

如果严格按照经典的界定方法，特别是按照"结构-运作界定法"来进行判断，我们就会发现，中国事实上并不存在典型意义上的非营利、非政府的社会组织。但是，中国又

[①] 张霞，张智河，李恒光. 非营利组织管理[M]. 济南：山东人民出版社，2005：18.
[②] 萨拉蒙，等. 全球公民社会：非营利部门视界[M]. 北京：社会科学文献出版社，2007：3.
[③] Wolf Thomas. Managing A Nonprofit Organization[M]. New York: Simon & Shuster, 1990：6.
[④] 林修果. 非政府组织管理[M]. 武汉：武汉大学出版社，2010：6.

确实存在为数众多的这样一些组织：它们在行为和运作机制上既不同于政府，又不同于企业，在性质、功能等方面与典型社会组织极为相近，或者其自身发展逐渐趋向非营利性或非政府性。因此，从中国实际国情以及推动社会组织发展的角度出发，我们在对社会组织的概念进行界定时，不宜限定得过于严格。

在综合考虑政策话语和相关学术研究的基础上，我们认为，社会组织是指不以营利为目的，主要开展各种志愿公益性或互益性活动的非政府的组织。

1.1.3 社会组织的特征

根据上述定义，社会组织具有4个基本特征。

1. 组织性

社会组织首先是一种组织，因此，它具有组织的一般特征。社会组织是具有一定制度化的正式组织，必须有常规的组织机构和管理体制，并开展经常性的活动。这样就将那些临时聚集在一起的人群或经常活动的非正式团体排除在外。从法律规定的角度来看，社会组织必须具有正式注册的合法身份，即法人资格。只有具备了法人资格，社会组织才可以对外以法人身份订立合同，同时社会组织的管理者不会由于履行组织的义务而承担财务责任。

2. 非政府性

非政府性强调社会组织与政府之间的区别。社会组织往往以民间形式出现，并不代表政府的立场。但是，这并不意味着社会组织与政府之间没有任何关系，不受政府的任何影响。恰恰相反，政府是社会组织发展过程中对其影响最大，甚至是起决定性作用的因素。

政府是国家权力的执行者，具有合法且垄断地使用强制力的资格。依靠自上而下的等级体系，现代政府通过税收来获取资源，并对整个社会进行统治和管理。社会组织明显不同于政府，具有显著的非政府性，主要体现在三个方面[①]：①独立自治的自主组织。社会组织既不隶属于政府，也不隶属于企业，是独立的组织形式，有独立自主的判断、决策和行为的机制与能力。②自下而上的民间组织。社会组织由自主的公民以结社方式组成，扎根于社会，通过横向的网络联系与坚实的民众基础动员社会资源，形成自下而上的民间组织。③属于竞争性的公共部门。社会组织不同于政府，不能利用行政权力和资源，只能采取各种竞争性的手段，来获取各种必要的社会资源并提供竞争性的公共物品。

强调社会组织的非政府性时，要特别警惕以下两种现象。一是把社会组织看作反政府组织，认为社会组织的存在和发展会给政府权威和政治稳定带来潜在的威胁，因此，政府和执政党必须要严格控制其发展。二是把社会组织看作无政府组织，尤其是在我国很多"草根"社会组织身上表现得比较明显。它们为了显示其非政府属性，拒绝与政府接触，拒绝与政府合作，甚至想方设法逃避政府监管。

---

① 王名，王超.非营利组织管理[M].北京：中国人民大学出版社，2016：2-3.

社会组织追求自身相对于政府的独立性，甚至追求自治地位，这本身并没有错。从价值诉求和各国实践来看，社会组织既不隶属于政府，也不隶属于企业，它们是独立存在的组织形式，共同构成现代社会的重要一维。在这个意义上，社会组织完全可以遵循自身章程来开展活动，积极执行组织使命，避免受到政府的干扰，从而实现某种意义上的自治。当前，我国社会组织中的大多数仍然严重依附于政府部门，缺少必要的独立性。社会组织与政府脱钩，正在成为中国社会组织管理的重要内容和发展趋势。

在追求独立性的同时，社会组织必须要学会与政府保持恰当的合作距离。在某种意义上，政府极有可能成为社会组织供给的物品和服务的潜在购买者。一个优秀的社会组织，应该懂得如何与政府及其职能部门保持长期的、稳定的、良性的互动。

3. 非营利性

非营利性强调社会组织与企业之间的区别。非营利性主要是指非分配性约束，主要体现在三个方面：①社会组织不以营利为目的，不以获取利润作为生存的主要目的，通常会把提供公益和公共服务当作其主要目标。②社会组织不能进行剩余收入的分配。无论开展何种形式的经营业务，其剩余收入都不能作为利润在组织成员间进行分配，而只能用于组织所开展的各种社会活动及自身发展。③社会组织不能将自身资产以任何形式转变为私人财产。如果社会组织解散或破产，其剩余资产不能像企业那样在成员间进行分配，而只能转交给其他公共部门(政府或者其他社会组织)。

强调社会组织的非营利性，并非指社会组织不需要盈利或者不能盈利。当前，中国的社会组织从业人员仍然存在这样一种认识，即社会组织既然是非营利性机构，那么这些组织就不需要追求盈利或者利润，也不需要通过营销、满足客户需求等提升盈利的能力。在这里，需要澄清的是，企业作为营利组织以追求合理利润为根本目标，而社会组织并不以营利为首要任务，但是仍然要追求财务平衡。否则，社会组织的生存与发展将是无源之水，缺少可持续性。因此，社会组织的健康发展要致力于追求财务平衡，乃至追求微利，打造自身造血系统，并在此基础上谋求自身的可持续发展。

4. 志愿公益性或互益性

社会组织的成员都是自愿参加的，而非源于强迫或强制。这种志愿性主要体现在三个方面：①以志愿精神为基础的利他主义和互助主义是社会组织发展的内在驱动力。基于志愿精神的志愿者、社会捐赠及其他社会资源共同构成社会组织的资源体系。②社会组织在开展活动时更加注重公开性与透明性。社会组织使用的主要是社会资源，其中社会捐赠是社会组织最为重要的货币化社会资源，因此，社会组织的运作过程和开展的各种活动都需要在一定的社会范围内公开，并要保持一定的财务透明度，同时接受社会公众的监督。③社会组织主要提供两种类型的公共物品：一是提供给整个社会不特定多数成员的"公益性公共物品"；二是提供给社会中某一部分特定成员的"互益性公共物品"。虽然后者的受益者也是多数社会成员，但能通过某种方式界定受益者。

强调社会组织的志愿性，并不是指社会组织在供给服务和物品时不需要专业化。在志愿性的基础上，追求管理和服务的专业化、拓展专业服务领域、提高专业服务水平、建立专业管理队伍，成为社会组织从业者和研究者的共识。

1.2 社会组织的分类体系

分类是认识社会组织的一种重要工具。分类是一项基础性工作，它不仅是为了给千姿百态的社会组织分类，同时也是全面地、历史地、具体地认识社会组织内容和形式的前提。科学的分类方法，应该既重视对社会组织的本质、内容的划分，又要把这种划分引向具体化。

1.2.1 国际分类方法

社会组织的分类在国际上是一个颇有争议的问题，至今仍没有一个占绝对优势的分类方法。目前，关于社会组织的分类方法，主要有以下几种。

1. 联合国的国际标准产业分类体系

联合国的国际标准产业分类体系，即The U.N. International Standard Industrial Classification System，英文缩写为 ISIC。该分类体系基于美国的标准工业分类体系，于1948年开始在国际上使用，其目的是为世界各国收集经济数据提供统一的框架。

2002年，第三版ISIC分类体系根据"主要经济活动"情况，将所有组织归入17大类，62小类，各小类又划分为几个分项。其中，社会组织包括3大类，11小类：①教育——小学教育，中学教育，高等教育及其他；②医疗与社会工作——人的医疗保健，兽医，社会工作；③其他社区、社会和个人服务——环境卫生，会员制组织(商会和行业协会、工会、其他会员组织等)，休闲、运动和文化活动组织，其他服务。

2008年，联合国统计委员会颁布了新版ISIC体系，将所有组织归入21大类。社会组织包括4大类：①教育——学前教育和小学教育，中学教育，高等教育，其他教育，教育支持活动；②人类医疗与社会工作活动——人类医疗活动，家庭照料活动，不提供住宿的社会工作活动；③艺术、娱乐与休闲——创造性的艺术与娱乐，图书馆、档案馆、博物馆和其他文化活动，赌博与博彩活动，运动、娱乐与消遣活动；④其他服务活动——会员制组织的活动，电脑、个人物品和家庭物品的修理活动，其他个人服务活动。

ISIC体系从经济活动的角度来界定社会组织，并且把收入的一半及以上来自收费或政府补贴的组织排除在外，所以，该体系所涵盖的社会组织范围比较狭窄。

2. 美国的免税团体分类体系

美国的免税团体分类体系，即National Taxonomy of Exempt Entities，英文缩写为

NTEE。美国联邦税务局根据各种组织申报的确认免税资格的材料,要求通过列出简化的免税团体分类目录来提高办事效率,进而为北美产业分类体系提供更好的数据支持。

免税团体分类体系由美国慈善统计中心(National Centre for Charitable Statistics)按照美国国内税收法典于20世纪80年代组织专家团队设计。目前,最新版本是免税团体分类体系——核心法典(National Taxonomy of Exempt Entities-Core Codes,NTEE-CC)。该分类标准根据活动性质对社会组织进行分类。

目前,该体系涵盖10个功能性大类、400种社会组织。10大类社会组织又各自包括不同的小类:①艺术、文化与人文;②教育;③环境与动物;④医疗——医疗保健,精神疾病与危机介入,疾病、紊乱与医学学科,医学研究;⑤人类服务——犯罪与法律相关类,就业,食品、农业与营养,住房与收容,公共安全、灾难防御与救济,休闲与运动,青年发展,社会服务;⑥国际和外国事务;⑦公共和社会公益——公民权利、社会行动与倡导,社区促进与能力建设,慈善、志愿主义与公募基金会,科技,社会科学,社会公益;⑧宗教相关类;⑨互益/会员制;⑩未知的、未分类的组织。

该体系严格按照美国国内税收法典设计,分类细密,操作性强,主要服务于美国经济,其他国家难以借鉴。

无论是ISIC分类体系,还是NTEE分类体系,都是为产业活动设计的分类方案,主要目的是为各国收集经济活动统计数据提供一套统一的体系标准,而非为社会组织所专设专用。

3. 霍普金斯大学的社会组织国际分类

霍普金斯大学的社会组织国际分类,即The International Classification of Nonprofit Organizations,英文缩写为ICNPO。该分类体系立足于国际标准产业分类体系,并借鉴了美国免税团体分类体系(NTEE)的分类方法。它的分类标准,主要以其所界定的社会组织的特征为依据。

该分类体系将社会组织分为12大类:①文化与休闲——文化与艺术,休闲,服务性俱乐部;②教育与研究——中小学教育,高等教育,其他教育,研究;③医疗卫生——医院与康复,疗养院,精神卫生与危机介入,其他医疗服务;④社会服务——社会服务,紧急情况与救助,社会救济;⑤环境——环境保护,动物保护;⑥发展与住房——经济、社会与社区发展,住房,就业与培训;⑦法律、倡导与政治——公民与倡导性组织,法律与法律服务,政治组织;⑧慈善中介与志愿主义促进;⑨国际活动;⑩宗教集会与协会;⑪商会、专业协会和工会;⑫其他。

ICNPO分类体系具有自己的特色:①关照现实,分类贴近各国社会组织的实际情况;②参考了国际标准产业分类体系,研究者能够充分利用联合国收集的各国数据;③涵盖面比较广泛,分类简洁,便于国际比较。

4. Franklin的分类标准

社会组织是"一个非政府且非商业性的组织,因此是一个独立的部门,并具有慈善及公共服务等特性"。①社会组织一方面被视为"私有的",因其不具有政府权力;另一方面又被视为"公共的",因其以提供公共服务为目的,且以反映公共利益而非个人利益为目标。依据此定义,首先将所有组织划分为政府组织和非政府组织两类,其中,非政府组织按照利益取向差异区分为营利性商业组织和社会组织两类。社会组织则进一步区分为慈善组织与公共服务组织等。

5. Hansmann的分类标准

Hansmann根据资金筹措方式与组织控制方式等将非营利组织分成两大类。②

(1) 根据资金筹措方式,将非营利组织分为两种类型:①捐赠型非营利组织,其组织收入来自捐赠者,如红十字会等;②商业型非营利组织,其组织收入来自非营利组织提供的服务,如大多数私立学校及医院等。

(2) 根据组织控制方式,将非营利组织分为两种类型:①互助型非营利组织,其控制来自赞助人,如乡村俱乐部;②创业型非营利组织,其控制来自理事会,如大多数医院及商品交易所等。

将上述两大分类体系进行交叉,非营利组织可以区分为4种类型:①捐赠互助型,如政治性的团体;②捐赠创业型,如艺术博物馆;③商业互助型,如乡村俱乐部;④商业创业型,如医院。

1.2.2 社会组织分类的中国经验

对于中国社会组织的分类,主要有两个切入角度:①实证角度的方法,是以管理实践的眼光,根据各类社会组织的状况,在关照现实可操作性的基础上进行分类;②规范角度的方法,是以学理研究的眼光,根据各类社会组织主体及其功能,在理性考量基础上进行分类。

1. 实证角度分类

从行政管理的角度对社会组织进行分类,主要考虑法律地位、利益导向和活动内容三个标准。③其中,"法律地位与利益导向"标准关系到社会组织的税收、登记、监管等制度性待遇,"活动内容"标准关系到管理的方便性。根据这样的思路,可以从以下三个方面对各类社会组织进行归类。

(1) 按照其法律地位,将社会组织分为法人团体与非法人团体。法人团体具有独立的法人资格,其权利责任要大于非法人团体,对法人团体的审批、登记、监管等应当更加严格,而政府在财政和税收等方面对它的支持力度应当更大。

(2) 按照其活动宗旨,将社会组织分为公益性团体与非公益性团体。公益团体的主要

---

① Ganwell Franklin I. Beyond Preference[M]. Chicago: University of Chicago Press, 1984: 28.
② Hansmann H B. The Role of Nonprofit Enterprise[J]. The Yale Law Journal, 1980, 89(5): 840-843.
③ 俞可平. 中国公民社会:概念、分类与制度环境[J]. 中国社会科学, 2006(1).

宗旨是增进社会的公共利益，针对这类团体政府的组织和扶持应当更多。

(3) 按照管理需要，将社会组织分为：①群众团体或人民团体，即中国政治特有的那些直接在中国共产党领导下的群众组织，如工会、青年团、妇联、作协、科协、文联、残联等；②自治团体，即公民的政治性自治组织，如村民委员会、居民委员会等；③行业团体，即各种同业组织和行业组织，包括具有一定管理职能的过渡性行业管理和自律组织，如中国轻工总会、中国消费者协会等；④学术团体，即从事自然科学、社会科学和交叉学科研究的各种协会和学会；⑤社区团体，即从事社区管理和服务的居民组织；⑥社会团体，即除上述外的其他各类民间组织；⑦公益性基金会，即旨在促进社会公益事业的各类基金组织。

中国政府主管部门将纳入管理的社会组织分为以下四大类。

(1) 社会团体，即"中国公民自愿组成，为实现会员共同意愿，按照其章程开展活动的非营利性社会组织"。

(2) 民办非企业单位，即"企业事业单位、社会团体和其他社会力量以及公民个人利用非国有资产举办的，从事非营利性社会服务活动的社会组织"。

(3) 各类公益性基金会，即"利用自然人、法人或者其他组织捐赠的财产，以从事公益事业为目的而设立的非营利性法人"。

(4) 境外基金会代表机构。我国《基金会管理条例》对基金会的设立主体没有做境内外的限制，依照本条例，外国人可以在华捐资设立基金会，境外基金会也可以在中国内地设立代表机构。但是目前能够顺利取得合法身份的境外基金会屈指可数。[①]

2. 规范角度的分类

从学术研究的角度看，可以依照主体的状况、职能、区域等标准，最重要的是组织的本质特征来对社会组织进行分类。依据目前已经出现的各种组织的主要特征，社会组织可以分为以下几类[②]：①行业组织，即相同行业的专业性协会和行业管理组织，如各种行业协会；②慈善性机构，其主要作用是社会救济和扶贫，如红十字会、慈善总会、残疾人联合会、宋庆龄基金会等；③学术团体，即学者的同人组织，如中国物理学会、中国化学学会、中国政治学会、中国无神论研究会等；④政治团体，即旨在维护公民政治权利的各种公民组织，如工会、青年团、妇女联合会、村民委员会、居民委员会、各种民间维权组织等；⑤社区组织，其主要特征是从事社区性的管理和服务工作，如业主委员会、社区福利中心、社区老年协会、社区法律援助中心、社区治安委员会等；⑥社会服务组织，即旨在提供社会福利服务和公益服务的民间组织，如环境保护、文教体卫等领域的公益性组织；

---

① 2016年4月28日，十二届全国人大常委会第二十次会议审议通过了《中华人民共和国境外非政府组织境内活动管理法》。其中，本法所称境外非政府组织是指在境外合法成立的基金会、社会团体、智库机构等非营利、非政府的社会组织。

② 俞可平. 中国公民社会：概念、分类与制度环境[M]. 中国社会科学，2006(1).

⑦公民互助组织,即公民为捍卫自身利益而自愿组成的互助性组织,如城市和农村中的互助会、救助中心、农村的各种农作物研究会、农民合作社等;⑧同人组织,即建立在共同的经历、兴趣、爱好之上的公民组织,如同学会、同乡会、俱乐部、诗社、剧社等;⑨非营利性咨询服务组织,多数民办非企业单位都属于这类社会组织。

国家行政学院公共管理教学部对于社会组织的分类体系具有自身的特点。[①]第一,严格按照社会组织特性进行区别。人民团体、免登记组织、国有事业单位,尤其是财政仍然列入国家预算和人事仍然列入国家编制的单位,不划入社会组织范围;村民委员会、居民委员会与政府的关系以及它们的实际作用,表明其实际上属于国家管理系统内的基层,因而也不划入社会组织范围。第二,未登记的组织,由于从管理的角度考虑没有实际意义,也不划入社会组织范围。第三,严格按照分类的合理性要求,进行归并和剥离。在社会组织下面的第一层次,是互益性组织和公益性组织两大类。其中,互益性组织分为经济性互益组织和社会性互益组织。公益性组织分为会员制公益组织和非会员制公益组织。

清华大学NGO研究所王名等认为,在对社会组织进行分类时,在每一层次的每一类别的确定上要遵循同一标准。[②]在第一层次上,依据组织构成及运行机制,可以把社会组织划分为会员制组织和非会员制组织两大类。对于会员制组织,依照其所体现的公益属性的类型,可以划分为互益型组织与公益型组织。对于公益型组织,根据是否在民政部门登记注册,可以区分为免登记公益性社会团体(人民团体)和一般公益性社会团体。对于互益型组织,依据其所体现的经济社会关系的性质,可以划分为互益性社会团体和行业协会等经济团体。对于非会员制组织,依据组织活动类型,可以划分为基金型组织和实体型组织。对于基金型组织,依据运作资金的性质和类型,可以进一步划分为慈善募款协会、公募基金会和非公募基金会。对于实体型组织,依据资金来源和管理体制,可以区分为民办非企业单位和事业单位。对处于转型期的中国来说,国有事业单位、人民团体以及大量未登记或转登记(工商注册等)的团体,不能算作真正意义上的社会组织,它们正在脱离国家体系,其中越来越多的组织正在逐步向社会组织转型。从这个意义上说,它们是广义的社会组织。

1.3 社会组织的职能

受全球结社革命与新公共管理运动的影响,各国政府和研究者逐渐认识到,公共管理的主体不仅局限于政府,而且应该包括企业和社会组织等。在中国,转变政府职能的客观政治任务与强化社会组织职能的现实需要,要求对社会组织职能进行系统研究。

---

① 程玥,马庆钰.关于非政府组织分类方法的分析[J].政治学研究,2008(3).
② 王名.非营利组织管理概论(修订版)[M].北京:中国人民大学出版社,2010.

1.3.1 社会组织职能的内部构成

目前,我国学术界关于社会组织职能的认识,存在理论上的不成熟。这种不成熟集中表现为对社会组织职能的界定比较混乱,缺乏对相关观点和分析的梳理。最典型的表现就是把除政府、市场之外的一切活动、行动、功能、职责、权力等都解释为社会组织的职能。这种对社会组织职能的界定事实上是一种剩余界定法,认为社会组织属于社会中的消极力量,其意义在于弥补政府缺陷和市场缺陷,政府和市场"不愿意做,做不好,不常做"的领域,都是社会组织的职能领域。扶贫助弱、环境保护、倡导公共议题、发展公共政策、促进公民精神等都属于社会组织的职能。

无论是弥补政府失灵和市场失灵,还是扶贫助弱、环境保护等,都是社会组织的某种作为。但是,这些行为不完全是一回事。那么,它们之间到底有什么样的关系和逻辑联系呢?这需要认真和具体地辨析。

第一,社会组织的基本职能作为一个整体是存在的,它具有某种结构,包含若干方面、若干层次。总体上,职能是社会组织活动的基本方向和主要方面,是社会组织以自身所特有的方式,对社会所承担的基本任务。因此,社会组织职能是一种实体性行为,有明确的客体,并且在职能得到履行之后,会产生相应的结果。

第二,在分析社会组织职能时,不仅要关注社会组织"应该做什么"这一基础性问题,也要关注由社会组织整体中的"谁来做"的问题。不同类型的社会组织,应该承担不同的职能。

在此基础上,我们将社会组织的职能划分为"功能"与"职责"两个层次。将社会组织职能中相对抽象和原则的部分,称为社会组织的功能;将社会组织职能中相对具体和灵活的部分,称为社会组织的职责。

1.3.2 社会组织的功能与职责

社会组织的功能是指社会组织能够调控一系列重要的经济与社会政治关系的权利和活动。它包括5个方面:①调控社会组织与政府的关系。社会组织自产生以后,就一直在组织自治与政府控制之间摇摆。如何处理与政府的关系,成为社会组织所面临的最为重要的问题。②调控社会组织与市场的关系。为了实现组织使命,社会组织往往要采取市场化方式来筹集各种资源。但是,这种追求经济效益的市场化行为常常又会损害社会组织的公益使命。事实上,社会组织完全可以在坚守和维系公众信任的前提下,既承担社会责任,又追求适当盈利,从而实现信任机制与利润机制的平衡。社交、存在和创业是社会组织在现代市场经济中所承载的极具生长性的价值诉求。这也在一定程度上预示社会组织未来发展的三大走向:作为实体经济组成部分的社会企业;作为提供俱乐部产品的社会组织;作为解决自身存在、尊重、个人价值的公益组织。③调控社会组织之间的关系。除了政府与企业之外,处理好与其他社会组织之间的关系,也是社会组织的一项重要功能。从总体上来看，社会组织构成现代社会的三大基本领域之一。但是，社会组织之间在人力、财力、权力以及制度建设等方面仍然存在显著的差异。随着社会组织数量的迅速增加以及社会公益资源增长速度的相对缓慢，这种差异会越来越明显，从而加剧社会组织之间的不平等状态。④调控私人需求与公共需求之间的关系。社会组织能够动用私人资源来实现社会公共目标，这样既能满足个体从事慈善的诉求，又能满足公共需求，从而处理好公共性与私人性之间的关系。⑤调控社会组织内部机构之间的关系。这主要涉及社会组织的治理问题。

相对于"功能"等比较抽象和"虚"的部分，"职责"属于社会组织中比较具体和"实"的部分，是社会组织必须要完成的基本工作任务。可以说，"职责"主要是指社会组织的活动领域。社会组织的活动遍及现代社会的各个方面。在中国，社会组织的活动领域主要集中在环境保护、扶贫开发、权益保护、社区服务、经济中介、慈善救济和行业协会等方面。其中，环境保护和扶贫开发是最具代表性的两个活动领域。①

1.3.3 社会组织的角色与作用

与"职能"概念相对应，还应当有社会组织的"角色"或"作用"的概念。

"角色"侧重从组织类型的角度来认识社会组织。从"角色"出发，可以把社会组织划分为倡议型和服务型。通过"角色"维度，可以将社会组织的功能、职责与组织类型协调起来。Kamlar研究指出，社会组织主要扮演5种角色②：①先驱者。社会组织能够敏感地体验社会的需求，以组织的多样性与弹性特质，发展具有开拓性和创新的构想，并适时传递给政府。②改革与倡导者。社会组织能够深入社会生活各个层面，实际了解政府政策的偏失，运用舆论或游说等具体行动，促进社会变迁，并寻求政府改善或建立合乎需要的价值体系。③价值的维护者。社会组织以倡导、参与、改革的精神来改善社会，主动关怀少数弱势群体。④服务提供者。社会组织能够承担弥补者的角色，经常选择政府未做、不想做或不愿意直接去做的，但符合大众所需要的服务来做。⑤社会教育者。社会组织能够利用刊物、举办活动、通过媒体的宣传等方式，肩负传递特定人群需求信息的责任，从而尝试提供新的观念，改变社会大众或决策者对社会漠不关心的态度，并弥补正规学校教育体系的不足，从而扩大社会参与。

"作用"主要强调社会组织职能履行后所得到的结果。社会组织的作用主要体现在以下4个方面。③①动员社会资源。通过社会动员，社会组织可以吸收社会捐赠资源和志愿服务资源，从而获得社会组织自身发展所需要的社会基础。②提供公益服务。社会组织将其动员的各种社会资源用于应对各种社会问题，通过提供各种服务来拓展公共空间，从而维护并增进社会公共利益。③社会协调与治理。社会组织既是表达民意、传达民情、实现民

---

① 王名.中国民间组织的主要活动领域及其特点[N].中国社会报，2001-6-7.
② Kramer Ralph M. Voluntary Agencies in the Welfare State[M]. Los Angeles, CA: University of California Press, 1981：8.
③ 王名.非营利组织的社会功能及其分类[J].学术月刊，2006(9).

权、维护民生的制度安排，也是人与人、人与社会、人与自然之间相互理解、对话、互动的桥梁。④政策倡导与影响。社会组织积极参与相关立法和公共政策的制定过程，能够推动社会公益事业发展。社会组织作为特定群体特别是弱势群体的代言人，可以表达他们的利益诉求和政策主张。社会组织还可以通过媒体和社会舆论关注相关立法和公共政策的实施过程及其效果，倡导和影响政策结果的公益性和普惠性。

1.4 社会组织的起源

现代社会组织的产生与发展是政治空间转换的产物。现代意义上的社会组织以英国资产阶级革命后建立的资本主义社会为起点，随着现代政府制度和现代市场制度的完善而逐步发展起来。

1.4.1 社会组织的历史渊源与传承过程

社会组织作为一种重要的社会力量，强调国家与社会之间的分离，因此，社会组织的历史演变往往同国家与社会相分离的过程紧密相关。然而，任何组织的产生都有其历史渊源和传承过程，社会组织在人类历史上一直有其各种形式的前身。[1]在人类社会的发展历程中，除政府和企业外，一直都存在各种各样的社会组织形式，这就为现代社会织的发展奠定了深厚的历史基础。

1. 西方国家社会组织的历史渊源

在西方，社会组织的起源要追溯到古希腊与古罗马时代的公益捐助传统和基督教的慈善传统。

(1) 古希腊与古罗马的公益捐助传统。在古希腊时代，集体的力量受到重视，个人力量的发挥必须以有利于共同体为原则。公民必须致力于公务，"不遗余力地献身于国家，战时献出鲜血，平时献出年华；他没有抛弃公务照顾私务的自由，……相反，他必须奋不顾身地为城邦的福祉而努力。"[2]由于城邦是规模很小的共同体，公民必须以自己的服务和生命来交换城邦的安全、稳定和分配，于是古希腊公民形成了面向公共设施捐赠的传统。富有的公民捐建剧场、竞技场、文化场所等公共设施。最著名的例子是柏拉图以私人财力建立起来的学园。

罗马共和国时期，出于竞争公职的需要，很多富豪通过慷慨解囊来获取社会声誉。西

---

[1] 褚松燕. 中外非政府组织管理体制比较[M]. 北京：国家行政学院出版社，2008：20.
[2] [美]乔·萨托利. 民主新论[M]. 冯克利，阎克文，译. 北京：东方出版社，1998：316.

塞罗认为，"一个人的钱袋既不应当捂得太紧，当需要慷慨解囊的时候一毛不拔，也不应当放得太松，什么人都可以从中掏钱"。[①]西塞罗认为，捐助公共设施是正当的，值得鼓励的。在此基础上，古罗马继承了古希腊的公益捐赠传统，并在罗马法中体现出来。罗马法通过自身的不断演进以法律形式对公益捐助予以完善，为后世的公益捐赠立法提供了基础。行会、互助会等互益性组织在古罗马昌盛时期大量涌现，但是当时的国家法律并未对这些组织做出特别规定。

(2) 基督教传统与中世纪的教会慈善。中世纪的欧洲政教不分，主张在世俗之外存在上帝最终审判的精神王国。奥古斯丁认为，"上帝之城"是历史上善和精神性的隐喻，"世俗之城"代表人邪恶的趋向和物欲。上帝之城与世俗之城在平时是混合的，直到最后审判时才分离。"上帝之城"必然战胜"世俗之城"，基督徒的理想国不在尘世而在天国。

教会系统对社会公益事业做出了杰出贡献，并直接影响了现代慈善观念和人们对社会组织特别是慈善组织的认识。教会能够动员教徒通过不断捐赠来赎罪，救济不幸者，彰显上帝的慈爱。教会医院、育婴堂、孤儿院、养老院等在欧洲各地都由教会组织建立，到14世纪，教会大量投资教育，办起了大学。

随着王权在英国、法国的加强和16世纪的宗教改革，教会对公益的垄断受到沉重打击，教会公益事业开始走向衰落，世俗国家在慈善活动中的地位得到提升，随之而来的是慈善基金开始由教会控制转向世俗控制。17世纪以后，大批修道院解散，教会对公共领域的主导地位急剧下降。在这一时期，标志性的事件是1601年，英国于1601年通过了两个著名的法律：《慈善事业法》(The Statute of Charitable Uses，即后来的《慈善法案》)和《济贫法》(The Poor Law)，鼓励民间慈善事业的发展，目的是缓解大批无地穷人造成的社会不稳定。《慈善事业法》被誉为英美慈善基金的"大宪章"。

(3) 西方国家现代社会组织的发展。社会组织作为一种重要的社会力量，在世界范围内的兴起主要是在20世纪最后20年里。但是，其存在历史至少和近代资本主义一样悠久。19世纪末20世纪初，西方各国的资本主义民主政治建设基本成型，市场经济为人们普遍接受，政府和市场成为满足人们利益需求的两大机制。传统的社会组织形式和公益满足方式也开始发生变化：人们开始通过结社自由在市场交换和政府提供的公共物品之外寻求更好地满足自身利益的方式。由此，社会组织作为一种独立的力量应运而生并得到快速发展。

2. 中国社会组织的历史与现实

虽然社会组织的产生与发展，可以一直追溯到古代，但是，基金会、民办非企业单位、社会团体等社会组织形式的出现却是1949年以后特别是近几十年的事情。从1949年至今，中国社会组织的发展可以分为三个阶段。

---

① 西塞罗. 西塞罗三论[M]. 徐奕春，译. 上海：商务印书馆，1998：113-114.

第一阶段是从1949年到1976年。在中华人民共和国成立之初，社会团体是我国社会组织的唯一代表。在这一时期，社会组织的合法性程度非常低，"民间社会""市民社会""公民社会"从1949年后一直是十分敏感的字眼。[①]1950年，《社会团体登记暂行办法》和《社会团体登记暂行办法实施细则》颁布后，政府对原来的社会团体进行了一次清理整顿，取缔了一批"封建组织"和"反动组织"；将一批社会团体转化为政党组织，例如"中国民主同盟""九三学社"等。总体来看，在这一时期，中国社会组织的规模开始有了较大发展。到1965年，全国性社会团体有近100个，地方性社会团体有6000个左右。[②]

在这一时期，政治运动对社会组织的发展有着严重影响。在1966—1976年，全国各类社会组织陷入"瘫痪"状态，社会组织发展处于停滞时期。

第二阶段是从1977年到2011年。在这一时期，社会组织得到较快的发展。首先，社会组织全面兴起。改革开放所释放的巨大活力，加上相对自由的登记和监管空间，社会组织迎来了一个发展高峰，其数量呈爆发式增长，并且类型多样。其中，各种学会、研究机构所占的比重极大，各类协会的数量稳步增长，基金会开始大量出现，基层社会组织崭露头角。其次，社会组织管理日益规范。分别于1990年和1997年开始的两次清理整顿，有效地净化了社会组织发展的社会环境。1998年出台的《社会团体登记管理条例》《民办非企业单位登记管理暂行条例》和2004年颁布实施的《基金会管理条例》，这三大条例共同构成这一时期中国社会组织管理的制度体系。此外，在政府职能转变的背景下，政府试图通过购买服务、外包、签订协议等多种形式与社会组织建立关系。

2008年"5·12"汶川大地震在一定程度上成为中国社会组织发展的一块试验田，这一年也被称为中国社会组织的公益元年。众多社会组织的积极表现，使得其赢得了前所未有的关注和极大的社会尊重。

第三阶段是从2012年至今。中国社会组织发展进入构建现代社会组织体制的新时期。蓬勃发展的互联网浪潮、日益成熟的现代市场经济体制以及政府职能转变的深化，为现代社会组织体制的构建提供了历史性机遇和动力。

2012年，中共十八大报告明确提出，要"加快形成政社分开、权责明确、依法自治的现代社会组织体制"。2013年，十二届全国人大一次会议通过的《国家机构改革和职能转变方案》提出，要对"三大条例"进行整体性修改。2016年8月，中共中央办公厅、国务院办公厅印发了《关于改革社会组织管理制度 促进社会组织健康有序发展的意见》，第一次提出了"中国特色的社会组织发展之路"的重大命题，成为指导中国社会组织发展的行动指南。2016年8月30日，民政部民间组织管理局正式更名为社会组织管理局，对外可称国家社会组织管理局。2016年9月1日，中国第一部《慈善法》颁布实施，标志着现代社会组织体制构建在法治轨道上又前进了一大步。

---

① 俞可平，等. 中国公民社会的兴起和治理的变迁[M]. 北京：社会科学文献出版社，2002：204-205.
② 谢海定. 中国民间组织的合法性困境[J]. 法学研究，2004(2).

1.4.2 社会组织起源的理论解释

失灵理论是最常用的关于社会组织起源的解释工具。市场失灵理论认为，市场机制在供给公共物品时，往往缺乏效率，导致公共物品供给失衡。社会组织能够有效地弥补市场失灵。政府失灵理论认为，社会公众对于公共物品的需求具有显著的差异性，而政府在供给公共物品时往往会反映中位选民的需求，因此，无法从政府那里获取满意的公共物品的消费者就会选择从社会组织那里获取公共物品。契约失灵理论认为，由于信息不对称，只依靠生产者和消费者之间的契约，难以防止生产者坑害消费者的机会主义行为出现。社会组织在非分配约束下，其在供给社会服务和物品时，能够在一定程度上抑制生产者实施机会主义行为的动机，从而维护消费者的利益。

但是，失灵理论主要是西方学者为解释西方国家社会组织的生成和发展问题而提出的，其适用需要具备以下特定的前提条件。①市场经济。市场失灵是对西方国家市场经济实际运行中出现的问题的总结，其基本逻辑是：先有一个发展成熟、运行正常的市场经济体制，然后发现市场经济体制不能解决的问题，从而得出市场"失灵"的结论。②选举民主。民主政治制度特别是选举民主是政府失灵的前提条件。在欧美发达国家，政府由选举产生。为了获得相对较多的选票，政治家及其领导下的政府不得不放弃部分选民的需求。因此，对于有特殊需求的选民来讲，政府"失灵"就会发生。③社会自治。社会组织作为政府不能满足部分选民特殊需求的替代选项，隐含一个前提条件，那就是社会组织具备提供公共物品和服务的能力，它不依赖政府，具有一定的独立性和自治能力。

相比之下，当代中国并不存在适用"失灵"理论的基本条件。市场经济建设为中国社会组织的生成和发展提供了可能性和基本条件。政府的积极作为主导了社会组织的生成。事实上，中国大多数社会组织都是在政府主导之下建立起来的。总体而言，中国社会组织还处于初始阶段，没有充分展示出其作为现代社会一个相对独立领域的基本属性。

关键词

社会组织，非政府组织，非营利组织，分类，职能，失灵，志愿性，公益性，互益性

作业题

1. 什么是社会组织？
2. 社会组织的基本属性有哪些？
3. 社会组织的职能有哪些？
4. 社会组织在社会政治生活中扮演着怎样的角色？
5. 请用契约失灵理论解释社会组织的生成。

6. 失灵理论能够解释中国社会组织的生成吗?
7. 将来,你是否会考虑到社会组织中就业?

案例分析

自然之友

"中国文化书院·绿色文化分院"(习惯称之为"自然之友",Friends of Nature),是一家民间环境保护团体,会址设在北京。1994年3月,"自然之友"作为中国文化书院的分支机构,经政府主管部门批准,正式注册成立。这是中国国内第一家群众性环保团体,也是中国最早的民间NGO之一,目前已经拥有几万名会员及志愿者。

(一) 中国第一家民间环保组织

20世纪80年代以来,粗放型经济发展模式给中国的资源和环境带来了沉重的压力。但在当时,环境问题并未引起政府和社会各界的重视。对此,时任全国政协委员、中国文化书院导师梁从诫是先知先觉者之一。

1993年3月,梁从诫联合三位好友开始酝酿成立一个民间环保组织。这三位好友分别是杨东平(北京理工大学高等教育研究所研究员)、王力雄(自由作家、探险家)和梁晓燕(时任东方杂志编辑)。1993年6月5日,梁从诫、杨东平、梁晓燕和王力雄等人联合发起了中国首次民间自发的环境研讨会——"玲珑园会议"。在北京郊外一座荒废古塔下,一个名为"玲珑公园"的草坪上,40余位知识分子忧心忡忡地讨论着中国环境的恶劣现状。这是一次自发的没有名称、没有会场、没有议程更没有媒体到场的集会。

梁从诫和他的朋友们打算成立一个社会组织,为环境保护事业做点儿什么。但是,在当时的中国,NGO等社会组织形式还是新鲜事物。

1993年11月,梁从诫带着草拟好的章程和名称"绿色环境文化协会"来到国家环保局申请注册。按照当时中国社会组织登记管理的两个主要法规,即《社会团体登记管理条例》和《民办非企业单位登记管理暂行条例》,社会组织必须找到一个主管单位。找主管单位的过程被戏称为"找婆婆",而法律对"婆婆"的资质要求很高:根据分级管理原则,成立一个全国性的NGO,需要找一个国家部委级的"婆婆"。国家环保局拒绝了梁从诫,因为环保局下面已经有一个"中国环境协会"(这是一家半官方色彩的环境组织),一个主管单位下面不能有两家相同性质的协会。北京市环保局也拒绝了梁从诫。

后来,国家环保局的一位普通工作人员给梁从诫出主意,告诉他可以将组织挂在一个二级单位下面,二级社团不用单独注册。梁从诫时任中国文化书院导师,还曾担任该书院副院长。于是,文化书院"收留"了他们,但按照有关规定名称必须为"分院",梁从诫起名"绿色文化分院"。实际上,根据"保护环境,善待自然"的宗旨,大家私底下已经开始称其为"自然之友"。

1994年，梁从诫等几位发起人再次以"中国文化书院·绿色文化分院"筹备组的名义向国家文化部申请注册。十年后，梁从诫笑着回忆，当时文化部有关人员纳闷地问："文化书院里弄个绿色文化分院，你们到底搞什么？""主要弘扬中国传统文化中有关人和自然的关系，比如天人合一等。"梁从诫当时乱说一气。1994年3月31日，经文化部办公厅同意、民政部社团部注册，"中国文化书院·绿色文化分院"获准成立。

事实上，在"自然之友"之前，一些政府主办的NGO早就存在。例如，成立于1979年的国家级环境非政府组织——中国环境科学协会以及中国野生动物保护协会、中国可持续发展研究会、中华环保基金会等。这些官办NGO的出现，首先是出于环境外交的需要，中国政府需要建立非官方的团体来应对环境管理和保护的国际化问题，此外，也是为了吸引国际政府和非政府组织的援助，是出于利用国际专家资源的需要。

编制和经费往往是草根NGO最尴尬的难题。"自然之友"最初的300元注册费是梁从诫从他做生意的亲戚手里借的。"自然之友"成立之初，并未很好地开展活动，同样有经费问题。1995年9月，"自然之友"告别了"流浪"岁月，有了自己的办公地点——暂租北京某公司一个房间作为临时办公室。此前"自然之友"一直在梁从诫家里办公。

保护珍稀动物滇金丝猴是"自然之友"成立不久最鼓舞人心的一次环保事件。1995年12月初，一位云南环保志愿者向"自然之友"反映情况，滇西北的德钦县为解决财政困难，准备砍伐300平方公里的原始森林，生长在那里的珍稀动物滇金丝猴面临危险。"自然之友"立即发出《保护滇西北原始森林》的呼吁书，并送达国务院。经媒体报道后，这一恶性事件得到遏制。这是"自然之友"发展历史上第一次成功介入具体社会事件。

"自然之友"真正声名鹊起源于可可西里保护藏羚羊的行动。1998年，"自然之友"先是筹款在可可西里建立了"索南达杰自然保护站"。随后，"自然之友"和《中国林业报·绿色周末》联名邀请可可西里保护藏羚羊的英雄——中共青海省治多县西部工委（"野牦牛队"）书记扎巴多杰来京，向国家环保总局、国家林业局有关部门介绍他们的工作，并访问了世界自然基金会和国际爱护动物基金会办公室。"野牦牛队"的动人事迹因"自然之友"将其与媒体牵线而传遍全国。在"自然之友"和国际爱护动物基金的共同努力下，1998年末，他们为困顿不堪的"野牦牛队"筹集经费40万元。翌年2月，"自然之友"又向国家环保总局和国家林业局提交了《关于保护藏羚羊问题的报告和建议》，建议由中央主管部门对藏羚羊保护工作实行统一领导，并建立青海、西藏、新疆三省区联防制度。国家林业局参考"自然之友"的建议，随后开展了那场著名的"可可西里一号行动"。

如何处理与政府的关系，一直是NGO感到棘手甚至是对于NGO发展最为关键的问题。"自然之友"也不例外。梁从诫一直主张民间组织要将自己定位为温和的合作者。"自然之友"要做力所能及的事，有些方式在中国是不适合的，也是行不通的。"在处理与政府的关系时，我们不仅是我们自己，我们还必须为中国后来的非政府组织铺平道路。我们走过的每一步，必须稳妥。"梁从诫非常认真地说。作为首任会长，梁从诫给"自然之友"定下了两个方针：不唱绿色高调，不做绿色救世主；以推动公众的环境意识教育为己任，以与政府的良好合作为基础，同时保持自己的独立性，保留对政府监督、批评的权利。

(二) 梁从诫谈"自然之友"[①]

王名：您认为政府和非政府组织之间是怎样的一种关系？

梁从诫：政府是官方，非政府组织就代表老百姓这一方。如果只有政府管理这个环节，而老百姓不参与，任何地方都不可能把环境保护好。

中国过去就缺少了非政府组织这一块，只有政府主管，而没有老百姓的参与。我曾经举过一个例子，如果我们全国相当于一个大家庭，而这个大家庭是13亿人的大家庭。政府假定是家庭主妇，那么打扫这个家庭，把这个家庭搞得整洁，是否只是家庭主妇的事情呢？如果其他家庭成员都不管，只有家庭主妇在那儿打扫，我们在那儿乱丢瓜子皮、塑料袋、随地吐痰、乱扔烟头。那么，这个家庭主妇一天24小时不休息，也打扫不干净这个地方。何况家庭主妇也有偷懒的时候，也有不尽责的时候，甚至还有腐败的时候。所以，就需要老百姓的监督、参与。我认为政府和民间环保团体之间的关系就是这样一种关系：家庭主妇和家庭成员之间的关系。我们作为家庭成员，比如说，我们不洗衣服，但是脏衣服别扔得满屋子都是，这一条臭裤子，那一只臭袜子，到处乱扔，而是要把它们收拾起来，都放在洗衣机旁边去。我们吃晚饭，可以不洗碗，但是要把碗收一收，把碗放到水池里，家庭主妇的日子就会好过一些。如果政府是一个尽责的家庭主妇，也需要老百姓共同参与，光靠家庭主妇是照顾不过来的。

非政府组织就是老百姓参与的一个很重要的形式，在我们过去50年的历史中是没有这种传统的。我认为，非政府组织是一个很重要的老百姓表达意见的渠道。因为13亿人不可能各说各话，总要有相对集中的一种意见。这个相对集中的意见，从民间的角度讲，表现在哪里？主要是非政府组织。

这种民间团体代表了公众的相对统一的意见。而现在，有些所谓的学者责难我们非政府组织，认为非政府组织是极端环保主义者，就是跟政府对着干，影响了经济的发展，这是非常错误的。我们代表了老百姓的意见，老百姓的意见可能并不一定完全正确，但是它代表了一方面的意见。政府要听各种不同的意见。所谓和谐社会，就是大家都要说话，才是和谐社会。只许政府说话，不许老百姓说话，那还叫和谐社会吗？非政府组织恰好是构建和谐社会的一个不可缺少的因素。中国就是非政府组织太少了，老百姓的声音出不来。

其实，我希望民政部更开放些，让更多的民间组织发展起来。"自然之友"如果永远是老大，并不是一件好事。失去了竞争、青出于蓝的机会，中国的民间组织就无法健康成长。但是，并不是说我们要放弃第一，我们不能保证第一，但要努力去达成自己的目标与宗旨。

---

① 王名. 中国NGO口述史(第一辑)[M]. 北京：社会科学文献出版社，2012.

总之，使国家走上均衡发展之路的责任绝不仅仅是政府的。非政府组织应该、也能够成为政府的咨询团和合作伙伴，这是我们的使命。我们能够了解一些政府难以了解的情况，也能够以较低的成本和较高的效率去解决一些政府无暇顾及的问题。

王名：您认为普通公民应如何参与环境保护呢？

梁从诫：参与环境保护，首先要有一种危机感，要有一种忧患意识，知道我们国家的环境问题有多么严重。然后，我们每个人都应担负起环境保护的公民责任。为什么我要讲公民责任？我们现在就是这样一个现实，就这么多的土地和自然资源，13亿人就靠这些并不富饶的自然资源过日子。我们怎么办？就得从每个人自身做起。

每个人能不能节约一点儿？少消耗一点儿？比如我的名片就是用废纸做的。我们从小事做起，谁都没有那么大的本事说，我一挥手天下一片绿。作为一名普通老百姓，只能从小事做起，从节约一盏灯、一盆水、一度电、一张纸做起。如果小事都不做，认为要做就做大事，那么小事谁来做？小事都不会做的人能做大事吗？

这就是我的信念。所以，我号召"自然之友"的会员，每个人都要从小事做起，不唱绿色高调，而要亲力亲为、身体力行地做好环境保护。

如果连自己都管不住，自己的一张嘴、一双手都管不好，还能管全国的事吗？所以，要先管住自己，然后再说别人；行有余力，再行公益。我希望，环境保护从自己做起，从自己身边的小事做起。如果我们每个人都能够把自己身边的环境保护好，该做的事情都做好，中国就可以有很大的进步。最后再说一句，还是从小事做起，如果自己连身边的小事都做不了，那么你做不了大事。我们要从小事做起，大家的行动聚集起来就是大事。

"真心实意，身体力行，不唱绿色高调，不当绿色救世主。"这是我对自己的要求，也是对每一个人的期望。因为环境保护不仅是政府的事情，也不仅是专家的事情，如果我们作为普通的公民，不参与、不支持、不关注环境保护，仅靠政府和专家，任何国家都不可能把环境治理好。

思考题：

1. "自然之友"是一个什么样的组织？
2. 如何看待"自然之友"将自身定位为"温和的合作者"与积极的"悲观主义"者？

第2章 社会组织管理制度

各国政府都制定了社会组织管理规范，形成各具特色的管理制度。这些都是基于公民结社自由、社会组织发展的现实需求，既确保结社行为符合国家秩序，又维持社会组织本质属性。我国社会组织管理制度处在一个历史变革的时期，目前，正经由以"归口管理、双重负责、分级管理、限制竞争、优先培育"为主要特征的"双重管理体制"向以"统一登记、各司其职、协调配合、分级负责、依法监管"为主要特征的"直接登记和双重管理并行的管理体制"转变。社会组织管理制度的变迁，体现的是政府、市场、社会三者关系的重构，从党的十八届二中全会通过国务院机构改革和职能转变方案，到党的十八届三中全会通过《中共中央关于全面深化改革若干重大问题的决定》之前，我国在社会组织管理体制方面基本维持政府管控的思想，即强调社会组织入口管理，提高社会组织准入门槛，通过双重管理体制的筛选机制，从而淡化政府在事中事后监管方面的压力。随着四类社会组织直接登记制度的开启以及中共中央办公厅、国务院办公厅印发《关于改革社会组织管理制度 促进社会组织健康有序发展的意见》，在入口处为社会组织"松绑"，在事中事后监管中强调政府义务的改革成为新的方向。

2.1 我国社会组织管理制度概述

2.1.1 社会组织管理制度概念的界定

"社会组织"这一概念的正式规范使用，首次出现在2006年10月党的十六届六中全会上通过的《关于构建社会主义和谐社会若干问题的重大决议》中。该决议第一次全面、系统地阐述了社会组织的相关思想，明确提出要健全社会组织，增强服务社会功能。同时，该决议提出坚持培育发展和监督管理并重，完善培育扶持和依法管理社会组织的政策。

2007年，"社会组织"这一概念在十七大报告中再次得到系统确认。党的十七大报告提出要"发挥社会组织在扩大群众参与、反映群众诉求方面的积极作用，增强社会自治功能"。2012年，党的十八大以来，中央和国务院对社会组织的重大理论和实践问题，有了一系列新概念、新认识、新要求、新发展。党的十八大对社会管理和社会组织的定位更为清晰和准确。党的十八大明确了社会管理和社会组织的要求是：加快形成"党委领导、政府负责、社会协同、公众参与、法治保障"的社会管理体制，加快形成"政社分开、权责明确、依法自治"的现代社会组织体制。

十八届二中全会确定了"改革社会组织管理制度"，随后《国务院机构改革和职能转变方案》对"改革社会组织管理制度"进行了专门部署。十八届三中全会进一步提出要"激发社会组织活力"。十八届四中全会提出"加强社会组织立法，规范和引导各类社会组织健康发展""发挥人民团体和社会组织在法治社会建设中的积极作用"。十八届五中全会指出"激励各类企业、社会组织、个人自愿采取包干方式参与扶贫"。在创新社会治理体制的新理念下，社会组织必然成为社会治理的重要主体和依托。改革社会组织管理制度，鼓励和支持社会力量参加社会治理、公共服务，对于激发社会活力、巩固党的执政基础具有重要作用。

"社会组织"这一概念已经取代其他概念，在实践和理论研究层面得到广泛应用。当前，"社会组织"已经成为我国一个广泛使用、深入人心、约定俗成的唯一官方概念。

在"社会组织"概念使用前，同时存在的还有"民间组织"这一概念。1998年，《社会团体登记管理条例》(修订版)和《民办非企业单位登记管理条例》出台，民政部民间组织管理局正式亮相，它的前身是社会团体管理局。民间组织对应的官方表述的核心意思在于强调组织的"非官方性"。在中国民间或者政府的特殊语境下，"官与民""官民对立"是一种尴尬的话语体系，民间组织的存在、发展、发挥作用会在这种环境下失去应有的存在感。同样，从民间组织到社会组织，它们的登记主管部门的称谓也发生了不同的变化：从社团管理局，到民间组织管理局，再到社会组织管理局。

我国目前没有法律法规明确规定社会组织的外延。2016年9月1日实施的《中华人民共和国慈善法》(以下简称《慈善法》)，对慈善组织有一个基本的分类：社会团体、基金会、社会服务机构。我国社会组织最初是社会团体，从法律法规层面予以认可是1989年颁布的《社会团体登记管理条例》。1998年，《民办非企业单位登记管理条例》出台，社会组织(民间组织)大家庭有了新成员，即民办非企业单位。2004年，《基金会登记管理条例》颁布，社会组织在组织类型方面基本涵盖了世界各国普遍认同的非营利组织类型。应该说，社会组织根据我国社会组织登记管理制度依法划分为社会团体、民办非企业单位和基金会。

2015年9月28日，中共中央办公厅出台《关于加强社会组织党的建设工作的意见(试行)》的文件。这个文件对社会组织分类做了一次清晰的划分。社会组织主要包括社会团体、民办非企业单位、基金会、社会中介组织以及城乡社区社会组织等。

2016年9月1日，《慈善法》颁布实施，对社会组织构成做了调整：社会团体、基金会、社会服务机构。同时，为了推动《慈善法》落地，作为配套和具有可操作性的法规，民政部公布了《社会团体登记管理条例》《基金会登记管理条例》《社会服务机构管理条例》三大条例的征求意见稿。

通过上述分析，可以看出"社会组织"概念已经成为官方话语体系中的重要组成部分，成为政府、市场、社会关系重构过程中，代表"社会"的重要组织形式。

2.1.2 构建中国特色社会组织管理制度

2016年8月，中共中央办公厅、国务院办公厅印发了《关于改革社会组织管理制度 促进社会组织健康有序发展的意见》(以下简称《意见》)，标志着具有中国特色的社会组织建设正式启动。《人民日报》在8月22日，专门发表了《走中国特色的社会组织之路》。中共中央办公厅、国务院办公厅印发的《关于改革社会组织管理制度促进社会组织健康有序发展的意见》，第一次提出"努力走出一条具有中国特色的社会组织发展之路"这一重大命题，为我国社会组织发展提供了前进方向和行动指南。《意见》阐述科学、判断准确、原则清晰、亮点纷呈，标志党和政府对社会组织发展规律的认识和实践迈出新的步伐，具有里程碑意义。

《意见》指出，以社会团体、基金会和社会服务机构为主体组成的社会组织，是我国社会主义现代化建设的重要力量。党中央、国务院历来高度重视社会组织工作，改革开放以来，在各级党委和政府的重视和支持下，我国社会组织不断发展，在促进经济发展、繁荣社会事业、创新社会治理、扩大对外交往等方面发挥了积极作用。同时也要看到，目前，社会组织工作中还存在法规制度建设滞后、管理体制不健全、支持引导力度不够、社会组织自身建设不足等问题。从总体上看，社会组织发挥的作用还不够充分，一些社会组织违法违规现象时有发生。当前，我国正处于全面建成小康社会的决胜阶段，改革社会组织管理制度、促进社会组织健康有序发展，有利于厘清政府、市场、社会三者的关系，完善社会主义市场经济体制；有利于改进公共服务供给方式，加强和创新社会治理；有利于激发社会活力，巩固和扩大党的执政基础。各地区各部门要站在战略和全局高度，充分地认识做好这项工作的重要性和紧迫性，将其作为一项重要的基础性工作来抓，主动适应新形势、新任务的要求，全面落实相关政策措施，扎扎实实做好各项工作。

中国特色社会组织管理制度建构的第一步是强调社会组织精神层面的建设，通过将中国特色的思想意识嵌入社会组织指导思想体系中，实现我国社会组织的标签化。为此，中国特色社会组织管理制度以邓小平理论、"三个代表"重要思想、科学发展观为指导，深入贯彻习近平总书记系列重要讲话精神，按照"四个全面"战略布局要求，贯彻落实"创新、协调、绿色、开放、共享"发展理念，一手抓积极引导发展，一手抓严格依法管理，充分发挥社会组织服务国家、服务社会、服务群众、服务行业的作用，努力走出一条具有中国特色的社会组织发展之路。

《意见》的基本原则是：坚持党的领导，坚持改革创新，坚持放管并重，坚持积极稳妥推进。

《意见》的总体目标是：到2020年，统一登记、各司其职、协调配合、分级负责、依法监管的中国特色社会组织管理体制建立健全，社会组织法规政策更加完善，综合监管更加有效，党组织作用发挥更加明显，发展环境更加优化；政社分开、权责明确、依法自治的社会组织制度基本建立，结构合理、功能完善、竞争有序、诚信自律、充满活力的社会组织发展格局基本形成。

《意见》还就大力培育发展社区社会组织，完善扶持社会组织发展政策措施，依法做好社会组织登记审查，严格管理和监督，规范社会组织涉外活动，加强社会组织自身建设，加强党对社会组织工作的领导，抓好组织实施做了具体部署。

上文整体概括了我国社会组织管理制度的最新动态，但是，制度变迁非一日可成，在此过程中，路径依赖不断影响着制度更新，试图将制度锁定在原来的轨道之上。因此，在分析我国社会组织管理制度时要从历史主义的视角出发，要看到旧制度依然在发挥作用，同时也要对新制度的变迁抱有希望。

2.1.3 建立与市场经济相适应的现代社会组织

社会组织是实体经济的重要组成部分，是未来中国市场经济重要的组成部分。有专家认为，社会组织是中国经济未来发展最具潜力的发展股。很多经济学家认为，未来中国投资回报最高的领域是教育、医疗、养老服务，这些恰好是社会组织最活跃的领域。

此外，社会组织主要有三种价值表现：社交价值、存在价值和创业价值。基于三种价值的细分，未来社会组织会有三种不同的走向：一是作为实体经济组成部分的社会企业；二是基于提供俱乐部产品的社会组织；三是为解决存在、尊重、个人价值的公益组织。

针对市场经济下社会组织的发展，特别是在创造服务和价值方面的贡献，有学者建议将其纳入国民经济统计口径中，同时，要把社会组织发展纳入振兴实体经济范畴，享受实体经济的优惠政策支持，尤其要把民办教育、民办医疗、民办养老产业作为支柱产业进行谋划；要加强对行业协会的扶持，加大政府向社会组织转移职能和购买服务的落实力度；要鼓励建设社会组织培育基地，使其成为社会组织和社会治理的"地标性建筑"和"智力支持中心"。

社会组织要尊重客户需求以及公共服务和公共产品提供者的理念，不断创新服务价值。社会组织要摆脱过去的"等、靠、要"思想，要在适应社会主义市场经济方面不断突破自身局限，建立完善的造血系统。比如一些公益、慈善类社会组织要学会在市场中生存，而不是一味地等待外部输血，要引导其学会经营生存，在竞争中创造价值。社会组织不能只靠会费维持生存。社会组织只有依靠创造价值，得到会员和社会认可，才能获得生存下去的力量、资金和筹码。一个不会创造价值的社会组织，一个不会提供社会公众所需产品的社会组织，根本就没有存在的必要。社会组织必须建立起自己的造血系统，建立起自己的筹资渠道，建立起社会认可的运作方式，才能在与市场经济的互动中，不断发展壮大。

目前，我国政府正在加大推动政府购买服务、资助等工作，流程比较烦琐，而对于改革中的社会组织来说只能起到锦上添花的作用，不能起到起死回生的神奇功能。政府要鼓励部分有条件的行业协会、商会，特别是科技类协会开展社会企业转型的试点工作，社会组织的能力大小取决于对社会资源的整合能力。政府有资源，企业组织有资源，基金会也有资源，关键在于社会组织的创新整合资源能力。以前，资源整合由政府、企业去做，社会组织的地位决定其对资源的整合中一直扮演被动接受的角色。其实，在社会建设领域，最有机会、最具专业性、最应该去整合资源的就是社会组织。

加强社会组织人才、监管队伍建设迫在眉睫。检验一个行业有没有生命力最好的标准是各类人才对这个行业的关注度和"献身度"。没有人才集聚的行业最终是没有生命力的。与国外发达国家相比，在中国社会组织中就业的人才认可度是不够的。没有人才支持的社会组织，是没有发展前途的。为此，2014年，国务院出台《关于做好2014年全国普通高等学校毕业生就业创业工作的通知》(国办发〔2014〕22号)，建议出台鼓励大学生到社会组织就业细则；建议把社会组织人才建设、培养、引进纳入人才规划和高层次人才引进计划。

2.2 现有社会组织管理制度安排

在有关社会组织管理制度的"顶层设计"出台之前，我国在社会组织管理方面基本采用以双重管理为主要内容的"重入口管理，轻日常监管"的制度设计。这种制度设计有其存在的历史必要性，同时也将在今后一段时间内继续影响着我国社会组织管理。但是，随着政府、市场、社会三者关系的重构以及政府机构改革、政府职能转变，社会组织的主体性地位日益突显，为此，需要重新定位社会组织在国民经济社会中的地位与功能，创造制度变迁的契机，实现制度的演化。

2.2.1 双重管理体制

我国在社会组织方面的"双重管理"体制是中华人民共和国成立以后所采用的最主要的社会组织管理制度。在对行业协会商会类、科技类、公益慈善类、城乡社区服务类社会组织实施"直接登记"制度以后，"双重管理"体制依然在较大的空间中存续：登记主管单位不变，业务主管单位变为业务指导单位。在推动社会组织管理制度改革的过程中，以"双重管理"体制为代表的社会组织管理制度依然发挥着重要的影响，因此，介绍和分析"双重管理"体制不仅可以明晰我国在社会组织管理方面的历史性制度安排，也有利于探索今后的改革方向。

1. "双重管理"体制的沿革及其内容

我国社会组织历史悠久，活动范围涉及社会生活的方方面面。中华人民共和国成立后，政府对社会团体进行改组、清理整顿和组建工作。改组的社会团体包括：一类是解放区的各类人民团体，如中华全国总工会、中国文学艺术界联合会等；另一类是原国民党统治区的社会团体，如中华全国自然科学专门学会联合会、中华全国科学技术普及学会等。清理整顿工作始于1950年12月，对象为各种宗教团体、封建帮会组织；到1956年，清理整顿工作结束。同时，中国佛教协会、中国道教协会等成立。为了满足中华人民共和国成立后政府管理的需要，中国人民外交学会、中国国际贸易促进会等先后成立。

1950年，政务院颁布《社会团体登记暂行办法》。1951年，内务部发布《社会团体登记暂行办法实施细则》。《社会团体登记暂行办法》将应登记的社会团体分为人民群众团体、社会公益团体、文艺工作团体、学术研究团体、宗教团体和其他符合人民政府法律组成的团体共6类，规定参加中国人民政治协商会议的民主党派和人民团体、机关学校等机构的内部团体及其他法律另有规定的团体无须登记。《社会团体登记暂行办法》还规定了分级登记的原则，要求全国性的社会团体向内务部门申请登记，地方性社会团体向当地人民政府申请登记。《社会团体登记暂行办法》的主要功能是清除不符合社会主义要求的各种社会团体，在此工作完成后，这一法规基本上被弃之不用。因此，中华人民共和国成立以来各部门分头审批和管理社会团体的做法没有被纠正。几乎所有党政机关，如文化部、国家体委、国家科学技术委员会、中国科学院以及宣传部门都参与社会团体管理，每个部门都管理与自己业务相关的社会团体。社会团体无须集中登记注册。这种情况一直到1989年才发生改变。从总体上看，在1989年之前，政府对社会团体的管理比较松散，既没有限制社会团体竞争的"一地一会"和"一业一会"原则，也没有限制社会团体成立分支机构。

1978年党的十一届三中全会后，改革开放政策确立，政府开展了行业协会、商会复苏和发展工作，鼓励其发挥促进市场发展、维持市场秩序的作用，行业协会、商会迅猛发展。1989年，我国颁布了《外国商会管理暂行规定》。《外国商会管理暂行规定》同样规定，成立外国商会要通过中国国际商会提出书面申请，由其报送对外经济贸易部进行审查，最后由民政部办理登记。

随着经济改革成效突显，我党对政治改革的决心日益坚定，社会组织管理体制改革被提上日程。1988年，国务院授权民政部成立社会团体管理司，专门负责管理各种社会团体；同年，制定出台了《基金会管理办法》。《基金会管理办法》规定，建立基金会，须由其归口管理的部门报经人民银行审查批准，经民政部门登记注册发放许可证后才能获得法人资格。这时已经出现了"双重管理"体制的雏形。1989年10月出台的《社会团体登记管理条例》明显提高了社会团体的准入门槛。该条例对社会团体登记原则进行了规定，后来被概括为"归口登记、双重负责、分级管理、限制竞争",简称"双重管理"体制,其主要包括以下特征。

(1) 归口登记。《社会团体登记管理条例》(1989年)规定:所有社会团体都由国务院民政部门和地方县级以上各级民政部门登记。这一做法被称为"统一登记"。只有经民政部门登记的社会团体才具有社会团体法人资格,具备民事主体的权能。归口登记改变了各部门分散登记社会团体的做法,解决了登记标准不一、社会团体缺乏统一管理的局面。

(2) 双重负责。《社会团体登记管理条例》(1989年)规定:社会团体的业务活动受有关业务主管部门的指导;申请成立社会团体,应当经过有关业务主管部门审查同意后,向登记管理机关申请登记;有关业务主管部门和登记管理机关应当对经核准登记的社会团体的日常管理负责。登记管理机关的监管责任被规定为:监督社会团体遵守宪法和法律;监督社会团体依照本条例的规定,履行登记手续;监督社会团体依照登记的章程进行活动。该条例未对业务主管部门的具体职能做出规定。

(3) 分级管理。《社会团体登记管理条例》(1989年)规定:成立全国性的社会团体,向民政部申请登记;成立地方性的社会团体,向其办事机构所在地相应的民政部门申请登记;成立跨行政区域的社会团体,向所跨行政区域的共同上一级民政部门申请登记,即"分级管理"原则。分级管理不意味着各级社会组织间存在纵向级别关系,只是表明社会组织成员来源和活动范围的差异,所有的社会组织都是平等的民事主体。

(4) 限制竞争。《社会团体登记管理条例》(1989年)规定:在同一行政区域内不得重复成立相同或者相似的社会团体,即所谓的限制竞争"一地一会"制。

2. "双重管理"体制的优势与不足

"双重管理"体制有明显的优点:登记管理机关对社会组织进行统一登记,可以改变各部门分头管理社会组织的散乱现象,业务主管单位登记审批可以控制社会组织规模和质量,同时可以了解相关领域对社会组织的需求和社会组织的业务情况,业务主管单位对社会组织管理更有专业性和针对性。

"双重管理"体制的明显不足,主要包括以下几个方面。

(1) 控制型管理取向明显。由业务主管单位进行社会组织管理,实际上是延续部门管理的特色,从程序和条件等方面对社会组织成立实行严格控制,期望以此来消解由竞争引起的各种社会不安定因素,体现的是限制竞争、抑制发展政策导向。客观上造成社会组织条块分割以及缺乏竞争,从根本上限制社会组织发展。控制型管理取向使政府将管理焦点集中在入口环节,会忽视对社会组织日常管理,以及对社会组织的培育与扶持。

(2) 业务主管单位难寻。对社会组织登记注册设立两道"门槛",即使具备法律规定的其他所有条件,只要找不到业务主管单位,就无法登记,只能成为没有合法身份的"非法社会组织"。处于活动状态而没有合法身份的"社会组织"为数不少,比如受国家政策鼓励和扶持的专业农协就极少有在民政部门进行登记的,大多不具有合法性。业务主管单位是否同意社会组织成立，除受到"一地一会"政策限制外，并无明确依据，其主观意志对审批结果影响过大。对于大多数业务主管单位来说，多数情况下同意设立社会组织只是加强其业务负担，得不到实际收益，因此，不会轻易审批社会组织。对社会组织而言，找不到业务主管单位是发展道路上的最大难题。

(3) 社会组织"行政化"色彩浓厚。"双重管理"体制赋予业务主管单位直接管理社会组织的权力，使社会组织逐步丧失自治性，形成对政府的依赖。事无巨细的干预使社会组织完全生存在业务主管单位的阴影之下，难以实现自我组织、自我管理和自我服务。更有甚者，业务主管单位直接向社会组织派任责任人，全权掌握社会组织运行，将社会组织变成收费、私设"小金库"、开展营利性活动的工具，或者使社会组织成为行政部门又一"处室"，作为解决部门人手不足的延伸。

(4) 对社会组织监管无力。"双重管理"体制设置业务主管单位和登记管理机关两大监管机构，试图对社会组织实施全面控制。但实际上，《社会团体登记管理条例》(1998年)、《民办非企业单位登记管理暂行条例》(1998年)和《基金会管理条例》(2004年)(简称"三大条例")都没有对两大监管机构的职责进行明确划分，也没有规定它们的监管程序和监管责任。比如，年度检查是管理社会组织的主要手段，年检负责机关是登记管理机关，但业务主管单位要对年检进行初审。通常，登记管理机关只对经过初审的年检报告进行形式审查，一旦出现问题，登记管理机关和业务主管单位都要负责，都要负责就意味着都难负责，这也是为何年检工作每年都在进行，但社会组织的违规行为却得不到遏制的主要原因。立法和司法机关的监管作用无从体现，社会组织监管实际上处于"无篇章、无布局"的局面。

(5) 对登记管理之外的管理工作缺乏制度安排。除了登记管理外，社会组织发展中还有许多内容需要政府管理与规范，比如社会组织培育和发展、政策倡导、协商民主等。但在"双重管理"体制下，这些工作都缺乏统一安排，各部门、各地方都分散为之，缺乏统筹与协调。这与"双重管理"体制"重控制、轻发展"的思路相一致，既不利于社会组织发展，也不利于社会组织管理工作的开展。

总之，"双重管理"体制改变了部门分散管理社会组织的弊端，实现了对社会组织的有效控制。但这一制度在本质上不利于社会组织发展，其严苛的"准入"制度、松散的日常监管、重监管轻服务的思维使社会组织要么难以获得合法身份，要么在法律法规的空隙中违规从事营生，要么丧失自治权。因此，"双重管理"体制自产生起便遭受多方批评，对其改革的呼声不绝于耳。

2.2.2 日常管理和扶持政策

在推动直接登记管理制度之前，有关社会组织管理制度中，除双重管理制度之外，我国同时设计了一些针对社会组织的日常管理制度。这些日常管理制度作为入口管理的补充，有利于登记管理机关和业务主管单位对社会组织的管理。此外，为了有效开展社会组织管理工作，政府同时通过税收、政府购买服务、公益创投等举措培育社会组织，试图实现社会组织的正规化。

1. 常规管理

(1) 年检。政府对社会组织进行日常监管的主要方式是年度检查。年度检查由业务主管单位和登记管理机关共同进行，其中，业务主管单位负责年度检查报告的初审，登记管理机关负责最终的审查。年度检查虽然发挥一定的监管作用，但由于检查内容粗放、专业性不足，无法有效发挥促进社会组织发展的作用。《慈善法》实施后，年检被年度报告代替。

(2) 评估。2007年，民政部颁布了《社会组织评估管理办法》，下发了《关于推进全国社会组织评估工作的指导意见》，对社会组织评估工作进行了全面部署。2008年以来，行业协会、基金会和民办非企业单位评估工作相继在全国展开，各地基本建立了"政府指导、社会参与、独立运作"的社会组织评估机制，并通过组建包括专家、社会组织负责人在内的评估委员会，以及委托"第三方"评估机构具体开展评估工作，有效动员了社会监督力量，发挥了专业评估机构的作用，创新了社会组织监管手段。

(3) 执法监察。执法监察一直是社会组织监管工作中的重要内容，每年登记管理机关都会查处社会组织的违法违规行为，对其进行行政处罚，并予以公告。据不完全统计，近年来，各地加大行政执法力度，全国共注销、撤销和取缔20 000多个社会组织。2012年8月，民政部颁布《社会组织登记管理机关行政处罚程序规定》，对社会组织行政处罚的立案、调查取证等程序进行了规定，进一步规范了登记管理机关的管理行为。"直接登记"制度实施后，民政部门登记管理工作的压力加大，执法监管工作的意义更加突出，各地纷纷建立了专门的社会组织执法监察机构。

(4) 社会组织党建。从20世纪90年代初开始，我党持续推动社会组织的党建工作，扩大党在社会组织中的覆盖面。2009年，党的十七届四中全会通过的《中共中央关于加强和改进新形势下党的建设若干重大问题的决定》提出，"探索完善基层党组织设置形式，推广在农民专业合作社、专业协会、产业链、外出务工经商人员相对集中点建立党组织的做法，抓紧在非公有制经济组织建立党组织，加大在中介机构、协会、学会以及各类新社会组织中建立党组织力度。以党的基层组织建设带动其他各类基层组织建设，活跃基层，打牢基础。"按照中央的部署，各级登记管理机关都成立了指导小组，指导社会组织党建工作，组织社会组织参加深入学习实践科学发展观活动、创先争优、群众路线教育实践活动。浙江、上海、广东、安徽等地社会组织已经实现党组织全覆盖、党的工作全覆盖。党建工作已经成为党管理社会组织的重要抓手，党的十八大报告指出，"要落实党建工作责任制，加大社会组织党建工作力度，扩大党组织和党的工作覆盖面"，党建工作的重要意义在现代社会组织体制的建设过程中将进一步突显。2015年9月，中共中央办公厅印发

《关于加强社会组织党的建设工作的意见(试行)》，对社会组织党建工作进行重新部署。

(5) 社会组织从业人员统战工作。开展社会组织统战工作，要积极支持和引导社会组织加强自身建设，并以此为载体，与其保持经常性的联系，扩大社会组织的知情范围和参与程度，认真听取社会组织的意见和建议，及时传达党和政府的方针政策，指导和支持他们开展新的社会阶层的统战工作，使之成为开展新的社会阶层统战工作的重要渠道。加强对新的社会阶层代表的政治引导，做好社会组织中新的社会阶层代表人士的思想政治工作，突出政治引导，加强他们拥护党的领导、坚持走中国特色社会主义政治发展道路以及坚定不移执行党的路线、方针、政策的自觉性；把对新的社会阶层代表人士的培养、选拔工作纳入党外代表人物队伍建设的总体规划，为他们的成长和成熟创造有利条件，着重发现和培养年轻一代的代表人物。组织新的社会阶层代表人士通过各种渠道、各种形式参政议政和民主监督，对其中社会影响较大的先进分子在人大、政协给予适当政治安排。通过调整政协相关界别的设置，将不断发展壮大的社会组织纳入人民政协的参加单位，增加新的社会阶层的委员代表，为社会组织及其代表成员提供反映自身利益的要求和政治诉求以及参政议政的渠道。要大力推进社会组织统战工作，加强同新的社会阶层成员的联系与服务。社会组织要充分发挥在所联系新的社会阶层中的影响力，充分利用其广泛联系群众的优势，在统战工作中发挥强有力的作用。

2. 社会组织管理的支持型举措

(1) 搭建服务平台。按照"政府扶持、社会参与、专业运行、项目合作"的模式，搭建社会组织服务平台体系，为社会组织提供资金、场地、项目和技术支持，加快社会组织的培育和孵化。

(2) 开展公益创投。推动政府、企业及其他组织的公益服务资助和社会组织的公益服务生产实现有效对接，探索社会组织参与社会公益服务的新途径，促进社会组织自身发展和作用发挥。

(3) 建立发展基金。以公共财政为引导，以福彩公益金资助、社会捐赠等多渠道筹集的方式，组建社会组织发展基金会。

(4) 税收优惠减免。政府对社会组织的培育和扶持有多种形式，其中制度化程度最高的是税收优惠。我国目前还没有专门针对社会组织的税收制度。当前，与社会组织税收相关的法律法规和政策文件包括《中华人民共和国企业所得税法》(2008年)、《中华人民共和国公益事业捐赠法》(1999年)、《国务院关于加强预算外资金管理的决定》以及《关于非营利组织免税资格认定管理有关问题的通知》等。在企业所得税方面，按照现行税收法律法规和规章的规定，国家对社会组织是按照其收入项目(是否为营利性项目)是否应当征税来确定是纳税人还是非纳税人。据了解，具备一定资格的社会组织可以申请免税资格认定，符合要求的社会组织必须同时满足"依照国家有关法律法规设立或登记的社会组织，从事公益性或者非营利性活动，取得的收入除用于与该组织有关的、合理的支出外全部用于登记核定或者章程规定的公益性或者非营利性事业"等9项条件。在捐赠税前扣除方面，《中华人民共和国公益事业捐赠法》规定，向救助灾害、救济贫困、扶助残疾人等困难的社会群体和个人的活动，教育、科学、文化、卫生、体育事业，环境保护、社会公共设施建设，促进社会发展和进步的其他社会公共和福利事业等公益事业进行捐赠，可以享受捐赠税前扣除。2008年，财政部、国家税务总局、民政部颁布《关于公益性捐赠税前扣除有关问题的通知》，要求通知发布前已经取得和未取得捐赠税前扣除资格的公益性社会团体，均应按通知的规定提出申请，此后，民政部门开展了社会组织公益救济性捐赠税前扣除资格的审查工作，社会组织的差别待遇逐渐被改变。

(5) 政府职能转移。除税收优惠外，社会组织还能获得职能转移、资金、人力、物资等扶持。在职能转移方面，"双重管理"体制确立后不久，政府与社会组织不分的问题就受到了重视，政府多次提出要推进政会分离。政会分离涉及多方面的工作。其中，职能分离是最重要的内容，职能分离一方面是指政府与社会组织应合理划分职能边界；另一方面是指政府应将社会组织能够履行的职能转移给社会组织。因此，政府职能向社会组织转移一直被认为是政府扶持社会组织的重要方式。其中，政府向行业协会、商会进行转移职能的力度最大。2007年，《国务院办公厅关于加快推进行业协会商会改革和发展的若干意见》提出："各级人民政府及其部门要进一步转变职能，把适宜在行业协会行使的职能委托或转移给行业协会。"温州、广州、上海、厦门等地政府相继开展了改革试点工作，并取得一定成效。2012年，党的十八届三中全会提出要加快推进社会体制改革，明确提出："正确处理政府和社会的关系，加快实施政社分开，推进社会组织明确权责、依法自治、发挥作用。适合由社会组织提供的公共服务和解决的事项，交由社会组织承担。"这意味着政府将通过职能转移向社会组织释放更大的空间，"社会可以做好的，就交给社会"，社会组织的发展将面临前所未有的机遇。同年，浙江省启动政府简政放权的"四单一网"浙江进程，即权力清单、责任清单、负面清单、财政专项资金管理清单和浙江政务服务网。2013年以来，温州乃至浙江省把政府职能向社会组织转移作为地方政府"四单一网"之外的第五张清单。

(6) 政府购买服务。2012年起，中央财政首次安排2亿元专项资金用于支持社会组织参与社会服务。财政部和民政部还颁布了《中央财政支持社会组织参与社会服务项目资金使用管理办法》。财政扶持存在许多其他方式，部分体制内社会组织可享受财政拨付的工作经费以及人员编制、由政府提供办公场所和物资等优待。在市场经济建设中，行业协会、商会发挥着维护市场秩序、促进经济发展的重要作用，因此一直是政府重点培育和扶持的对象。近年来，随着经济社会发展的变化，能够促进科技创新、能够协助政府提供公共服务和促进公益事业发展的科技类、公益慈善类、城乡社区服务类社会组织也成为政府重点发展的对象，它们与行业协会商会类社会组织一起享受"直接登记"的特殊待遇，同时在接受政府资助、获得政府补贴等方面也享有优待。

2.3 社会组织管理制度的中央变革与地方实践

改革开放以后,管理体制的调整带来了经济和社会的快速发展。经济快速发展,要求经济类、行业类社会组织在规范市场、经济自律等方面发挥作用;社会快速发展,要求社会服务类、公益慈善类社会组织发挥提供公共服务、促进社会和谐等作用。为了解决社会组织无法适应经济、社会发展需要的难题,温州、广州、深圳、广东、上海、北京等地在"双重管理"体制确立不久,就在登记管理、培育和扶持、政会合作、政策参与等方面对社会组织管理制度进行了改革与创新。

2.3.1 中央层面登记管理制度的变革

在中央层面率先突破"双重管理"体制束缚的是农村专业经济协会。2003年11月,民政部下发《关于印发<关于加强农村专业经济协会培育发展和登记管理工作的指导意见>的通知》,提出在不违背《社会团体登记管理条例》基本精神的基础上,可以适当放宽登记条件,简化登记程序,具体的登记条件变更为:县(市、区)、乡(镇)、村区域内农村专业经济协会注册资金不低于2 000元,要有规范的名称、固定的场所、一定数量的会员、相应的组织机构、与其业务活动相适应的专职或兼职人员,并能独立承担民事责任。在登记程序上,具备成立条件并经业务主管单位审查同意,可直接向登记管理机关申请注册登记,对乡(镇)、村区域内的协会可免于公告。

2005年,民政部发布《关于促进慈善类民间组织发展的通知》,提出对于涉及社会福利、社会救助等类型的慈善类民间组织,民政部门可以承担业务主管单位的职能。要在慈善组织成立和运作的初期给予帮助和扶持,在有条件的地方,民政部门和业务主管单位可在办公场地、启动资金、项目开展等方面给予慈善类民间组织必要的支持。

2007年,党中央开始对社会组织管理体制改革进行全面部署。党的十七大报告提出,要加快推进以改善民生为重点的社会建设,要重视社会组织建设和管理。同年11月,民政部召开全国社会组织建设与管理工作经验交流会,提出选择不同类型的地区和城市作为社会组织建设和管理的"单项观察点"或"综合观察点"。2007年,民政部将云南省作为境外非政府组织管理工作的"改革观察点"。2009年年底,云南省公布实施了《规范境外非政府组织活动暂行规定》,实行境外非政府组织备案制度,通过"组织身份备案""项目合作备案"和业务指导单位具体指导的方式,将其全部纳入政府依法管理的轨道,既解决了境外非政府组织在云南开展项目活动的合法化问题,又保护和促进了云南省内社会组织与境外非政府组织之间的交流合作。

2008年,国家民间组织管理局设立了上海、深圳两个综合性的和广东、云南、新疆、青岛4个单项的社会组织建设和管理改革创新观察点,鼓励各地探索。

2011年,《国民经济和社会发展第十二个五年规划纲要》中多处论及社会管理创新与社会组织发展,第39章专门强调了社会组织建设,提出要改进社会组织管理,建立健全统一登记、各司其职、协调配合、分级负责、依法监管的社会组织管理体制;要完善法律监督、政府监督、社会监督、自我监督相结合的监管体系,健全法律法规,依法严格监管。

2012年,党的十八大报告明确提出,要"加快形成政社分开、权责明确、依法自治的现代社会组织体制",要"引导社会组织健康有序发展",对政府与社会组织之间的关系进行了定位。

2.3.2 直接登记制度的出台

深圳市是我国实施直接登记制度最早的城市。2006年,深圳市实行行业协会由民政部门直接登记的管理制度。2008年,深圳市委市政府出台了《关于进一步发展和规范我市社会组织的意见》,开启社会组织整体改革的大门。该文件对社会组织管理体制进行了突破性创新,明确规定工商经济类、公益慈善类、社会福利类社会组织可直接向登记管理机关申请登记,对于主要在社区范围内活动的社区社会组织,则实行登记备案双轨制,并将其纳入监督管理。

2009年,广东省民政厅发布《关于进一步促进公益服务类社会组织发展的若干规定》,简化了公益服务类社会组织登记的程序,规定除法律法规和政策文件明确要求前置审批的社会组织外,公益服务类社会组织可直接向登记管理机关申请注册登记。2009年,民政部与深圳市探索建立社会组织直接向民政部门申请登记的制度。民政部将此作为观察点,跟踪研究,同时授权深圳市开展基金会、跨省区行业协会、商会登记管理试点工作。同年,深圳市各政府部门共取消、调整和转移284项职能和行政审批事项,让社会组织更广泛、更深入地参与社会管理。

2010年,广州市开展市一级科技类民办非企业单位由民政部门直接登记管理的改革试点工作。2011年,与广东省社会工作委员会共建"广州市社会组织直接登记"社会创新观察项目。2012年1月1日起,广州市规定除依据国家法律法规需要前置行政审批的社会组织外,行业协会、异地商会、公益慈善类、社会服务类、经济类、科技类、体育类、文化类8类社会组织可直接向登记管理机关申请登记。2012年5月1日起,除依据国家法律法规需要前置行政审批外,广州市全面实施社会组织直接登记。

2010年,北京市发布了《中关村国家自主创新示范区条例》。该条例第16条规定:"申请在示范区设立有利于自主创新的社会团体、民办非企业单位、基金会,除法律、行政法规、国务院决定规定登记前须经批准的以外,申请人可以直接向市民政部门申请登记。"这是首次以地方性法规的形式明确规定社会组织可以直接登记。

2011年起,北京市在全市范围内放开了工商经济类、公益慈善类、社会福利类、社会服务类社会组织的成立审批，实行民政部门直接登记，建立"一口审批"绿色通道。

2012年4月，广东省委、省政府发布《关于进一步培育发展和规范管理社会组织的方案》，提出"除法律法规规定需要前置审批的以外，2012年7月1日起，社会组织的业务主管单位均改为业务指导单位，实现自愿发起、自选会长、自筹经费、自聘人员、自主会务和无行政级别、无行政事业编制、无行政业务主管部门、无现职国家机关工作人员兼职，推进社会组织民间化、自治化、市场化改革进程。放宽社会组织准入门槛，简化登记程序，申请成立社会组织，由民政部门直接审查登记。"该方案还对分类监管体制做出安排，提出要建立部门联合监管机制，建立社会组织自律监管机制，建立退出机制、等级评估机制和信息公开机制等。

2012年9月，深圳市委、市政府出台《关于进一步推进社会组织改革发展的意见》(深发〔2012〕12号)，将直接登记范围扩大到工商经济类、社会福利类、公益慈善类、社会服务类、文娱类、科技类、体育类和生态环境类8类社会组织。此外，深圳市还在其他方面不断探索促进社会组织发展的改革，发布了关于购买社会组织服务、职能转移、异地商会登记和社区社会组织备案等政策文件。

2012年10月，温州市出台《关于加快推进社会组织培育发展的意见》(1+7综合文件)，推出了除依据法律法规需要前置行政审批以及政治类、宗教类、社科类社会组织外，已全部实行直接登记。目前，深圳、广州、温州是全国力度最大、范围最广的实行社会组织直接登记的城市。

2013年3月，《国务院机构改革和职能转变方案》提出，要加快形成政社分开、权责明确、依法自治的现代社会组织体制；逐步推进行业协会、商会与行政机关脱钩，强化行业自律，使其真正成为提供服务、反映诉求、规范行为的主体；探索一业多会，引入竞争机制；重点培育、优先发展行业协会商会类、科技类、公益慈善类、城乡社区服务类社会组织；成立社会组织时，可以直接向民政部门依法申请登记，不再需要业务主管单位审查同意；民政部门要依法加强登记审查和监督管理，切实履行责任；坚持积极引导发展、严格依法管理的原则，促进社会组织健康有序发展；完善相关法律法规，建立健全统一登记、各司其职、协调配合、分级负责、依法监管的社会组织体制。

2013年底，党的十八届三中全会通过《中共中央关于全面深化改革若干重大问题的决定》提出，要正确处理政府和社会的关系，加快实施政社分开，推进社会组织明确权责、依法自治、发挥作用；适合由社会组织提供的公共服务和解决的事项，交由社会组织承担；支持和发展志愿服务组织；限期实现行业协会、商会与行政机关真正脱钩，重点培育和优先发展行业协会商会类、科技类、公益慈善类、城乡社区服务类社会组织，成立时直接依法申请登记。

2014年2月，民政部在温州等70个城市启动全国社会组织建设创新示范区，并率先启动四类社会组织直接登记。同时，民政部发布《关于贯彻落实国务院取消全国性社会团体分支机构、代表机构登记行政审批项目的决定有关问题的通知》，宣布"全国性社会团体根据本团体章程规定的宗旨和业务范围，可以自行决定分支机构、代表机构的设立、变更和终止"。民政部提出取消社会团体和基金会设立分支机构的审批，同时将异地商会和基金会登记成立的审批权从省级民政部门下延到县级以上民政部门。此外，民政部领导多次在公开场合表示，民政部将在其他类社会组织的登记管理上取消不必要的审批，下放权限。

2014年4月，民政部启动全国范围内放开四类社会组织的登记。

2.3.3 温州市的实践

温州不仅是我国民营经济(市场经济)的发祥地，也是我国社会组织(社会建设)率先得到发展的地区，更是我国政府组织、市场组织、社会组织三元社会共建推动社会文明进程的城市。温州市以社会组织管理体制改革为突破口不断创新社会治理，在加强社会建设领域做出了积极有效的探索。2011年以来，温州市委、市政府出台了一系列政策措施，全力推进社会组织建设的改革创新。

2012年10月，温州市出台《关于加快推进社会组织培育发展的意见》综合文件，得到上级部门和领导的充分肯定。2013年1月，温州市民政部、浙江省人民政府签署了《共建温州市民政综合改革试验区合作协议》，将深化社会组织管理体制改革作为一项重要内容，并首次提出在温州设立社会组织建设创新示范区。2015年，温州市委全面深化改革领导小组把温州社会组织改革创新工作纳入市委2015年度10+1重点改革项目。

温州社会组织遍布温州城乡，涉及经济社会生活的各个领域，初步形成门类齐全、层次不同、覆盖广泛的社会组织体系。截至2016年6月底，温州市经市、县(市、区)两级民政部门登记的社会组织总数为8 112家，主要以社区文体类、社区事务服务类、社区公益慈善类这三类社区社会组织为主，在基层治理、社会稳定、参与自治中发挥着积极作用。

1. 强化党建引领，确保正确发展方向

温州市民政局建立社会组织联合党委的组织架构，组建党委领导班子，落实了专门办公场地和10万元的专项工作经费，明确各委员分工，确保联合党委实体化运作。温州市充分依托市社会组织管理局开展工作的有利条件，探索建立社会组织党建与管理工作的长效联动机制，将党建工作同社会组织成立(变更)登记、评估年检、评先选优、培育孵化等工作紧密结合，对工作中发现符合党组织组建条件而没有组建的，会同相关部门予以督促组建，相关业务工作在党组织组建前予以暂缓，明确做到社会组织管理工作和党建工作同步推进。针对社会组织类型多样的特点，在推动"拓展型"党支部建设的基础上，进一步因"社"制宜、灵活设置。对隶属同一业务指导单位的社会组织，采取联合组建的方式，如温州市文联指导的18家文艺社会团体，业务相近但组织较为松散，在联合党委的指导下成立了拓展型联合党支部。对一些与职能部门联系比较紧密的社会组织，则采取了挂靠组建的方式。温州市民政局联合党委已建正式党支部12家，"拓展型"党支部163家，有效地推动了党建工作的覆盖面。

2. 大胆探索创新，推进登记管理体制改革

(1) 降低登记门槛。温州市率先启动了社会组织直接登记工作，除了依据法律法规需要前置行政审批以及政治类、宗教类、社科类社会组织外，已全部实行直接登记(其他地区大多还只限于行业协会商会类、科技类、公益慈善类和城乡社区服务类社会组织)；最大限度地减免开办资金，对公益慈善、社会福利、社会服务和基层社区这4类社会组织实行"零资金门槛"；通过增加字号等形式突破"一业一会""一地一会"的限制，允许适度竞争。温州市在改革的力度和范围上都领先其他地区。

(2) 建立审批专员制度。温州市制定出台了《温州市社会组织行政许可事项审批专员工作规则(试行)》，由审批专员负责社会组织设立、变更、注销的申请工作，依法独立履行受理、审查、核准职责，依照授权及时做出行政许可决定，同时加强对审批专员的监督管理。

(3) 承接基金会登记管理工作。2013年，经浙江省民政厅授权，温州作为省内首个地级市开展了非公募基金会的登记管理工作，开全国地级市登记管理基金会的先河。2014年，温州市可以审批公募基金会，之前近10年时间全市非公募基金会仅成立了20余家，现在已有40余家基金会登记成立，政策推进效果立竿见影。

(4) 民办非企业单位产权及回报制度改革成效明显。在市场经济条件下，社会组织是提供公共服务的重要主体。为激发社会力量参与公共服务的热情，对于登记为民办非企业单位的民办学校、民办医疗机构、民办养老机构，明确出资财产属于出资人所有，一定条件下可以转让、继承、赠与，并允许出资人取得一定的合理回报。这一项改革使民间资金办学、办医、办养老的热情得到激发，社会参与教育、卫生、养老服务呈现快速扩张趋势。据不完全统计，目前温州市民办教育、医疗、养老累计引进民资达145亿元。实践证明，民办非企业单位产权及回报制度改革是激发社会活力的有益探索，减轻了国家负担，弥补了政府公共服务的不足，从体制机制上改进了公共服务的供给方式。

3. 深化平台建设，健全社会组织服务体系

(1) 搭建服务平台。温州市、县两级已建成社会组织服务平台18家，累计投入资金2 000余万元，累计场所面积近10 000平方米。温州市本级、鹿城、瓯海等地服务平台已委托社会组织开展运营。针对不同类型的社会组织探索开展了分类培育孵化试点，重视协同引导其他部门的力量参与，市老龄委、妇联、团市委、住建委共同打造养老、妇女、青少年、住建等社会组织培育孵化基地。乐清市建立行业协会培育基地，龙湾区积极推进涉老类社会组织孵化基地建设，瓯海区、瑞安市建立了公益性社会组织孵化基地。温州市出台了全省首个《社会组织服务平台建设和运行标准》，从服务平台的基础条件、组织管理、功能作用、党的建设4个方面明确了21项二级指标和55项三级指标，并赋予相应的分值，为各地服务平台建设明确了工作目标和方向，使服务平台步入规范化建设轨道。建立社会组织发展基金会，全市累计到位原始资金3 500万元，继乐清市成立全省首家县级社会组织发展基金会后，各地陆续登记成立，率先实现市、县两级社会组织发展基金会全覆盖。

(2) 开展公益创投。温州市社会组织发展基金会制定了资金使用指引，加强对已完成项目的绩效评估。鹿城区建立公益创投项目评估机制，并对参加创投的社会组织开展了项目管理专门培训；乐清市首次对公益创投项目进行公开评审，使创投工作更加透明、公正；瑞安市首创"定制+自选"双轨并行模式运作，采取"拓面、建制、提效、促能"四大举措，创新公益创投运行机制。

4. 注重服务大局，突出培育重点领域社会组织

(1) 加强行业协会(商会)建设，注重结构优化和布局合理。2008年，温州市完成行业协会(商会)与行政机关脱钩工作，实现了行业协会(商会)与行政机关在人、财、物上的完全分离。温州行业协会(商会)一直是温州社会组织最具特色的品牌，在参与市委市政府中心工作、承接政府职能转移、促进区域产业转型升级等方面发挥了重要作用。温州市引导调整会员结构，以增强其代表性，使行业协会(商会)布局更加合理、结构逐步优化、资源有效整合。目前，温州市各类行业协会(商会)共有570余家，基本形成覆盖国民经济各个门类的行业协会(商会)体系，成为服务特色产业、支柱产业经济发展的得力助手。

(2) 探索公益类社会组织培育举措，注重打造慈善公益品牌。围绕构建完善的新型社会保障体系，坚持依靠社会力量办慈善、办好慈善的宗旨，加快培育发展公益慈善类社会组织。通过简化登记手续、加强分类指导、创新管理模式、提高服务质量等举措，积极为公益慈善类社会组织发展创造宽松环境，并引导其积极探索公益慈善服务新模式，帮助其有针对性地开发项目，提高组织与动员社会资源的能力，扩大品牌影响。"红日亭"公益慈善组织，以其"夏施伏茶、冬施热粥"的义举，成为温州民间公益慈善的一道亮丽风景，得到中央文明委的高度认可。此外，"绿眼睛""壹加壹""绿色水网"等公益品牌，凭借其对专业公益领域的高度专注，在全国也颇具影响力。

(3) 促进基层社会组织发展，注重激发"三社联动"活力。温州市积极探索社区社会组织发展的新路子，围绕"服务社区、完善自治"的目标，重点培育发展能够参与社区协同治理、提供社区公共服务、发展社区慈善事业的社区社会组织，在城乡社区探索以"三社联动"助推民政专项事务改革创新。温州市以民政综合改革为契机，重点配合推进社会组织参与养老、救助、殡葬等民政事务的职能转移和购买服务试点工作。平阳县探索开展了社会组织、专业团队参与社区居家养老试点，推进社区居家养老实体化、多元化运行；龙湾区开展了社区老人协会参与殡葬改革试点，推进殡仪服务进社区、骨灰跟踪管理等。各县(市、区)积极引入"社会组织公益创投"等运作模式，以民办非企业单位形式推动完成50家爱心驿站的前期建设工作，积极探索基层新型社会救助模式。

5. 有效整合力量，推进政府职能转移工作

(1) 强化组织领导。温州市政府的主要领导高度重视政府职能向社会组织转移工作，

2013年以来,已多次主持召开专题会议进行研究部署,明确了"一年初步破题、两年逐步推广、三年形成机制"的总体思路。温州市委、市政府还专门成立了政府向社会组织转移职能试点工作领导小组,由市政府主要领导担任组长,常务副市长任第一副组长,市委常委、统战部长、分管副市长任副组长,并形成由市编委办牵头负责职能转移工作、由市财政负责研究政府购买服务办法、由市民政局研究社会组织管理问题,其余各成员单位分工协作、齐抓共管、协同推进的工作格局。温州市出台了《温州市推进政府向社会组织转移职能工作总体方案》(以下简称《总体方案》),明确了工作总体安排和推进节点。

(2) 优化制度设计。按照《总体方案》的要求,在稳步推进转移职能试点工作的基础上,进一步完善政府向社会组织转移职能和购买服务制度,温州市政府相继出台了《关于政府向社会力量购买服务的实施意见》《温州市政府职能向社会组织转移暂行办法》(以下简称《职能转移办法》)等文件,并同步印发了《购买服务指导目录》《职能转移目录》和《具备条件的社会组织目录》这三项目录,在全省率先构建了以《总体方案》为蓝本,以《职能转移办法》为规范,以"职能转移、购买服务、承接组织"三大指导目录为配套,以相关具体运行机制为辅助的政策制度体系,明确了167项政府转移职能和699家(市本级150家)具备承接资质的社会组织,有效推动了承接政府职能工作的制度化、规范化、科学化。

(3) 推进工作落实。职能转移工作方案经温州市领导审定,领导小组办公室批复后,各单位积极行动起来,根据"公告事宜、竞争择优、公示名单、签订协议、事项交接、履行协议、加强监管"7个步骤的要求,具体组织实施。截至目前,其中29家单位共137项职能已向社会组织公告,79项职能已与社会组织签订了职能转移工作协议,交由社会组织履行工作职能,其他部门职能事项也在对接实施中。

6. 积极引导示范,促进社会组织科学发展

(1) 完善评估工作机制。温州市率先建立"一般性指标"和"类别性指标",进一步完善社会组织分类评估指标体系,力求使评估指标更具针对性;充分运用等级评估机制,全面、综合地对社会组织自身建设开展分析和评判,发挥评估激励和导向作用,对获得5A、4A评估等级的市本级社会组织分别奖励8 000元、5 000元,对县(市、区)社会组织分别奖励5 000元、3 000元,切实将评估结果与职能转移、资金扶持、评先评优等工作挂钩,并将评估工作作为对县(市、区)的年度重点考核指标。

(2) 建立内部发展规范。2015年6月,根据不同类型社会组织的特点,温州市分别制定出台了《社会团体内部建设规范》和《民办非企业单位内部建设规范》,重点引导社会组织以规范组织章程为核心,建立健全组织内部法人治理结构和运行机制,同时以年检、评估为抓手,督促社会组织建章立制,并有效落实。

(3) 探索信用体系建设。温州市探索推进社会组织信用建设,明确建立社会组织信用信息记录机制,特别是在承接职能转移过程中,民政部门及时汇总由各部门报送的对社

组织的绩效评价结果和处罚决定内容。推动建立社会组织承接政府职能转移的信用档案《社会组织失信黑名单管理办法(试行)》已正式出台,对录入黑名单的违法违规情形、留存期限、异议处理、惩戒措施给予明确的规定,成为探索社会组织信用体系建设的重要一环。

(4) 开展创优评先表彰活动,建立社会组织评先表彰常态机制。温州市委、市政府每年对全市社会组织培育发展工作先进地区、优秀社会组织、优秀邻坊中心指导站、优秀邻坊中心进行通报表彰,进一步激发了社会组织创先争优的热忱,引导社会组织加强自身建设,更好地为经济社会协调发展与构建和谐社会服务。

2.4 社会组织管理面临的挑战

社会组织管理制度改革取得一系列进展,但从总体上看,目前主要在登记管理领域取得了较大突破,其他领域改革仍然处于起步和探索阶段。登记管理领域改革无法完全解决这一领域中存在的问题,由于配套性改革没有跟进,在某些方面还会面临新挑战,尤其是"直接登记"制度实施后在登记管理、日常监管、培育和扶持工作方面都面临着挑战。当然,2016年9月1日实施的《慈善法》可能提及部分解决思路和办法,但在具体操作过程中,还需要一段时间的磨合期。

2.4.1 直接登记管理制度面临的挑战

1. 直接登记制度和双重管理制度并存

"直接登记"制度在全国范围内只局限于行业协会商会、科技、公益慈善和城乡社区服务这四类社会组织,其他特殊领域的社会组织一般都需要审批后再登记,部分社会组织还需要获得行业主管部门的资质许可。广东省直接登记的范围从2012年7月1日起扩大到法律法规和政策要求审批之外的所有社会组织,这使大批在其他地方无法登记的、活动范围受限制的社会组织迁徙到广东省进行登记。广东省放开登记至今,社会组织中并未出现无序状况,这说明"直接登记"制度还有很大的发展空间,在全国开展"非禁即入"式的登记管理工作并非没有可行性。局部实施的"直接登记"制度还会带来其他问题。即使属于同一类型,在"双重管理"体制中产生的社会组织有业务主管单位,而新成立的则没有业务主管单位。这种二元状态如果只是一种过渡,对于过渡期有多长、如何使现在有业务主管单位的社会组织脱离其业务主管单位的管理等,现行登记管理体制都没有进行回答。类似的问题还有:四类直接登记之外的社会组织普遍都是需要业务主管单位的,它们与直接登记的社会组织相比较,在管理上遭受不同待遇,对此应如何处理?同为研究型社会组织,科学技术类社会组织只需要接受民政部门的管理,而社会科学类社会组织则要接受双重管理,这种区分的合法性显然是不充分的。

2. 登记管理机关的行政力量不足

"直接登记"制度的实施使社会组织的登记数量增加,如广东省"直接登记"改革后,2012年新增社会组织4 200个,年增长率达13.8%,远高于全国社会组织平均6.5%的增速。温州市于2012年实施社会组织直接登记制度后,2013年,社会组织登记数量增长达到54%。"直接登记"制度由于取消业务主管单位而增加了登记管理机关对社会组织的监管职责。直接登记制度实施后,尤其是《慈善法》增加了对慈善组织的重新认定,行政力量不足成为普遍现象,如何有效加强社会组织监管成为重要问题。各地都提出要加强登记管理机关对社会组织的行政执法工作。

2.4.2 日常监管面临的挑战

1. 日常监管的制度依据不明

"三大条例"规定了登记管理机关和业务主管单位各自的监督职责,但对社会组织的违法行为类型、违法行为的处罚手段和处罚程序、监管部门的职责分工等内容缺乏明确的规定。比如《社会团体登记管理条例》第27条和第28条规定,登记管理机关对社会团体违反条例的问题进行监督检查,同时业务主管单位须协助登记管理机关和其他有关部门查处社会团体的违法行为,但对两个部门应监督社会团体哪些方面的工作并无规定,对社会团体的哪些行为属于应查处的行为也没有规定。近年来,为解决监管制度中存在的问题,从中央到地方都大力提倡建立社会组织联合监管体制,除要求业务指导单位履行一定的监管职责外,还强调业务主管单位应切实肩负起监督职责,要求公安、财政、税务等相关职能部门都担负起监管职责。但事实上,除业务主管单位的监管职责由行政法规规定外,法律并没有特别规定其他部门对社会组织应负的特殊监管责任,对社会组织的监管与对其他对象的监管一样,只不过是它们的本职工作。建立社会组织综合监管体制,在缺乏法律支撑的情况下,仍然只是旧有监管机制的简单组合。

2. 监管主体职责不明、协调困难

2013年出台的《国务院机构改革和职能转变方案》提出要建立"统一登记、各司其职、协调配合、分级负责、依法监管"的社会组织管理体制。广东等地开始着手建立部门联合监管体制,但对于各监管主体如何"各司其职、协调配合",仍缺乏制度安排。

在"双重管理"体制中仍存在登记管理机关与业务主管单位之间责任推诿的情况,在"直接登记"制度中,业务指导单位没有法定的指导职责,拒不履行或消极履行指导职责的情况难以避免。其他相关职能部门在社会组织监管中应承担相应责任。广东省汕头市规定,公安部门依法承担社会组织的治安管理责任,财政部门依法承担社会组织财务制度的执行和票据使用情况的监督管理责任,对这些监管职能的界定,从单个部门来看是相对明确的,但由于一项管理工作通常会涉及多个部门,从部门间关系来看,对监管职能的界定就显得模糊。

3. 登记管理机关的专业监管力度和手段不足

在"直接登记"制度实施之前,社会组织的业务工作是由业务主管单位指导的,"直接登记"制度将没有业务主管单位的社会组织的业务指导工作移交给登记管理机关。但是,登记管理机关之前的工作主要集中在登记注册、年检等方面,缺乏财务、审计、税收等专业管理经验,更没有相应的专业管理人员。社会组织的种类很多、涉及领域广泛、专业性强,"直接登记"使这种特点更加突出,登记管理机关工作人员的现状无法应对日常复杂的专业化管理工作。从监管手段来看,登记管理机关对社会组织的日常监管主要是通过年检、评估、行政处罚等方式进行的。在"双重管理"体制下,年检要由业务主管单位初审,因此,对登记管理机关而言,利用年检来实现监管的意义有限。在"直接登记"制度下,年检由登记管理机关统一管理,其意义有所提升。社会组织评估是一种激励性的监督手段,并不强制要求所有社会组织参加,因此,其监管功能并不是全覆盖的。登记管理机关对社会组织进行行政处罚的方式也有所欠缺。

4. 设立监管型社会组织的做法会加剧社会组织"行政化"

为了缓解登记管理机关日常监管的压力,近年来,许多地方由民政部门牵头组建了综合性的社会组织服务机构或平台。比如,浙江省温州市建立了社会组织服务平台,服务平台是"集培育扶持、公益创投、信息服务、培训交流等多种功能的综合服务平台,是衔接政府、社会组织及服务对象的枢纽型社会组织";深圳市部分基层民政部门成立了社会组织总会,并委托给总会初步年审、评估、行业培训等职能;北京的枢纽型社会组织不仅接受政府委托的具体管理职能,还被授权担任社会组织的业务主管或指导单位。综合性的社会组织服务机构或平台,名义上与政府无直接关系,但实际上,它们的发起人和主要资源都来自政府,比如浙江省社会组织促进会的会长为民政厅副厅长,促进会的工作场所和工作经费都由民政厅提供。成立综合性的社会组织服务机构或平台的初衷是为了有效地开展监管工作,但这种做法与建立现代社会组织体制的要求背道而驰。新创建此类社会组织不仅行政性强,在资源上严重依赖政府,而且在借助政府权威开展工作的过程中,不可避免地会贯彻政府意志,成为政府的代理人。按照一般的发展规律,综合型、平台型等社会组织应是社会组织发展到一定阶段后,基于自身发展需要而自发联合形成的,政府替代民间组建支持型社会组织的做法实质上是在干预社会组织体系的正常发展,不利于"去行政化"工作的开展。

2.4.3 培育和扶持工作面临的挑战

政府的培育和扶持对社会组织发展具有重要的意义,但培育和扶持工作本身也需要具有合理性,否则不但难以发挥作用,还会带来新问题。从政府培育和扶持的实际做法来看，落实税收优惠政策、规范财政补贴等都是培育和扶持工作中值得肯定的方面，但有些内容仍值得讨论。

1. 政府主导培育平台的做法缺乏合法性

社会组织培育中心大多是以孵化平台的形式出现。2006年，第一个社会组织孵化平台在上海建成。孵化平台的模式很快就扩散到全国各地，许多城市都建立了社会组织培育中心，如南京爱德社会组织培育中心、广州市社会组织培育基地等。社会组织培育中心建设有三种主要模式：一是政府主导，二是官民合办，三是民间主导。在前两种模式中，政府是社会组织孵化平台的实际所有者，孵化平台资源一般都来自政府；民间主导孵化平台通常会接受政府资助或承接政府委托的孵化任务，与政府关系密切。政府建立社会组织培育中心或向民间的培育中心注入资源，其本意是培育社会组织发展，但这种"动员型"培育方式的合法性显然不足。政府不直接培育社会组织，而是为民办非企业单位培育中心注册新的身份。这本身就说明政府不宜直接通过机构从事培育社会组织的工作。社会组织有自己的发生和发展规律，政府的主要角色应是为社会组织发展提供政策支持，比如放松准入制度、落实税收优惠等，而无须介入社会组织的具体运作，比如注入资金、对财务管理进行补贴、指导项目实施等。介入式培育不仅容易造成社会组织的行政化和对政府的依赖，而且不利于锻炼社会组织的自我"造血"功能，与当前社会组织的改革基调不协调。

2. 政府培育和扶持效果难以评估

一般来说，需要培育的社会组织有两种：一种是初创社会组织，它们在资源和能力上都有局限性，外部力量的帮助有助于它们生存下来；另一种是成长中社会组织，它们在发展的某个或某些方面可能遇到了瓶颈，需要通过外部力量提供资助、培训等来度过瓶颈期。我国政府主导社会组织培育平台主要面对的是拟登记社会组织和初创型社会组织。在"双重管理"体制背景下，大多数培育中心都要重点解决社会组织登记难的问题。在实现登记后，几乎不再对已经"出壳"的社会组织进行跟踪服务。事实上，登记难的问题是登记管理体制的问题，并不是通过培育能够解决的问题。社会组织之所以能够在进入孵化器等培育平台后顺利登记注册，主要是因为培育平台与政府关系密切，通过平台包装和介绍后更容易获得业务主管单位的认可。

即使培育平台不只服务于未登记或初创立的社会组织，其工作的实效也是值得怀疑的。处于生命周期不同阶段的社会组织对培育和扶持的需要有所不同，如果孵化平台要做到有针对性地培育和扶持不同的社会组织，那么它自身就必须达到一定的组织模式和专业水平，但现实中的培育平台通常只有狭小的办公场所和为数不多的专业人员。从总体上看，目前的培育模式对于社会组织数量的增长有利，但对其质量提升的贡献有限，新成立的孵化平台运行不久便大门紧锁的现象也时有发生。更重要的是，不仅培育和扶持工作的现实效果不明显，而且政府没有建立相应的评估机制，无法通过科学的评估结果来消除公众对培育和扶持工作实效的质疑。缺乏评估机制反映出培育和扶持工作的整体思路不明确,因为评估必须以绩效管理工作为基础,即工作需要明确的目标,由目标控制过程,最后在信息收集的基础上才可以开展评估。政府对社会组织的培育和扶持工作显然不具备建立评估机制的基础。

3. 在政府购买服务方面存在认识误区

政府购买服务一直被认为是政府培育和扶持社会组织的创新形式,并有逐渐成为主导性培育和扶持方式的趋势。然而,政府购买社会组织服务是政府将自身的职能交由特定社会组织履行并为此支付一定费用的做法,它本质上是一种市场交易行为,政府并不因为购买对象是社会组织,而出于培育和扶持的考虑多予少取,购买金额是依据购买标的物来确定的,与政府意图没有关系。政府不能有目的性地选择对象,而必须依照社会组织能力的服务质量来择优选择供应商。若不如此,政府购买服务与直接的财政补贴就区别不大,且更具模糊性,因为在购买金额中事实上难以区分哪部分是支付给标的物的,哪部分是资助给社会组织的,还会由于购买对象与被扶持对象合二为一而产生"马太效应"。政府购买服务的确会为承接服务项目的社会组织带来资源和更多的改善内部管理、提高服务质量的机会,但这是购买服务这一行为的附带效果,不是政府使用购买资金的目的,也不应该成为目的。从总体上看,政府对社会组织的培育和扶持工作仍有待规范,如在培育和扶持社会组织的过程中保持社会组织的独立性、尊重社会组织的发展规律、提高培育和扶持的专业化水平等都是亟须探讨的问题。

关键词

社会组织,双重管理,直接登记,地方实践,归口管理,体制创新,制度变迁,温州

作业题

1. 我国社会组织管理制度变迁主要表现在哪些方面?
2. 中国社会组织管理体制的核心内容是什么?
3. "双重管理"体制的优势与不足有哪些?
4. 社会组织日常管理包括哪些方面?
5. 直接登记制度设计面临的挑战有哪些?
6. 政府有关社会组织的日常监管面临的挑战有哪些?
7. 政府在培育和扶持社会组织方面所面临的挑战有哪些?

案例分析

探索公益创投的广州模式[①]

为了改革慈善事业、激发社会组织活力,广州市社会组织管理局2014年起连续举办三届社会组织公益创投活动。该活动着力打造一个政府资助、自主创意、自愿出资、阳光透明、共创共投的社会组织公益服务平台,让广大社会组织、爱心企业、爱心人士做社会最需要、自己最想做的公益,享受做公益带来的快乐与荣耀,让迫切需要帮助的困难群体及时得到政府资助,得到社会关爱,得到更多实惠。这三届公益创投活动共征集创投项目927个,累计申报资助资金1.8亿,自筹配套资金突破1.5亿,社会组织公益创投活动的品牌效益逐步显现。

一、建章立制,规范公益创投行为

《广州市社会组织公益创投项目管理办法》以政府规章的形式明确了资助范围、资助标准(比例)、主办单位、承办单位、创投主体、项目征集、项目评审、项目实施、项目监管等重要事项,做到制度先行。《广州市社会组织公益创投项目评分标准》从定位公益性、需求广泛性、方法创新性、项目示范性、机构专业性5个方面,细化、量化评分指标,增强评审的针对性、操作性。《广州市社会组织公益创投评审专家库》从社会组织领域专家、财务管理专业人士、法律专业人士、公益社会组织代表、群团组织代表、基层一线从事社会服务的代表、相关界别的人大代表和政协委员7个类型中遴选评审专家,并且每个类型不少于4人,确保评审的合理性、公正性。《广州市社会组织公益创投活动实施方案》强化组织领导,明确责任分工,落实保障措施,确保活动有序开展。应办理国有资产会审,经比选确定招标代理机构,认真制定招标文书,依法依规做好招投标工作,挑选资质好、声誉好、实力强、经验足的单位作为社会组织公益创投的承办单位,着力提高承办质量。

二、广泛发动,扩大项目征集效果

突破政府购买服务、社会组织提供服务的单一模式,强调政府、社会、社会组织共创共投,突出社会组织自主设计项目、自行配套资金,要求社会配套资金与政府资助金额比例必须达到2:3,进一步提高社会组织的自主能动性。抓住"宣传"这一关键环节,有的放矢地营造浓厚的创投氛围。开发设计广州市社会组织公益创投活动标识,树立品牌形象。建立广州市社会组织公益创投服务平台,加强申报指导,畅通申报渠道,扩大征集效果。及时印发公益创投活动通知,组织新闻发布会并邀请媒体参加,全方位宣传报道,进一步扩大社会影响。制作宣传板画,印发创投项目申报指南,深入全市开展创投宣传推介活动,分类召开公益创投专题培训会,专题辅导、专人指导社会组织申报公益创投项目,确保项目申报质量。

[①] 褚蓥,蔡建旺,余智晟.改革慈善:现代慈善事业创新改革理论与实践[M].北京:社会科学文献出版社,2016.

三、公正公平，科学确定资助项目

确定"依靠专家、发扬民主、统筹兼顾、公开透明、择优确认"的评审原则，评审专家在"广州市社会组织公益创投专家库"中抽签产生，评审工作应当有人大代表、政协委员、纪检代表、社会组织代表、媒体代表现场监督的保障措施。按照专家独立评分、承办单位汇总统计、主办单位复核确认、监督代表签字证明的程序，评审专家组对照《广州市社会组织公益创投项目评分标准》，有条不紊地对申报项目逐一进行封闭式独立评审，并按项目得分排名的先后排序，在资助总额中确定入选项目。同时，按照不少于20%的比例抽取入选项目进行实地抽查，核实机构资质、配套资金等有关情况。主动向社会公示拟确认的创投项目及创投单位名单，接受公众监督。公示结束后，择优确定年度公益创投项目。

四、跟踪督导，确保公益创投成效

(1) 抓教育动员。举行广州市社会组织公益创投项目签约仪式，增强创投主体的公益心、责任心和使命感。

(2) 抓能力培训。制定创投项目实施指引手册，从安全管理、财务管理、能力建设、宣传传播、档案管理、监督评估6方面全方位引导创投项目实施，举办能力建设培训辅导讲座和创投经验交流会，提升创投主体能力，提升项目规范化水平。

(3) 抓检查指导。定期深入创投主体了解情况，协调解决创投困难，要求承办单位安排专人参加创投项目启动仪式，支持、指导创投主体开展创投项目，牢牢把握工作主动权。

(4) 抓中期评估。指导承办单位制定创投项目中期评估方案，召开中期评估工作预备会议，拉网摸清创投进度、效果及问题；召开中期评审工作情况分析会，充分听取承办单位、评审专家的意见和建议，研究制定推进落实的措施；召开创投主体负责人会议，及时通报中期评估情况，明确后续工作重点及注意事项；严肃创投纪律，责令有关创投主体加快创投进度，严把创投进度关。

(5) 抓项目推介。项目实施过程中，及时通过广州市民政局公众网、广州社会组织信息网等自媒体发布创投项目信息，与专业公益传播机构和主流媒体联合创设"广州公益创投亮点特搜""信息速递"等宣传栏目，营造良好的创投环境氛围。

五、多措并举，扩大公益创投效应

(1) 探索新亮点。2015年公益创投活动提出政府、市场和社会组织协同参与社会治理的"1+1+1>3"理念，并采取针对性措施打造共创公投、共建共享的"广州模式"。

(2) 搭建新阵地。支持承办单位与中国扶贫基金会签订战略合作协议，携手"腾讯公益"共同搭建公益创投联合劝募平台，为创投主体提供募集资金的新阵地，65个上线创投项目共筹得款项44万多元，1.8万人次参与捐赠。

(3) 带动联合劝募。由广州市社会组织联合会与中国扶贫基金会共同筹措20万元用于激励优秀筹款和传播项目，支持优秀创投项目圆满落地实施。

(4) 实现跨界融合。积极发挥团市委、市妇联、市残联等组织的业务资源，共同参与公益创投活动。成功吸引"壹基金""真功夫"等基金会、企业以及社会资源以实际行动支持各创投项目的落地，通过整合多方资源，将政府部门"他治"、市场主体"自治"、社会组织"互治"有机结合，形成政府、市场与社会"1+1+1>3"协同治理的"善治"模式。

六、取得的主要效果

广州市社会组织公益创投活动的连续开展，初步取得了良好的创投效益和社会效应，并逐步探索出一条具有广州特色的共创共投公益之路。

(1) 创投项目覆盖范围不断拓展。广州市社会组织公益创投项目聚焦社会热点、紧贴民生需求、力求服务创新、体现政府意图。它涵盖救助、帮困、为老、助残、青少年服务、异地务工人员及其子女关爱等服务领域。三届公益创投共确定370个项目，其中，为老服务类49个、助残服务类74个、青少年服务类97个、救助帮困类30个、其他公益类120个。

(2) 社会组织创投能力不断提升。各创投主体通过实践，不断更新公益创投理念、强化公益创投使命、提升组织自身形象，提高了资金募集、资源整合、项目策划、运作执行、财务管理等能力。一批品牌项目、优秀项目初步形成，一批有作为、能担当、善管理、守规矩、讲奉献的社会组织脱颖而出。其中，"三元里社区大学""广州边远山区艺术教育""外来工体检"等项目的影响力较大，受到群众好评和欢迎。

(3) 公益创投品牌影响力不断加大。人民日报、新华网、广州日报、南方日报、羊城晚报、新浪网、凤凰网等多家媒体每年均对广州社会组织公益创投活动进行跟踪报道，并产生积极的社会影响，带动更多政府部门、市场主体、社会组织参与公益创投，得到上级部门肯定和广大群众支持。广州市社会组织公益创投活动被评为"广州市社会创新优秀试点项目"，荣获2014—2015年度广东省政府治理优秀案例。

(4) 有效营造公益慈善理念氛围。组织编写广州市社会组织公益创投实践探索图书《创新·创意·创投》，印制公益创投画册《镜头捕捉感动 照片记录公益》，创作录制公益创投主题曲《益路同行》，广泛宣传公益慈善理念，宣传项目内容，放大创投效应，营造公益氛围。

广州市社会组织公益创投活动多措并举，不仅打破了政府向社会组织购买服务的单一思维，更打造了"政府+企业+社会组织"三部门联手推动共创共投的新模式；不仅是一场活动，更是让社会组织、爱心企业真正承担社会责任、参与社会治理的新探索。

思考题：
1. 广州市在公益创投中如何处理政府与社会之间的关系？
2. 在广州市公益创投案例中，政府如何实现社会组织管理的制度性创新？

第3章 社会组织运行管理

社会组织的运行管理是指对社会组织运行过程的计划、组织、实施和控制，是社会组织各项具体管理工作的总称。一个社会组织的成功运营，首先要确立正确的发展方向，确立所有成员都认同和珍惜的目标和使命，在社会组织运行的各个阶段制订具有可操作性和可执行性的计划和战略规划。不同类型社会组织的利益相关者之间的关系形成不同的治理结构，社会组织内部的权力机构、决策机构、执行机构和监督机构相互独立、相互制约、相互配合，能够实现组织决策科学化、经营行为正当化这一治理目标。社会组织结构设计是在运行管理的基础上确立社会组织内部的基本构架，即确立社会组织内部的各构成要素及其排列组合方式。社会组织是开放的系统，在与外界环境的相互作用中得以发展，科学地运用环境分析方法和环境策略考察社会组织的外部环境，对提高社会组织的运行效率和管理水平具有重要意义。

3.1 社会组织的战略规划

社会组织目标的实现，需要在明确界定使命的基础上提出社会组织的战略规划。社会组织的战略规划是社会组织所确立的战略性的计划，是社会组织在一定时期内需要关注的一些重要、独特、明确的目标。

3.1.1 社会组织的目标和使命

根据肯尼斯·安德鲁在《公司战略思想》一书中对战略的阐释，社会组织的战略可以理解为社会组织的目标、意图或目的以及为了达到这些目标而制定的方针和计划的一种模式。彼得·德鲁克在《新现实》中提出管理的首要任务是创建组织目标。为组织创建目标和使命是社会组织战略的第一步。成立并成功运行一个社会组织，首先需要确定该组织的目标、使命、愿景、口号和价值观。

1. 目标(Objective)

组织的构成要素包括组织成员、财政经费、物资设备等物质要素和组织目标，以及权责结构、人际关系等精神要素。精神要素中最为核心的是组织目标,组织目标决定组织的性质和活动范围。例如,政府的目标是追求社会公共利益最大化;企业的目标是追求股东利益最大化;社会组织不以营利为目的,而以追求社会公共利益或者组织成员的共同利益为目标。不同的社会组织由于目标的不同,可以分为不同的类型。环保基金会等公益型社会组织追求社会公共利益;行业协会等互益型社会组织以满足会员利益为目标;民办医院、学校、养老院等社会服务机构提供专业化服务,以满足目标群体的需求为目标。肯·布兰查德指出,目标就是一个"有完成日期的梦想",目标陈述有时候会包含在使命陈述中,从而清晰地指出该组织"将在何时、如何达成任务"。①目标陈述就是通过描述组织的活动安排和项目计划实现组织的使命。

2. 使命(Mission)

社会组织的负责人如同船长,必须知道两件事:一是船将要开往何处;二是船如何才能到达目的地。用管理学的语言表达,前者是社会组织的使命,后者是社会组织的战略规划。使命是组织存在的目标和理由。使命是用简洁、明确、容易记忆的语言描述组织的目标,使命能够让人们知道该组织是做什么的、该组织之所以存在的原因是什么、该组织相比其他组织的核心优势体现在哪里。顾客、捐助者、志愿者等公众通过对社会组织使命的了解,能够明确知道该组织存在的价值和意义,从而选择该组织作为服务提供者、捐助对象或者加入该组织。社会组织在创建和成立之初,需要对自己的使命有清晰明确的表述。有了明确界定的使命才会有明确界定的目标,使命是社会组织成败的关键,甚至原本岌岌可危的社会组织在彻底检讨自己的使命之后,可以重新焕发生机和活力。

女童子军协会创建于1912年,是世界上最大的女童组织。该组织强调女性领导,培养女孩品德,树立女孩信心。一百多年前妇女在美国社会处于弱势地位,很少有妇女受过高等教育,也没有选举权,她们都把幸福寄托在婚姻家庭上。创始人朱丽叶·洛夫人的失败婚姻让她产生一个念头:何不把女孩子们都组织起来,教她们工作技能和独立精神,让她们成为"积极的公民"?该组织最初在佐治亚州创建时,只有18个女孩。1927年洛夫人去世时,该组织的人数已达167 925人。该组织的总部设在纽约,目前有300多个分会,约有370万名女孩会员和八九十万名成人会员。在美国到处都可以看到穿制式服装的女童子军的身影。女童子军每月定期聚会,学习各种生活常识,做些手工艺品,参加唱歌、体育活动或游行。女孩子们通过这些活动接触社会,既能克服胆小害羞的毛病,也能体会营生的艰辛和乐趣。女童子军是非营利组织,活动经费多靠自筹。卖饼干活动是筹集经费的主要方式,每年能带来大约7亿美元的收入。然而,当弗朗西斯·赫瑟尔本接任美国女童子军协会全国秘书长时,正值组织的业务逐渐走下坡路。这个组织的多数成员来自白人中产阶级家庭,由于当时美国已转型为一个多元文化的社会,所以不管是在吸收新会员还是在寻

---

① [美]詹姆斯·P.盖拉特.非营利组织管理[M].北京:中国人民大学出版社.2013:28.

找志愿者领袖时都遇到许多困难。于是，赫瑟尔本自问："美国女童子军协会的核心业务应该是什么？究竟谁是我们服务的对象？她们所重视的价值是什么？"为了解答这些问题，赫瑟尔本重新思考美国女童子军协会的定位。她认为，美国女童子军协会既非一个争取女权的团体，也非一个有宗教信仰或以专门兜售物品为业的廉价劳力组织，而应该是一个"帮助女孩或年轻妇女发挥潜能"的组织。赫瑟尔本认定这就是组织的使命所在。以这个明确界定的使命为焦点，赫瑟尔本提出了新的战略规划，为美国女童子军协会构思了许多新的工作方向和计划，并在相当短的一段时间内，使该协会得以重整旗鼓，蓬勃发展为一个十分成功的社会组织。

3. 愿景(Vision)

愿景是社会组织对未来发展蓝图的勾勒。组织愿景的规划，是指运用想象力描述整个组织未来希望达成的目标，带有"乌托邦"的色彩。愿景陈述能够引导组织成员对组织未来发展的憧憬，激发组织员工、领导者、志愿者、捐助者的热忱，增强组织凝聚力。因此，愿景陈述应该使用积极肯定的语气，敢于想象，勇于冒险。愿景陈述少则数百字，多则数千字，而使命陈述是将愿景陈述浓缩为短短数十字的具体说明，其中某些部分还可以被拣选出来成为战略目标。[①]

4. 口号(Slogan)

组织的使命可以提炼、浓缩为读起来朗朗上口、富有押韵、易于记忆的一句话或几个词，那就是口号或者标语。

5. 价值观(Value)

价值观是对组织利益相关者(理事会、员工、顾客、捐助者、公众、志愿者等)的伦理维度的描述，有时也称之为组织原则。价值观陈述通过描述组织的规则或程序来引导组织的活动，如表述为"透明度""可持续性"等。

下文是一些著名社会组织的使命、愿景、价值观等陈述。

1) 自然之友

愿景：在人与自然和谐的社会中，每个人都能分享安全的资源和美好的生活。

使命：建设便于公众参与环境保护的平台，让环境保护的意识深入人心并转化为自觉的行动。

价值观：与大自然为友，尊重自然万物的生命权利；真心实意，身体力行；公民社会的发展与健全是环境保护的重要保证。

2) 世界自然基金会(WWF)

使命：Our mission is to conserve nature and reduce the most pressing threats to the diversity of life on earth.我们的使命是保护大自然，减少对地球生命多样性最紧迫的威胁。

愿景：Our vision is to build a future where people live in harmony with nature.我们的愿景

---

① [美]詹姆斯·P. 盖拉特. 非营利组织管理[M]. 北京：中国人民大学出版社，2013：15.

是建立一个人与自然和谐相处的未来。

口号：For a living planet. 为了我们生存的星球。

3) 布鲁明顿医院(Bloomington Hospital)

使命：Bloomington Hospital exists to provide comprehensive, high quality, cost-effective and caring services to the people in South Central Indiana. 为美国印第安纳州中南部的人民提供全面、高质、高效和贴心的服务。

愿景：The vision of Bloomington Hospital is to be the provider of choice as the regional referral center(地区转诊中心) for South Central Indiana. We will strive for clinical excellence and to exceed the expectations of those we serve. This will be accomplished by facilitating a full continuum of serving through innovation, technology and collaborative partnerships. 布鲁明顿医院的愿景是成为印第安纳州中南部区域转诊中心的首选供应商。我们将努力争取临床卓越，并不断超越我们所提供服务的期望。我们将通过创新、技术和合作伙伴促进完整、连续的服务来实现我们的目标。

价值观：Excellence: We do our best at all times and look for ways to do even better. 优质：在任何时刻都尽我们所能做到更好。

Trust: We can count on each other. 信任：我们彼此依赖。

Mutual Respect: We treat everyone with respect and compassion. 尊重：我们怀着敬意和怜悯之心对待每一位患者。

Accountability: We accept responsibility for our action, attitudes and mistakes. 责任：我们为自己的行为、态度和过错负责。

3.1.2 社会组织的计划与战略规划

组织的成立是为了达成目标，而计划是迈向目标的道路。社会组织目标的实现，需要在明确界定使命的基础上提出社会组织的战略规划(Strategic Planning)。社会组织的战略规划就是组织所确立的战略性的计划，是组织在一定时间内需要关注的一些重要、独特、明确的目标。然而，很多社会组织却不愿意制订计划和战略规划，主要出于三个方面的原因：一是没有意识到计划的必要性。有些组织认为自己的组织使命很简单，没有确立缜密计划的必要性；有些组织认为自己的财物状况稳定，没有制订计划进行筹资的压力；有些组织认为战略规划是企业的行为，只有企业才需要通过计划去应对外部环境、市场压力和潜在竞争者。二是觉得没有能力制订计划。有些组织认为自己的员工和资源有限，日常工作压力已经很大，没有时间和精力去制订所谓"缥缈"的计划；有些组织害怕甚至抵触组织变革，拒绝通过制订计划对组织进行调整和改变；有些组织内部观点存在分歧，或是核心的利害关系者反对改变现状，认为组织目前能做的就是维持原状而不是制定未来的战略规划。三是曾经制订的计划失败了。计划失败的原因很多，有些组织只将计划做成"愿望清单";有些组织的计划没有考虑所有利益相关者的诉求,在执行过程中遭到某些利益相关者的抵触;有些组织的计划没有考虑现实情况和环境的变化;有些组织的领导或一线员工怠于履行既定的计划;有些组织的计划不具有可执行性,虽然经历了一切应有的运作流程,具有一些战略规划的表象,但这些计划的实质性内容少,无法有效地执行。

社会组织在制订计划时,应考虑4个方面的问题:①该计划是否与组织使命相吻合?如果不吻合,应该放弃该计划。②该计划是否与组织的工作重点相一致?假如不是,将不考虑该计划或者做较低优先权的考虑。③该计划是否有市场价值?④组织是否有足够的资源来执行该计划?当前的预算如果不足以运作该计划,是否有其他资金可以被动用或者可以争取特别经费?组织是否有足够的人力资源来执行该计划?可以采用评分的方法,用1~5分来测量,分值高的计划表示值得考虑,而分值低的计划则无须花太多时间考虑。

联合劝募会(United Way)面临其他社会组织降薪的压力和挑战,全国家园建设协会(National Association of Home Builders)曾遭受房屋价格飙升及形象受到质疑的压力。为了减轻压力,这两个组织特别重视战略规划,都发展了一套全国性的战略规划发展模式,并有效指导自己在各州及地方的合作伙伴如何制订战略性计划。为什么联合劝募会和全国家园建设协会能够成功,而不少组织却失败了呢?原因就是这两个组织致力于计划的过程,建立一套能有效执行并能达到预期目的的战略规划。①

社会组织制订的计划并非都是战略规划。计划包括战略性计划和操作性计划。战略性计划即战略规划的范围较为特定,通常是集中组织里的资源专注于特定时间范围内的几项特定目标。操作性计划也称为行动计划,根据战略规划向下展开,并分割成每月、每周甚至每日的行动。社会组织制订的计划根据时间不同,可以分为10~30年、5~10年、3~5年、1~3年不同周期的计划(见表3-1)。社会组织战略规划的周期一般为3~5年,在明确界定组织使命的基础上,根据环境特征,集中组织资源确立组织的重点目标。

表3-1 理解社会组织不同周期的计划

时间	10~30年	5~10年	3~5年	1~3年
目标	确立组织的核心意识形态,描述组织"乌托邦"式的未来蓝图	对组织未来发展的设想	建立在组织使命和环境变化的基础上	具体涉及组织业务、营销等方面具有可操作性和策略性的计划
内容	组织愿景	组织使命(通常每年审查)		包括计划实施的目的、行动步骤、任务分配、完成期限和财政计划等
性质	长远计划	中长期计划	战略规划	短期计划(可评估和测量的行动纲领)

社会组织制定的战略规划通常应包括以下几项内容:①计划周期(通常为3~5年);②组织的使命和价值观;③环境扫描(例如SWOT分析);④目标;⑤实现目标所要开展的主要项目;⑥组织资源需求以及保证组织资源的计划;⑦组织的人力资源安排;⑧绩效评估

---

① [美]詹姆斯·P. 盖拉特. 非营利组织管理[M]. 北京:中国人民大学出版社,2013:24.

(如何测量计划执行的结果)。

制定社会组织战略规划可以分为三步：首先要确定战略目标，然后制定战略规划，最后对制定好的战略规划文本进行评估、审批和修改。确定战略目标是指对社会组织的现状进行分析，最常见的是进行SWOT分析，分析组织的优势(Strengths)、劣势(Weaknesses)、机遇(Opportunities)和威胁(Threats)。基于分析的结果进行判断，例如在未来3~5年内如果组织不进行变革，要考虑组织的会员、捐助者等利害关系者是否满意，如果满意就保持现状不做变革，如果不满意就要考虑在目前分析结果的情况下，组织可以对内部做哪些变革，再分析组织可以对外部做哪些变革，将内部和外部变革所导致的结果与不变革的结果进行比较，寻找变化和差别，再考虑这些变化和差别是否能使组织的利害关系者满意。最后再决定是否变革，怎样变革，并确定变革的目标。当组织决定变革，而且考虑好怎样变革后，就把这些变革的决定写成正式的文件，这就是组织战略目标。根据确定好的社会组织战略目标，按照以下步骤制定社会组织战略规划：①战略环境的分析和预测。我们长期工作在一个社会组织里，自认为对组织周围的环境很熟悉，却往往无法准确地回答组织所处的环境特征以及在此环境中的经营特征。制定社会组织战略步骤的第一步是分析社会组织的宏观环境，对社会、经济、政治、文化等各个领域现在或将来可能发生的情况进行分析和预测，寻找、识别并把握组织的发展机遇以及可能出现的障碍。②制定目标。这里的目标和前文提到的战略目标有所不同。战略目标是组织要做何变革，怎样做变革，通过变革想要达到什么结果，这些描述是定性的、非可量化的目标。这里的目标应该是可评估、可测量的目标，例如市场份额要达到多少，筹款数额要比上一年度提高多少个百分点，组织运作成本要降低多少，等等。③确定战略执行过程中的重点。在诸多工作计划中，确定哪些符合组织的工作重点。④制订行动计划并划分阶段。⑤制定实施战略的措施。例如，要制定资金和其他资源的分配方案，要选择执行过程的测量、审查及控制方法。制定好战略规划后，将文案形成文件交给理事会或会员大会进行审查和批准，如果被退回来则要做必要的修改。

3.2 社会组织的治理结构

社会组织治理与公司治理相似，需要通过一套包括正式的或非正式的、内部的或外部的制度来协调组织与所有利益相关者之间的利益关系，以保证组织决策的科学化，进而最终维护组织各方面的利益。会员制和非会员制的社会组织，其治理结构不同。良好的社会组织治理结构，可以为组织管理提供良好的平台，进而为组织开展管理、实现组织目标创造条件；同时，社会组织治理需要相应的管理配合从而形成最终效益，因此，应正确认识社会组织治理和社会组织管理的联系和区别。

3.2.1 治理的概念

英文中的"治理"(Governance)源自拉丁文和希腊语"Gubernare",原意是控制(Rule)、引导(Guide)和操纵(Steer),长期以来它与"统治"(Government)一词交叉使用[①],主要用于与国家公共事务相关的管理活动和政治活动。治理的基本含义是指在一个特定的范围内运用权威维持秩序,目的是在各种不同的制度关系中运用权力去引导、控制和规范公民的各种活动,以最大限度地增进公共利益。[②]

1989年,世界银行首次使用"治理危机"一词,从此"治理"一词被广泛运用。"治理"可以发生在社会各个层次上,"同时涉及公共部门和私人部门的行动者"[③],行使治理的组织可以是政府、企业和社会组织等。治理理论通常分为两个层次:一是国家层次,即强调政府与公民、国家与社会的合作;二是组织层次,最突出的是关于公司治理的讨论,其实质是公司相关利益者对公司管理的参与和监督。公司治理从思想渊源上看,最早可以追溯到亚当·斯密在《国富论》中提及的代理问题。1937年,Berle和Means合著的《现代公司与私有财产》引起经济学家、管理学家对公司治理问题的广泛关注。1975年,Williamson提出"治理结构"概念。到20世纪80年代初,经济学文献中开始出现"公司治理"概念,并在西方经济及管理学界逐步形成比较完整的公司治理结构理论。Phlip L. Cochran和Steven L. Wartick在《公司治理——文献回顾》一文中指出:公司治理问题包括高级管理阶层、股东、董事会和公司其他利益相关者相互作用中产生的具体问题。公司治理是一个多角度、多层次的概念,是指所有者主要是股东对经营者的一种监督与制衡机制,即通过一种制度安排,来合理地配置所有者与经营者之间的权利与责任关系。公司治理的目标是保证股东利益的最大化,防止经营者对所有者利益的背离,其主要特点是对由股东大会、董事会、监事会及管理层所构成的公司治理结构的内部治理。现代公司治理的概念不断延伸,不局限于股东对经营者的制衡,而是涉及广泛的利益相关者,包括股东、债权人、供应商、雇员、政府和社区等与公司有利益关系的集团。总之,公司治理是通过一套包括正式的或非正式的、内部的或外部的制度或机制来协调公司与所有利益相关者之间的利益关系,以保证公司决策的科学化,从而最终维护公司各方面的利益。

公司治理的有关理论与实践在范围上自然覆盖社会组织,原因在于:①许多社会组织同公司一样具有法人的法律地位,在大陆法系下有财团法人和社团法人,在英美法系下体现为非营利公司。"Corporate"一词兼有"公司"和"法人"的含义,"Corporate Governance"既可以译成"公司治理",也可以译成"法人治理",既包括企业法人治理,也包括非营利法人治理。②社会组织存在委托-代理问题,需要通过建立一套既分权

---

① Jessop B. The Rise of Governance and the Risks of Failure: The Case of Economic Development[J]. International Social Journal, 1998, 155: 29-45.

② 俞可平. 治理与善治[M]. 北京: 社会科学文献出版社, 2000.

③ The Commission on Global Governance, http://en.wikipedia.org/wiki/commission_on_Global_Governance.

又能相互制衡的制度来降低代理成本和代理风险，从而实现社会组织的目的和使命。

治理不同于管理，彼得·德鲁克认为，管理是一种以绩效、责任为基础的专业职能。社会组织治理是组织运作的一种制度安排，目的是引领组织发展方向。而社会组织管理是在这种基本的制度安排下通过计划、组织、控制、指挥、协调等功能的具体实施来实现组织的目标。应该说，如果一个组织有一个良好的组织治理结构，那么就为组织管理提供了一个很好的平台，从而为组织开展管理、实现组织目标创造了条件。反之，再好的组织治理如果没有相应的管理做配合，那么组织治理也只是一个空架子，不能形成最终的效益。

治理和管理的具体区别：①目标不同。虽然治理和管理的终极目标一致，即社会组织治理基本目标的实现最终是为了实现组织的经营管理目标；但社会组织治理的目标是为了实现权责的合理安排和制衡，而社会组织管理的目标是实现组织经营的目标，实现组织社会效益最大化。②主体不同。社会组织治理的主体是内部和外部利益相关者，包括会员、理事会成员、员工、志愿者、捐助者、客户、公众等，他们参与社会组织治理，维护各方利益；社会组织管理的主体是经营者，主要是执行长(秘书长、总干事)和员工，他们针对秘书处日常管理问题进行日常决策。③客体不同。社会组织的资金来自会员会费、公众捐赠或政府财政，因此社会组织的治理客体包括两个层次：一是在会员制的社会组织中，会员大会对理事会的治理，或者在非会员制的社会组织中，公众对理事会的治理；二是理事会对经理层(秘书处)的治理。社会组织管理的客体是指社会组织在服务、营销和人事等方面的具体管理活动。④实施基础和稳定性不同。社会组织治理通过内外部的显性、隐性契约来实现，其治理结构在一段较长的时间内会保持相对稳定；社会组织管理主要通过行政权威的关系来实现，会随着市场和宏观政策的不断变化调整相应的管理方法和决策机制。

3.2.2 社会组织内部治理结构[①]

根据权力分工和效率优先的原则，在社会组织内部，决策机构、执行机构和监督机构相互独立、相互制约、相互配合，组成特定的内部组织结构，能够实现组织决策科学化、经营行为正当化这一治理目标。这种管理组织不仅因组织类别、组织规模、组织环境等因素的不同而存在一定的差异，也会由于管理组织能力的不同而造成管理效率的差别。这种管理组织的差异和管理能力的差别最终表现为社会组织运行效率的不同。因此，社会组织治理结构是一种科学的管理模式，是组织的特殊管理形式。社会组织治理结构就是法定组织结构与管理组织机构的整合，法律体系上的组织结构是基础和保证，是一种"正义性"的规范，管理组织的运行状态是关键和核心，是一种"效率性"的根源。很显然，虽然具有相同的法定治理结构，不同的社会组织却表现出不同的治理效率，因此既要通过政府颁布一整套法律和条例的方式对社会组织治理结构进行制度安排，以符合社会正义性和公益性要求；又要考虑因外生参数改变而可能存在各种不同的"特殊契约"，在法律法规框架

---

① 徐晞. 我国非营利组织治理问题研究[M]. 北京：知识产权出版社，2009：40-50.

内通过组织章程和一系列具体合同来提高组织运行效率。

1. 会员大会

会员大会只存在于会员制的社会组织中，如大陆法系国家注册的社团法人以及我国法律规定的社会团体法人。会员大会由全体会员组成，为组织的最高权力机关，享有组织中重大事项的决定权，例如变更章程、任免董事、社团解散等。会员大会仅是组织的意思机关，并非执行机关或代表机关，其决议必须由其他机关予以执行，也不能直接代表组织对外进行法律行为。

社会组织中的非会员制组织，如基金会以财产为组织成立的基础，组织设立完毕，社会捐助或国家出资的财产转移给基金会后，设立人便与组织脱离关系，组织按设立人所确定的章程或遗嘱独立运作，设立人并非组织的"会员"，既然组织中无会员存在，当然不可能有由会员组成的会员大会。

2. 理事会

Chandler & Plano主编的《公共管理词典》对理事会的定义是：理事会是由三个或以上的理事所组成的多头管理组织，并根据集体责任的形式履行领导统御的职能。社会组织没有所谓"股东"的存在，因此理事会的地位尤为重要，在大陆法系国家无论是社团法人还是财团法人，在我国无论是社会团体、基金会还是社会服务机构都必须设立基金会作为组织的法定决策及监督机构。理事会是社会组织的决策核心和权力中枢，英文表达为"Board"，也被翻译为董事会，一般在社会团体中被称为理事会，在社会服务机构中被称为董事会，在基金会中有的称理事会，有的称董事会。理事会的职能表现在对内和对外两个方面。对内管理职能包括决策制定；任免、监督和评估执行人员；规划组织目标；预算与财务监督；充当组织内部冲突的最终裁决者等。理事会的对外联系职能也称代表职能，包括提升组织的公共形象、对外募款、与政府主管机关建立良好的关系等，从而建立社会网络，为组织发展营造良好的外部条件。许多学者认为，在我国理事会并非主要发挥决策和领导的职能，对内主要发挥的职能是审核、批准政策以及监督与评估工作计划及其执行情况，对外最有效的职能是对外联络和争取资源以及建立社会网络的职能；组织的真正决策者往往是少数几位常务理事、执行理事或秘书长。[①]

为贯彻理事会决议，社会组织会在理事会中挑选一名德高望重并热爱组织的人担任理事长。理事长以社会组织领导者的身份承担组织成败的职责，并作为理事会与执行长(秘书长)接触的关键点，在执行长的协助下，决定理事会与执行委员会的开会议程和相关策略，定期与执行长联系，探讨现有议题与活动，评估工作进度以及提供所需的变革方案。[②]

为了有效管理社会组织的运行，可以依照功能专门化的理念和提高理事会效率的目

---

① 王名. 非营利组织管理概论[M]. 北京：中国人民大学出版社，2002：72.
② Pfeffer J. Size. Composition and Function of Hospital Boards of Directors: A Study of Organization-Environment Linkage[J]. Administrative Science Quarterly，1973，18(3)：349-364.

的，在理事会下设立各种专门委员会，以提高理事之间沟通和协商的专门化和咨商效率。专门委员会的名称及数目视组织规模及服务性质而定，如执行委员会、提名委员会、审计委员会、薪酬委员会、资源委员会等。执行委员会是具有由章程规定的具体权力的委员会，当不能或者没有必要召开全体理事会会议的时候，执行委员会能代表理事会来行使权力。但无论如何分工，决策的最终裁决权仍由理事会决定，理事会是整个组织的领导核心，由下设的执行委员会负责统筹全体理事的决议、议程的设定以及安排各委员会的相关事宜，其成员大多由各专门委员会的主席出任。总之，各专门委员会应是理事会职能的延伸和理事会责任的分工，不应取代理事会和干涉社会组织正常活动。

3. 监事会

监事会是社会组织的专职监督机关，基本职能是以出资人代表的身份监督理事和执行人员的经营活动，以财务活动为重点，确保理事及执行人员正确、有效地行使职权，而不是滥用职权，对于违反法律法规、组织章程及损害组织利益的行为，监事会有权要求纠正。会员制社会组织的监事会一般为组织的任意机关，在许多大陆法系国家，在公司治理结构中扮演重要角色的监事会在社会组织治理结构中却成为非必设的机关；在英美法系国家，如同公司不设置监事会，其会员制社会组织一般也不设监事会，由理事会下的审计委员会或独立会计师对公司财务实施监督。另外，首席检察官制度[①]、报告和披露制度也在监督社会组织方面发挥重要的功能。在我国，法律对会员制的社会团体是否应设立监事会没有强制规定，而规定对于基金会和社会服务机构这类非会员制社会组织必须设立监事会，监事任期与理事任期相同，并且对监事的任职资格和议事规则都做出规定。由于非会员制社会组织多以公益为目的，而没有会员和会员大会作为内部的制衡机制，所以独立的监事会的设置显得尤为必要。

4. 管理层

管理层是社会组织理事会的执行机关，负责贯彻落实组织既定方针，处理日常业务。会员制的社会组织管理层一般以秘书处的形式表现。管理层的最高负责人是执行长，一般称为秘书长或总干事，在社会服务机构中被任命为学校校长、医院院长等，由理事会任命，向理事会报告并负责。执行长就其职能而言，类似公司治理结构中的总经理，是社会组织相关资源的直接看管人，是社会组织的行政主管和日常工作负责人。执行长的主要职责是作为理事会的意志执行者贯彻理事会的决议，作为受雇职员的行政主管引领整个组织，可以说，执行长是理事会与社会组织职员间的桥梁。一般而言，执行长的权限包括经营活动的决策和管理权、理事会决议执行实施权、组织内部机构设置方案拟订权、组织基

---

① 首席检察官是作为公众的代表来保障慈善信托或者社会组织宗旨的实现。普通法所规定的首席检察官义务其实体现了一种公众期望，对于公益信托来说，应该严格按照公益目的运作，有必要使公益目的财产本身具有生产力，防止受托人出于非正当目的或者为了自身利益而使用这些财产。

Marion Fremont Smith. Trends in Accountability and Regulation of Nonprofits[M]. The Future of the Nonprofit Sector, 1989.

本管理制度和规章制定权、工作人员的人事权等。执行长与理事会的互动关系有效影响着组织的运作与发展，理事会的功能是否得到发挥在相当程度上受到组织的全体行政人员特别是执行长行为的影响。

在社会组织的内部治理结构中各治理主体的关系表现为：会员制社会团体的会员大会是组织的最高权力机关，任免和监督理事会和监事会，理事会和监事会对其负责并报告工作；非会员制的基金会和社会服务机构没有会员大会，理事会既是组织的最高权力机构又是最高决策机构，一般必须设有监事会，监事会对理事会实行监督职责，董事会及时向监事会反馈有关情况；理事会任免和监督执行长，理事长是理事会的代表，是组织的最高责任者，执行长是理事会任命的最高行政长官，是组织业务最高执行者和组织最高行政长官，理事长和执行长分别在各自职责范围内对理事会负责并报告工作；理事长代表理事会对执行长进行任免、命令和指挥，执行长向理事长反馈经营情况并对相关政策提出建议；理事会下设执行委员会等专门委员会，执行委员会负责统筹全体理事的决议、议程的设定以及安排各委员会的相关事宜，其成员大多由各专门委员会的主席出任，理事长对各专门委员会主席享有命令和指挥的权力；执行长与组织中各受雇职员之间是直接隶属的命令指挥关系；各专门委员会主席和受雇职员没有直接的隶属关系，但有相互沟通、咨询、建议和提供资源的关系。

3.3 社会组织的结构设计

社会组织结构是指社会组织内部的各构成要素及其排列组合方式。组织层次和管理幅度直接影响社会组织的结构，是社会组织结构的两个基本范畴，共同构成社会组织结构的基础。社会组织应根据组织目标和性质特征以及一定时期内组织所处的具体环境和各种影响因素来综合选择不同的组织结构模式。社会组织结构的设计是社会组织依据一定的理论和原则对社会组织结构及其功能进行规划和确立的过程，通过对社会组织的各个要素进行合理配置，协调各个机构、部门之间的职能，以达到组织高效运作的目标。

3.3.1 社会组织结构的概念

"结构"一词最早是生物学和建筑学中的概念，是指构成一个系统的诸多要素之间的、科学的特定安排。伴随管理学的兴起，结构的概念也被引入管理学中来，作为组织分析的一个基本概念。1978年，诺贝尔经济学奖获得者赫伯特·西蒙指出："有效开发社会资源的第一个条件是有效的组织结构。"大自然中有很多关于结构的有趣例子，而这些例子都能给我们带来管理学上的启发。例如，石墨、金刚石、富勒烯都是由碳原子构成，碳原子的排列组合方式不同，因此结构不同，产生了性能完全不同的物质。这种同素异构现象能够很好地说明结构对功能的决定性。同样，社会组织各构成要素排列组合形成不同的结构，组织结构的科学合理与否决定组织运转效率的高低。再如，人体206块骨头组成的骨架在人体中起支撑、保护的作用，正是因为有了骨架，消化系统、呼吸系统、循环系统才能发挥正常的生理功能。人体的骨架是天然形成的，而社会组织结构是管理者有意识创造的。组织能否生存与发展，能否达成目标，在很大程度上取决于这种人造结构的合理性和完善性。

所谓社会组织结构，是指社会组织内部的各构成要素及其排列组合方式。它包含两个层面的意思：一是社会组织由哪些要素构成；二是社会组织各构成要素间的排列组合关系。构成要素相似，组合方式不同，也会形成不同性质、不同运作效率的社会组织。社会组织各要素包括组织成员、财政经费、物资设备等物质要素和组织目标、权责结构、人际关系等精神要素。综合这几种要素，其核心就是组织成员、组织目标和特定的权责关系。本节所要研究的社会组织结构主要是研究社会组织成员如何按照组织目标的要求，结成一定的权责分工关系。在社会组织管理活动中，良好的组织结构是实现组织目标、提高管理效率的物质基础。本节所研究的"结构"是建立在社会组织管理基础之上的，不同于本章3.2节所介绍的各利益相关者之间形成的"治理结构"。

3.3.2　社会组织结构的基础

为了管理的方便，社会组织从上到下设有若干层级，结构呈金字塔形，这种上下层级关系有序的构成形式，是社会组织的纵向结构，比如社会组织内部按照行政级别的不同所形成的工作层次关系。为了适应社会组织管理的专业化和技术化，社会组织内部的分工越来越细，这种横向分工构成社会组织的横向结构，即社会组织的部门化。部门化是同级社会组织之间平衡分工的构成形式，实质上是对社会组织管理职能目标的分解，也是一种分权。

组织层级与管理幅度是社会组织结构的两个基本范畴，共同构成社会组织结构的基础。组织层级构成组织的纵向结构。社会组织层级结构是指社会组织纵向上的等级数目和等级间的关联，以组织人员劳动的垂直分工和社会组织权力的等级属性为基础。管理幅度则构成组织的横向结构。社会组织幅度结构是指一名社会组织主管人员所能直接领导、指挥、监督的下级的数量与范围。正因为组织层级与管理幅度的纵横结合，才构成社会组织的完整结构。

任何一个组织都有一定的规模，由若干成员组成，一名管理者所能有效管理的人数是有限的，这样就不得不通过增加组织层级来实现有效管理。一般来说，组织规模越大，其组织层级也就越多。在组织规模一定的情况下，组织层次与管理幅度一般成反比，较大的管理幅度意味着较少的组织层级；相反，较小的管理幅度意味着较多的组织层级。

组织层次和管理幅度直接影响组织的结构,组织层次多、管理幅度窄的社会组织形成尖形结构或直式结构(集权型结构);反之,形成扁平结构(分权型结构)。直式结构的优点表现为管理严密、分工明确、上下级易于协调。然而,直式结构的缺点也显而易见:由于层级较多,需要更多从事管理的人员,管理者彼此之间的协调工作也相应增加,相互扯皮的事会层出不穷;组织层级增多,会增加管理成本,耗费更多的时间、金钱和精力;随着组织层级的增多,还会使上下级的意见沟通和交流受阻,最高层主管人员所要求实现的目标、所制定的政策和计划,在层层传达到基层之后意思被曲解;组织层级较多,上层管理者对下层的控制越困难,同时下属可能会由于管理较严密而失去主动性和创造性。扁平结构的优点是有利于缩短上下级距离,密切上下级关系,信息纵向流通快,管理成本低,而且由于管理幅度较大,被管理者有较大的自主性和积极性。扁平结构的缺点是不能严密地监督下级,致使直接上下级间的协调较差;由于管理幅度加大,也增加了同级间相互沟通联络的难度。扁平结构由于管理幅度较大,多利用多功能、跨等级的团队来进行工作,组织的正规化程度较低,员工参与决策的程度较高,是一种分权型结构。

影响组织层次与管理幅度之间关系的主要因素有:①管理幅度和管理者所处的层次。社会组织结构在纵向上一般可分为高层、中层、基层。高层组织处于核心地位,其职能是从事决策、计划、协调等工作,采用宏观管理的方式,可以有较大的幅度;中层组织处于中介地位,能够上传下达,既有决策,又有执行,其管理幅度应当小于高层组织;基层组织起执行作用,其职能是从事大量的、具体的事务性处理工作,其管理幅度小于中层。②工作性质和工作内容的难易程度。如果所管理的工作有较大的稳定性、常规性,则管理幅度可适当加大,管理层次适当减少;如果管理的工作比较复杂,而且极不稳定,则应当缩小管理的幅度,适当增加管理的层次。③组织成员的素质水平。如果组织成员即被领导者素质高、能力强,能独立胜任工作,领导者的管理幅度可适当加大,管理层次适当减少;反之,应当减少管理幅度,增加管理层次。④领导者素质的高低。领导水平与管理幅度成正比。能力强、水平高的领导者的管理幅度可适当加大,管理层次减少;相反,应当减少管理幅度,增加管理层次。⑤集权、分权与授权程度。集权型组织的权力主要集中在上级机关,使上级机关的工作量增加,故管理幅度不能太大,其层次必然要增加;分权型组织中,上级机关集中管理大事,具体事务较少,因此管理幅度可加宽,管理层次可减少。其次,组织内部如果能充分授权,领导者比较超脱,则管理幅度可增大,管理层次减少;反之则减少管理幅度,增加管理层次。⑥管理信息系统和技术的先进程度。管理信息系统和技术设备先进,可以加大管理幅度;反之,减少管理幅度,增加组织层次。

3.3.3 社会组织结构的类型

1. 直线式结构

直线式结构是指在组织中权力从组织上层流向基层,组织中每一位主管人员对其下属有直接的命令权。直线式结构的特点：一切权力集中在组织的最高层，行政命令按照垂直方向自上而下逐级传达；同一层次的机构和成员之间不发生任何领导关系，有关信息沿着垂直线上下传递。直线式结构的优点：结构简单，关系清晰，权限责任明确；政令统一，行动及时，行政有序，决策快，效率高。直线式结构的缺点：缺乏专业化分工，下级一切问题都必须向上级请示，领导日理万机，容易陷入日常事务当中，难以集中时间和精力思考规划组织中的重大问题；权力集中，且受专业、个人素质的影响，难以保证领导、决策、指挥不出现失误；信息只沿上下直线传递，对左右协调、沟通不利；这种传统的金字塔形组织结构，容易使下属产生依赖心理，同时要求下属绝对服从，也会引起下属反感。直线式结构一般适用于规模小、活动内容简单、工作程序少、同级单位较少合作的组织，对行政主管的能力要求较高。

2. 职能式结构

职能式结构是在上级组织的领导下，按专业分工设置若干职能部门，各个职能部门直接对上级领导负责，并在其业务范围内对下级有指挥、协调、监督、控制的权力。职能式结构的特点：采用按职能分工实行专业化的管理办法来代替直线式的全能管理，在上层主管下面设立职能机构，把相应的管理职责和权力交给这些职能部门。职能式结构的优点：实行专业化行政分工，各级管理者可以利用自己的专业特长和技能，有效地处理比较复杂的问题；减轻行政主管的负担，使其有更多时间和精力从事重大的行政决策。职能式结构的缺点：容易形成多头领导，容易造成政出多门的混乱局面，容易妨碍统一的行政指挥；各职能机构容易仅从各自专业和部门利益出发，同级之间不能很好地配合，缺乏整体观念，各自为政；过分强调专业化，使主管人员忽视本专业以外的知识，不利于培养领导人才。

3. 直线职能式结构

直线职能式结构是在设置横向职能机构的同时，又设置由最高层垂直领导的机构。直线职能式结构的特点：具有两套系统，即按照命令统一原则组织的指挥系统和按照专业化原则组织的管理系统；以职能结构为基础，以直线结构为补充。直线职能式结构的优点：综合了直线式和职能式两种结构形式的优点，既实行职能的分类，发挥专业人员的特点，又保证权力的集中、指挥的统一。直线职能式结构的缺点：这种结构形式由于各方面的关系更加复杂，容易产生各机构之间职责划分不明确的情况，造成组织机构内部的摩擦。

4. 直线参谋式结构

直线参谋式结构是以直线式结构为主，在各级行政首长领导下设立相应的职能部门，形成行政首长的统一指挥与专业化管理的有机结合。直线参谋式结构的特点：直线参谋式结构与直线职能式结构相反，是以直线结构为基础，以参谋结构为补充，参谋部门只有建议权，没有决策权。直线参谋式结构的优点：单纯的直线式组织结构中，行政主管掌握全部权力，当组织规模扩大、目标多样、关系复杂时，处理问题需要多方面的专门知识和才能，参谋组织可以弥补行政主管的不足。直线参谋式结构的缺点：比较容易出现的问题是参谋组织越权或不能起到应有的作用。各参谋组织之间横向联系差，容易出现沟通的障碍，甚至发生冲突，使管理工作陷入混乱。直线参谋式结构的适用范围较广泛，例如民办学校的教务处、人事处、财务处等部门往往是参谋部门，不能向各个院、系直接发布命令，只有参谋、建议的权力。

直线职能式结构和直线参谋式结构看似接近，但差别很大，在这两种结构中职能部门的权限及对下级的影响是不同的，选择不同的组织结构甚至会影响组织的具体运作效果。我们来看下面这个例子。

事情发生在10月份的某一天，地点在圣路易斯的巴恩斯医院。戴安娜给院长戴维斯打电话，要求和他见面。从戴安娜急促的声音中，院长感觉到发生了什么事情。他要戴安娜马上到他的办公室。大约5分钟后，戴安娜来到他的办公室，递给他一封辞职信。"院长先生，我再也干不下去了"，戴安娜开始陈述，"我在产科当护士长已经4个月了，我简直没法干，我有两个上司，每个人都有不同的要求，都要求优先处理。让我举个例子吧，这是一件平常的事，但这样的事每天都在发生。昨天早晨7:45，我来到办公室，发现桌上有主任护士杰克逊留的一张纸条，她告诉我，上午10:00需要一份床位利用情况的报告，以便下午向董事会汇报时使用。这份报告至少需要一个半小时才能写出来。30分钟后，基层护士监督员乔伊斯走进来问我为什么有两位护士不在班上。我告诉她，外科主任雷诺兹医生要走了她们，说外科急症手术正缺人手借用一下，我不同意，但雷诺兹医生说只能这样办。您猜，乔伊斯说什么？'立即让这些护士回产科部！一小时后我回来检查你是否把事情办好了。'院长，类似的事情每天发生好多次。医院只能这样运作吗？"这家医院的组织结构是怎样的？为什么会出现戴安娜所烦恼的问题？戴维斯院长做什么才能改变现状？抛开其他影响因素，就组织结构而言，护士长戴安娜有两个上级主管，一个是基层护士监督员乔伊斯，另一个是主任护士杰克逊。这两个主管可以直接对戴安娜发号施令，戴安娜必须同时听从这两个主管的指挥，而这两个主管又经常分配给戴安娜不同的任务，导致戴安娜的工作安排混乱。要改变这种状况，请思考是否可以将原有的直线职能式结构变为直线参谋式结构？

5. 事业部式结构

事业部式结构又称为M形结构或多部门结构，是在组织的服务对象和活动领域等基础上把组织划分为若干事业部而组成的组织结构。作为一种分权式的组织结构形式，它所划分的事业部具有很大的权力。事业部由事业部长负责，进行独立的业务活动和独立核算，并设有自己的职能部门。事业部式结构的特点：大权独揽、小权分散，集中决策、分散经营；事业部是分权化单位，具有相对独立的自主权。事业部式结构的优点：提高管理的灵活性和适应性，有利于组织高层领导摆脱具体的日常事务，有利于集中精力进行战略研究和长远规划；有利于组织专业化发展，提高管理效率，有利于培养高级管理人才。事业部式结构的缺点：由于机构设置重复，导致管理部门和管理人员增加，造成资源浪费；各事业部独立经营，各事业部间进行人员交换较困难，相互支援较差；各事业部领导往往从本部门利益出发，忽视组织的整体性，易滋长本位主义倾向。

无锡第二医院自2011年起，运用事业部式改革原则，实施行政部门的扁平化管理，减少管理层级，拓宽管理幅度，将医院20多个行政部门按照功能相关度大小进行优化重组，组成医疗发展服务部、护理部、综合部、党群部、财务部、保障部、管理部共七大部门，集中办公、集中运行。各部实行部长负责制，统一协调和管理医院事务。自改革实施以来，医院部门之间由于职能交叉或多头管理造成的协调困难、效率不高、执行力不强等问题以及员工为了某一事情需要往返多次寻找多个部门的问题得到解决。例如，原来关于临床考核的部分指标，涉及医务处、科教处、教学办、信息科、医患沟通办公室等多个部门，现在只需要医疗发展部统一部署就可以解决，将原来的各部门沟通会议变为现在的直接执行。再如，原来全院药品、医疗器械、一次性耗材、总务物资分散于医疗设备科、总务科、药剂科等多个部门，现在所有物资采购均归保障部统一处理，并实行网上申请与办理，临床所需的各类物资采购只要向这一部门提出申请即可解决。[①]

6. 矩阵式结构

矩阵式结构是在直线参谋式结构模式或直线职能式结构模式的基础上，增设横向管理系统而形成的一种多维式组织结构模式。矩阵式结构的特点：将纵向管理系统与横向管理系统结合起来，形成纵横两项管理系统。纵向管理系统是以职能部门为其稳定结构，按照"指挥—职能"关系进行管理；横向管理系统是为了完成某项专门的任务而临时增设的，通常称为任务(项目)小组。当社会组织中这种任务(项目)小组有若干个时，这些小组的横向领导系统与原来的纵向领导系统便构成一个矩阵形式。组织成员既接受职能部门的指挥，又受项目负责人的统帅，受双重领导。矩阵式结构的优点：既有利于集中领导，又有利于各专业相互配合，取长补短；纵向的结构有利于集中各管理层级的人员进行协调，横向的结构可以将并列的职能部门结合起来。矩阵式结构的缺点：上级领导之间容易出现矛盾或推诿现象，使下级无所适从，导致指挥和协调上的困难；同时这种组织结构具有临时性的特点，任务完成后，临时抽调的工作人员还会回到原来的职能部门中去，容易导致人心不稳和责任心不强。矩阵式结构适用于需要集中各方面专业人员完成的工作项目或者临时性任务，例如某民办医院在其他区域建设新的院区，从各职能部门抽调工作人员组成若干项目小组，即新院区建设指挥部，从而形成两条权力线：一条是来自职能部门负责人的垂直权力线，另一条是来自任务(项目)小组负责人的水平权力线。

7. 委员会式结构

在社会组织中，委员会是一种由两个以上人员组成的行使组织最高决策权的集体，

---

① 李传军. 公共组织学[M]. 北京：中国人民大学出版社，2015：65.

委员会式结构突出了集体领导的特征。委员会式结构不是一种新的组织形式，在人类社会的早期就已经存在这种组织形式，但它的广泛运用是在20世纪，随后又产生新的发展，除了常规的委员会式结构外，又发展出董事会式、理事会式、基金会式等组织结构。董事会式组织结构主要见于社会服务机构，一般是由创办者自己或者由其指派的人担任董事，组成董事会，由各董事按其所出资金的多少选举产生董事长，主持董事会工作；董事会聘任组织负责人，主持组织日常工作。理事会式组织结构主要见于会员制的社会团体，是由会员大会或者会员代表大会民主选举产生的执行机构，代表全体会员为实现组织章程宗旨和任务开展工作；理事会选举产生理事长、副理事长、秘书长，如果理事会规模较大，可由理事会选举设立常务理事会，理事长主持理事会和常务理事会工作，秘书长负责办事机构的日常工作。基金会式组织结构是一种为实现捐赠人确立的公益宗旨而设立的基金管理组织模式，基金会的理事或董事由发起单位或个人聘任，或由理事会或董事会聘任，理事长或董事长主持工作，实行民主决策。委员会式组织结构的优点是有利于集思广益，综合各种意见，提高决策效率；代表各方利益，协调各种职能，加强各部门间的合作；防止权力过分集中在一个单位或一个人手中。如果运用不当，委员会式组织结构也会产生缺陷：委员会是集体决策，决策成本较高；委员会采取的是集体负责制，责任难以落实到每个人身上，权力和责任相分离；当委员会所讨论的议题意见分歧较大时，委员会的成员常常会采取折中的方式以求得全体的一致，这样选择的方案往往不是最优的决策；当少数人将自己的意志强加给他人乃至集体，个人的意志代替集体的决策，使委员会失去应有的作用。

8. 虚拟式结构

虚拟式结构是指一个组织通过承包合同等方式，把组织内部的一些业务交给外部的不同专业组织去完成，而总部只保留自身最关键的强项功能和为数有限的核心员工，其主要职责就是制定政策以及协调各承包商的关系的一种组织形式。虚拟式结构的优点是采取突破有形组织界限的策略，通常从外部寻找、利用其他组织的优势资源，把精力集中在自己最擅长的业务上，从而创造组织本身的竞争优势。例如，某些民办教育培训机构只有一个管理核心机构，只有主要负责人、财务、教务、招生、后勤几个人，但通过在社会上聘请其他学校的优秀教师上课，租借其他单位的教学场地，就可以快捷、高效地进行培训授课。虚拟式结构的缺点是组织的工作依靠独立的承包商来完成，在某些方面缺乏可控性；如果一个重要的、不可替代的分包商脱离业务，将会使组织遭受重大损失；各分包商只是被委托负责自己的工作，而且关系网络系统各部分变化较快，缺乏长期被雇佣的观念，员工忠诚度较低。

9. 团队式结构

团队式结构是指为了完成某项任务，而这项任务的完成需要多种技能和经验，于是通过选调组织中具有这方面素质和能力的人来组成一个团队，通过团队成员的共同努力来完成任务的一种组织形式。在社会组织管理活动中，当管理者将团队作为协调组织活动的主要方式时，其组织结构就是团队结构。团队式结构的优点：团队成员随着任务或者需求的变化而变动，这种弹性化的人力资源运用方式，可以迅速回应外在环境的变化与服务对象的需求，可以随时针对问题建立弹性化的组合，避免专业化分工所造成的僵化和协调困难。同时，由于决策的下放和完成任务的挑战性，还可以激发团队成员的成就感和责任心，为组织带来生机与活力。团体式结构的缺点：团队组织在规模上有很大的限制，人数较多时彼此沟通较困难；团队的成功依赖领导人能够确立明确的任务、团队成员具有高度的自律性以及成员间的有效沟通。

什么样的社会组织结构模式才是最好的？从权变的观点来看，并不存在一个普遍适用的、十全十美的组织结构模式。社会组织应根据组织目标和性质特征，以及一定时期内组织所处的具体环境和各种影响因素来选择不同的组织结构模式。各种组织结构的适用也并非孤立的、绝对的，往往根据管理的需要被综合运用于社会组织管理实务中。例如，一个社会组织的理事会采用委员会式结构；管理层采用直线参谋式或直线职能式结构；当一个社会组织规模较大、经营领域分散时，组织内部可能采用集中领导下的分权管理模式，即事业部式结构；当有临时或重大任务时，社会组织会采用矩阵式或团队式结构；当单个组织无法完成任务时，某个社会组织会保留最核心的业务，与其他组织的优势功能相结合，形成虚拟组织，实现强强联合。

3.3.4　社会组织结构的设计

社会组织结构的设计就是社会组织依据一定的理论和原则对社会组织结构及其功能进行规划和确立的过程，通过对社会组织的各个要素进行合理配置，协调各个机构、部门之间的职能，以达到组织高效运作的目标。有效的组织结构取决于一定时期内组织所处的具体环境和各种影响因素。环境和各种影响因素是经常变化的；即使同一个组织，在不同时期，其组织结构也不尽相同，因此组织结构设计是一个动态的复杂过程。[①]

社会组织结构设计的基本思路：首先明确组织目标并确立相应的基本职能；然后，以职能细分和归类为依据，设置相应机构和相关职务；最后，将必要的职位和各种职务相对应，并按职位配置人员，如图3-1所示。

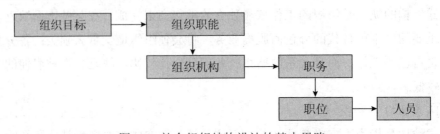

图3-1　社会组织结构设计的基本思路

---

① 李传军.公共组织学[M].北京：中国人民大学出版社，2015：72.

社会组织结构设计的影响因素：①组织环境。社会组织结构的复杂性、规范化和分权化程度与其所处环境有一定关系，组织环境不确定性越大，其组织结构的复杂程度越低；组织环境越平稳，不需要组织对环境做出快速反应，组织结构的规范化程度越高；组织环境越复杂，组织结构越趋于分权，通过决策部门化，才能对环境做出灵活反应。②战略目标。社会组织要根据组织战略目标来设计自己的组织结构，而战略目标的任何调整和转移，都会在组织结构上产生较大的改变。一般而言，单一的战略目标要求相适应的组织结构也比较简单，执行战略的组织结构的复杂性程度和规范化程度都较低。③组织规模。组织规模是一个组织所拥有的人员数量以及这些人员之间的相互作用关系。不同规模的社会组织的组织结构差别很大，以至一切组织结构的设计者首先考虑的都是组织的人员数量。一般而言，社会组织的人数越多，组织规模越大，组织的标准化程度和规章制度的健全程度也就相应越高，专业化分工的程度也相应更细，分权化程度也就越大。④技术条件。组织技术的复杂性在一定程度上决定了组织结构的复杂性，社会组织内部技术的复杂程度越高，其组织结构的纵向差异化程度就越高，管理层次也相应越多，管理人员与具体作业人员之间的比例也就越大。随着现代技术的进步，社会组织技术条件的发展使组织横向的专业化和部门化差异缩小，管理自动化程度和管理规范化、标准化程度提高，从而使管理幅度增加，组织结构越发扁平化。

3.4 社会组织的环境管理

组织是开放的社会系统，社会组织与外部环境的关系是相互作用、相互平衡的。环境对社会组织有着巨大的影响作用，社会组织在适应环境的同时能够积极利用和改造环境。对社会组织的一切管理活动都表现为一种适应环境和改造环境的行为，社会组织管理者可以运用宏观环境分析方法进行环境分析，采取有效的环境策略消减外部环境的不确定性。

3.4.1 社会组织环境的概念

社会组织环境是指所有能够直接或间接对社会组织存在和发展产生影响的内外客观因素的总和。广义而言，社会组织环境包括内部环境和外部环境，本章3.3节所介绍的社会组织构成要素与各要素之间的相互联系，即社会组织结构，构成社会组织的内部环境；存在于社会组织边界之外，对社会组织有影响的存在物或存在状态是社会组织的外部环境。本节仅研究社会组织的外部环境，对社会组织内部环境不再展开分析。

社会组织是一个开放的系统，不断地与外部环境进行物质与能量的输入与输出，在与外部环境的相互作用中得以发展。社会组织与外部环境的关系是相互作用、相互平衡的。环境不仅是社会组织建立的客观基础,也是社会组织生存和发展的必要条件。环境时刻制约社会组织的活动,甚至影响社会组织的目标、性质、特征、结构和功能。稳定的外部环境是社会组织正常运作的基础,任何外部环境的强烈动荡必然要求社会组织做出相应的反应,从而影响管理活动的正常进行。正如本章3.1节所介绍,社会组织制定战略规划的第一步是对组织所处的环境进行分析。然而,环境总是不断变动的,社会组织要想得到生存和发展,必须对环境具有较强的适应能力。只有对环境有及时、正确的认识和理解,并对环境有较强的反应能力和适应能力的社会组织,才能获得发展、取得成功。环境对社会组织有巨大的影响作用,并不意味着社会组织就是消极、被动的。社会组织在适应环境的同时,能够积极地利用和改造环境。

社会组织的环境很复杂,人们通常从不同的角度,根据不同的标准,将其分为不同的类型。

1. 自然环境和社会环境

以内容为标准,社会组织环境可分为自然环境和社会环境。自然环境是指自然的或经过人们改造过的地理环境和资源环境,如江河山川、地形地貌、气候、土壤以及各种生物等与社会组织发生密切联系和交互作用的自然条件。社会环境是指在社会组织之外对社会组织的活动甚至兴衰成败产生极大影响的其他环境因素,包括政治的、经济的、法律的以及社会的各种关系,如习俗、体制、风尚、道德以及艺术、宗教、哲学等社会意识形态。

2. 国内环境和国际环境

以环境影响的地域范围为标准,社会组织环境分为国内环境和国际环境。国内环境是指一国范围内对社会组织的形成、运作、功能、效果和形象等方面产生影响的各种环境因素,包括国内自然环境和国内社会环境。国内自然环境是指一个国家所面临的自然地理状况,主要是自然资源状况和生态系统状况,它对社会组织的生存发展提供了基础条件。国内社会环境是指一国境内所有社会因素的总和,包括经济环境、政治法律环境、文化环境、人口环境和民族宗教环境等。国际环境是指影响一个国家社会组织的生存、发展及其功能作用发挥的国际关系和国际形势,包括国际自然环境和国际社会环境。国际自然环境是指宇宙环境和全球环境;国际社会环境是指国与国之间关系以及全球交往过程中形成的影响一国社会组织状况的各种复杂因素的总和。

3. 宏观环境、中观环境和微观环境

以影响作用的层次为标准,社会组织环境分为宏观环境、中观境和微观环境。宏观环境是指在最大范围或背景下对社会组织的高层活动产生影响和制约的环境因素,是社会组织环境的基础,包括国家的基本国情、所处的时代背景、所制定的方针政策以及国际整体态势等对社会组织总体活动和发展方向产生影响的环境因素。中观环境是指在较大范围内对社会组织整体或大部分活动产生影响的各种环境因素,是指社会组织系统的组织结构和运行情况，包括组织体制、组织结构、职位分类制度等对社会组织的运作和效能产生较大作用的环境因素。微观环境是指在比较小的范围内对社会组织系统、组织行为以及组织活动或者某一层次的组织结构发生影响的诸多环境因素，是指一个具体的社会组织所处的工作环境，如组织的地理位置、组织内部人际关系、人员的构成及其文化教育程度等。中观环境和微观环境中还包含组织的内部环境，本节不对内部环境进行分析。

在社会组织的诸多环境因素中，政治环境、经济环境、文化环境和公共舆论环境最为重要。

(1) 政治环境。政治环境主要包括政治体制、政治权力、国家结构、政府机构、政治制度、公共政策等基本要素。[1]我国社会组织的产生更多的是全球化外在压力和政府机构改革的产物，大多是在政府公共政策的推动下自上而下建立起来的。同时受政治体制的影响，我国目前行政命令、人治成分依然浓厚，并且政府受强权政治的传统影响，对社会组织仍然持谨慎态度，在一定程度上阻碍了社会组织的充分发展。

(2) 经济环境。经济环境包括经济体制、经济利益、经济实力、产业结构等基本要素。计划经济体制下，政府兼具"掌舵"和"划桨"的功能，社会组织的作用和功能被忽视并受到限制；在市场经济体制下，政府职能在有限的范围内干预社会，政府职能转移，部分提供公共产品和服务的职能需要由社会组织承担，从而促进社会组织的产生和发展。经济实力在一定程度上决定社会组织的运作能力，经济实力越强，社会组织提供公共产品和公共服务的能力越强，对公共政策的影响越大。产业结构也会影响社会组织的发展，产业结构每一次调整都会带来社会资源的重新配置、社会财富的重新分配，由此产生新的公共利益和领域，迫使社会组织进行结构调整和目标重塑。

我国行业协会的每一步发展都离不开我国经济体制的改革和推动。中华人民共和国成立后，随着生产资料的社会主义改造基本完成，产生于民国期间的行业协会完成其在经济领域的历史使命并退出历史舞台，政府机构以专业经济部门和国有行政性公司的形式直接干预微观经济领域。1988年，政府机构改革提出了从部门管理到行业管理转变等目标，中央撤销了一批专业司局和行政性二级公司，相继在中央和地方建立了一批行业协会。1993年，我国确立了社会主义市场经济体制的基本框架，提出要发挥行业协会、商会等组织的作用，国务院经贸委撤销了缘由其管理的国家内贸局等9个国家局，成立了相应的中国轻工业协会联合会、中国商业联合会、中国机械工业联合会等十大工业行业协会。2013年，《国务院机构改革和职能转变方案》提出，行业协会商会类等社会组织"直接向民政部门依法申请登记，不再需要业务主管部门的审查同意"，各省市相继出台改革政策，推进行业协会直接登记，推动政府部门向行业协会转移职能和购买服务，向行业协会开放更多的公共资源和领域。[2]

---

[1] 陈振明. 公共管理学[M]. 北京：中国人民大学出版社, 2005: 68-71.
[2] 徐晞. 海峡两岸行业协会的比较与合作研究[M]. 北京：社会科学文献出版社, 2016: 22-23.

(3) 文化环境。文化环境包括认知水平、价值观、意识形态、行为规范和道德传统等基本要素。西方国家尤其是美国的公益慈善组织较为发达且完善，这与建立在基督教传统文化基础之上的价值观和慈善理念分不开。

(4) 公共舆论环境。公共舆论环境渗透于上述各种环境因素之中，并形成相对独立的公共舆论环境。①公共舆论有时在很大程度上影响社会组织的目标和行为，推动或者阻碍社会组织的发展。由于公共舆论的重要性，许多社会组织不得不重视与媒体的关系，并开展公共关系宣传战略。

2011年6月，"郭美美事件"引发中国红十字会的信任危机，社会捐款数和慈善组织捐赠数额均出现锐减。据民政部统计，当年全国7月份社会组织捐款数为5亿元，相比6月份降幅超过50%；慈善组织6—8月份接受的捐款数额的降幅高达86.6%，深圳佛山红十字会在该事件后所收捐款几乎为零。②尽管经事后调查，郭美美和郭美美的资金来源与红十字会无关，但"郭美美事件"对中国红十字会造成的公共舆论影响延至今日，引发人们对红十字会的关注并不断发掘出其善款来源去向不透明、内部管理存在以权谋私的现象等丑闻。

3.4.2 社会组织的环境分析

法赫(L. Fahey)和纳拉亚南(V. K. Narayanan)于1986年提出了宏观环境的分析方法。他们认为，宏观环境分析的程序可以分为4个步骤或者活动内容，分别为环境的扫描(Scanning)、环境的监察(Monitoring)、环境的预测(Forecasting)和环境的评估(Assessment)。社会组织可以运用这种宏观环境的分析方法进行环境分析。

社会组织管理者可以通过扫描对社会组织环境的整体做一般性的观察，以判断环境改变的早期信息或观察正在进行的环境变化。通过跟踪扫描阶段所获得的信息，追踪社会组织的环境趋势以及一系列相关的环境演变过程，即监察。社会组织管理者对环境进行分析的主要目的是预测，需要对社会组织环境变化的方向、范围、速度以及强度做出一些可能的预测，指出预期变化的途径。评估是整个社会组织环境分析过程中最重要的部分，可以指出目前社会组织所处环境的主要问题并判断该问题对组织有何影响，从而判断环境变化如何影响社会组织的决策，并解释其原因。扫描、监察、预测和评估作为环境分析的4个活动过程，从图3-2可以看出社会组织环境分析的路径，一般情况下可以从扫描到监察，再到预测，最后到评估。但这4个阶段之间并非简单的或者直线性的关系，并非固定从扫描到监察，再到预测和评估。例如，当社会组织管理者通过扫描，监察到一个环境变化趋

---

① 李传军. 公共组织学[M]. 北京：中国人民大学出版社，2015：115.
② 陈玉倩. 对中国红十字会信任危机的思考[EB/OL]. http://wenku.baidu.com/link?url=NEdJCLxz1fXWZW7fWzE19iw6lMKKpue4LTzW5M5_syPRJxlYK2ysYpM7z0jgHQBPuGRynybUouvQpv-Xsj87-ZyuncIk39ZOsUdV9vMoK-G. 2015-11-11/2016-8-19.

势，因资料不足，继续进行预测可能会有很大的困难，于是管理者有必要在环境预测阶段回头进行补充扫描与监察。

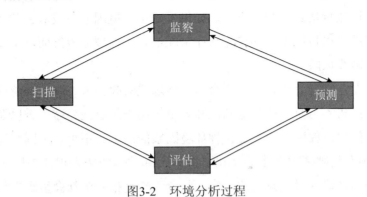

图3-2 环境分析过程

3.4.3 社会组织的环境策略

一切社会组织都是开放的，必然与周围的各种环境相互影响。对社会组织的一切管理活动都表现为一种适应环境和改造环境的行为，在明确环境与社会组织相互作用的基础上采取有效的环境管理策略，主动营造良好的外部环境。

面对动态发展的环境，组织应如何对待？根据罗宾斯的综合分析，管理人员可以改变自己的行动而适应环境，或者试图改变环境，以期较好地发挥社会组织本身的潜力，从而消减环境的不确定性。前者称为内部策略，后者则称为外部策略，具体见表3-2。罗宾斯的研究主要是针对企业，但在环境管理方面，社会组织与企业同样作为市场主体，有许多相通之处，社会组织也可以有针对性地采用该策略。

表3-2 消减环境不确定性的内部和外部策略

内部策略	外部策略
领域的选择(Domain Choice)	刊登广告(Advertising)
招募(Recruitment)	订立合约(Contracting)
环境扫描(Scanning)	增选或吸收新人(Co-opting)
缓冲(Buffering)	联合(Coalescing)
平抑(Smoothing)	游说(Lobbying)
配给(Rationing)	
地域分散(Geographical Dispersion)	

内部策略主要包括领域的选择、招募、环境扫描、缓冲、平抑、配给、地域分散等。在领域选择方面，社会组织的管理人员可以选择在不确定性较小的环境领域内进行组织经营，也可以开拓多个分割的市场试点或拓展组织业务。在招募方面，社会组织可以招募竞争对手的主管人员，以便获得对方未来发展的计划或信息。在环境扫描方面，社会组织管理人员应尽可能对环境的波动做出准确预测，可以减少环境的不确定性。在缓冲方面，可

以通过联系多个供应商、招募与培训志愿者等策略来保障社会组织正常运营,避免受意外事件阻碍。平抑的目的是平抑环境波动给组织带来的冲击,例如民办博物馆根据不同时段游客的数量调整门票价格。在配给方面,如果不确定环境因素造成对公共物品或服务的需求超额,社会组织可以按照不同的优先次序来配给。在地域分散方面,主要是社会组织迁移至他地运作,减少风险。

外部策略主要包括刊登广告、订立合约、增选或吸收新人、联合及游说等。广告可以强化顾客印象,广告不再是企业的专利,社会组织越来越重视公益广告以及组织本身的广告宣传。订立合约可以保障组织免受各种环境因素的冲击。不少在中国开展活动的国际非政府组织(INGO)专门聘请熟悉中国文化传统和人际关系的华人担任中国区总干事或董事会成员,就是采用增选或吸收新人的策略。联合策略是指一个社会组织与另一个或多个其他组织联合为一体,采取联合造势的共同行动。游说策略是指通过说教的影响方式取得对社会组织有利的结果。

关键词

使命,愿景,价值观,战略规划,内部治理结构,会员大会,理事会,监事会,专门委员会,目标,职能,内部环境,外部环境

作业题

1. 分组模拟创建一个社会组织,陈述该组织的使命、愿景、价值观,制定一个能够实现组织目标的战略规划;从组织的分类和性质出发,确立该组织的内部治理结构;从组织目标和职能出发,设计该组织结构。
2. 社会组织的使命陈述、愿景陈述以及价值观陈述的意义何在?
3. 社会组织的计划和战略规划有何区别?
4. 社会组织如何制定战略规划?
5. 社会组织治理和管理的差别是什么?
6. 社会团体、基金会和社会服务机构的内部治理结构有何异同点?
7. 影响组织层次与管理幅度之间关系的主要因素有哪些?
8. 如何正确区分直线参谋式结构和直线职能式结构、矩阵式结构和团队式结构?
9. 如何理解社会组织结构设计的基本思路和影响因素?
10. 如何理解社会组织环境?社会组织环境与社会组织的关系是怎样的?
11. 如何对社会组织进行环境分析?如何运用环境策略?

案例分析

残友事业

1997年，身患重症血友病的郑卫宁先生捐赠自己的微薄积蓄，于深圳创建"残友"，从五名残疾人、一台计算机的打字复印小作坊，不依靠任何外来资金援助，自主运营发展，至今发展为残疾人事业的综合性平台，成为数千名残疾人集中稳定就业的"三位一体"的公益平台。"残友"的员工实行残疾人自主管理、自主发展，为解决残疾员工上下班困难，实行免费包食宿的无障碍大后勤保障，成功实现了残疾人借助高科技集体就业。"残友"从管理层到技术骨干直至蓝领普工全部由不同残疾程度的优秀人力资源组成，是北京大学、湖南大学等各所高校软件及计算机学院肢体残障优秀毕业生汇聚的摇篮。创建十年来，"残友"成为微软、IBM、英特尔、华为等国际知名科技公司和组织的战略合作伙伴，并为包括中国人民银行、大亚湾核电站、德国捷嘉德银行、日本兴亚保险、Wytron Technology Corporation/航天科技、深圳市科技和信息局、深圳软件行业协会、深圳软件园、深港创新圈工作组、香港复康联盟、台湾德林、国际商务联盟、中国残联在内的国内外近千家政府机构、事业单位、集团企业提供了优质的互联网信息化(软件+设计)解决方案，"残友"员工以先进的技术、24小时迅捷反应服务、紧随客户需求的专业精神赢得了广泛赞誉。

2009年11月，公司创始人郑卫宁先生为保残友事业的稳定持续发展，将其在"残友"集团的90%个人股份和各分公司51%的个人股份以及"残友"和"郑卫宁"的驰名商标品牌等，通过律师公证裸捐，成立郑卫宁慈善基金会。"残友"集团作为现代化、集团化高科技社会企业，以"发展社会民生与高新产业互助发展的和谐科技融入现代产业体系"为历史己任，被誉为创业带动就业之典范。

"残友"目前已发展为拥有1家慈善基金会、8家非营利机构、32家高科技社会企业、数千名残疾人集中稳定就业的社会企业——残友事业。残友事业致力于促进残障人士等弱势群体的自我救助与可持续发展。如同远洋捕鱼，社会慈善提供初期起航的码头和渔船，后续残障人士自我管理驾驶渔船出海，捕鱼自养，形成造血式可持续性。残友事业"三位一体"的组织架构(见图3-3)，是指基金会整合社会公益资源打造平台，并从法律框架上掌控残友社会企业群的社会属性永恒不变，同时支持残友社会组织群的标准化、专业化项目运行，而残友社会组织群又为残友社会企业群提供社企残障员工的标准化无障碍生活社区服务与扶助推动弱势群体生存状态改变的社会服务，进而形成良性发展的公益生态链。总而言之，郑卫宁慈善基金会掌控残友社会企业集团，确立了残友社会所有制的产权性质；基金会为残友社会组织提供项目资金；残友社会组织为残友社会企业提供免费的社会服务。

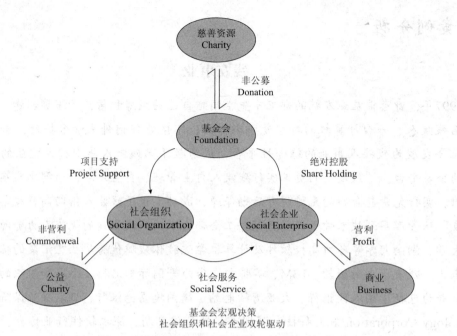

图3-3 残友事业"三位一体"的构架体系

残友的使命：

(1) 推动残友的平等参与、融入共享；

(2) 为促进残疾人的社会参与及创造社会价值而不懈努力；

(3) 致力于社会民生与高新产业辅助发展的和谐科技事业；

(4) 打造能为自身、合作伙伴及社会带来良好价值的服务性无边界团队。

残友的愿景：全世界残友团结起来，用自己的行动改变命运。

未来愿景：以商业的手段实现社会目的为根本，以本部经济的形式，残友依托慈善基金会、社会组织、社会企业"三位一体"的模式推进发展，整合社会各种资源，实践残疾人等弱势群体的生存革命。

残友的核心价值观：感恩、奉献、自助、助人。

残友的logo设计，如图3-4所示。

1. "残友*CANYOU"，英文语意"你能、你可以"；
2. 整体寓意为点亮世界、引领前行的火炬；
3. 图案红色代表"热情与执着"；
4. 图案为"残友"汉语拼音首写"CY"；
5. 图案寓意自信鼓舞的拇指、腾空展翅的雄鹰、跳动不息的心脏。

图3-4 残友的logo设计

资料来源：根据残友事业官方网站中的相关内容整理，http://www.canyouchina.com/index1.asp，2016-8-29。

思考题：

残友事业的组织目标、组织结构以及它的运行管理方式给您带来什么样的启发？

第4章 社会组织人员管理

人力资源是社会组织所拥有的一项特殊而重要的资源,是社会组织发展和成功的关键。本章主要阐述社会组织人力资源的基本内涵,强调专职人员、志愿者与理事的三元结构是社会组织人力资源构成的最重要特征,并分别介绍了专职人员管理、志愿者管理和理事管理的基本方法。

4.1 社会组织人员管理概述

社会组织所提供的服务是由"机构"来实施和完成的,而人员是组成机构的基本要素。服务对象、财力与物力资源、参与者共同构成社会组织的三大基本要素。社会组织提供服务的核心在于整合参与者、财力资源与物力资源,通过开展一系列有组织的活动,为社会中某一特定群体或全体社会成员提供服务。这里的参与者就是社会组织的人力资源,具体包括正式职员、志愿者和理事等。

4.1.1 社会组织人力资源管理的内涵

现代人力资源管理取代传统人事管理正在成为一种世界性潮流。私人企业改革成就所带来的压力和示范效应、大众传媒和新媒体的普及、公众期望值的增加以及日益多元化的社会监督,共同推动公共组织不断进行机构和人员改革。与传统人事管理相比,现代人力资源管理具有两个方面的特征。第一,现代人力资源管理突出"人"的核心地位,以人为本,强调通过刺激和激励来引导人的行为,促使组织的人力资源发挥出最大的效能。传统人事管理注重事务性管理,如管理工资和档案等。第二,现代人力资源管理是战略性的,是为了实现组织战略性目标而对人力资源进行的计划性活动。人力资源管理不仅要参与组织战略的实施,而且要参与组织战略的形成。

作为公共组织人力资源管理的重要组成部分和特殊形式,社会组织人力资源管理是指影响社会组织员工行为、态度和绩效的政策、实践和制度。具体来讲,社会组织人力资源管理包括组织开展活动和组织自身发展中的招人、用人、留人等重要方面。完整的人力资源管理包括"入口""在职""出口"三大环节，竞争、激励、开发、保障等机制，聘用、选拔、考核、奖惩等具体措施、方法和技术等。

社会组织人力资源管理具有公共组织人力资源的一般特征。社会组织是为适应社会公众自我管理需要而产生的组织，因此，其人力资源管理具有"公共性"和"社会性"。社会组织存在的目的是向社会提供公益或互益性产品或服务，其服务以物品的形态呈现，通常情况下，其服务是无偿或低价的。社会组织的人力资源管理往往是公开的，受到社会公众和组织内成员的监督。相比之下，企业的人力资源通常属于商业秘密。由于受到政府组织和企业部门的影响，社会组织的人力资源管理往往更为复杂，从而提高了管理的难度。由于社会组织的组织结构和管理机制相对稳定，员工的组织预期和行为方式可以长期化，但是，同时也缺乏激励性，因此，社会组织的人力资源管理模式比较稳定，很少发生根本性变革。

与此同时，社会组织人力资源管理具有自身的特殊性：①在管理策略上更强调价值体系和使命感的作用；②强调人力资源管理与"责、信、度"管理的结合；③具有自身比较独特的专业化特点。

社会组织人力资源管理把人视为核心资源，必须要把帮助员工在组织内的发展作为人力资源管理的重要目标，以激励其发挥潜能。具体而言，这一目标包括5个方面：吸引、招募合适的潜在员工；激励员工；留住所需的员工；提高组织效率，改进工作质量；帮助员工在组织内发展。

4.1.2　三元结构

社会组织人力资源是指在一段时期内，在社会组织中工作的、具有特定智力和体力劳动能力的所有成员的总和，它主要包括以下三大类。

1. 受雇的正式职员

此类人员负责推动和执行社会组织中的各项活动。正式职员是指社会组织中的工作人员，包括一般管理人员和基层工作人员，主要从事行政性事务与专业工作。正式职员的态度、工作能力、专业技能、绩效水平等影响社会组织的形象、效率和效果，并直接决定组织目标是否能够实现。

2. 无薪水的志愿人员

此类人员一般称为"志愿者"(Volunteer)，依照组织的需要及个人的才能和意愿，分别从事不同的工作。

志愿者与正式人员的区别主要表现在以下几个方面。[1]

(1) 工作动机不同。一般认为，来自组织内部和外部的双重回报吸引了志愿者。来自内部的回报主要包括由完成任务而得到的满足、自我发展和社会交际机会等。外部的回报是指组织对志愿者出色工作成绩的赞赏，志愿者职责范围的扩大，社会对志愿者能力和资

---

[1] 李维安. 非营利组织管理学[M]. 北京：高等教育出版社，2005：215-216.

历的认可以及实质性的物质奖励。与专职人员不同,志愿者拥有相当的自主权决定自己是否进入组织,是否规定工作量和工作时间以及是否继续留在组织工作。

(2) 待遇不同。志愿者提供的志愿服务是无酬劳的,仅可以申请交通费、餐饮费或者参加研讨会与训练费用。组织为专职人员设计工作,规定工作标准和工作时间,并付给报酬。志愿人员是无偿贡献个人的时间和精力来参加社会服务的,他们没有收入或者收入低于他们的付出,但是,不能否认志愿者活动的经济价值。正确的理解是,在有限资源的前提下,通过志愿者投身于更多的社会活动,在最大限度上调动、开发和利用社会资源。

(3) 对组织的认同程度。组织认同是指组织员工在心理上与组织建立起紧密的联系,从而员工的工作行为和工作态度与组织目标相一致。这里包含员工对组织的认同和组织对员工的认同两个方面。员工对组织的认同主要表现为:认同组织的目标或使命,员工具有较长时期的成员资格,并打算继续留在组织内部;信任领导者,相信自己的工作是对组织有价值的贡献;为成为组织的一员而自豪,以组织的目标为基准定位自己的职业生涯;关心组织的荣誉,为维护和提升组织的荣誉而工作。

(4) 在组织内职业生涯阶梯的"连续性"与"断裂性"。专职人员通常会由于工作的绩效表现,使得职位、薪水和权责等逐渐提高。志愿者可能会有工作的转换,比如由执行工作转为管理工作,但这种变化主要是由于工作的需要,不与组织内部的职业变化联系在一起。志愿者是用来提高专职人员工作效率的,而不是去取代后者占据职位。组织中的专职人员应该把志愿者视为合作伙伴,而非竞争对手。为了协调两者的关系,需要组织提供职员发展项目,并开展专职人员与志愿者相互合作的培训,使志愿者和受薪人员明确自己的职权范围和责任,以避免互相干预。

3. 理事

就无薪水而言(交通费等不算作薪水),理事会成员也是某种"志愿者",他们愿意在无薪的前提下将时间和精力投入管理工作之中。理事属于高级人力资源,承担管理组织的重要职责。这些职责包括:了解组织的使命,服务内容、政策和项目;出席理事会和委员会的所有会议和典礼;向组织捐款或者参加筹款活动;主动承担特别任务;向他人宣传理事;向理事会推荐合适的人选;遵守利益冲突和保密政策等。

由专职人员、志愿者和理事构成的三元结构是社会组织人力资源构成的最重要特征,因此,社会组织的管理者应该根据三者的特点对其进行管理。

4.2 正式职员管理

正式职员管理是社会组织人力资源管理中最重要的内容。对于正式职员的管理是一个完整的过程。在这个过程中,人力资源规划、招聘与甄选可以确保组织识别和选聘有能力的员工。上岗引导、培训能够使员工的技能和知识不断得到提高和更新。绩效管理、薪酬与福利、职业发展能够保证组织拥有长期保持高绩效水平的能干的、杰出的员工。[①]

4.2.1 人力资源规划

人力资源规划是指根据社会组织的宗旨和战略目标，科学地预测组织在未来环境变化中人力资源供给予需求的状况，制定必要的获取、利用、保持和开发人力资源的策略，确保组织对人力资源在数量和质量上的需求，使组织和个人的长远利益得到保障。

人力资源规划是组织战略规划中的重要组成部分，也是各项人力资源管理工作的重要依据。社会组织管理者在适当的时候，为适当的职位配备适当数量和类型的工作人员，并使他们能够有效地完成所分配的任务。

社会组织应该在人员需求预测的基础上确定招聘的职位和数量，包括评估现有人力资源和预估未来需要的人力资源两个方面。在进行人员需求预测时，应考虑以下几个方面因素：①组织内部状况，如预计的员工流动率、员工的素质和技能、组织变化、财政状况和组织文化；②组织外部状况，如国家、地方、行业有关的就业情况和人力资源求业情况。如果预测的结果是人员过剩，就需要减少冗员。

人力资源规划的制定需要经过信息收集、人力资源需求及供应预测、制定单项业务规划等程序。

人力资源规划主要包括以下几部分内容[②]：①晋升规划。它实质上就是晋升政策的一种表达方式，满足员工个人自我实现的要求。②补充规划。这是组织人力资源政策的具体体现，目的是合理填补部门中长期可能产生的职位空缺。③培训开发规划。它的目的是为部门中长期需要弥补的职位准备所需素质的人员。④调配规划。这是一种部门内部的流动计划。部门内的人员在未来职位的分配是通过有计划的内部人员流动来实现的。⑤工资规划。为了确保未来的人工成本不超过合理的支付限度，工资规划同样是必要的。未来的工资总额取决于组织内的员工是如何分布的，分布状况不同，工资总额也不同。

4.2.2 工作分析

工作分析是指对社会组织中某个特定工作职务的目的、任务或职责、权力、隶属关系、工作条件、任职资格等相关信息进行收集和分析，以便对该职务的工作做出明确的规定，并确定任职者资格的过程。

在进行工作分析时，需要搜集以下几个方面的信息：工作活动、工作中人的行为、辅助工作用具、工作的绩效标准、工作环境和工作对人的要求。这些信息可以用于撰写工作说明书和工作规范、招募与选拔、薪酬管理、绩效评估、培训。

---

① 康晓光.非营利组织管理[M].北京：中国人民大学出版社，2011：62.
② 康晓光.非常利组织管理[M].北京：中国人民大学出版社，2011：62-63.

工作分析就是要确定某一工作的职责和任务，以及哪些类型的人(知识、技能和经验)适合这个工作。[①]因此，工作分析会有两个产出：一是工作说明书，用于界定工作职责和任务；二是工作规范，用于界定任职资格(知识、经验、技能等)。

工作说明书需要说明做什么、如何做、在什么条件下做。一个完整的工作说明书在格式上应该包括这样几项内容：工作名称和编号；工作综述；工作职责(百分比)与任务；工作的绩效标准；报告关系；工作的权限；工作条件。在书写工作规范时，可以根据职位承担者的任职资格(如学历、经验、技能等)，也可以以受过/未受过训练者为对象(如几年工作经历)，还可以根据有经验的员工的主观判断。

下文以某研究会农村发展部部长职位的工作说明书为例进行说明。

(1) 工作综述。负责本部门项目的总体计划、执行、监测、评估以及筹款，并为员工提供能力建设方面的支持。

(2) 工作职责和任务。

职责一：为各项目提供技术支持，保证按进度完成计划(50%)。具体工作任务包括确定本部门的发展方向和策略(绩效指标是：每年年底制定本部门的发展策略和发展计划)；定期召开项目分析讨论会(绩效指标是：平均每月至少主持一次部门例会；项目官员对例会的满意度)；定期去项目点访点，定期做项目监测(绩效指标是：每年为每个项目点至少提供一次日常的监测评估)；协调各项目点关系，跟进项目关键环节(绩效指标是：参与项目需求评估和中期、终期评估；与项目相关方保持畅通的沟通渠道)；负责发展部的能力建设与管理项目的实施(绩效指标是：按时按要求完成项目计划和进度报告)；为各项目官员、相关群体及外机构提供能力建设(绩效指标是：制订年度员工能力建设计划，并负责落实；员工、相关群体的满意度；为外机构提供能力建设的次数有所增加)。

职责二：筹款(30%)。具体工作任务是负责本部门的筹款，有计划地扩大资金来源和合作伙伴(绩效指标是：筹到本部门、本年度的运作经费；协助项目官员筹到项目资金；每年新筹到行政经费之外的项目所需资金，至少20万元人民币)。

职责三：对外交流和研究倡导(15%)。具体工作任务是推动与妇女发展有关的政策出台(绩效指标是：每年向人大代表/政协委员提交有关妇女发展的议案文本一份)；建立、提供与项目有关的支持网络(绩效指标是：建立与项目领域相关的专家库；保证项目及时有效地获得政府部门及专家的支持)；与项目官员一起，记录、总结、推广研究会项目成果、手法和经验(绩效指标是：每年在省或省级以上报刊上至少发表2篇发展部活动介绍或研究成果；每年至少向《××》提供2篇有关项目的总结和思考的稿件；有完整的项目档案系统)。

职责四：其他(5%)。具体工作任务是完成秘书长交办的其他工作(绩效指标：及时、

[①] 温洛克民间组织能力开发项目.中国非营利组织人力资源管理指南[R].温洛克非营利组织参考资料系列，2005.

有效地完成秘书长交办的其他工作)。

(3) 工作关系。它包括部长向秘书长汇报；项目官员向部长汇报；与相关政府部门协作；配合研究倡导部的工作。

(4) 权利。它包括审批项目官员访点计划、报告；审核本部门员工的工作量；在项目预算范围内有财务支配权；按照车辆管理制度，调配发展部车辆；协调能力建设资源的合理分配；有权雇佣本部门的临时工作人员。

(5) 工作条件。它包括有空调、暖气的办公场所；电脑、传真、复印、上网等办公设备。

(6) 任职资格。知晓研究会的工作理念，认同研究会的价值观；有团队合作精神，能组建有效的团队；有创新和开拓的意识和能力；有一定的管理经验或能力(指导、计划、控制、组织协调能力)；有3年以上社区发展工作经验；具备社区发展方面的研究能力；具备有效的沟通能力，能与相关机构建立和保持良好的公共关系；熟练并掌握相关的办公自动化技能。

4.2.3 招聘与录用

1. 招聘

招聘就是吸引、确定和安置有能力的申请者的过程。社会组织可以将那些符合本组织宗旨和文化并能在本组织中施展才华从而获得成功的人员吸引进来，进而为组织的可持续发展提供不竭的动力。如果超员，则要减少组织配备的人员，这就是解聘。

招聘受到一系列因素的影响，具体包括以下几个方面。

(1) 人力资源政策。具体内容包括：①内部招聘还是外部招聘。内部招聘的优点是能够加强承诺和士气，在培训和文化融合方面的成本低、风险低。它的缺点是如果拒绝内部员工，员工可能会产生不满，还有可能导致同级规则。同级规则是指原先平级的同事之中，如果有人得到提拔，可能会造成其他同事的不满。②个人发展机会。③工资、奖励、福利。④工作职位、职责、性质。⑤组织的声誉、宗旨和文化等。⑥组织工作内容的公益特点。

(2) 招聘渠道，即招募的方法或来源。内部招聘的方法，包括内部工作布告、重新聘用以前的员工、员工接班计划等。外部招募方法主要有：广告，报纸、杂志、收音机、电视、手册、网站；就业机构；猎头公司；高校；利益相关者推荐、自荐；退休人员；数据库。

(3) 招聘者特质。进行招募工作的人员应具备的特质有：热心、真诚、愿意提供较多的信息，并表现出积极的态度。

招聘时需要遵循三个原则：①要找最合适的人，而不是最好的人；②要明确到底需要什么样的人，应该具备什么资格与技术；③要坚持公开、公平、公正的原则。

招聘的程序一般包括以下7个步骤：报名、答复、审查、考试、面试、考察、通知。

在吸引来申请者后，招聘工作就进入甄选阶段。在这一阶段，要对申请者进行甄别、筛选，以确保最合适的候选人得到某个职位。人力资源选拔的主要技术有测试和面试两种。

(1) 测试。常见的测试类型有：①个性和兴趣测试：人力资源咨询公司会有经过验证的个性和兴趣测试题。②工作样本与工作模拟：选择几项对候选人的职位十分关键的任务，对候选人进行测试。③管理评价方法：最常见的方法是公文处理和无领导小组讨论。公文处理是给候选人一堆公文，观察候选人如何处理，如做一些记录：哪些需要开会时讨论，哪些需要当时处理。无领导小组讨论是把几位候选人组织在一起，给他们一个题目，让他们进行讨论(不指定各自的角色)。招募人通过一面单向的玻璃墙观察候选人的沟通能力、组织能力、思维能力等。④小型工作培训和评价方法：选择几项对候选人的职位十分关键的任务，对候选人进行培训，然后让候选人执行这些任务，评价候选人的学习能力。⑤背景调查和推荐信核查。

(2) 面试。面试是为了考察候选人的知识、经验、动机、智力因素和个性、人际关系等。面试共有5个基本步骤，即面试的准备，包括准备面试的问题和答案；建立和谐气氛；提问；结束面试；面试结果的回顾和记录。

面试过程中，有一些技巧可供选择：①面试问题要根据工作分析的结果来确定。②要使用客观的、具体的、开放式的、与工作有关的和行为性的问题。③可以询问候选人过去如何处理纠纷和应对变化以及设法问出候选人工作的动机。④要准备面试提纲(为了保证不遗漏重要问题)，还要为问题设立基准答案和准备结构化的针对候选人的评价表格。⑤要让求职者说话，但不要让求职者支配整个面试。⑥两个重要因素影响面试的决策：候选人的人际关系和工作动机。⑦需要对面试者进行培训。⑧就同一问题应问所有竞争同一职位的面试者，这样便于比较面试结果。

面试官在面试过程中要尽量避免一些常犯的错误：①轻易判断，在面试的最初几分钟就对候选人做出判断。②强调负面信息，在得知候选人有什么缺点后，会过分夸大这种负面信息。③不熟悉所招募职位的工作内容和对人的要求。④求职者次序错误，比如前两个候选人不合格，虽然第三个候选人也不合格，但由于比前两个候选人条件好，因而得以录用。⑤非语言行为，比如候选人如果对招募人保持微笑和目光接触，容易得到招募人的好感。⑥着装，如果候选人着装得体，容易得到招募人的好感。⑦让候选人说得太多或太少。

2. 录用

社会组织的录用程序一般包括签订合同、上岗培训、试用期、正式录用4个环节。

签订合同是录用过程中最为重要的环节。签订劳动合同既是法律的要求，也是社会组织的社会责任之一。慈善捐赠机构非常重视接受捐赠的社会组织是否履行其应负的社会责任。与劳动者签订劳动合同是慈善捐赠机构对社会组织进行审计的内容之一。

社会组织自雇佣劳动者之日起就与劳动者之间建立了劳动关系，理应签订劳动合同。在签订劳动合同时，社会组织应当如实向劳动者说明岗位用人要求、工作内容、工作时间、劳动报酬、劳动条件、社会保险等情况。劳动者有权了解社会组织的有关情况,并应当如实向社会组织提供本人的身份证以及学历、就业状况、工作经历、职业技能等证明。

劳动合同应当载明社会组织的名称、地址和劳动者的姓名、性别、年龄等基本情况,并具备以下条款:劳动合同期限;工作内容;劳动保护和劳动条件;劳动报酬;社会保险;劳动纪律;劳动合同的终止条件;违反劳动合同的责任。

除上述内容外,经当事人协商一致,还可以在劳动合同中约定下列内容:试用期;培训;保守行业秘密;补充保险和福利待遇;其他事项。

4.2.4 培训与开发

培训和开发是有效地使用和管理现有人力资源的核心内容。培训和开发都是为了改善员工(包括管理者)的态度,获得、运用和分享知识、技能和经验等。培训侧重培养员工胜任目前工作的知识、技能和态度。开发侧重培养员工胜任未来工作与适应环境变化的能力。

1. 培训

(1) 培训目的。培训是知识、技能和态度三方面的交流和提升,是对员工能力的管理。它的主要目的是:①提高主人翁意识,提高员工的自我意识水平。通过培训,员工能够更好地了解自己在组织中的角色和应该承担的责任,更好地适应组织的工作环境,并融入组织文化中去,从而更好地完成任务。②提高员工的知识水平和技术能力。③转变员工的工作态度和动机。通过培训,使员工把自己的发展目标和组织的使命更好地结合在一起。

(2) 培训需求分析。培训需求分析是一个优秀培训项目的基础和前提,在需求评估方面投入的精力越大,培训项目的成本就越低。一个恰当的培训需求分析需要员工在日常事务中重复沟通,并意识到自己在知识和技能方面的欠缺或者意识到新出现的问题对组织员工的影响。

培训需求分析包括组织分析、人员分析和任务分析三项内容。

第一,组织分析需要考虑的是培训是在怎样一种情况下发生的。可以从三个方面来考虑培训是否符合需要,即组织的使命和愿景、可用的培训资源以及员工的上级和同事对于受训者参加培训活动的支持。

第二,人员分析有助于确定哪些员工需要接受培训。人员分析的内容包括:①判断工作表现不良是由于知识、技能或能力不足,还是工作动力不够,或是工作设计不够引起的;②确认谁需要接受培训;③确定员工是否已经做好培训的准备。

第三,任务分析是从一个人所要完成的工作任务入手来发现培训需求的方法。首先要明确员工需要完成哪些方面的重要任务,然后确定为了帮助员工完成这些工作任务,应当在培训中强调哪些方面的知识、技能及行为。

(3) 培训目标和内容。确定培训需求以后,就要明确培训所要达到的目标和内容。

培训目标是指组织的培训者想让受训者实现而又可以被检验的培训结果，本身具有层次结构。①结果目标。结果目标是培训需求分析的结论性目标，描述受训者的最终行为，是在培训结束时所应达到的标准，它包括阶段目标和专题目标。②阶段目标。阶段目标是结果目标的分解，即实现结果目标的分目标。只有通过阶段目标的实现，才能达到结果目标。③专题目标。专题目标是阶段目标的分解，是实现阶段目标的前提，在某种情况下是指课程目标。确定培训目标是制定培训内容的基础。

在组织培训内容时，需要遵循以下三条基本原则。①从简单到复杂。可增强受训者的学习兴趣和信心。②从一般到特殊。总体来讲，人们对一般化的概念较熟悉，容易理解。在讨论一些具体内容时，最好从一般性问题或概念开始。从宏观到微观，从概括到具体应该成为组织培训内容的一条原则。③从已知到未知。在组织培训内容时，要了解学员现有的知识水平，在此基础上调整培训内容，要注意受训者新旧知识的搭配。要根据这些原则来对培训内容进行先后次序的安排。

常见的社会组织培训内容有：制订战略计划；理事会的作用和职责；领导力培训；人力资源管理；筹款；财务管理；必要的法律知识等。

常见的社会组织人员培训形式有：新员工的上岗培训；在职员工的组织内培训；在职员工的外派培训；员工的终身培训。

(4) 培训的方法。选择培训方法时要根据培训的目标来确定，根据不同的对象、培训条件、培训内容以及培训者的构成决定不同的方式方法组合。

在选择培训方法时，要考虑以下4个因素。①学习目标。它可以进一步分为获得和理解知识、获得技能、改变态度或价值观三个主要方面。培训者要使学员理解知识，可考虑采用印刷材料、讲座、图解、录音带和录像带、案例分析等方法。如果培训的目标是使学员获得某种新的技能，一般运用的培训方法是：示范、角色扮演、录像带、练习或作业。如果培训的目标是要改变学员的态度和价值观，一般选择新旧对比的方法，如角色扮演、案例分析、电影和录像、游戏和练习、讨论等。②培训内容。主要看培训内容是以理论为主还是以实践为主，以理论为主应注重课堂讲解和讨论，以实践为主应注重操作练习。③学员。要考虑学员的数量、知识水平、经验、期望等。④实施要求。它是指外部环境对选定培训方法的实施保证，如环境条件、时间限制、培训材料和培训费用的可能性。

常见的培训方法主要有讲座、案例分析、角色扮演、小组讨论、集思广益、游戏、作业等，具体见表4-1。

表4-1 常见的培训方法的优点、缺点和适用范围的比较

方法	适用范围	优点	缺点
讲座	学员人数众多； 理论培训； 传授知识和经验； 介绍培训目标和方法	节约时间； 听众多； 所需设备有限； 容易控制和计划； 可以针对听众需求做一定调整	单向沟通，很少反馈和互动； 信息量过大； 时间长会使人失去兴趣和分散注意力； 不适宜技能培训

(续表)

方法	应用	优点	缺点
案例分析	问题解决; 决策; 复杂情况的分析	以学习者为中心; 有助于学员相互学习; 理论联系实际的思考; 培养自学能力; 锻炼学员发现与分析问题、沟通、决策的能力; 启发学员多层次、多视角地观察与分析问题	时间长; 材料有限,分析困难; 准备新案例需要必要的投入; 结果呈多样化
角色扮演	解决矛盾和改变态度; 沟通和谈判技能; 人际关系分析; 行为表现分析	提高培训与实际工作的相关性; 有助于分析解决问题; 有助于学员的积极参与; 有助于学员间的沟通; 做中学	成功取决于角色扮演者和小组的学习气氛; 设计比较困难; 有些人不愿意扮演角色; 如果不认真会失去意义; 不适合大组应用; 如果处理不当,可能会伤害那些对事物敏感的人
小组讨论	理论; 问题解决; 计划制订; 策略制定和分析; 引起争论的问题	鼓励学员参与,提高沟通技能; 澄清问题,明辨是非; 及时反馈; 相互交流; 培养合作意识; 相互学习	时间长; 需要小组成员共同努力才能取得成功; 很容易被少数人控制
集思广益	广泛收集意见; 问题解决; 创造性思考; 提高兴趣	参与性强; 鼓励创造性思考; 充分发表意见	参加人数不宜过多; 不容易检测结果的准确性; 成功取决于全组人员的努力
游戏	管理问题; 决策; 团队组建; 制订计划	竞争可以激发兴趣; 经验式学习; 通过表演扩大学习范围; 及时反馈	时间长; 设计成本高; 培训者的控制力差; 可能偏离培训目标; 容易为了游戏而游戏; 复杂的游戏会使人糊涂,过分简单会使人厌烦
作业	澄清概念和方法; 增强自信; 问题解决; 强化和修正; 进步评估	强化自学效果; 增加课外学习的机会; 培训者不需要更多的准备时间	评判作用需要的时间较长; 学习效果取决于学习者是否认真投入

(5) 培训评估。对培训进行评估可以确定是否达到培训的目标,或者做到什么程度,同时能为策划未来的培训提供有价值的信息。

与培训目标相关,有4类基本的培训成果或效益是可以衡量的。①反应。即评价受训者对培训的反应。他们是否喜欢这个培训?他们认为这个培训是否有价值?②知识。即可以对受训者进行测试,确定他们是否学到预期想要学到的原理、技能和事实。③行为。即了解由于这个培训,受训者的工作行为是否发生了变化。④成效。最重要的是提出如下问题:员工流动人数是否减少?能否按时、高效地完成某个近期的目标?员工的工作情绪是否高涨？成效提高尤为重要，根据受训者的反应、知识的增长以及工作行为变化，可以判定某个培训可能是成功的。但是，如果没有取得成效，那么说明培训没有实现目标。

为了保证评估的有效性，培训评估必须满足以下条件：①必须在受训者的体验还很新鲜的时候进行；②调查表(或其他形式的评估方法)应简单，容易使用，并且只询问要了解的信息；③调查表的设计应该使反馈能够马上返回，并且返回的成本不高。

2. 开发

员工开发通常有以下4种方法。

(1) 正规教育。正规教育计划通常包括专门为本组织员工设计的组织外教育计划和组织内教育计划。它主要有两种形式：由外请专家提供的短期课程和送员工去大学或学院听课。

(2) 评价。评价涉及搜集关于员工的行为、沟通方式以及技能等方面的信息，然后向他们提供反馈这样一个过程。评价的常见用途有：确认员工的管理潜能以及衡量当前管理者的优点和弱点；评价还可以与团队方式共同使用，以考察每一位团队成员的优点和不足，并且发现哪些决策过程或沟通方式抑制了团队生产率的提高。

评价的类型包括人格类型测试、无领导小组讨论、公文处理、角色扮演和自我评价。其中，自我评价有助于员工确定自己的兴趣、价值观、资质以及行动取向。自我评价通常包括一些心理测验。这种类型的练习有助于员工思考自己当前正处在职业生涯的哪个阶段，制订未来的发展计划，并且可以帮助员工评估个人的职业发展规划与当前所处的环境以及可能获得的资源是否匹配。

(3) 工作实践。大多数员工开发活动都是通过工作实践来实现的，比如工作轮换、工作扩展、调动、晋升、降级。

(4) 开发性人际关系类型。员工可以通过与组织中富有经验的其他员工之间的互动来开发自身的技能，以增加与组织和服务对象有关的知识。导师指导就是员工开发的一种开发性人际关系类型。导师是指组织中富有经验的、工作效率较高的资深员工，他们负有开发经验不足的员工(被指导者)的责任。研究表明，导师能够给被指导者提供职业支持和心理上的支持。职业支持包括培养、保护、推动、安排有挑战性的任务以及提供接触工作和增长见识的机会。

4.2.5 绩效评估

绩效评估是收集、分析、评价和传递有关员工在其工作岗位上的工作行为表现和工作结果方面信息情况的过程。[①]实际上，绩效评估是对员工在一定时期内对组织的贡献做出评价的过程。通常情况下，社会组织的绩效评估包括三个层面：员工的绩效评估、项目主管和部门主管的绩效评估、秘书长和组织运作的绩效评估。

社会组织在进行人力资源管理的绩效评估时，一般会遵循这样的程序：回顾战略规划

---

① 王名，王超. 非营利组织管理[M]. 北京：中国人民大学出版社，2016：61.

和部门工作计划；确认各岗位工作说明书和工作规范；确定绩效评估指标；确定绩效评估方法；确定绩效评估机制；进行绩效评估；评估结果的反馈。

绩效评估是社会组织人力资源管理的关键环节。通过绩效评估，受益群体能够知道他们所接受服务的质量情况，组织内部员工能够获得对于个人绩效的反馈，管理者和理事会能够了解组织的有效性和员工士气，资助者能够知道资助是否被有效使用。绩效评估的优点在于使人们关注结果，更客观地设立目标，使人们关注达成一致的优先事项，同时也是员工参与的过程，有助于加深理解什么是组织的优先事项和如何利用组织资源来实现组织目标。

1. 绩效评估指标

社会组织在对员工绩效进行评估时，需要设计出合适的指标。通常情况下，组织的每一项工作都可以包括投入、活动、产出、效果和影响5个方面，因此，可以从这5个方面来设计绩效考核的指标。

(1) 投入指标。用于衡量组织投入的资源，包括资金、员工时间、志愿者人数和投入时间、物资。

(2) 活动指标。用于衡量组织进行的活动过程(回复时间、等待时间、结案时间)以及人们在活动中所表现出来的态度和行为，如沟通能力、团队精神。

(3) 产出指标。用于衡量组织的工作成果(回答的问询次数、结案数量、提交立法修改建议书的数量)。

(4) 效果指标。用于衡量组织工作产生的短期影响(如有社会影响的案件数量)。

(5) 影响指标。用于衡量组织工作产生的长期影响(如对有关立法的影响)。

需要注意的是，在实际工作中要根据每项工作的具体情况和目的来确定绩效指标。

2. 绩效评估方法

常用的绩效评估方法主要有三种：特性法、行为法和结果法。

(1) 特性法。它是指评估员工在多大程度上具有某些被认为对组织的成功非常有利的特性(特点或特征)。首先要使用清晰的技术术语来界定一系列特性(主动性、领导力、竞争力等)，然后根据这些特质来对员工进行绩效评价。在特性法中，最常用的绩效管理方法是图评价尺度法，具体见表4-2。

表4-2 图评价尺度法

特性	绩效评价				
知识	5	4	3	2	1
沟通能力	5	4	3	2	1
判断力	5	4	3	2	1
管理技能	5	4	3	2	1
质量绩效	5	4	3	2	1
团队合作	5	4	3	2	1
人际关系能力	5	4	3	2	1
主动性	5	4	3	2	1
创造性	5	4	3	2	1
解决问题能力	5	4	3	2	1

(2) 行为法。这是一种试图对员工有效完成工作所必须显示的行为进行界定的绩效管理方法。具体做法是，首先利用各种技术来界定这些行为，然后要求管理者对员工在多大程度上显示这些行为做出评价。

例如，要对员工克服变革的阻力进行评估。

首先，界定行为。界定行为包括向下属描述变革的细节；解释为什么必须进行变革；与员工讨论变革会给员工带来何种影响；倾听员工的心声；在使变革成功的过程中请求员工的帮助；如果有必要，会就员工关心的问题定一个具体的日期来进行变革之后的跟踪会谈。

然后，给出衡量尺度。用从1到5的数字来表示程度，其中，1代表几乎从来不，5代表几乎经常如此。根据最后的总分数，区分5种考核结果：很差(6～10)、尚可(11～15)、良好(16～20)、优秀(21～25)、出色(26～30)。

最后，由评估者进行评估，并给出最终成绩和评估结果。

(3) 结果法。结果法假设在绩效衡量过程中，主观因素可以被消除，同时，工作结果是对员工的有效组织贡献进行衡量的最为接近的指标。目标管理法是一种有效利用结果法进行绩效管理的系统。

在一个目标管理体系中，首先，最高管理层确定社会组织来年的战略目标。接着，这些目标会被传达到下一级管理层，这一层级上的管理者就需要明确目标，为了帮助组织达到这些目标，他们自己应当实现哪些目标。这种目标的确定过程会依次延续下去，直到组织中的所有管理者都确定了能够帮助组织实现总目标的个人目标为止。这些目标会成为对每一位员工个人的工作绩效进行评价的标准。

概括来看，目标管理系统有三个组成部分：要求确定具体的、有一定难度的、客观的目标；目标管理系统中所使用的目标由管理层及其下属人员共同参与制定；管理者在整个评价期间通过提供客观反馈的方式来监控员工达成目标的进展过程，具体可以参考表4-3。

表4-3　某财务组织在目标管理系统中所确定的目标

关键结果领域	目标	完成百分比/%	实际绩效
减少财务错账率	在今后的12个月内将错账比率减少50%	90	在过去的12个月内将错账比率减少45%
财务电算化程度	在今后的12个月内实现财务管理90%电算化	100	在过去的12个月内实现财务管理90%电算化

在绩效评估中，经常会遇到这样一些问题。①标准不明确：缺乏客观性的考核标准。②晕轮效应：在考察员工业绩时，由于只重视一些突出的特征而掩盖了被考核人其他的重要特征。③居中趋势：大多数员工的考核得分都居于"平均水平"的同一档次。④过紧或过松："过紧"是指考核中所做的评价过低，"过松"是指考核中所做的评价过高。⑤评估者偏见：是指考核者由于经验、受教育程度、世界观、个人背景以及人际关系等因素而形成的固定思维，会对考核评价结果产生偏见。综合运用不同的评估方法，可以有效

地避免这些问题。

4.3 志愿者管理

志愿者是健康社会的"生命之血"。1997年11月20日，第52届联合国代表大会通过了包括中国在内的123个国家提交的52/17号提案，决定把2001年确定为国际志愿者年(International Year of Volunteers)。如何善用这些"生命之血"，已经成为当代社会组织发展的重要议题之一。

4.3.1 志愿者管理相关概念

志愿者管理，就是对志愿者践行志愿精神，提供志愿服务的活动进行管理的过程。

1. 志愿精神(Volunteerism)

志愿精神是指一种自愿的、不为报酬和收入而参与推动人类发展、促进社会进步和完善社区工作的精神，是公众参与社会生活的一种非常重要的方式。在一些国家，志愿精神是公民社会和公民社会组织的精髓，是个人对生命价值、社会、人类和人生观的一种积极态度。志愿精神鼓励人与人之间的援助，因为它强调的是社会上个人对周围有需要的人的扶助责任，而这种责任的实践就在于人与人之间的相互责任。

志愿精神是一种利他主义和慈善主义的精神。[①]可以说，志愿精神的概念解释了志愿者参与服务的动机问题。

2. 志愿服务(Volunteer Service)

志愿服务是指民众出于自由意志而非基于个人义务或者法律责任，秉承以知识、体能、劳力、经验、技术、时间等服务社会的宗旨，不以获取报酬为目的，以提高公共事务效能及增进社会公益为己任所进行的各项辅助性服务。

理解志愿服务的概念，可以将志愿服务与规定服务两个概念联系起来。志愿服务是指人们自由选择为某项事业贡献时间和才智。规定服务是指人们根据法律或某个机构的要求从事社区服务。规定服务的例子有：某人必须在一家社会组织捐赠时间，以代替因不良行为应付的罚款(社区矫正)；对学生而言，其学校规定必须在某机构从事工作(学习)。

志愿服务包括以下几种具体形式。[②]

(1) 类型学分类。按类型学进行分类，志愿服务可分为以下4类。①互助与自助：人们为了社区的共同利益或共同的生活环境而贡献他们的时间和精力来帮助他人和自己，体现

---

① 王名，王超. 非营利组织管理[M]. 北京：中国人民大学出版社，2016：63.
② 温洛克民间组织能力开发项目.中国非营利组织志愿者管理指南[R]. 温洛克非营利组织参考资料系列，2005.

在医疗、饮水、教育等公共设施中。②博爱行为或为他人服务：博爱是指对全人类的爱，也是许多人做志愿者的动机。它的基础是一种"赠与式关系"，即人们自愿地付出时间和精力去帮助他人，并不期待他人回馈同样的好处和帮助。经过研究，可以将其定义为"交换式关系"，志愿者在从事志愿服务的同时也有所收获：自我价值的实现，有机会体验到不同的生活，学到新的技能等。③参与：人们为了参与社区和国家的管理工作愿意付出时间和精力从事志愿服务，如政府咨询部门的群众代表；地区发展项目的受益人有时也会参与项目的执行。这种参与式的志愿服务应该探究有效的办法，使参与者在决策中进一步发挥作用。④倡导：人们为了自己或他人的利益付出时间和精力举办一些在本地区或者全球范围的游说、辩论活动，期望借此改变某些社会政策和福利。例如反战、环保、预防和治疗艾滋病等。

(2) 组织形式分类。按组织形式，志愿服务可以划分为以下几类：①由公共服务机构组织的正式志愿服务。人们付出时间和精力参与一些由政府和其他公共机构(如医院)组织的公共服务，提供志愿服务。②由非政府部门组织的正式志愿服务。人们付出自己的时间和精力参加社会机构和志愿服务机构组织的各种各样的志愿服务活动。③志愿行为(非正式的志愿服务)。人们付出自己的时间直接帮助和支持同一社区的邻居、朋友，而不是由正式的组织来开展志愿服务。这通常成为某些人的习惯和日常行为，是服务者与服务对象之间的交流和联系，或是邻居、朋友之间的行为。

(3) 直接服务和间接服务的区分。这是按照人们参加志愿活动的动机和情况进行区分的。间接活动是指社会组织的监督和管理，其中包括担任董事会成员、参加小组委员会或操作领域的工作(如为组织机构筹集资金、宣传)。直接服务志愿者和社区服务志愿者所进行的工作是直接参与履行有关组织的使命(如与该组织的救济对象保持联系，或是参加环境保护工作)。

3. 志愿者(Volunteer)

志愿者[①]是指践行志愿精神，提供志愿服务的人。他们能够做到不计报酬，主动帮助他人并积极承担社会责任。

目前，国内学术界对志愿者这一概念存在不同的理解。①志愿者是指那些具有志愿精神，能够主动承担社会责任而不关心报酬的人，或者是不为报酬而主动承担社会责任的人。②志愿者是指具有一定专业技能，热心社会服务和公益事业，以招聘方式自愿参加志愿服务工作的人。③志愿者是指不受法律及其他任何形式的强制，自愿提供服务的人。④志愿者是指奉献自己的部分闲暇时间或知识，服务于他人的、有益的且有某种意义的行动中，而不期待任何回报的人。

尽管人们对志愿者概念的表述各不相同，但这一概念的基本要点却是清楚：①志愿者的行动是个人行为；②志愿者的行为必须是自愿的；③志愿者所开展的活动具有一定的社

---

① 中国香港称义工，即提供义务工作的人；中国台湾地区称志工，即提供志愿性工作的人。

会价值;④志愿者不是孤立地开展活动,而是在组织中进行协作;⑤志愿者的活动是利他的和无私的。

根据工作性质,可以将社会组织的志愿者划分为三种类型。[①]①管理型志愿者。管理型志愿者加入理事会或担任顾问,是社会组织领导层的成员,参与组织的决策与治理。②日常型志愿者。日常型志愿者参加组织日常工作并担任一定角色,包括策划、管理、协调等,与领薪员工一样能够坚持全职工作。③项目型志愿者。项目型志愿者主要参加各种项目或活动,为之提供支持,主要集中在项目或活动开展期间,一旦项目或活动结束,志愿服务也告一段落。

志愿者建立起自己的组织,就形成志愿者组织(Volunteer Organization)。志愿者组织的灵魂是增进社会福利的理念。志愿者组织的自愿性、奉献性决定它的民间性。从组织的成熟程度来看,志愿者组织可分为正式组织和非正式组织。正式组织是指经过政府登记和法律认可的志愿组织。非正式组织是指未经政府登记认可,但在一定范围内活动的志愿组织,它们在某地域内或领域内从事有益于社会的活动,获得了社会认可,如社区青年志愿者组织、大型公共活动中的志愿服务队等。

4.3.2 志愿者管理系统

1. 志愿者管理机制[②]

志愿者管理机制主要包括4个方面的内容,具体见图4-1。

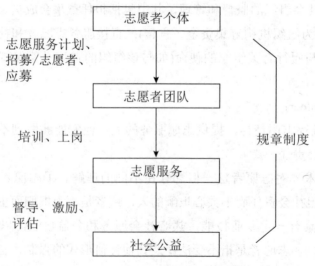

图4-1 志愿者管理机制简图

(1) 宏观机制。需要解决两个问题:一是体制问题,即志愿者组织发展的法律制度环境问题;二是资金问题,即保证志愿者组织有充足的资金开展活动。

---

① 王名.非营利组织管理概论[M].北京:中国人民大学出版社,2010.
② 温洛克民间组织能力开发项目.中国非营利组织志愿者管理指南[R].温洛克非营利组织参考资料系列,2005.

(2) 微观机制。志愿者践行志愿精神，提供志愿服务，进而产生社会公益，这不仅需要志愿信念和热情，同时也需要志愿者管理机制。

(3) 志愿者管理的具体政策与制度。①创造激发志愿者工作动机的环境。志愿者管理人员要创造一个能鼓励志愿者工作的环境，这是志愿者管理获得成功的基本条件。为了实现既定的志愿项目目标，志愿者管理人员首先要给志愿者分配他们所愿意承担的志愿工作，志愿者管理人员应当让志愿者清楚地知道他们的工作目标及其承担的责任，增强他们在工作中和工作完成后的满足感。②明确志愿者的权力。应当赋予志愿者一定的权力和权限，保证他们在处理工作时能够有独立自主的权力。在赋予的权力和权限的范围内，志愿者可以为实现规定的目标制定工作方案，发挥自己的主动性和创造性。志愿者管理的重要方法之一是鼓励志愿者发挥他们的积极性和创造性。这样对志愿者来说，管理层就由管理者变为协助者。志愿者会感觉在工作中增加了自由度，激发他们的积极性和创造性，因此容易取得令人满意的成果。③建立志愿人员分层管理机制。当志愿人员管理者把志愿项目工作授予志愿者之后，便存在不能按预定目标运作或者失控的可能性。因此，管理者的困难在于：既要赋予志愿者一定的自主权，充分调动他们的积极性和创造性，又要保证他们按照预定的目标开展工作，同时又要在特定的环境中，把赋予他们的权力收回来。这是志愿者管理机构所要面对的难题。

(4) 志愿管理者。有效的志愿者管理机制，需要建立和培养一批素质高、有责任心的志愿者管理队伍。志愿管理者就是"能够把志愿者的积极性和社会需求有机结合的人"。[①]志愿管理者具有4个方面的主要职责：①监督和指导志愿者工作，以保证志愿服务实现预期的目标；②营造能激发志愿者工作动力的环境；③明确志愿者的权力；④建立分层管理的志愿人员管理机制。

2. 志愿者管理模式

1) 依据社会组织与志愿者的关系划分

依据社会组织与志愿者的关系，可以将志愿者管理模式划分为以下三类。[②]

(1) 重合型(员工式管理)。将志愿者纳入组织的人力资源管理体制之中，由组织进行专门的志愿者管理工作。志愿者与组织联系非常紧密，有时志愿者会作为组织员工承担组织管理工作。这种管理模式常见于由志愿者提供人力资源的组织。

(2) 独立型(项目式管理)。在组织的管理体制中，基本没有志愿者管理结构和内容，只是偶尔组织活动或举办志愿者年会。志愿者作为组织的后备力量，通常只是在组织有项目或需要的时候，临时招募志愿者，一旦任务完成，志愿者就会退出。这种管理模式常见于以项目管理为导向的社会组织或者组织发展初期。

(3) 交叉型(会员式管理)。志愿者有独立的团队，机构将志愿者部分地纳入组织管理之

---

① 王名. 非营利组织管理概论[M]. 北京：中国人民大学出版社，2010：171.
② 温洛克民间组织能力开发项目. 中国非营利组织志愿者管理指南[R]. 温洛克非营利组织参考资料系列，2005.

中，即机构作为志愿者团队的治理结构。志愿者团队(如协会、社团或小组)有自己的领导人和组织结构，在承担机构志愿工作的同时，自行开展其他社会活动和联谊。

2) 依据志愿者的能力和经验划分

根据志愿者的能力和经验，可以将志愿者管理模式划分为4种：①

(1) 自主管理模式(赋予志愿者完全的自主权)。在这种管理模式中，志愿者拥有全部的工作决定权，他们可以自主处理他们认为应当处理的事情。一些组织在实际开展活动中，倾向在活动中发动志愿者，在志愿者中培养志愿领袖，实现志愿者的自我管理。实施这种管理模式的前提是志愿者必须拥有足够的经验和能力。

(2) 定期报告模式(建立志愿人员定期报告制度)。这种管理模式可以发挥志愿管理者的监督作用。如何确定志愿者向管理者报告的时间间隔，取决于管理者对志愿者的信任程度。在这种管理体制下，志愿者是工作的主导，但需要在某些时候向志愿者协调员报告工作的进展及已处理的事项。这种管理模式可以增强志愿者协调员的监督作用，强化监督机制，保证他们可以对志愿者进行经常的监督和管理，保证工作沿着既定的目标执行。

(3) 监督工作模式(对志愿者提供建议的管理模式)。在这种管理模式中，志愿者是工作的责任人，但在采取行动前，须向管理者提出行动的建议并获得认可。这样，管理者便可在工作进展上有较大的控制权。提议一旦被志愿者协调员接纳，志愿者便要为他们所采取的行动提交进展报告。为了达到目标及控制工作进展，志愿者协调员可在不同情况下要求志愿者提交不同形式的计划，例如每日工作计划、每月工作计划、每季工作计划，甚至是全年工作计划。

(4) 指令工作模式(不赋予志愿者自主权的管理模式)。在这种管理模式中，志愿者无须为工作提供建议，也不能自行做出决定，他们只需按管理者的指令工作。一般在以下两种情况下采取这种管理模式：一是志愿者无相关的工作经验，对工作没有足够的认识。二是发生紧急情况，没有足够的时间去聆听志愿者的建议。志愿者协调员决定志愿者"做什么"和"怎样做"。如果志愿者数量众多，志愿者协调员的工作会非常繁重，并可能遇到很大困难。这种管理模式也可能导致更严重的问题。因为当志愿者没有工作自主权，他们很容易失去工作主动性、积极性和创造性，并由此对组织和工作产生不满情绪。当志愿者感觉不满时，他们便不能获得满意的工作成果，甚至不愿意再提供服务。即使志愿者出于责任感及社会需要的原因留下来工作，但因没有被赋予权力，他们对工作的投入程度便会被削弱。

因此，组织应该建立循序渐进的管理模式，可以根据具体情况适当使用这4种管理模式。随着志愿者能力水平、工作经验的增长，志愿者协调员可以给予他们更多的自主权，依次渐进。

---

① 王名.非营利组织管理概论[M].北京：中国人民大学出版社，2010：171.

4.3.3 志愿者管理流程[①]

1. 制订志愿者工作计划

在社会组织中，固定员工一般都很少，大量工作是靠志愿者来完成的。独立式管理的组织没有自己的注册志愿者，一旦有活动，则临时招募。交叉式管理的志愿者组织有自己的志愿者队伍。平时他们分散在各自的职业岗位上，定期或不定期参加组织的志愿工作。对于志愿者的管理虽然有别于固定员工，但招募、培训、服务、评估与激励等重要步骤都缺一不可，而且需要管理者根据志愿者的特点和工作目标制订详细、明确的整体工作计划，说明工作意义，确立志愿者在服务中的角色及参与目的，从而确定志愿者的招募计划。

志愿者工作计划的内容包括：初步界定服务对象和范围及志愿者的角色，草拟服务计划书；编写工作手册及服务方法；志愿者招募方法及甄选；志愿者培训；工作安排；检讨及评估未来的发展等。

2. 志愿者的招募

在招募志愿者时，需要遵循以下程序：①制定招募标准，清晰界定志愿者负责的工作，明确需要什么样的志愿者；②确定恰当的招募方式，例如，张贴海报、壁报设计、员工激励、讲座、招募会或招募说明会、个人介绍等；③确定招募人员；④制定甄选程序，包括面试、双向选择、情景模拟、筛选、推荐其他组织等；⑤准备好所需要的相关文件和表格，这些表格包括志愿者服务的目的、对志愿者及服务的期望、工作责任、志愿者享有的福利和培训机会、订立合约形式(口头/书面)、确定聘用志愿者的工作要求及对服务的承诺、澄清机构与志愿申请者彼此对工作的期望和要求；⑥实施招募。

志愿者招募通常有两种不同的方式：①一般招募。主要招募岗位简单、技术性不强的志愿者。这种志愿岗位可以由大部分人来担任，没有特殊的技术要求，或者经过简单训练就可以胜任工作。②目标招募。这种志愿者需要具备一定的技能，不是任何人都可以胜任的。社会组织的领导者要对目标招聘的岗位、应招者、招募方式、沟通方式、激励机制等进行认真考虑和权衡。

3. 志愿者的面试

一般来说，招募从事相对较长期固定的服务工作的志愿者都需要进行面试和甄选，目的是让申请者了解工作要求及说明双方的期望，以便让双方决定是否适合。

判断甄选志愿者可以参考如下标准：①志愿者具备所需的工作技能、经验和原动力；②志愿者符合组织的工作文化及要求；③志愿者服务的原动力得以满足；④志愿者被安排在适当的工作岗位以使其发挥能力并做出贡献；⑤志愿者有足够的时间保证完成既定工作。

4. 志愿者的培训

培训能使志愿者明白服务的宗旨和计划的详情。合适的培训除了让志愿者学习应有的

[①] 温洛克民间组织能力开发项目. 中国非营利组织志愿者管理指南[R]. 温洛克非营利组织参考资料系列, 2005.

技能，还可以协助志愿者适应未来的计划需要，提高服务质量。

(1) 培训目标。让志愿者接受组织的理念，通过适当的培训课程，向志愿者教授知识、技术；协助志愿者选择工作、改善工作态度、增强志愿者的自信心、有机会发挥潜能；让志愿者清楚自己的权利和义务。通过阶梯式能力建设培训与实践，获得成长，实现自我、社会组织和社会的共同发展，促进和谐公民社会的建设与人类幸福。

(2) 培训形式。①老志愿者带新志愿者，可以安排迎新辅导会或工作介绍会，给新志愿者介绍服务内容，讲解志愿工作概念、志愿工作态度和守则等。②团队建设培训，根据服务工作需要，进行一系列理论或实务上的培训，包括理念、社会服务发展动向、服务技术培训、解决问题的方法、程序设计、领导力提升、团队工作、行政事务管理等。③参与式培训，通过活动、研讨、互动交流，学习志愿工作理念与技能。④活动式培训，组织志愿者参加一次活动，然后再根据需求开展培训。

(3) 志愿者培训课程。①志愿者认知：侧重对志愿者及公民社会的一般认知。②组织机构介绍。③志愿工作说明。④志愿工作相关理论技能。⑤团队与沟通。⑥社会工作理论方法。⑦志愿者自我管理和生涯规划。⑧志愿组织的战略规划。⑨志愿者交流与专题研讨。

(4) 编制志愿者手册。手册的内容包括组织的理念及使命；组织架构图、员工名单和职责表；志愿者服务政策；提供志愿者工作的目的及工作内容简介；志愿者的角色职责(工作要求、参与培训和出席会议、工作汇报及负责等)；提供服务的程序和范围；汇报和反映意见的制度(储存记录、监管、处理紧急事项的程序、出席/缺席活动的申报制度、申领活动经费的程序)；志愿者须遵守的规则；志愿者福利(受训机会、其他额外福利、工作服、表彰、津贴、保险、停车位、联谊活动等)；退出服务的申请程序。

5. 志愿工作督导

定期对志愿者进行个别或小组的督导，评估工作表现，了解志愿工作的进展情况，提供适合的辅导及方法，加强志愿者的参与及改善服务的质量。

努力做到无障碍投诉，平等对待每一位志愿者。在管理系统里，要设计好投诉程序：方式(电话、写信、电子邮件、来人等)、处理、反馈、跟进措施，如改进志愿者组织管理等，避免问题重复出现。

提供晋升机会，让有经验及专门才能的志愿者担任督导工作。

6. 志愿者评估

评估工作旨在评定一个计划或服务是否应该继续进行下去或运用创新且可行的方法改善服务质量。如果志愿者同意修订参与的工作职责，而评估又能反映服务的需求，相信志愿者会予以配合，继续协助推行优质的服务。

7. 志愿者激励

激励的出发点是满足组织成员的各种需求。通过组织活动来满足志愿者复杂的激励需求，才能确保志愿者表现出持久的热情和创造力。

对志愿者的激励应当遵循以下原则：①可采取不同的渠道或明确的方式向志愿者表示感谢及表彰；②对服务表现优异的志愿者，应设定明确的标准，加以确认及表彰；③对志愿者给予应有的工作津贴(如餐饮费、交通费)、保险或工作安全保障等福利。

对志愿者进行激励，就是要满足志愿者以下需求。①认同需求。组织可以对志愿者的工作表示欣赏和认可，对其工作给予好评，就可以满足该需求。②控制需求。志愿者需要一定的独立性，能够实现自我控制。在灵活性较高和变化较快的工作上，组织需要学会适当授权。③工作丰富的需求。志愿者协调员需要经常为志愿者重新分配工作岗位，以便更好地发挥志愿者的技能和知识优势，并积累丰富的工作经验。④发展需求。要让志愿者感到自己所从事的志愿工作有发展的空间，可以增长知识和才干，丰富自己的人生，这些主要通过培训、指导、咨询、技术示范来实现。⑤人际需求。要求志愿者管理人员通过一定方式让志愿者拥有归属感，被组织接受，得到组织的关爱，开展合作，分享组织的忧愁和喜悦，与组织内部员工建立密切的关系。⑥权力需求。志愿者管理人员要创造一定条件让志愿者能够通过自己的努力来影响别人的行为。要赋予他们一定的领导地位，提升他们在组织中的位置，如参加理事会、充当发言人、协调项目等。⑦兴趣需求。一个志愿者无法在一个不喜欢的岗位上服务，组织必须让他感到志愿活动充满乐趣和享受。⑧确认成功的需求。要让志愿者感到他已经做完一定的事情，这样的事情往往发生在一些目标比较明确的活动中。

对志愿者进行激励，可以采取的方式有以下几种：①组织内部激励。最重要的是将志愿者安排在适合的工作岗位上，使他们能够一展所长，为其带来无穷的满足感和成就感。②社会激励机制。从社会方面对志愿者的服务予以承认，提供奖励和回报。③志愿者自我激励机制。让志愿者在参与服务过程中获得自我成就感、自我表现提升感和自我满足感。④为志愿者购买保险，保护志愿者的权益。最大限度地保护志愿者权益，让志愿者感到他们是受到足够重视和尊重的，也是对志愿者的一种激励。志愿服务期间出现事故，导致志愿者的财物损失及人身伤害，应追究责任。除现行有关政府部门或服务机构购买保险的条例保障外，机构在计划志愿者服务时，应考虑是否为志愿者额外购买人身意外保险，以确保志愿者在服务期间发生意外导致财物损失及人身伤害时，可获得合理的赔偿。

4.4 理事管理

理事会[①]作为社会组织的最高决策机构，承担界定组织使命、监督组织运行、制定组

---

① 在中国大陆地区，大部分社会组织(如社会团体、基金会等)决策机构被称为理事会，以区别于作为企业决策机构的董事会。此处，董事会与理事会通用。

织战略等职能,对组织绩效负有最终的责任。因此,理事会是社会组织治理结构的核心和关键。作为理事会的基本要素,理事肩负重大责任。

找到合适的理事对于社会组织来讲,至关重要。①

4.4.1 选择理事的标准

作为一名理事,应该具备一些基本的个人素质。这些素质包括以下几个方面。①能力。主要是指倾听、分析、思维清晰、创造性思考、团队合作的能力。②态度。愿为参加理事会和委员会会议做准备,在会议上提出恰当的问题,对分配给自己的任务愿意承担责任并坚持完成,根据个人情况慷慨地向组织贡献自己的时间、精力和金钱,在社区推广该组织,并进行自我评估。③学习。虽然不具备某些技能,但愿意学习这些技能,例如,积累和筹集资金,培养和招聘理事会成员和其他志愿者,阅读和了解财务报表,学习更多关于组织的核心业务领域的专业知识。此外,还有诚实、能了解并接受不同观点、友好、积极处理问题、耐心、开拓社区的技能、正直、成熟的价值观、关心所在社会组织的发展、幽默感。

因此,在选择理事时,需要考察合适的标准。①品德优秀。因为他们肩负监督职能,是把守组织行为的底线、风险控制的最后一道闸门。②社会关系网发达。理事要帮助组织寻找资源。理事往往是捐款者,有的理事甚至是最主要的捐赠者,而且他们要帮助组织向其他人募捐。理事相当于最为重要的营销人员。③专业权威。一部分理事是社会组织管理、法律、金融投资、公关等方面的专家,为组织提供免费咨询。这也为组织的合理决策提供了保障。④社会名流。拥有号召力、声誉高的理事,可以提升组织的公信力。②

在招聘理事前,需要了解申请者加入理事会的动机。这些动机一般包括:利他主义和社会公益精神;社会地位的提升;社会公众面前的可见度;学习的欲望;寻求生活的意义;权力欲望等。

4.4.2 理事的招募、甄选

理事一般由核心理事、CEO、机构发起者来提名、邀请、定夺。③

在招募理事时,首先需要了解候选人是否有兴趣在理事会工作,候选人对哪些使命感兴趣。理事会工作是否符合候选人的个人需求,他/她是否有足够的时间投入理事会的工作。然后,邀请候选人加入理事会。通常由理事长与候选人讨论理事会的工作,在讨论中需要了解候选人是否充分了解理事会对他/她的期望。考虑加入某个理事会的人需要了解

---

① 本部分的写作主要参考了《国际标准的非营利组织理事会:供中国非营利组织参考的框架》,来源于温洛克民间组织能力开发项目于2015年编写的温洛克非营利组织参考资料系列。
② 康晓光.非营利组织管理[M].北京:中国人民大学出版社,2011:85.
③ 参考《国际标准的非营利组织理事会:供中国非营利组织参考的框架》,来源于温洛克民间组织能力开发项目于2005年编写的温洛克非营利组织管理参考资料系列。

为什么自己成为考虑对象：是因为自己在技术行业的工作经验，还是因为自己有管理社会组织的经验，或是因为自己的某种个人品质。要让候选人了解在理事会和委员会工作需要投入多少时间。最好给他/她一份理事会和委员会会议的时间安排表。

在寻找合适的理事候选人时，有一些途径可供选择。一般来说，这些途径包括：同事；其他社会组织的理事会成员；本地媒体的文章和报道；首席执行官和其他高层管理人员；理事会成员；志愿者中心以及其他途径。

那些最有可能成为理事候选人的人群主要包括：目前和未来的主要捐助者；社区领导；本地和全国性组织的管理者，包括非高层人士；当地小企业主；与组织使命相关的领域的专业人士；从组织的服务中获益的人或者他们的亲戚等。

有效地招聘理事需要遵循8个步骤。

(1) 准备相关文件。成立理事会招募小组/提名委员会，组织集体讨论并制定理事岗位描述、理事会细则、利益冲突声明等文件。

(2) 对现有理事成员的评价。提名委员会应当首先评估现有的官员和理事会成员。目前的优势和弱势是什么；是否任期已满，但有权连任的理事们应当被再次提名；如果可以，应当提谁；标准是什么；出席理事会的情况、执行委员会的任务和其他能在资金方面支持组织的能力都是应当考虑的因素。

(3) 组织的目标决定所需要的技能。理事会/组织当前关注的是什么？目标是什么？下一年度及今后两三年或更长远的工作重点是什么？

(4) 对服务的地区有所反映。提名委员会需要考虑整个社区的人群多样性——各种族和文化人群的男女；来自企业、教育、劳工、产业、专业技术人群和宗教团体；来自政府、社会机构和服务对象——所有对社区内的生活有贡献的人。提名委员会必须要注意理事会应当包括所有的有贡献的人群。

(5) 可能成为委员会主任的人。提名委员会应当考虑到，有些理事会成员将来需要担负专门的任务或担任委员会或任务小组的负责人。因此，被推荐的候选人应当是有一定身份并且符合条件的人。

(6) "理事会构成表"帮助制订有目标的招募计划。为了确定理事会成员的配备是否平衡，提名委员会应当完成"理事会构成表"。这种对现有和计划成立的理事会成员的分析将有助于制订专门的招募新理事会成员的计划。

(7) 理事会构成分析。以"理事会构成表"为基础，确保列出所有理事会需要的经验、利益、筹资渠道、技能和人群特征；将现有理事的特征填入此表中；找出表中的空缺和需求——在理事中需要什么样的技能和特征？具有某技能的理事是否将很快结束本任期？这名理事应该由谁顶替？

(8) 制订有针对性的计划，招募具有所需技能和特征的理事。根据对"理事会构成表"的分析，尽可能详细地列出新理事所应具备的技能和特征；讨论谁可能会有这样的技能和特征，提议个人、机构或专家以确定寻找范围；制作理事会招募手册，并发给潜在的理事候选人，手册内容包括使命陈述，组织的法律注册文件，现任理事名单和他们所属的机构，理事会细则、理事岗位描述及理事会会议时间表，当前组织和项目宣传手册/年报，年度财务报告/最近审计报告。

在招聘理事时，要注意成员的多样性和包容性。对任何问题都能达成一致的理事会通常不是最有效的。理事会的成员最好能够在技能、专业、年龄、经济状况、文化背景等方面各不相同，并且要考虑男女平衡。这就是理事成员的"多样化"，可以有助于社会组织解放思想和百花齐放。同时，理事成员要具有包容性。包容意味着接受和重视差异性，并且承认差异性的存在有助于全面地了解与组织工作相关的事务。此外，将服务对象的代表纳入理事会时要慎重。

4.4.3 如何留住对组织有用的理事

1. 给新理事定位，每年做理事工作评估

新理事参加第一次理事会会议之前或在会议上，提名委员会和理事会有关负责人应给他们提供新理事就任手册并简要介绍手册内容。也可以考虑指派一名理事给新理事进行相关的个人辅导。理事进行自我评估时，常用的工具是"理事表现自查表"。

通常情况下，"理事表现自查表"包括如下内容。

作为一名理事我是否(在横线上填"是或否")：

(1) _____ 参加组织提供的培训？

(2) _____ 在参加理事会会议之前阅读理事会提供的材料？

(3) _____ 参加所有的理事会会议？

(4) _____ 积极参加理事会的讨论和辩论？

(5) _____ 要求组织提供所需的其他信息和财务数据，以确保自己全面了解情况？

(6) _____ 当感到有必要保护自己的声誉时，要求将自己投反对票的情况写进会议纪要？

(7) _____ 在允许公开理事会决议之前严格保密？

(8) _____ 不介入员工之间的摩擦冲突？

(9) _____ 在自己能力范围内支持或推动组织的筹款活动，并且本人量力而行向组织捐款？

(10) _____ 支持理事会大多数人通过的决议(尽管本人并不同意这一决议)？

(11) _____ 了解理事会的职责，对理事会和组织的行为的合法性保持警觉？

(12) _____ 不参与任何可能会导致或被理解为有利益冲突的活动？

2. 每年分析"理事会构成表"并进行有针对性的理事招募程序

理事会不可能在短期内组建，要制定招募战略。招募程序每年都要重复和完善。要同可能成为理事会成员的人建立关系。如果他们只与组织机构中的某人有联系，就将他们介绍给组织的其他人，邀请他们参加组织的活动，带领他们看组织的项目，将他们介绍给员工和其他理事会成员及志愿者。给他们寄信，介绍关于组织的简报和媒体报道，促使他们对机构感兴趣并让他们相信这是一个值得帮助的组织。让他们对组织的使命、愿景和目标逐渐承担更多的义务。

当确信他们了解并支持社会组织的工作，并可能愿意更多地参与其中时就可以邀请他们加入理事会。可以委派一个最能影响他们做出决定的人去同他们谈，最好还有执行主任或一位老员工陪同一起去。应当事先确定谁说什么，并确保每个人都有充分的准备，了解各种情况。要给他们提供充足的材料，帮助让他们做出决定。

要向可能成为理事的人介绍理事会成员的岗位描述。要非常明确地告知，期待他们在时间和资源方面的承诺是什么。理事们如果自己不能在资金方面有所贡献(或者介绍其他捐赠者)，他们的作用可能很有限，因为通常被要求捐款的人会问理事自己是否捐款了。在国外，如果理事只是贡献了时间而没有贡献资金(或其他物质贡献，包括介绍其他捐赠者)，那就不会是很有说服力的回答。理事会在招聘理事的时候，候选人的捐赠能力是非常重要的考虑因素。

3. 对理事进行培训

管理社会组织是一项专业活动，并非随便什么人都可以胜任的工作。让新理事适应情况是帮助理事有效开展工作和履行职责的非常重要的工作。因此，新理事需要经过上岗培训。对理事的培训不仅不可或缺，而且需要更高的技巧。同时，要根据他们的特点组织培训，设计和安排培训时间，要充分考虑他们的地位、专业背景等。反过来，新理事自己也要花时间了解组织的各方面情况，要与理事长、CEO、其他关键理事进行沟通交流。

为了有效地提供管理服务，新理事需要尽快了解该社会组织的各个方面。这就需向每一位新理事提供一本就任手册。对于每一个成熟的机构而言，都应该有自己的新理事就任手册。该就任手册的内容包括：使命陈述(组织的历史)；组织章程，法律注册文件；其他理事的姓名和地址、简短的履历；理事岗位描述，理事会细则，下一年度理事会会议时间表；理事会委员会名称、目的和成员名单；组织机构图；员工名单；员工职能表；当前预算；理事会最近的财务报告；最新的审计报告/年度财务报告；当前项目报告；目前使用的机构和项目宣传手册；过去一年的理事会会议纪要；保险情况概要；人事制度；当前战略规划或长期计划；最近的年度报告；挂靠机构/主管机构/注册机关要求的年审报告或其他报告(如果组织附属/挂靠于某一国家级、省级或地方机关/机构，或在某一政府机构注册)。新理事就任手册要定期更新。

新理事在收到就任手册后应该尽快了解并适应组织情况。理事们对于组织当前的基本情况和现实挑战知道得越多，他们就可能越积极地参与组织的各种事务，甚至找到解决问题的办法。这就要求理事会的领导者必须与新理事见面，并同他们一起查看理事的岗位描述和理事会细则。

4. 新理事需要填写利益冲突声明

所有的理事会成员、委员会成员、员工及一些顾问和志愿者都应该填写并签署利益冲突声明。利益冲突声明的目的是帮助社会组织保持透明度和诚信。这是一个有关道德的声明，可以让社区确信机构领导人和员工没有在经济上或其他方面因在社会机构任职而谋取不正当利益。

理事会成员、委员会成员、员工及一些顾问和志愿者不可以参与会给自己或与自己的亲属有关的组织或企业带来利益的决策。在这种情况下，理事会成员必须向社会组织通报这种关系，该成员不能参加任何投票，并应该把这些情况记入理事会备忘录和组织的档案。在填写利益冲突声明时，应当要求列出可能会产生利益冲突的组织、企业或团体的名单。这样理事会和员工就会对理事会成员可能不应参加某些会议的情况有所准备。中国的理事会经常遇到的问题就是报酬。如果理事会想表明社会组织是透明并有诚信的，就不应当付给理事报酬。任何会让人感到理事会成员是因为报酬才任职的情况都应当避免。

一般来讲，利益冲突声明应包括如下内容。

(1) 任何社会组织的理事会或委员会成员都不能因他/她参加社会组织工作而获得任何直接或间接的个人利益和利润。任何个人都应当向社会组织公开他/她在社会组织可能获得的个人利益并且应当避免参与就此类事做决策。

(2) 任何社会组织的理事会或委员会成员若在接受社会组织的资金或赠款或与其有业务往来的组织内担任理事、委员会成员或员工，都应声明此种关系。此外，社会组织在做关于这些组织的资助或业务的决定时不应有她/他参加，而且这种决定应由全体理事会成员投票通过。

(3) 任何社会组织的理事、委员会成员或工作人员都应当避免在任期内的任何时候为了个人或私人拉关系的目的而获取中心服务对象的名单。

(4) 对于担任理事明令禁止从事的事情，要做出声明。新理事要对以下事项做出从未从事的保证：①直接或间接同卖主、厂商或其他人，或同社会组织有业务往来的人有任何协商、协议、投资或其他活动，这些活动给我或可能给我带来个人利益。②直接或间接从与社会组织交易有关的任何个人和组织处接受薪水、贷款、礼物或免费服务、折扣或其他酬金。如果有例外情况，就需要做出详细说明，然后注明日期并署名。

关键词

人力资源管理，人力资源规划，招聘，培训，绩效管理，志愿者管理，理事管理，绩效评估

作业题

1. 什么是社会组织的人力资源管理？
2. 社会组织人力资源管理与企业人力资源管理的区别是什么？
3. 社会组织是如何录用员工的？
4. 为什么说精神激励对社会组织的人力资源管理是非常重要的？
5. 你如何理解社会组织的志愿服务和志愿精神？
6. 社会组织的志愿者分为几种类型？志愿者有哪些基本的权利和义务？
7. 试述志愿者管理的特点。
8. 你认为社会组织的志愿活动应当着重抓住哪几个环节？

案例分析

"牵手上海"的志愿者队伍管理[①]

公益组织开展工作应当以满足被服务对象的需求为首要目的，还是偏向满足志愿者自身需求，似乎是一个难以做出选择的问题。"牵手上海"是全球"牵手组织"在上海的分支机构，其在社区组织需求和志愿者自身需求之间找到了结合点，做到两方面的兼顾。它致力于志愿者队伍的能力建设，并为合作伙伴提供良好的志愿者服务，将海外志愿者管理经验很好地运用到中国的实际情况中，为国内同行提供了有益借鉴。

"牵手上海"起初主要与儿童医院、老人院等社区组织合作，共同设计志愿者服务项目，从而让志愿者有组织地参与进来。它的志愿者大多是来自外企的职业人士。由于工作出色，它赢得越来越多的社区组织和志愿者的信任，逐渐壮大起来。特别是2007年有了全职人员以后，"牵手上海"迅速发展，已经有多家社区组织和外企成为其合作伙伴。目前，该组织共有4名全职工作人员、2名实习生和30多名项目协调员。其中，大部分是中国人，还有外籍人士。通过"牵手上海"参与志愿者服务的已经达到上千人。

那么，"牵手上海"是通过什么方式解决志愿者流失这一公益组织的"常见病"？又是怎样把"牵手组织"的志愿者管理经验运用到中国的实际情况中？

"牵手上海"总是尽可能地明确志愿者服务内容。在"牵手上海"的网页上，你可以随意地按天、周、月甚至按年来检索志愿者招募信息。每一个招募启事都包括项目的介绍、具体的服务内容以及对于志愿者的性格、能力和时间等方面的要求。在"牵手上海"和上海青聪泉儿童智能训练中心共同开发的项目中，制定了一份志愿者手册，详细说明了志愿者工作细则和志愿者福利。

---

① 案例来源：NPO信息咨询中心主持编写的《中国非营利组织管理案例集(2009)》。

在寻找合作伙伴时，"牵手上海"首先考察该组织是否以开放的心态接受志愿者服务，希望同乐于接纳志愿者的组织合作；接下来就看其是否存在志愿者服务需求。满足这两点，"牵手上海"才考虑与其成为合作伙伴。在合作过程中，"牵手上海"始终坚持这样两个原则：

第一，花大力气，做好前期调研。不少社区组织在说明自己的需求时，提出的多是大方向的问题，对于具体的细节它们自己也讲不出。"牵手上海"首先会深入机构内部，在熟悉它们的工作的同时，发现志愿者可以介入之处。致康园是一家专为脑瘫儿童提供康复训练及住宿服务的社会组织。起初，那里的老师们提出需要有帮手照顾和教育孩子，孩子们需要和外界多交流。这种说法十分粗略。"牵手上海"的工作人员通过与老师、孩子和家长们不断交流，细化老师们提出的需求，最终与致康园的工作人员共同设计出上述志愿者招募启事。

第二，项目设计从志愿者的能力出发，同时明确志愿者的职责。面对合作伙伴的需求，"牵手上海"从来不会大包大揽，很清楚志愿者自身的能力和条件。在设计项目时，"牵手上海"会明确哪些是志愿者力所能及的，哪些是志愿者做不到的。例如在儿童医院项目中，"牵手上海"向医院建议开放儿童活动室，让志愿者与孩子们一起玩耍。因为志愿者活动存在许多不稳定因素，所以"牵手上海"会与志愿者明确活动中的每一个环节，从开门到锁门，以及如何保持活动室的干净，保证孩子的安全。

"牵手上海"的每个项目都有4~5名志愿者担任协调员，每个协调员与其他几名志愿者组成小组，并由协调员担任组长，带领小组成员参与活动。不同的项目对协调员的性格、能力方面的要求会不同，但共同的一个要求就是协调员必须长期、固定地参与活动。每个项目一个月内至少举行1~2次活动，大部分都是每周都有一次活动，且每次活动的人数都是固定的。因此，尽管志愿者是流动的，但是每个项目都有固定的协调员，而且持续地、有规律地开展活动，目的是让社区组织对志愿者活动有一个常规的印象，从而形成习惯。

好的服务源自行之有效的管理方法以及项目的优化设计。"牵手上海"的做法是：①志愿服务现场的管理由协调员负责，"牵手上海"只需要对各项目的协调员进行管理，并做好总体的规划和项目设计。②在设计项目时对志愿者服务做出详细的说明，从而可以有针对性地做好协调员的培训工作，再由协调员引导其他志愿者参与活动。③对于每一次活动，注册人数都有一个上限。在致康园项目中，每次活动参与的志愿者都不会超过5~6名。这样做的目的是避免给协调员造成过大的压力，便于其小组的管理。

总体来看，"牵手上海"在志愿者队伍管理方面的成功经验有以下5个方面：了解公益组织的需求，并引导其细化志愿服务；让志愿者参与公益的方式变得灵活、方便而不失针对性；引导志愿者提供专业化的服务，切实对受助者起到帮助作用；协调员的管理模式，可以实现志愿者自我管理；倡导快乐服务。然而，要管理好上千名志愿者，需要有科学的、系统的管理体系。因此，如何在保证组织透明度的前提下建立起合理的管理体系，是目前"牵手上海"面临的主要挑战。

思考题：
1. 结合案例谈谈志愿者招募和管理方面的技巧。
2. 假如你要参加志愿服务，你希望得到什么？

第5章
社会组织薪酬管理

薪酬是吸引人才、激励人才、留住人才的重要手段,也是社会组织人才队伍建设的重要保障。本章主要围绕我国民政部2016年6月颁布实施的《关于加强和改进社会组织薪酬管理的指导意见》(以下简称《意见》),在概述我国薪酬基本制度、基本理论的基础上,重点指出我国社会组织薪酬管理中存在的实际问题,并且阐述了加强和改进社会组织薪酬管理的必要性、总体要求、基本原则,进一步明确社会组织薪酬标准,并对社会组织薪酬兑现、规范薪酬管理、薪酬正常增长机制、社保公积金缴存机制、薪酬管理工作的组织领导等方面进行说明。本章力图较为全面和详尽地勾勒出我国社会组织薪酬管理的图景,更好地激励社会组织工作人员和志愿者、雇佣人员等为社会组织发展服务,推进我国社会组织更好地履行职责、发挥作用。

5.1 社会组织薪酬管理概述

改革开放以来,我国社会各阶层收入的分配方式发生了很大变化,而社会组织的从业人员也发生了很大变化,有公务员编制、事业编制、社团编制和劳动合同制等,如果激励机制不足,从业人员薪酬待遇过低,不仅影响吸引人才、留住人才的效用,也必然影响社会组织职能的发挥。因此,必须加强社会组织薪酬管理。

所谓薪酬管理,是指一个组织针对所有员工所提供的服务来确定他们应当得到的报酬总额、报酬结构和报酬形式的过程。在这个过程中,组织就薪酬水平、薪酬体系、薪酬结构以及特殊员工群体的薪酬做出决策。同时,作为一种持续的组织过程,组织还要持续不断地制订薪酬计划,拟定薪酬预算,就薪酬管理问题与员工进行沟通,对薪酬系统的有效性做出评价而后不断予以完善。①

---

① 王爱敏. 社会组织薪酬制度研究[EB/OL]. http://www.chinanpo.gov.cn/700104/92481/newswjindex.html.

5.1.1 薪酬及其理论

关于薪酬是什么、应该如何进行薪酬管理，各个行业、部门领域都有自己的设计依据或者具体的内容选择，划分方法不同，概念的界定也有所差异。

1. 薪酬相关概念

(1) 报酬。一般来说，某一位员工由于为某个组织工作而获得的各种他认为有价值的东西统称为报酬(Reward)。可见，报酬并不等同于金钱或者直接折合为金钱。通常情况下，人们将报酬分为经济报酬(Financial Reward)和非经济报酬(Non-financial Reward)。经济报酬通常包括各种形式的薪酬和福利。非经济报酬则并非直接体现为金钱或者货币，而是包括个人的成长和发展机会、进行工作创新和表现的机会、接触高层或者参与决策的机会以及工作环境和生活便捷性等。

(2) 薪酬。薪酬是多种报酬形式中的货币性形式，具体包括基本薪酬、可变薪酬或浮动薪酬，不含福利形式。基本薪酬(固定薪酬)是由岗位在组织中的价值决定，不随业绩或工作结果的实现情况而变化；浮动薪酬(可变薪酬)是指随着业绩水平或工作结果的实现程度而变化的薪酬项目，它包括短期奖励薪酬和长期奖励薪酬。

基本工资(Base Wage)是现金薪酬中雇主对员工承担工作支付的一种现金报酬，只反映工作本身的价值，一般不区分员工个体的差异。绩效加薪(Merit Increases)是指组织对员工过去的绩效进行评价，根据评价的结果，增加其基本工资来鼓励员工过去的工作行为或工作业绩。基本工资一般要进行周期性的调整，主要受以下几个方面影响：其他雇主同类工作的薪酬有所改变；工作属地的物价指数及生活成本发生变化；员工的技能提高或工作经验丰富。

(3) 全面薪酬。该概念源于20世纪90年代，主要是由于企业之间竞争激烈，人才成为竞争的核心要素，"得人才者得天下"成为社会发展的共识，如何吸引和留住人才，不能只靠基本薪酬，更要满足人才的其他需求，全面薪酬的概念应运而生，并成为薪酬管理的未来趋势。

目前，人们普遍认为，全面薪酬是指员工作为雇佣关系的一方所得到的各种形式的财务回报、有形服务与福利。它的形式主要为总体薪酬(Total Compensation)与相关性回报(Relational Returns)。相关性回报是指学习机会、社会地位、富于挑战性的工作等，是从心理学角度对薪酬的分类。总体薪酬更有交易性，它包括直接以现金形式获得的报酬(如基本工资、绩效加薪、激励、生活成本调整)，或者间接以福利方式获得的报酬(如养老金、医疗保险、工作与生活平衡计划、色彩鲜亮的制服等)。

(4) 福利。福利主要包括：①收入保障，主要是指国家法定福利和组织补充福利，它与员工的能力及绩效没有直接关系。比如国家法定的"五险"、组织的补充保险、培训发展、旅游、带薪休假、企业年金、健康保险等。②工作与生活的平衡主要是针对员工、员工家庭、社区以及工作场所之间的交接点，包括工作场所的灵活性、带薪和不带薪的假期、身心健康、对家人的照顾、财务支持、社区活动参与、参与管理或文化变革等。③住房补贴及交通补贴等。在现代组织的实践中，福利的形式越来越富有个性和灵活，也更注重对人才的保留作用。

(5) 其他相关回报。在具体的管理工作中，非货币性报酬对员工的行为具有很大影响。例如，领导或者组织对员工表示感谢，或者对员工的行动、努力、行为或绩效给予特别关注，将使员工内在心理需求得到极大满足，进而激励其不断强化某种行为。组织还可以不断开发和创造员工职业发展机会，确保有才能的员工被安排到能够使他们对组织的价值最大化的岗位上。此外，和谐的工作关系、管理者的领导风格、舒适的工作环境条件等都会给员工带来积极的心理效应，促使员工增强组织归属感以及激发他们对职位的理解与对组织的认同。

2. 薪酬的功能

薪酬对于不同主体具有不同的功能意义。

1) 个体劳动者功能

(1) 支付功能。薪酬实际上是劳动力的价格，是通过员工和组织双方都认可的额度来体现劳动力交易的价格，最终表现为组织和员工之间达成的一种供求契约。

(2) 保障功能。薪酬收入是大多数劳动者的主要收入来源，要能够维持员工及其家庭的生活发展需要，即衣食住行和教育的需要，这是其他任何收入保障手段都无法代替的。随着社会和组织的发展，薪酬对于员工的保障还体现在要满足员工娱乐、自我发展等方面的需求。

(3) 激励功能。具有市场竞争力的薪酬水平能够激发员工潜力和对组织的忠诚度，提高其工作效能，主要表现为：薪酬满足自己的基本生活需要；薪酬收入更加稳定或者有所增加；薪酬体现公平性；薪酬充分体现个人能力与价值认可；薪酬让自己的生活更美好。

2) 组织发展功能

(1) 加快组织战略实现和提升经营绩效。薪酬对员工的工作行为、工作态度、工作业绩有直接的影响，薪酬不仅决定组织对人才的吸引力，决定招聘的质量及组织中的人力资源存量，还决定了现有员工受到激励的状况，影响员工的工作效率、出勤率、对组织的归属感及忠诚度，从而直接影响组织的生产能力和生产效率。

(2) 塑造和强化组织文化。薪酬会对员工的行为和态度有很强的引导作用，因而，合理的和富有激励性的薪酬有助于塑造良好的组织文化，或者对现有文化起到积极的强化作用。如果薪酬政策和组织的文化及价值观存在冲突，就会对组织文化产生消极影响。

(3) 调节优化功能。薪酬差异是组织调节人才流动和配置的重要手段。一方面，组织可以通过设置不同的薪酬标准来调节内部员工在不同部门之间以及不同行业间流动；另一方面，组织可以通过调节收入来吸引外部的优秀人才。

(4) 控制降低成本。人工成本是组织成本中的一个重要组成部分。薪酬过低，组织就很难招聘到高素质的人才；薪酬过高，组织就会面临高昂的工资成本。因此，组织在经营过程中必须合理控制人才成本，实现基本平衡。

3) 社会价值功能

薪酬作为一种特殊的商品，其价格随着市场规律而变动。比如，当某个地区或者某种职业劳动力市场供过于求时，就会导致该地区或职业薪酬下降；当某个地区或者某种职业劳动力市场供不应求时，又会导致该地区或职业薪酬上升。

薪酬的升降会影响劳动力的自然流动，社会可以通过一定程度上薪酬的高低调节，实现全社会劳动力资源的优化配置以及岗位人才分布的平衡，实现通过薪酬调节社会人才合理流动的目的。

3. 薪酬战略

1) 薪酬战略的内涵

薪酬战略是指组织根据自身发展需要和社会状况，综合权衡多种影响因素，选择设计有关组织员工薪酬体系目标与实施策略，具体见图5-1。

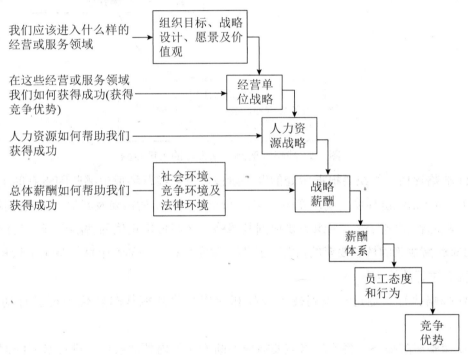

图5-1 社会团体薪酬战略选择

从图5-1可见，薪酬战略选择需要与组织竞争优势的获取联系起来。社会组织必须考虑"我们应该进入什么样的经营或服务领域""提供什么样的服务"，这事关组织定位和发展的根本战略，进而在业务单位层面思考和执行"我们如何获取并保持竞争优势"，而到了具体业务职能部门层面，必须制定科学合理的"薪酬如何帮助我们获取并保持竞争优势"的战略，多个不同层级的战略选择的终极目标是获取并保持竞争优势。

2) 薪酬战略实施

战略性薪酬体系设计一般要遵循以下循环的步骤,见图5-2。①

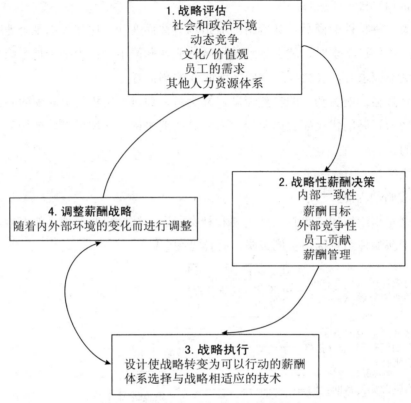

图5-2 战略性薪酬体系设计的关键步骤

(1) 战略评估。组织要根据所处的发展阶段,判断经营环境中哪些因素有助于组织获得成功,如政治经济环境、动态竞争、文化/价值观、员工的需要及其他人力资源体系。

(2) 战略性薪酬决策。组织需要根据其战略及环境做出正确的薪酬选择。具体来说,就是要对薪酬决策的核心要素的内部一致性、薪酬目标、外部竞争性、员工贡献和薪酬管理5项要素进行政策选择。

(3) 战略执行。通过一系列技术选择和应用,将薪酬战略转化为可以行动的薪酬体系。

(4) 调整薪酬战略。薪酬战略需要适应不断变化的内外部条件,进行必要的调整,而调整之前需要做的是定期对薪酬体系的使用效果进行重新评估,以达到组织试图要达到的目标。

4. 薪酬管理的法律与制度环境

我国若干法律法规分别针对行业或者部门的最低工资、加班工资及福利等方面,做出

---

① 王爱敏. 社会组织薪酬制度研究[EB/OL]. http://www.chinanpo.gov.cn/700104/92481/newswjindex.html.

具体明确的规定。我国在2014年1月实施的《最低工资规定》第二条中规定，本规定适用在中华人民共和国境内的企业、民办非企业单位、有雇工的个体工商户(以下统称用人单位)和与之形成劳动关系的劳动者。第六条规定，确定和调整月最低工资标准，应参考当地就业者及其赡养人口的最低生活费用、城镇居民消费价格指数、职工个人缴纳的社会保险费和住房公积金、职工平均工资、经济发展水平、就业状况等因素。确定和调整小时最低工资标准，应在颁布月最低工资标准的基础上，考虑单位应缴纳的基本养老保险费和基本医疗保险费因素，还应适当考虑非全日制劳动者在工作稳定性、劳动条件和劳动强度、福利等方面与全日制就业人员之间的差异。

在《劳动法》及《劳动合同法》等相关法律文件中，也对加班费等做了规定。

这些法律法规是调整我国社会组织薪酬管理的基本依据。各个地区和行业要根据具体的实际状况，制定社会组织薪酬标准，要发挥调节人才流动、提高工作效率和组织认同等积极作用。

5.1.2 我国社会组织薪酬管理现状

要激发社会组织活力，首先要解决社会组织人才的薪酬激励问题，即必须在重视非物质激励的同时重视物质激励，建立并完善科学合理、内部公平、外部有竞争性的薪酬体系和制度，促使社会组织能够足够吸引、使用、留住所需要的核心人才。

1. 我国社会组织薪酬管理概况

改革开放以来，大多数社会组织建立了以岗位为基础的薪酬管理制度。党的十五大以后，随着劳动、资本、技术和管理等生产要素参与收益分配，我国社会各阶层收入的分配方式发生了很大的变化。传统的薪酬分配制度受到冲击，收入分配的市场化，分配权利的自主化，分配形式的多样化，已经成为现实的客观要求。与此同时，社会组织从业人员结构也在逐渐发生变化，公务员编制、事业编制、社团编制和劳动合同制并存，专职人员、兼职人员、劳务派遣人员、离退休返聘人员和志愿者同列，我国大多数社会组织现行的薪酬制度与经济结构和经济运行不相适应的状况逐渐突显。

根据财政部2014年发布的《财政部国家税务总局关于非营利组织免税资格认定管理有关问题的通知》(财税〔2014〕13号)的规定，社会组织的员工平均工资福利不得高于上年当地平均工资的两倍。该政策的规定只会导致社会组织在人力资源市场竞争中处于劣势，在不同所有制单位人才流动中树起藩篱，阻塞党政人才、企业经营管理人才和专业技术人才向社会组织流动的渠道，恶化社会组织人才成长与发展的生态环境。

进入21世纪10年代，特别是党的十八届三中全会明确了市场在经济发展中起决定作用和政府发挥宏观调控作用。政府在之后的改革中不断加大简政放权的力度和政府购买社会服务的力度，第三方参与政府治理和促进社会治理创新已经成为新常态，这就为提升社会组织活力创造了契机，进而推动社会组织为整个社会提供更为优质高效的服务，社会组织与政府、企业等其他组织一样，在人力资源市场中面临吸引人才的激烈竞争。

因此，社会组织在为从业人员提供精神激励的同时，必须更加重视建立和完善对内具有公平性、对外具有一定竞争力的薪酬管理体系。一是激励个人和团队实现组织总体绩效的改善；二是强化社会团体的核心价值观和组织文化；三是推动和实现社会团体变革的需要；四是有效降低社会团体的管理成本；五是消除员工对薪酬制度的不满，减少矛盾和冲突。

目前，我国社会组织薪酬总体状况基本体现为以下两个方面。

(1) 就薪酬外部竞争性而言，社会组织从业人员年平均工资高于全国城镇非私营单位就业人员年平均工资，但社会组织从业人员对薪酬总体满意度不高，说明了地域差别和物价水平是影响薪酬水平的重要因素；基金会、行业协会商会类社会组织从业人员年平均工资比较高，但调研数据显示，基金会、行业协会商会类社会组织从业人员薪酬满意度更低，这说明社会组织所处行业背景是影响薪酬水平的另一重要原因。

(2) 就对内公平性而言，社会组织从业人员对固定工资和可变工资的比例不满意，说明社会组织的薪酬结构中体现岗位价值的固定工资和体现能力及业绩的可变工资不合理，出现此种情况可能的原因是社会组织没有科学合理的职位体系，薪酬设计时没能进行岗位价值评估，绩效管理缺失或者不完善，导致没有绩效工资或者设置不合理。同时，社会组织从业人员对社会组织提供的培训、职业发展、福利等方面也不满意。[①]

2. 社会组织薪酬状况的具体分析——以社会团体为例

社会团体是社会组织的基本类型之一，前文所述的行业协会商会类、学术类等组织均属于社会团体。北京城市学院王爱敏老师的团队在有关社会团体薪酬状况的课题成果发布后，基本可以管窥我国社会组织的薪酬制度设计、具体运行、实施问题等。[②]

1) 社会团体与全国年平均工资比较分析

2013年，全国性社会团体专职人员分析样本的月平均工资为6 600元，年平均工资为79 200元，是国家统计局公布的2013年全国城镇非私营单位就业人员年平均工资51 474元的1.54倍，处于行业年平均工资第三位(见图5-3)。

2) 社会团体不同职位层级的高、中、低位值分析

按社会团体专职工作人员的职位层级，就其月工资的高、中、低位值进行分析比较(见图5-4)。在数据调查中，对社会团体高层的界定是本单位副秘书长及以上的职位，以及内部自认定为高层的职位；中层是指本单位部门正副职，以及内部自认定为中层的职位；基层是指本单位一般员工。

---

①② 王爱敏. 社会组织薪酬制度研究[EB/OL]. http://www.chinanpo.gov.cn/700104/92481/newswjindex.html.

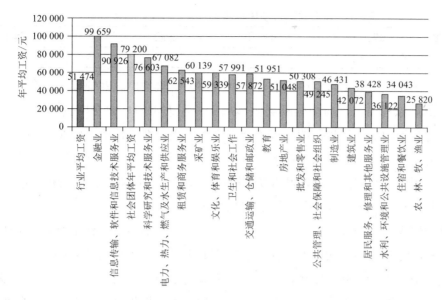

图5-3 社会团体与全国各行业及全国城镇非私营单位就业人员年平均工资比较

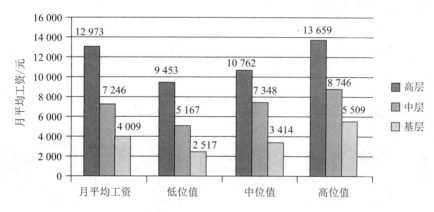

图5-4 社会团体专职人员不同层级工资水平比较

从图5-4中可以看出，社会团体专职工作人员不同层级工资水平的差异，即高层、中层、基层月平均工资分别为12 973元、7 246元、4 009元；低位值分别为9 453元、5 167元、2 517元；中位值分别为10 762元、7 348元、3 414元；高位值分别为13 659元、8 746元、5 509元。

3) 社会团体专职人员人工成本的各项分析

人工成本包括工资总额、培训费用、五险费用、其他保险、公积金、其他福利及其他人工成本等。通过在社会团体人工成本问卷中获取的数据分析，在38家社会团体有效问卷中，有12家社会团体的"培训费用"为"0"，4家社会团体的"五险费用"为"0"，21家社会团体的"其他保险"为"0"，5家社会团体的"公积金费用"为"0"，10家社会团体的"其他福利"为"0"，如表5-1所示。

表5-1 人工成本各项中单项为"0"的社会团体数量

各项数量	培训费用	五险费用	其他保险	公积金费用	其他福利
社会团体数量/个	12	4	21	5	10

根据社会团体人工成本数据中反映的培训费用、五险费用、其他保险、公积金费用及其他福利情况可以看出，调研中的社会团体用于专职人员的培训费用较低，甚至约1/3的社会团体没有员工的培训计划，即使有培训费用的发生，费用比例也较少；部分社会团体没有给员工上"五险一金"；其他保险，如医疗补充保险、补充养老保险等补充保险，调研的38家社会团体中有55%的社会团体没有给员工提供其他保险；其他福利也较少涉及。

3. 社会组织薪酬体系设计——以社会团体为例

我国社会组织发展面临的挑战是多方面的，其中，薪酬体系设计是突破目前人才发展窘境，提升核心竞争力和承接政府职能转变的重要手段。鉴于我国社会组织体系中，社会团体占据大多数的现状，社会团体在薪酬管理方面的不断突破和创新，特别是王爱敏老师团队的课题成果发布，可以为其他社会组织薪酬体系设计提供借鉴，下文有选择地引用了王爱敏老师团队的部分研究成果。①

1) 社会团体薪酬体系设计

社会团体薪酬体系设计需要解决的问题主要有总额管理、薪酬标准、薪酬结构及薪酬管理4个方面，如图5-5所示。

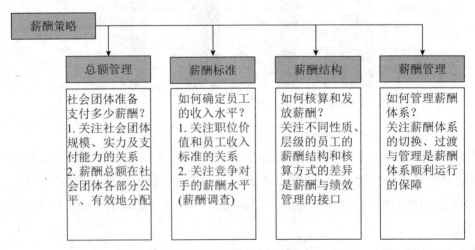

图5-5 社会团体薪酬设计需要解决的问题

2) 社会团体薪酬体系设计的政策及原则

(1) 政策先导。薪酬设计政策主要包括：第一，确保社会团体薪酬内部一致性，即相对于社会团体内部，其他员工的薪酬是公平的，相对于个人的贡献，薪酬是公平的；第二，实现社会团体外部竞争性，即相对于外部(所依靠行业及其他社会组织)相似岗位员工的薪酬是公平的；第三，确保个人薪酬与岗位价值相匹配，与绩效相匹配，与社会团体规

---

① 王爱敏. 社会组织薪酬制度研究[EB/OL]. http://www.chinanpo.gov.cn/700104/92481/newswjindex.html.

模和实力相匹配；第四，在预算范围内执行社会团体内部所设各项奖励、薪酬调整战略，有效控制人工成本。

(2) 原则护航。坚持职位、市场、能力与业绩4个方面的价值导向。社会团体薪酬设计的原则以薪酬政策作为指导，可以从以下几个方面考虑。

① 薪酬确定。薪酬的确定需要考虑员工所承担的工作职责、任职资格及在工作中表现出来的能力。依靠科学的价值评估，对各职种、职层人员的任职角色、绩效进行客观公正的评价，给高绩效者以合理回报。

② 薪酬调整。需要将薪酬与任职资格水平及绩效密切结合，依据任职资格水平的变化及业绩大小而确定的考核结果进行薪酬调整。

③ 薪酬结构。确定建立在任职资格基础上的薪酬结构，增加薪酬调整的科学性和灵活性，对于社会团体而言，既要确保薪酬的保障功能，也要强化薪酬的激励机制。

④ 薪酬差距。社会团体的薪酬水平适当拉开差距，有利于形成和稳定核心层和骨干层的人才队伍，薪酬需要向关键职位和核心人才倾斜。

3) 社会团体薪酬结构的确定

(1) 社会团体薪酬总结构。我国社会团体薪酬结构设计欠缺科学性和合理性。根据社会团体特点及企业薪酬体系的经验，社会团体薪酬结构设计可以考虑如下模型，见图5-6。

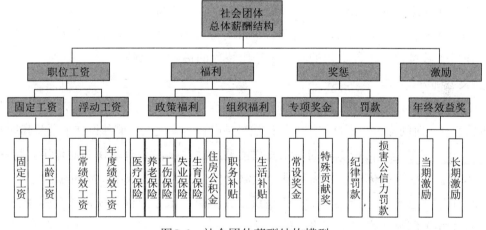

图5-6　社会团体薪酬结构模型

(2) 社会团体薪酬结构的内容。

① 职位工资部分。

a. 职位固定工资。它是刚性的保障因素，作为社会团体每月支付给员工的固定收入，以保证员工的基本生活需要。根据员工的职位等级与出勤情况进行核算，不与社会团体的整体状况挂钩，执行标准参照薪酬等级。

b. 工龄工资。它是指根据员工工作年限的增加而定期增加的收入，作为社会团体对老员工历史贡献的回报，用以保证员工的稳定性。

工龄工资的计算方式可以采用分级累进制(累进原则是按照在本社会团体内部的工龄连续计算)。比如，前10年每5年为一级，每级设计固定的级差，10年以后不再分级，采用固定的年增幅(员工加入本社会团体后的第13个月开始计算)，如表5-2所示。

表5-2 工龄工资表(示例)

入本社会团体工龄/年	1	2	3	4	5
工龄工资/元	20/月	40/月	60/月	80/月	100/月
入本社会团体工龄/年	6	7	8	9	10
工龄工资/元	140/月	180/月	220/月	260/月	300/月
入本社会团体工龄/年	11	大于11			
工龄工资/元	320/月	$300+(N-10)\times 20$/月			

c. 日常绩效工资。用于体现个人、部门及组织的日常工作绩效。日常绩效工资以月或季度或半年(根据社会团体的特点，建议以季度或者半年为考核期限)为单位发放，与员工绩效考核结果直接挂钩，依据职类、职级与组织和部门整体绩效挂钩。

d. 年度绩效工资。用于体现个人、部门及组织的年度工作绩效。年度绩效工资与个人、部门及组织的整体绩效挂钩，根据不同职类的层级进行绩效薪酬的结算与发放。

② 福利部分。

a. 政策福利。它是指按照国家及地方政策规定员工必须享有的福利，主要指"五险一金"，即医疗保险、养老保险、失业保险、工伤保险、生育保险、公积金。

b. 组织福利。它是指社会团体结合自身市场特点和管理特点，为了吸引、保留和激励员工，在员工政策福利之外提供的具有本组织特色的福利性报酬。

③ 奖惩部分。

奖惩部分是由针对特定的事项设计的工资组成，面向与特定事项有关的员工。奖惩根据特殊事项的发生时间支付，根据组织的目标战略导向和年度重点，单独设立主题及其标准。

a. 奖金。奖金是因特殊事项向员工支付的激励性报酬，具有文化导向作用。特殊事项是指技术创新、挽回损失、募集大项基金及激励优秀等为组织做出特殊贡献的行为。

b. 惩戒项。惩戒项是指因员工发生违反工作纪律、工作流程及损害社会团体公信力等行为，根据相关制度对员工工资进行的扣项。

④ 激励部分。

激励一般以年度业绩奖为主，在社会团体完成年度计划的情况下，对各部门及员工个人良好业绩的特别奖励。

在长期激励部分，对于企业来说，一般以股票期权的形式呈现，由于社会团体的公益性特点，可以探讨适合社会组织特点的长期激励方式，比如建立信用积分机制；也可以获取社会的一些"优惠"服务，比如家庭教育、家庭护理等方面的帮助。

在社会团体的薪酬结构中，职位固定工资、日常绩效工资、年度绩效工资是主要工资，主要根据员工的知识技能等任职资格、职位等级及价值贡献确定其指导标准；工龄工资、奖惩项、激励等是辅助工资，根据实际情况和指导标准发放；福利部分参照主要工资的比例发放。主要工资是员工收入的主体部分，决定员工的实际收入水平，具有经济报酬导向；辅助工资和福利是员工收入的补充，具有企业文化导向。

4) 社会团体薪酬等级的确定

(1) 建立任职资格体系。社会团体员工工资水平由其任职资格等级确定。任职资格等级制度是组织对职位相对细化的管理工具，是人力资源管理主要活动实施的基础和前提，它为人力资源管理的其他模块，比如薪酬、人力资源开发、考核、员工晋升和培训等提供了依据。

任职资格是指员工承担某一职位所必备的条件与能力。员工任职资格等级的高低取决于其所具备的条件与能力水平高低。任职资格的构成要素主要包括任职者的知识与经验、任职者的技能和绩效要求。

(2) 社会团体职类职种划分。任职资格等级制度对任职者承担职位的任职资格进行了制度性区分。根据社会团体的特点和现实情况，员工的任职资格分为三类(管理类、专业/业务/技术类、操作类)、三层(高层、中层和基层)，如图5-7所示。

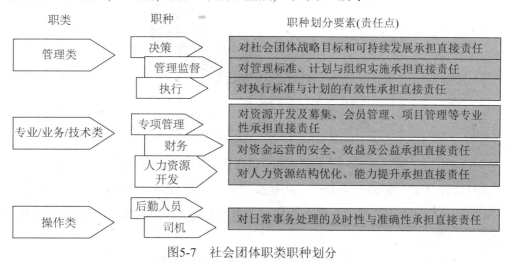

图5-7 社会团体职类职种划分

① 管理类职位序列。它是指社会团体中直接从事行政管理和业务管理工作，履行管理职责，承担领导和直线管理责任的职位。管理类职位包括：会长、副会长、秘书长、副秘书长、秘书长助理、各部门负责人(含正职和副职)及主管等管理岗位。

② 专业类/业务类/技术类职位序列。社会团体各业务部门或者按照项目划分的部门的一些职位，对承担者的专业技能、技术水平等有一定的要求，比如社会工作师、劝募师、会员管理师作为社会组织的新职业，已纳入国家职业分类大典社会公共服务人员类别，是典型的专业或者技术岗位。同时，项目管理、财务、人力资源、对外宣传与沟通、资源开发等相关职位也属于此类职位序列。

③ 操作类职位。它是指社会团体中从事一些不需要复杂专业知识的操作性工作的职

位。操作类职位的工作性质一般是按照一定的规范和要领操纵动作,注重的是动作的熟练程度,对于创造性和脑力要求不高。比如社会团体中的后勤人员(司机等)。

需要做出说明的是,行政人员是划入专业类还是操作类,需要根据各社会团体的不同特点进行区分。

(3) 社会团体薪等薪级的确定。

① 确定薪等薪级的方法及步骤,见图5-8。

第一,通过被评价职位的点值状况,根据职位评价点数对职位进行排序。

第二,按照职位点数对职位进行初步分组。

第三,根据职位的评价点数确定职位等级的数量及其点数变动范围。

第四,将职位等级划分、职位评价点数与市场薪酬调查数据结合起来。

第五,考察薪酬区间中值与市场水平的比较比率,对问题职位的区间中值进行调整。

第六,根据确定的各职位等级或薪酬等级的区间中值建立薪资结构。

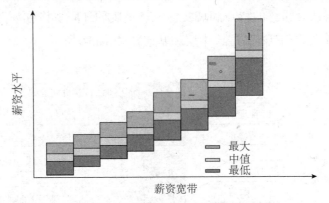

图5-8 根据区间中值建立薪资结构(示例)

② 社会团体薪等薪级分类划分。在社会团体职位划分为管理类、专业类/业务类/技术类、操作类三大职类的基础上,根据职位重要性和价值高低,由低到高进行等级划分,如表5-3和表5-4所示。

表5-3 社会团体管理类薪酬区间确定

职等	职等名称	职等	职等名称	职等	职等名称
管理七等	会长				
管理六等	副会长				
管理五等	秘书长	专业六等	资深专家级		
管理四等	副秘书长	专业五等	专家级		
管理三等	经理级	专业四等	专业级		
管理二等	副经理级	专业三等	高级专员级	操作三等	高级操作员级
管理一等	主管级	专业二等	专员级	操作二等	中级操作员级
		专业一等	助理专员级	操作一等	初级操作员级

表5-4 社会团体薪酬薪等薪级确定(示例)

层级		管理类			专业类			操作类	
		决策	管理监督	执行	专项管理	财务	人力资源	后勤	司机
高层	12								
	11								
	10								
中层	9								
	8								
	7								
	6								
基层	5								
	4								
	3								
	2								
	1								

(4) 社会团体薪酬总额计算。

① 月度工资结构。员工的月工资由固定工资和浮动工资构成，固定工资与浮动工资的比例反映了员工收入的稳定程度，如图5-9所示。

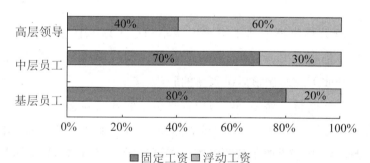

图5-9 固定工资和浮动工资在职位层级之间的比例(示例)

图5-9中的比例代表正常情况下，不同层级员工工资收入中固定和浮动部分的比例。由于社会团体内部职位不是太复杂，所以建议采取图5-9所示比例设计固定薪酬和浮动薪酬的比例。固定薪酬所占比例越大，员工收入越稳定；浮动薪酬点数所占比例越大，员工收入与个人绩效及组织运营挂钩越紧密，变化也越大。通过改变固定薪酬与浮动薪酬的比例，可以调节员工收入与组织运营情况挂钩的紧密程度，即调节员工工资水平的风险水平和感受市场压力的程度。

② 职位工资总额计算。职位工资包括职位固定工资、日常绩效工资、年度绩效工资、工龄工资、加班工资、请假工资6项内容，其计算公式为

$$Z=Z_1+Z_2+Z_3+Z_4+Z_b+Z_j$$

其中，Z=职位工资，Z_1=职位固定工资×出勤率，Z_2=日常绩效工资，Z_3=年度绩效工资，Z_4=工龄工资，Z_b=加班工资，Z_j=请假工资。

③ 绩效工资支付系数。绩效工资支付系数(α)是一个乘数，是指根据员工绩效考核结果得出的与员工实际绩效工资直接挂钩的系数，具体系数比例见表5-5。

表5-5 社会团体各职类工资支付系数表

绩效考核结果	A(优秀)	B(称职)	C(基本称职)	D(不称职)
管理类支付系数	1.5～2.0	1.0	0.6～0.8	0.3～0
专业类支付系数	1.2～1.5	1.0	0.6～0.8	0.3～0
操作类支付系数	1.2	1.0	0.6～0.8	0.3～0

(5) 社会团体薪酬预算与调整。

1) 薪酬预算

社会团体的薪酬预算是指管理者在薪酬管理过程中进行的一系列成本开支方面的权衡和取舍。薪酬预算需要追求操作的规范化，以利于组织实现提高效率、促进公正以及手段合法等薪酬管理目标。

薪酬预算必须注意把握好若干关键决策。要恰当掌握调整薪酬水平的时机，要区别对待调整员工的薪酬水平，掌握企业员工人数的增减、员工人数变动的时机以及员工的流动状况，分析企业里的工作职位变化情况等。

2) 薪酬调整

社会团体的薪酬调整包括整体工资水平调整和员工薪酬调整。整体工资水平调整包括：工资总额调整、福利水平调整和薪酬结构调整。岗位调整带来的员工薪酬调整包括：调整后职位等级上升或下降，调整后进入新的职类。

年度绩效考核薪酬调整。薪酬等级可以根据员工的业绩和态度表现有升有降，社会团体可以根据自己的实际情况设置在一定期限内根据考核结果调整员工的薪酬水平。

特别工资调整。对于有特别贡献的优秀员工，其所在部门的负责人可提出特别申报。

社会团体的特殊人才薪酬管理。所谓"特殊人才"需要具备两个条件：①"特殊人才"是为了支持社会团体现在以及未来战略发展要求，确实需要从市场引进或者从组织内部留用的战略性、高技能的稀缺性人才；②社会团体对现有相对应的薪酬等级的薪酬水平与"特殊人才"市场价值和能力水平不匹配。满足以上两个条件且符合社会团体其他要求的人才可以作为"特殊人才"引进或者留用。

社会团体"特殊人才"可以包括高级职业经理人、资深专家、高级专业人才。比如面向全球招聘的职业化的秘书长、高水平的劝募师及会员管理师等。

4. 社会组织员工福利管理设计

1) 员工福利

员工福利是指因身为组织正式成员或身居组织某一职位而享有的报酬。员工福利作为组织提升员工满意度、激励员工努力工作的一种重要机制，是指组织基于雇佣关系，依据国家的强制性法令及相关规定，以组织自身的支付能力为依托，向员工所提供的、用以改善其本人和家庭生活质量的各种以非货币工资和延期支付形式为主的补充性报酬与服务。

福利一般包括退休福利、健康福利、带薪休假、实物发放、员工服务等。它的特征主要有两个：①基本薪酬往往采取的是货币支付和现期支付的方式，而福利则通常采取实物支付或者延期支付的方式；②基本薪酬在企业的成本项目中属于可变成本，而福利无论是实物支付还是延期支付，通常都有类似固定成本的特点，因为福利与员工的工作时间并没有直接的关系。①

2) 制订福利计划中的管理问题及影响因素

从组织的角度来讲，在制订员工福利计划的过程中，经常会遇到一些管理问题：一是谁应该受保障或享受福利；二是在一系列福利项目中，员工可以有多少种选择；三是怎样筹集福利的资金。这些问题常常使组织产生困惑。在大多数情况下，组织更多的选择是被动地制定福利方案，而如何合理、有效地利用福利方案在吸引、留住及激励员工方面发挥足够的作用往往认识不足。

员工福利的影响因素包括组织外部因素和组织内部因素。从组织外部因素来说，一是国家的法律法规规定的员工福利，具有强制性，任何组织必须遵守；二是福利应该根据社会的经济发展水平、物价指数而相应波动；三是福利受劳动力市场状况的影响，劳动力供求关系的变化会影响劳动力价值的衡量；四是竞争对手之间的竞争。从组织内部因素来说，主要包括三个方面：①员工福利计划需要与组织的不同发展阶段相适应；②受组织的经济效益影响；③福利受员工个人因素影响，包括员工的福利需求、员工绩效以及工作年限等。

3) 员工福利的种类

员工福利包括多种类型，划分方法也不统一。一般来说，员工福利可以划分为法定福利、组织补充保险计划及员工生活服务福利。

(1) 法定福利。我国《劳动法》第七十条规定，我国社会保险包括五大险种：养老保险、工伤保险、基本医疗保险、失业保险、生育保险。"五大险种"和公积金都是我国的法定福利。

① 养老保险。

劳动和社会保障部、民政部颁布的《关于社会组织专职工作人员参加养老保险有关问题的通知》(劳社部发〔2008〕11号，2008年3月18日公布实施)对社会组织专职工作人员的养老保险规定如下所述。

第一，按属地管理原则，参加当地企业职工基本养老保险。参加养老保险的对象是依法在各级民政部门登记的社会团体(包括社会团体分支机构和代表机构)、基金会(包括基金会分支机构和代表机构)、民办非企业单位、境外非政府组织驻华代表机构及其签订聘用

---

① 刘昕. 薪酬管理[M]. 北京：中国人民大学出版社，2011：290-297.

合同或劳动合同的专职工作人员(不包括兼职人员、劳务派遣人员、返聘的离退休人员和纳入行政事业编制的人员)。

第二，尚未参加企业职工基本养老保险的社会组织的规定。应在当地规定的时间内，持民政部门颁发的登记证书(如《社会团体法人登记证书》《社会团体分支机构、代表机构登记证书》《基金会法人登记证书》《基金会分支机构、代表机构登记证书》《境外基金会代表机构登记证书》或《民办非企业单位登记证书》)及参保所需的文件材料，到住所所在地社会保险经办机构办理社会保险登记手续，参加企业职工基本养老保险。

第三，养老保险的补缴和续接问题的规定。社会组织及其专职工作人员在本通知下发前签订聘用合同或劳动合同的，可按当地有关规定补缴基本养老保险费。社会组织专职工作人员曾在机关事业单位工作的，其符合国家规定的工作年限视同为基本养老保险缴费年限；曾在企业或以个人身份参保的，要按有关规定做好养老保险关系的接续工作。

第四，养老保险缴纳基数问题的规定。社会组织及其专职工作人员应按规定缴纳基本养老保险费，其中社会组织的缴费基数为全部参保专职工作人员个人缴费工资之和。

② 失业保险。

失业保险是指国家通过立法强制实行的，由社会集中建立基金，对因失业而暂时中断生活来源的劳动者提供物质帮助的制度。我国规定企事业单位按本单位工资总额的2%缴纳失业保险，职工本人按工资的1%缴纳失业保险费，政府提供财政补贴、失业保险基金的利息和依法纳入失业保险基金的其他资金。

享受失业保险待遇需要同时具备的条件：所在单位和本人按规定履行缴费义务满1年；非本人意愿中断就业；已办理失业登记并有求职要求。

失业保险累计缴费时间满1年不满5年的，最长可领取12个月的失业保险金；累计缴费时间满5年不满10年的，领取失业保险金的期限为18个月；累计缴费时间满10年以上的，领取失业保险金的期限为24个月。

各地相应政府机构为了维护广大劳动者的合法权益，按照国务院《失业保险条例》《社会保险费征缴暂行条例》的有关规定，下发了失业保险规定有关问题的通知，基本把社会团体、基金会及民办非企业单位专职工作人员纳入属地失业保险范围，可以参照执行。

③ 医疗保险。

医疗保险是为补偿疾病所带来的医疗费用的一种保险。它是指当人们生病或受到伤害后，由国家或社会给予的一种物质帮助，即提供医疗服务或经济补偿的一种社会保障制度。

用人单位的缴费比例为工资总额的6%左右，个人缴费比例为本人工资的2%。职工本人上一年月平均工资低于上一年本市职工月平均工资60%的，以上一年本市职工月平均工资的60%为缴费工资基数，缴纳基本医疗保险费。职工本人上一年月平均工资高于上一年本市职工月平均工资300%以上的部分，不作为缴费工资基数，不缴纳基本医疗保险费。

无法确定职工本人上一年月平均工资的,以上一年本市职工月平均工资为缴费工资基数,缴纳基本医疗保险费。

④ 工伤保险。

工伤保险是指劳动者在工作中或在规定的特殊情况下,遭受意外伤害或患职业病导致暂时或永久丧失劳动能力以及死亡时,劳动者或其遗属从国家和社会获得物质帮助的一种社会保险制度。

工伤保险是通过社会统筹的办法,集中用人单位缴纳的工伤保险费,建立工伤保险基金,对劳动者在生产经营活动中遭受意外伤害或职业病,并由此造成死亡、暂时或永久丧失劳动能力时,给予劳动者及其实用性法定的医疗救治以及必要的经济补偿的一种社会保障制度。

工伤保险基金的征集比例应根据各行业工伤风险类别和工伤事故及职业病的发生频率实行行业差别费率和浮动费率,按用人单位工资总额的一定比例征集。

社会组织的工作人员遭受事故伤害或者患职业病的,其工伤范围、工伤认定、劳动能力鉴定、待遇标准等按照《工伤保险条例》规定执行。参照公务员法管理的事业单位、社会团体工作人员因工作遭受事故伤害或者患职业病的,按照《工伤保险条例》第六十五条的规定执行。

⑤ 生育保险。

生育保险是国家通过立法,对怀孕、分娩女职工给予生活保障和物质帮助的一项社会政策。它的宗旨在于通过向职业妇女提供生育津贴、医疗服务和产假,帮助她们恢复劳动能力,重返工作岗位。我国生育保险待遇主要包括两项:一是生育津贴,用于保障女职工产假期间的基本生活需要;二是生育医疗待遇,用于保障女职工怀孕、分娩期间以及职工实施节育手术时的基本医疗保健需要。生育保险费由企业按月缴纳,个人不缴纳。

⑥ 住房公积金。

住房公积金是单位及其在职职工缴存的长期住房储金,是住房分配货币化、社会化和法制化的主要形式,具有强制性、互助性、保障性。单位和职工个人必须依法履行缴存住房公积金的义务。

住房公积金由两部分组成,一部分由职工所在单位缴存,另一部分由职工个人缴存,职工个人缴存部分由单位代扣后,连同单位缴存部分一并缴存到住房公积金个人账户内。

住房公积金缴存的长期性。住房公积金制度一经建立,职工在职期间必须不间断地按规定缴存,除职工离退休或发生《住房公积金管理条例》规定的其他情形外,不得中止和中断。

职工和单位住房公积金的缴存比例均不得低于职工上一年度月平均工资的5%;有条件的城市,可以适当提高缴存比例。

⑦ 法定假期。

法定假期包括4部分：一是公休假日，是指职工工作满一个工作周以后的休息时间，一般情况下安排在每个星期六和星期日；二是法定休假日，是指根据各国、各民族的风俗习惯或纪念要求，由国家法律统一规定的用以进行庆祝及度假的休息时间；三是带薪年休假，是指劳动者连续工作一年以上，就可以享受一定时间的带薪年假；四是其他假期，如探亲假、婚丧假、产假、配偶生育假等，社会组织可以参照相应规定执行。①

(2) 组织补充保险计划。它主要包括企业补充养老保险计划、集体人寿保险计划、健康医疗保险计划和社会组织企业年金计划。②

① 企业补充养老保险计划。

企业补充养老保险是指由企业根据自身经济实力，在国家规定的实施政策和实施条件下为本企业职工所建立的一种辅助性的养老保险。它主要有三种形式：一是团体养老金计划，是指企业(或员工)向养老基金缴纳一定的养老金；二是延期利润分享计划，是指组织会在每个员工的储蓄账户上贷记一笔数额一定的应得利润；三是储蓄计划，是指员工从其工资中提取一定比例的储蓄金作为以后的养老金，同时企业通常会付给员工一定数额的补贴。

② 集体人寿保险计划。

大多数企业都要为其员工提供团体人寿保险。因为这是一个适用团体的寿险方案，对企业和员工都有利。作为一个群体的员工，相对个人而言，可以以较低的费率购买到相同的保险。团体方案通常适用所有的员工。

③ 健康医疗保险计划。

该计划的目的是减少当员工生病或遭受事故时本人及其家庭所遭受的损失。一种形式是集体投保，即企业向保险公司支付一笔费用，作为保险费，当员工或其家庭发生某些事故时，保险公司可以部分或全部地赔偿其损失；二是加入健康维护组织，即企业可以采取加入健康维护组织的方式来为员工提供健康医疗保险服务。

④ 社会组织企业年金计划。

人力资源与社会保障部、民政部颁布的《关于鼓励社会团体、基金会和民办非企业单位建立企业年金有关问题的通知》(人社部发〔2013〕51号)规定：鼓励社会团体建立企业年金制度。已经依法参加企业职工基本养老保险并履行缴费义务的社会组织，可以建立企业年金。其中，工作人员较少的社会组织可以参加企业年金集合计划。

企业年金方案。社会组织建立企业年金，应当由社会组织与本单位工会或职工代表通过集体协商确定，并制定企业年金方案。社会组织的企业年金方案应规定社会组织缴费计入工作人员企业年金个人账户的比例，可以综合考虑工作人员的个人贡献、年龄等因素确定不同的计入比例，但差距不宜过大。

企业年金费用缴纳。社会组织建立企业年金所需费用由社会组织和工作人员共同缴

---

① 朱勇国. 组织设计与职位管理[M]. 北京：首都经济贸易大学出版社，2010：12.
② http://www.chinanpo.gov.cn/700104/92481/newswjindex.html.

纳。社会组织缴费每年不超过本单位上年度工作人员工资总额的1/12，列支渠道按国家有关规定执行。社会组织缴费和工作人员个人缴费合计一般不超过本单位上年度工作人员工资总额的1/6，工作人员的个人缴费可以由社会组织从工作人员个人工资中代扣。

(3) 员工生活服务福利。它主要有员工援助计划、咨询计划、教育援助计划、儿童看护帮助、老人护理服务、饮食服务、健康服务等，社会组织可以根据相关规定参照考虑。

4) 员工福利规划与管理

(1) 福利规划。

在组织的福利规划和决策过程中，主要解决两个方面的问题：一是组织需要决定提供什么样的福利；二是为谁提供这些福利。

针对提供什么样的福利的问题，需要了解国家立法、开展福利调查、做好组织的福利规划与分析、对组织的财务状况进行分析、了解集体谈判对于员工福利的影响。

针对为谁提供何种福利的问题，需要思考选择对组织内的所有员工实施相同的福利，还是对不同员工群体实施不同的福利计划。

(2) 福利管理。

福利管理主要包括以下三个方面内容。①

① 处理福利申请。在一般情况下，员工会根据组织的福利制度和政策向组织提出享受福利的申请，而组织此时就需要对这些福利申请进行审查，看其申请是否合理。

② 福利沟通。组织有必要设计一种完善的福利沟通模式，一方面告诉员工他们都享受哪些福利待遇；另一方面，告诉员工他们所享受的福利待遇的市场价值到底有多大。

③ 福利监控。监控有关福利的法律变化；监控员工福利需要和偏好的变化；监控其他组织的福利变化；监控本企业的福利成本变化。

5.2 我国社会组织薪酬管理改革

我国民政部于2016年颁布了《关于加强和改进社会组织薪酬管理的指导意见》(以下简称《意见》)。这是我国社会组织人才队伍建设工作的一个重要文件，将对当前和今后一段时间社会组织专业化、职业化建设的全面开展产生重大而深远的影响。

5.2.1 社会组织薪酬管理改革的背景、要求与原则

1.《意见》出台的背景

我国大多数社会组织现行的薪酬制度与经济结构和经济运行不相适应的状况已经突

---

① 乔治·T.米尔科维奇，杰里·M.纽曼.薪酬管理[M].成得礼，译.北京：中国人民大学出版社，2008：8.

显，具体表现在：①

一是激励机制不足。由于长期受计划经济体制的影响，再加上社会组织的非营利属性，其活动所得利润或收益不能在组织内部进行分配，只能用于维持组织的存续发展以及开展各种符合宗旨的活动。这些因素直接或间接地造成大多数社会组织的薪酬分配普遍存在平均主义倾向，没有与个人的工作业绩紧密挂钩，没有起到应有的激励作用。

二是分配模式较为单一，按要素分配的权重较低。目前，我国大多数社会组织都采用单一的薪酬制度，主要根据职务高低划分工资档次，对资本要素、劳动要素、管理要素、技术要素参与分配的方式使用较少，重视程度不够。这种单一性造成从业人员收入不合理、同工不同酬的现象明显，也与现代分配制度不相适应。

三是从业人员薪酬待遇较低，福利保障不到位。根据2013年度在京全国性社会组织薪酬调查报告显示，60%以上的全国性社会组织专职工作人员认为其工资水平低于或远低于经济发展水平，只有30%左右的社会组织专职工作人员认为目前工资水平能调动工作积极性；行业协会商会类、公益慈善类、科技类在京全国性社会组织为员工缴存的"五险一金"比例均低于北京市人力资源和社会保障局规定的下限。地方性社会组织薪酬水平更是堪忧。

四是社会组织薪酬体系建设较为滞后，政策法规保障缺失。当前，我国还没有专门规范社会组织分配制度方面的政策法规，社会组织往往是参考其他类型组织来制定薪酬，不能体现社会组织的特点和要求。比如，现行社团条例规定，社会团体专职工作人员的工资和保险福利待遇，参照国家对事业单位的有关规定执行。民办非企业单位和基金会条例则没有提及。近年来，我国先后就社会组织人事管理服务、专职工作人员劳动合同管理、企业年金制度等出台一系列政策，通过开展社会组织人事档案管理、社保公积金办理、补充医疗保险服务、基本养老保险遗留问题解决等业务，有效改善了从业人员的福利待遇，但是没有从根本上解决社会组织薪酬管理政策空白的难题，亟须为社会组织薪酬管理量身打造相应的制度规范和顶层设计。

2. 总体要求

《意见》明确强调，加强和改进社会组织薪酬管理必须遵循以下总体要求：紧紧围绕改革发展这个大局，服务于社会组织人才队伍建设这个主题，以岗位绩效为导向，以规范化为基础，以制度建设为重点，不断提高薪酬管理的科学化水平，建立健全与社会组织发展相适应的薪酬管理体系。

绩效管理是现代薪酬管理体系的重要内容。社会组织实施绩效管理，首先要明确社会组织要做什么，然后找到衡量工作做得好坏的标准进行监测，发现做得好的，进行奖励，使其继续保持或者做得更好，能够完成更高的目标；更重要的是，发现不好的地方，通过分析找到问题所在，进行改正，使得工作做得更好。绩效管理主要是纵向促进各部门管理

---

① 民政部民间组织服务中心人才服务处. 深化社会组织管理制度改革，加强和改进社会组织薪酬管理[EB/OL]. http://minzhengju.laixi.gov.cn/view.jsp?id=132384.

水平的提高，横向平衡各部门关系，充分调动从业人员的积极性，最根本的目的在于不断提升社会组织及其部门的绩效。绩效管理可以传递压力，聚焦社会组织目标，通过绩效管理系统，使社会组织的战略目标在部门和从业人员中上下沟通、达成共识、层层分解、传递，引导全体从业人员为整体目标的实现和社会组织的可持续发展做贡献。绩效管理可以强化责任，塑造职业行为，通过持续的绩效管理循环，使社会组织每个从业人员，特别是各层级负责人能够自觉、有效地承担起各自责任，按职业化要求尽职尽责地完成任务。绩效管理可以促进科学决策，提供公正待遇，即科学、公正地评价从业人员的绩效和贡献，为薪资调整、绩效工资发放、职务晋升等人事决策提供依据，妥善处理各部门之间的关系，充分调动和激发从业人员的士气。绩效管理可以帮助改善业绩，促进社会组织和从业人员发展，通过从业人员绩效评价和沟通反馈，为从业人员的业绩改进、培训计划制订提供参照，同时强化各层级负责人指导、教育、帮助、约束与激励下属的责任，不断提升从业人员的个人价值。

3. 基本原则

《意见》强调加强和改进社会组织薪酬管理，必须坚持以下原则：坚持注重效率与维护公平相协调，使社会组织从业人员既有平等参与的机会又能充分发挥自身潜力，不断激发社会组织活力；坚持激励与约束相统一，按照社会组织从业人员承担的责任和履职的差异，做到薪酬水平同责任、风险和贡献相适应；坚持薪酬制度改革与相关改革配套进行，建立健全社会组织从业人员薪酬水平正常增长机制；坚持物质激励与精神激励相结合，提倡奉献精神，充分调动社会组织从业人员的积极性、主动性和创造性。

定岗定员、工作分析、岗位评价、绩效管理是薪酬制度设计和提升社会组织管理能力的一项不可或缺的重要基础工作。通过社会组织结构设计和定岗定员、优化单位的内部管理流程、合理配置人力资源，克服人浮于事、因人设岗等弊端；通过工作分析，细化每一个部门和岗位的工作职责，为社会组织今后管理工作的标准化打下坚实基础，克服职责交叉、相互推诿等弊端；在岗位设置的基础上进行工作评价，通过岗位评价衡量不同部门和职位在单位价值创造中的地位和重要程度，为价值分配提供基础，努力消除原有制度中身份工资等带来的不公平；制定科学的、易于操作的绩效管理制度，适当拉开不同职位、不同贡献之间的收入差距。在此基础上，以职位定价为出发点，采取科学的职位评价方法，进行薪酬制度设计和绩效考核。通过薪酬制度设计出对外具有竞争力、对内客观公平的薪酬体系，充分调动社会组织从业人员的积极性。

5.2.2 社会组织薪酬改革中新的标准与机制建设

1. 确定合理的薪酬标准与薪酬足额兑现

1) 确定合理的薪酬标准

社会组织对内部薪酬分配享有自主权，其从业人员主要实行岗位绩效工资制，薪酬一般由基础工资、绩效工资、津贴和补贴等部分构成。

(1) 基础工资是从业人员年度或月度的基本收入,主要根据社会组织自身发展情况、所从事的业务领域和所在地区经济发展水平等因素综合确定。

(2) 绩效工资应与个人业绩紧密挂钩,科学评价不同岗位从业人员的贡献,合理拉开收入分配差距,切实做到收入能增能减和奖惩分明。工资分配要向关键岗位和核心人才倾斜,对社会组织发展有突出贡献的从业人员要加大激励力度。

(3) 津贴和补贴是社会组织为了补偿从业人员额外的劳动消耗和出于其他特殊原因而支付的辅助工资,以及为了保证从业人员工资水平不受物价影响而支付的生活补助费用。

对市场化选聘和管理的社会组织负责人、引进的急需紧缺人才,结合社会组织发展实际,其薪酬水平可由双方协商确定。

要不断加强多层次、多元化、多因素的立体激励机制建设。努力改善社会组织从业人员的工作、学习、生活条件,营造社会组织从业人员发挥才干的良好环境,最大限度地激发社会组织从业人员的创造活力和工作热情。要客观认识社会组织从业人员的多元化需求,除实行岗位绩效工资这一主体薪酬制度外,社会组织可根据自身实际,采取灵活多样的分配制度和办法。针对特殊行业和职业的人群及引进的急需紧缺人才,在内部分配体系下,除执行岗位绩效工资制度外,还可以尝试年薪和协议工资等多种分配形式。协议工资主要以劳动力市场价格为基本依据,按照有关法律、法规和政策的规定,根据聘用期内的岗位职责及目标要求等要素,经双方协商确定工资待遇。①

应重视精神激励,充分调动从业人员的积极性、主动性和创造性,促进其实现个人价值。多元化的社会组织从业人员的精神激励内容既包括情感激励、领导行为激励、榜样典型激励、奖励惩罚激励、荣誉激励及培训机会激励等,也包括社会事务的积极参与、新闻舆论的广泛宣传、个人价值与社会价值的高度统一及人生规划的良好预期。因此,对社会组织来说,要根据实际情况,综合运用多种激励机制,把激励的手段和目的结合起来,改变传统思维方式,勇于创新,真正建立适应从业人员需求的开放的激励体系,使自身在激烈的社会竞争中立于不败之地。

2) 及时足额兑现薪酬

基础工资、绩效工资、津贴和补贴应列入社会组织管理成本,其中绩效工资根据考核结果及社会组织自身发展情况,可按月度、季度、半年分期兑现或年底集中兑现。薪酬应当以法定货币支付,不得以实物及有价证券替代货币支付。

鼓励支付方式电子化。

从业人员依法享受年休假、探亲假、婚假及丧假,其间社会组织应按劳动合同规定的标准支付薪酬。

---

① 何凤秋,和慧卿. 以科学合理的薪酬管理促进社会组织创新发展[EB/OL]. http://www.saxmz.gov.cn/article/llyj/201607/20160700966137.shtml.

2. 逐步建立薪酬水平正常增长机制

社会组织应根据所处业务领域的整体薪酬水平，参考住所地人力资源与社会保障部门发布的工资指导价位和工资指导线，以及行业薪酬调查报告发布的劳动力市场指导价位，就工资收入水平和调整幅度等事项，与从业人员进行平等协商，并在协商一致的基础上签订工资协议，确保从业人员薪酬水平与经济发展水平相协调、与劳动生产率提高相适应。

社会团体工资正常增长机制是指其从业人员的工资随社会经济效益提高并与自身有关因素变化相协调、合理增长的制度化运行方式。积极推进社会团体工资分配制度改革，研究建立健全从业人员薪酬正常增长机制，对于增强社会组织活力、充分调动从业人员的积极性和创造性、优化社会治理格局具有重要的现实意义。

社会团体应根据住所地人力资源与社会保障部门每年公布的企业工资指导线，合理确定本组织当年的工资增长率。企业工资指导线是依据本地区当年经济增长、物价水平及劳动力市场状况等因素提出的本地区当年工资增长指导意见。随着社会组织管理制度改革的深入，社会团体作为独立法人的地位更加突显，在人力资源配置方面市场化水平越来越高，住所地企业对于人才的竞争日益激烈。若想选拔和留住优秀人才，在与企业的人力资源竞争中弥补自身的不足，就必须用好工资指导线这一杠杆，结合组织发展实际，建立合理的工资上涨机制。2014年，北京市公布的企业工资指导线基准线为12%，上线(预警线)为16%，下线为4.5%。

3. 不断完善社保和公积金缴存机制

社会保险和住房公积金按照国家有关法律法规执行，有条件的社会组织可建立企业年金及其他补充保险。

社会组织应依法为从业人员缴存社会保险和住房公积金。

社会保险和住房公积金应由个人承担的部分，由用人单位代扣代缴；应由用人单位承担的部分，应及时申报缴纳。社会保险和住房公积金缴费基数按有关法律法规执行。

5.2.3 社会组织薪酬管理改革规范与组织领导

1. 着力规范薪酬管理

社会组织应建立薪酬管理制度，并将其纳入会员(代表)大会或理事会决策事项中，一经确定，应由社会组织在适当范围内予以公布，接受民主监督。应根据薪酬管理制度编制工资总额预算，并严格按工资总额预算执行，不得超提、超发薪酬。

社会组织应建立工资台账，支付工资时应提供工资清单。工资台账须至少保存两年。

退(离)休领导干部在社会组织兼职期间，其薪酬问题按照《中共中央组织部关于规范退(离)休领导干部在社会团体兼职问题的通知》(中组发〔2014〕11号)的规定执行。

2. 切实加强薪酬管理工作的组织领导

各级登记管理机关要高度重视，切实引导和督促社会组织做好薪酬管理工作，将其作为加强社会组织内部管理和人才队伍建设的重要举措，列入日常管理的重要日程。

社会组织要厉行节约、反对浪费，切实履行职责，加强制度建设，严格按预算支出经费。要加强对财务人员的管理，提高财务人员的工作能力，依照民间社会组织会计制度要求，建立规范的财务管理制度，使资金和资源得到有效的合理利用。要挖掘潜力，拓宽合法收入来源，不断提高社会组织从业人员的薪酬水平。要大力弘扬奉献精神，建立健全社会组织从业人员荣誉激励机制，进一步激发社会组织从业人员的工作热情。鼓励社会力量捐助社会组织。

在社会组织内部要健全薪酬管理的职能部门或者设立薪酬管理委员会，做好薪酬管理的组织保障工作。通过薪酬预算，即在薪酬管理过程中考虑成本开支方面的权衡和取舍，处理好社会组织和从业人员的分配关系，按照合理的人工费比例或劳动分配率确定动态的劳动要素报酬总额。在实际薪酬支付过程中，社会组织可以通过对从业人员人数核定、薪酬标准以及薪酬结构的调控来合理控制薪酬总额；依据从业人员各自任职岗位的相对价值、人力资本、有效劳动贡献和相关政策法规，将劳动要素报酬总额公平、合理地分配下去。通过科学的薪酬制度设计将社会组织价值理念传递给从业人员，达到有效控制成本并影响从业人员行为的目的。

各级民政部门要结合实际，重点指导本级社会组织做好薪酬管理和服务工作。

关键词

薪酬，社会组织薪酬，薪酬管理，薪酬标准，增长机制，公积金缴存机制，兑现

作业题

1. 何谓薪酬？加强薪酬管理有什么重要意义？
2. 我国社会组织薪酬有什么特点？加快薪酬管理改革要遵循哪些原则？
3. 如何确定我国社会组织薪酬标准？
4. 如何完善我国社会组织薪酬管理机制？
5. 如何加强我国社会组织薪酬管理，确保薪酬及时兑现？
6. 讨论题：高薪酬一定会带来社会组织的快速发展吗？

案例分析

为什么必须改革社会组织薪酬

社会组织薪酬是促进社会组织发展，激励社会组织人才汇聚和兴业的重要基础。但

是，我国社会组织薪酬并未有效发挥组织发展黏合剂和激励的作用，主要原因就是薪酬水平太低，行业差距大，而且管得过多、过死。我国一些地方政府为了吸引人才，促进社会组织健康有序、有竞争力地发展，先后进行了一些薪酬体制和机制方面的改革，值得深思。

(一) 公益组织人员薪资低于社会平均水平[①]

北京恩友财务中心于2016年上半年，调查了北京、广州、成都三地的54家公益组织从业人员的薪资情况，并撰写了三地公益组织薪资调查报告。该报告显示，受调查机构的人员薪资水平处在社会平均水平偏下的位置。

公益负责人薪资水平在5 000元以上。据北京恩友财务中心总干事付京平介绍，公益组织的薪资普遍包括工资、社保公积金、福利这三部分，其中福利最普遍的是通信交通补贴、员工培训学习费。根据三地调查结果，付京平表示，目前公益组织人员的薪资普遍较低。其中，大多数公益组织负责人的薪资水平在5 000元以上，与当地社会平均工资相当(北京和广州两地的社会平均工资水平在5 300元左右，成都则在3 500元左右)，而普通员工(项目人员、会计或行政人员)的薪资，基本在2 000~4 000元，而这大多低于当地社会平均工资水平。因为机构资金有限，所以经常出现一些项目人员身兼多个工作岗位的现象。

同时，因各岗位人员工资受当地消费水平、社平工资影响，成都整体薪资水平低于北京和广州。此外，该薪资调查涉及环保、农业、社区服务、教育及支持型公益组织这5类公益组织，其中支持性组织整体薪资水平略高于其他服务领域，而农业领域整体薪资偏低，但后者会给员工发放机构的有机食品作为福利或免费给员工提供住处，来提升薪酬待遇不足方面的竞争力。

薪资水平受制于资助方。该报告显示，公益组织的定薪标准与薪资来源有很大关系。有93%的公益组织表示，机构的薪资来源主要是项目资助。由于公益组织人员定薪缺少参考的行业标准，所以员工的定薪主要考虑机构自身的支付能力，其次是个人的从业经验和技能。因此，通常资助方在支持人员工资费用方面有一个比例的限度，很难为公益组织提供有市场竞争力的薪水。同时，不同资助方在人员费用上的支持标准不统一，给予的管理自由度也不一样，对受助组织薪酬体系的设计和执行，乃至人员管理都带来挑战，甚至有时会引发一部分公益组织不得不去"做假"。在缺少连续性项目时，小规模的公益组织不敢招聘固定员工，或只能有了项目就临时招聘项目人员。这样不利于组织的健康可持续发展。此外，定薪水平跟"公益组织筹款比较困难"等因素也有关系。调查中发现，在资助方资助标准不变的情况下，公益组织只能靠增加项目规模或项目数量，才能给员工提高工资。

(二) 长三角社会组织在宁揽才，月薪万元招聘"雷锋"[②]

在人们的印象中，公益组织成员往往是不拿报酬、乐于奉献的"雷锋"形象，但在由

---

① 王辉. 公益组织人员薪资低于社会平均水平[EB/OL]. http://epaper.jinghua.cn/html/2013-12/16/content_48782.htm，2013-12-16.

② 王宏伟. 长三角社会组织在宁揽才，月薪万元招聘"雷锋"[EB/OL]. http://news.163.com/15/0323/07/ALCGRRNJ00014JB6.html，2015-03-23.

爱德基金会主办的首届长三角社会组织专场招募会上，南京玄武区同仁社工事务所却开出工作5年后月薪万元的揽才条件。

招募会共有来自沪、苏、皖等地的70家优秀社会组织参与，提供600多个岗位和志愿服务名额。与其他公益组织平均两三千元的薪资水平相比，同仁社工事务所的社区服务和行政助理岗位开出的条件可谓优厚。事务所法人代表崔效辉是南京邮电大学社会工作系主任，他告诉记者："我们招聘的不是普通志愿者，而是社区服务的专业人才，他们要能策划项目、寻找资金、招募人员、督导项目执行，只有提供理想的报酬和职业前景，社会组织才能提供更优质、更专业的服务，否则也留不住人才。对于社会工作专业，南京有10所高校开设本科专业，7所高校开设硕士专业，但对口就业率很低，我15年教了400名学生，留在这个行业的不到1/5。"

崔效辉表示，"从母乳喂养到器官捐赠，从抢险救灾到临终关怀，这些项目都需要相关的专业技能，很难让一群人仅凭热情和奉献精神就能做好，我们承诺在南京的社会组织中提供最高的薪酬，就是为了让从业者在服务社会的同时获得提升。"

(三) 厦门出台社工薪酬指导价，税前平均月薪5 250元[①]

在厦门，当一名社会工作者，每个月能拿到多少钱？2015年，厦门市民政局、市财政局、市人社局联合制定了《厦门市公益性社会组织社会工作者薪酬待遇指导标准》等社会工作服务指南。按照指导价计算，不同级别的社会工作者的平均薪酬为5 250元。政府机关、人民团体、事业单位、城乡社区专业社会工作者的薪酬，按照厦门原有的工资制度执行。

此次出台的指导价，用于指导厦门市公益性社会组织内专业社会工作者的薪酬待遇，按照以岗定薪、以绩定奖、按劳取酬的原则，结合学历、资历、资格、业绩、岗位等指标，确定社工的薪酬与其他福利待遇，确保社工薪酬不低于同等条件专业技术人员的薪酬水平。各区可根据所在地区薪酬水平等实际情况，在薪酬指导价标准内做上下10%的调整。

思考题：
1. 社会组织人员薪资低于社会平均人员薪资，将会给社会组织发展造成哪些困难？
2. 厦门等地社会组织人员薪资改革，能否解决我国社会组织人员薪资偏低的问题？
3. 运用激励理论，综合分析薪资调整的利弊。

---

① http://www.fj.xinhuanet.com/news/2015-03/03/c_1114496028.htm.

第6章 社会组织财务管理

社会组织财务管理是加强社会组织建设，提高社会组织发展活力，实现社会组织良性可持续建设的关键。社会组织财务管理不同于政府公共财政管理，也有别于企业的财务管理。这就需要全面认识社会组织财务管理的基础理论知识，掌握社会组织财务编制原则、考核体系和基本方法等重点知识，知晓社会组织财务管理制度规定以及筹资原则和核算等，能够初步掌握社会组织财务报告的分析方法，会读、会看和会用社会组织财务日常涉及的相关内容。

6.1 社会组织财务管理概述

社会组织的财务管理是社会组织内部管理的核心内容之一。社会组织的财务管理涉及社会组织对整个机构资金事务的管理工作，它是包括对社会组织的资金来源、资金支出、预算管理、财务报告分析等制度和具体操作等方面的一项综合性管理工作。理解社会组织财务管理的本质与核心内容，就能更好地了解社会组织整个资金运作的流程、核算对象、信息披露的内容、透明度等。做好社会组织的财务管理工作，有利于提高社会组织内部管理效率，提升社会组织的内部竞争力，保证社会组织透明度和公信力。

6.1.1 社会组织财务管理的内涵与特征

1. 社会组织财务管理的内涵

社会组织的财务管理是指社会组织在运作过程中涉及的所有资金管理事务，即社会组织进行的资金活动，以及处理这些资金活动过程中涉及的各种经济利益关系的综合性管理工作，统称为社会组织的财务管理。社会组织财务管理的主要内容包括：社会组织的预算管理、筹资管理(资金来源管理)、资金支出管理(日常资金管理、项目资金管理、投资管理)、会计核算、财务报告的编制与分析。

2. 社会组织财务管理的特征

(1) 目标的非营利性。社会组织不以营利为目的，也不向资源提供者提供经济回报。

社会组织的目标是在其财力允许的范围内向公民提供尽可能多的准公共产品,在资源有效配置的条件下使其社会价值最大化。

(2) 资金来源的多样性。社会组织的资金不仅来自接受公民或机构的捐赠、公共部门比如政府部门的支持,也有一部分资金来自提供给公众的产品销售收入和服务收入,比如销售一些纪念品等,社会组织的资金来源呈现多元化的特征。

(3) 所有权形式的特殊性。社会组织呈现资源的提供者与资源的管理者相分离的委托代理现象,由于两者的目标不一致,会产生委托代理问题,降低资源配置的效率,妨碍社会组织实现社会价值最大化这一目标。

3. 社会组织财务管理原则

社会组织财务管理原则是组织开展社会组织的经济活动、处理社会组织的财务关系的准则。社会组织财务管理应遵循以下原则:第一,严格执行国家法律、法规和财务制度;第二,坚持量入为出、控制成本的原则;第三,实行预算管理的原则;第四,统一领导和集中管理的原则;第五,坚持以社会效益为主,讲究经济效益;第六,国家、单位和个人三者利益兼顾的原则。

6.1.2 社会组织财务管理的目标和内容

1. 社会组织财务管理的目标和意义

社会组织财务管理的目标是获取并有效使用资金,最大限度地实现社会组织的使命。具体而言,社会组织财务管理的基本目标是按照国家的方针、政策,根据自身资金运动的客观规律,利用价值形式、货币形式,对其各项经济活动进行综合管理。

社会组织的财务管理,有利于完善社会管理,弥补市场和政府在社会需求方面的不足;有利于实现财务会计管理功能,加强财务整合;有利于降低成本,提高资源配置效率。

2. 社会组织财务管理与企业财务管理的区别

社会组织财务管理涉及社会组织中资金事务的综合管理,与企业的财务管理有类似的地方,都是对资金运动及其资金运动背后涉及的各种关系的综合管理。但是,由于主体性质的不同,企业是营利性组织,社会组织是非营利性组织,两者的财务管理目标存在一定的差异,具体表现为以下几个方面。

(1) 财务管理的目标不同。企业财务管理的目标是追求利润最大化或股东财富最大化。社会组织财务管理的目标是围绕社会组织的宗旨,追求组织的社会价值最大化。

(2) 财务管理目标与组织整体目标之间的关系不同。企业财务管理的目标与企业自身的目标是一致的,即财务目标等同于组织的整体目标,都是为了实现更多的利润或者更大的资产增值。社会组织存在的目的,是为社会提供公益服务,完成某种社会使命,提供公共服务或准公共服务,促进社会公平协调发展。因此,社会组织的财务管理目标自始至终都必须服从、服务于组织的整体目标,即社会组织财务管理是为实现组织的整体目标而采取的一种有效的财务手段。当社会组织的财务目标与组织的整体目标发生冲突或矛盾时，应该以社会组织的整体目标为主。

(3) 财务管理内容的侧重点不同。作为营利性组织的企业，利润最大化或股东财富最大化的财务管理目标，决定了企业财务管理的主要内容是筹资管理、投资管理、营运资金管理、利润分配管理。然而，社会组织财务管理的目标，决定了其资金来源的特殊性，社会组织在获取资金来源的评价标准、筹资方式、资金成本等方面，与企业存在一定的差异。在投资管理方面，企业倾向通过投资获利，在投资项目选择中侧重项目的获利性，而社会组织侧重关注资金的安全性，因此投资项目的保值增值，是社会组织投资管理中需要重点考虑的问题。例如，很多慈善基金会只是每年拨出小部分资金用于固定收益证券的投资，其投资目的主要是保值和取得合理收益。在营运资金管理过程中，企业更倾向关注如何管理存货、应收账款、现金持有量等问题，而社会组织在营运资金管理中更倾向关注项目资金和日常资金的管理。在利润分配管理中，企业倾向对股东和利益相关者进行利润分配，制定合理的股利政策，而社会组织的性质决定其没有利润分配的事项。

尽管某些企业财务管理的基本原则也适用社会组织，但是由于企业和社会组织的性质不同，财务管理的侧重点也不一样。因此，有必要结合社会组织的特点，按照财务管理的基本原则，进行社会组织的财务管理工作。

3. 社会组织财务管理的主要内容

社会组织财务管理实质上是对社会组织中涉及的资金事务方面的综合管理工作。社会组织财务管理的主要内容包括以下几个方面。

(1) 财务预算管理。预算管理是指社会组织根据事业发展计划和年度财务收支计划，对计划年度内社会组织财务收支规模、结构和资金渠道所做的预计，是计划年度内社会组织各项事业发展计划和工作任务在财务收支上的具体反映，是社会组织财务活动的基本根据。预算管理是社会组织资金运动的起点，对社会组织财务管理具有重要的意义。

(2) 日常资金管理。日常资金管理是社会组织财务管理中重要的组成部分。对社会组织的日常资金进行科学合理的管理，可以加强保护货币资金的安全，防止贪污、盗窃和侵吞货币资金，杜绝因挪用、滥用货币资金而造成的货币资金的短缺和损失；可以保证社会组织在有足够的货币资金的前提下，合理调度资金，加速资金的周转，以促进其自身发展。

(3) 项目资金管理。社会组织在开展业务活动的时候，大部分会通过项目进行资金的运作，而如何使得一个好的项目得到更多的资金支持，如何有效地使用项目资金，达到最优的资源配置效率，使其实现资金的社会价值最大化，项目资金管理是社会组织的重要财务管理内容。

(4) 筹资管理与投资管理。筹资管理是社会组织根据其持续经营和业务活动的需要，通过筹资渠道，运用筹资方式，经济有效地依法为社会组织筹集所需资金的财务行为。一个成功的社会组织，必须要有全面且合理的筹资策略，以便为社会组织的各项经济活动提供持续的资源支持。

社会组织拥有多余资金的时候，为了避免资金闲置，使得资金能够保值、增值，可以将资金用于投资。投资并不是一项简单的经济活动，它需要考虑风险、收益等方面的问题，实现风险和收益的最佳配置。因此，社会组织需要进行投资管理，在保证资金获得保值的同时，实现适当的增值。

(5) 财务报告的编制与分析。社会组织需要定期编制财务报告，并且采用专业的财务分析方法，对财务报告进行分析，以便及时、动态地了解社会组织的资产、负债、所有者权益、业务活动等财务变动情况，社会组织在进行财务报告分析时，需要注重财务收支情况分析、工作数量和质量指标的完成情况分析，以便了解社会组织增收节支、开源节流和社会效益与经济效益协调增长的情况。

6.2 社会组织的预算管理

预算管理对社会组织而言，具有非常重要的作用。社会组织的预算管理涉及社会组织募集资金的过程、日常资金使用过程、项目支出过程、投资过程以及财务报告过程，贯穿财务报告分析的始终。评价一个社会组织资金使用的绩效时，非常重要的判断原则和标准是对社会组织的预算进行管理和分析。社会组织预算的及时性、完整性、准确性及对预算结果的分析，为社会组织在资金募集、使用、项目支出和公益绩效的评估过程，以及对社会组织未来工作的战略规划，提供了很好的参考标准。

6.2.1 社会组织的预算管理概述

1. 社会组织预算管理的意义

预算管理是财务管理的核心内容之一。预算管理能够使社会组织有限的资金得到合理的配置，提高资金的使用效率。第一，预算管理有利于增加政府等监管部门对社会组织的监督，促进资源的合理优化配置。第二，预算管理有利于维持市场竞争秩序，促进社会组织之间的资源配置。

2. 社会组织预算管理的概念

社会组织预算管理是指社会组织的理财主体或者其委托任命的管理人，为了正确设计其预算和全面实现核算目标，借助科学理论和方法，对预算的编制、审批、执行、调整、监督过程实施的计划、组织、控制、分析、评价等一系列活动。

3. 社会组织预算管理的编制原则

社会组织预算的编制是一项非常细致和复杂的工作，为了科学合理地编制好预算，应当遵循以下原则：第一，公开性和统一性相结合的原则；第二，合理性和完整性相结合的原则；第三，政策性和可靠性相结合的原则。

4.社会组织的预算管理体系

构建社会组织预算管理体系的内容和模式可以有多种选择。基本的预算管理体系包括：预算的编制、预算的执行、预算的分析与考核、预算的调整等内容，如图6-1所示。

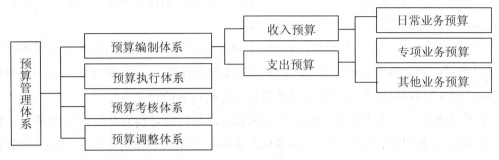

图6-1 社会组织预算管理体系

6.2.2 社会组织的预算管理程序

社会组织的预算管理程序包括：第一，预算前的准备阶段。此阶段的管理工作要点是做好调查和论证工作。第二，预算的编制和审批阶段。此阶段的主要工作是执行《预算法》规定的"两上两下"的法定程序。第三，预算的执行及调控阶段。此阶段的管理工作重点是监督和控制。第四，预算执行后的评价及审计阶段。此阶段的管理工作重点是检查和评价。社会组织的预算管理程序，如图6-2所示。

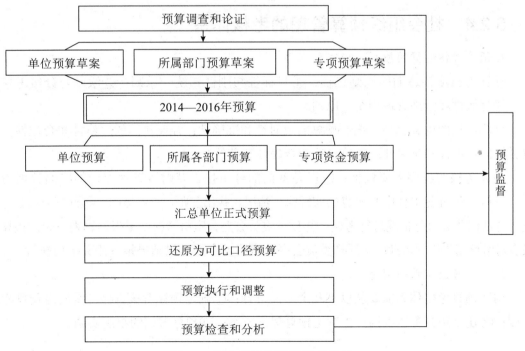

图6-2 社会组织的预算管理程序

6.2.3 社会组织的预算管理方法

社会组织的预算管理方法主要包括以下几种。

(1) 递补预算法。在实际工作中,由于单位的事业计划发生重大变化,取得了较大数量的新增财源,社会组织可经上级部门批准根据新增财源情况调整支出预算,并以此作为递补预算,这种预算管理方法称为递补预算法。

(2) 零基预算法。零基预算法(Zero-base Budgeting System,ZBS)是在预算期内对所有预算项目进行严格审核、分析、测算、评估的基础上进行编制预算的方法,是一种对单位每一事业计划的预算费用都以零为基础重新加以分析计算的预算方法。

(3) 滚动预算法。滚动预算法也称连续预算法,其特点是预算执行一段时期后,根据这一时期的预算效果结合执行中发生的变化和出现的新情况等信息,对下一期的预算进行修订,并自动向后加续一个时期,重新编制新一期的预算编制方法。

(4) 绩效预算法。绩效预算法(Performance Budgeting)是以预算项目的绩效为基础编制预算,通过支出计划与绩效之间的关系反映预期达到的效果。

(5) 弹性预算法。弹性预算是在不能准确预测业务量的情况下,根据量、本、利之间的关系,用一系列业务量水平编制的具有伸缩性的预算编制方法。

(6) 项目预算法。项目预算法是在单位投资项目资金确定的前提下,根据实际投资需要的资金额来计算需要筹集资金数额的方法。

(7) 全面预算法。全面预算法是关于单位在一定时期内(一般为一年或一个既定期间)各项业务活动、财务表现等方面的总体预测的一种预算编制方法。

6.2.4 社会组织预算管理的考核体系

1. 预算考核遵循的原则、内容和程序

预算考核应该遵循的原则包括:①目标性与刚性相统一原则;②激励与分级考核原则;③时效性和例外管理相统一原则。

预算考核的内容包括:编制预算的及时性和准确性;控制预算的严格性和合理性;预算分析的透彻性和预见性;预算执行的合理性和节约超支。

预算考核的程序主要包括:①以各部门的分析报告及财务管理部门的账面数据为依据,分析、评价各责任中心预算的实际执行情况,找出差距,查明原因;②预算委员会办公室对各部门预算执行情况进行考核;③预算委员会办公室将考核结果报预算委员会,预算委员会对考核结果进行审批;④预算委员会办公室将批准的考核结果报各相关部门执行。

2. 预算考核体系的构建

构建预算考核体系需要从以下几个方面进行:①确定预算考核目标;②制定预算考核制度;③建立预算考核机构;④制定预算奖惩方案;⑤预算考核的组织实施。

6.3 社会组织日常资金管理

社会组织的日常资金管理，是社会组织内部管理运作效率的体现方式之一。高效、透明的日常资金管理，有利于社会组织内部形成良好的资金内部控制，有利于提高社会组织的内部管理效率。社会组织的日常资金管理，为社会组织的信息披露以及社会组织日常资金运作的透明度，提供了保障。

6.3.1 社会组织日常资金管理概述

1. 日常资金管理的概念

社会组织日常资金管理是指对社会组织的流动资金及日常财务收支进行管理，以保证各项资金的合理运用以及收支平衡。一般而言，社会组织日常资金管理的内容包括：现金管理、银行存款管理、其他货币资金管理和存货管理4个方面。

2. 日常资金管理的相关制度规定

(1) 现金。现金是指社会组织的库存现金。社会组织应当严格按照国家有关现金管理的规定收支现金，并严格按照《民间非营利组织会计制度》的规定核算现金的各项收支业务。

社会组织应当设置"现金日记账"，由出纳人员根据收付款凭证，按照业务发生顺序逐笔登记。每日终了，做到日清日结，应当计算当日的现金收入合计数、现金支出合计数和结余数，并将结余数与实际库存数核对，做到账款相符。每日终了结算现金收支、财产清查等发现的现金短缺或溢余，应当及时查明原因，并根据管理权限，报经批准后，在期末结账前处理完毕。

(2) 银行存款。银行存款是指社会组织存入银行或其他金融机构的存款。《民间非营利组织会计制度》对银行存款的收款凭证和付款凭证的填制日期和依据做出了较为详细的规定，不再赘述。

此外，鉴于银行存款的重要性，《民间非营利组织会计制度》做出了关于日常资金管理中银行存款方面的其他要求，具体如下所述。

① 社会组织应按开户银行和其他金融机构、存款种类等，分别设置"银行存款日记账"，由出纳人员根据收付款凭证，按照业务的发生顺序逐笔登记，每日终了应结出余额。"银行存款日记账"应定期与"银行对账单"核对，至少每月核对一次。月度终了，社会组织账面余额与银行对账单余额之间如有差额，必须逐笔查明原因并做出处理，按月编制"银行存款余额调节表"并调节相符。

社会组织银行存款日记账与其开户银行提供的银行存款对账单进行核对。核对过程中不一致的情况分为4种：银行已收，组织未收；银行已付，组织未付；组织已收，银行未收；组织已付，银行未付。这4种情况统称未达账项，进行调节时编制的"银行存款余额调节表"格式见表6-1，最后的结果应该是①=②。

表6-1 银行存款余额调节表

项目	金额	项目	金额
社会组织银行存款日记账余额 加：银行已收，组织未收 减：银行已付，组织未付		银行对账单余额 加：组织已收，银行未收 减：组织已付，银行未付	
调节后的存款余额①		调节后的存款余额②	

② 社会组织应加强对银行存款的管理，并定期对银行存款进行检查，如果有确凿证据表明存在银行或其他金融机构的款项已经部分或者全部不能收回的，应当将不能收回的金额确认为当期损失，冲减银行存款。

(3) 其他货币资金。它主要包括：①外埠存款，是指社会组织到外地进行临时或零星采购时，汇往采购地银行开立采购专户的款项；②银行汇票存款，是指社会组织为取得银行汇票按规定存入银行的款项；③银行本票存款，是指社会组织为取得银行本票按规定存入银行的款项；④信用卡存款，是指社会组织为取得信用卡按照规定存入银行的款项；⑤信用证保证金存款，是指社会组织为取得信用证按规定存入银行的保证金；⑥存出投资款，是指社会组织存入证券公司但尚未进行投资的现金。

《民间非营利组织会计制度》针对日常资金管理的其他货币资金方面的要求：①设置"其他货币资金"总账科目，并设置"外埠存款""银行汇票""银行本票""信用卡存款""信用证保证金存款""存出投资款"等明细科目，同时需要按外埠存款的开户银行、银行汇票或本票的收款单位等设置明细账。②社会组织应加强对其他货币资金的管理，及时办理结算，对于逾期尚未办理结算的银行汇票、银行本票等，应按规定及时转回。

(4) 存货。存货是指社会组织在日常业务活动中持有以备出售或捐赠的，或者为了出售或捐赠仍处在生产过程中的，或者将在生产、提供服务或日常管理过程中耗用的材料、物资、商品等，包括材料、库存商品、委托加工材料以及达不到固定资产标准的工具、器具等。

社会组织设置"存货"总账科目进行账务处理，且应当按照存货的种类和存在形式设置明细账进行明细核算。对于存货取得和发出时的成本计量，应遵循如下原则：存货在取得时，应当以其成本入账；存货在发出时，应当根据实际情况采用个别计价法、先进先出法或者加权平均法，确定发出存货的实际成本。社会组织的各种存货，应当定期进行清查盘点，每年至少盘点一次，对于发生的盘盈、盘亏以及变质、毁损等存货，应当及时查明原因，并根据管理权限，报经批准后，在期末结账前处理完毕。

社会组织设置"存货跌价准备"科目，期末社会组织应当对存货是否发生了减值进行检查。如果存货的可变现净值低于其账面价值，应当按照可变现净值低于账面价值的差额计提存货跌价准备。如果存货的可变现净值高于其账面价值，应当在该存货期初已计提跌价准备的范围内转回可变现净值高于账面价值的差额。

6.3.2 社会组织日常资金管理制度

1. 岗位设置与人员分工

岗位设置与人员分工是日常资金管理的基础，社会组织应根据不同岗位特点进行分工，采用分级授权原则积极推进财务与业务一体化工作，从组织机构设置上确保资金流通安全。岗位设置与人员分工，主要包括以下内容。

(1) 会计人员应负责总分类账的登记、收支原始凭证的复核及收付款记账凭证的编制工作。

(2) 出纳人员应负责现金的收支和保管、收支原始凭证的保管和签发、日记账的登记。出纳人员不得登记现金总账，也不得兼任稽核、会计档案保管和收入、支出、费用、债权债务的账务登记工作。

(3) 内审人员应负责收支凭证和账目的定期审计和现金的突击盘点及银行存款账户的定期核对。

(4) 会计主管应负责审核收支、保管和使用组织及组织负责人印章、定期与银行对账并编制银行存款余额调节表。

(5) 组织负责人应负责审批收支预算、决算及各项支出，但是对于重大支出项目应由组织集体审批。

(6) 电脑程序设计员应负责程序设计和修改，不得负责程序操作，甚至不得出入财务部门。

2. 现金管理制度

社会组织应根据实际情况，在符合《民间非营利组织会计制度》的基础上建立现金管理制度，主要包括以下内容。

(1) 制定库存现金管理制度。库存现金不得超过规定限额，一般为3～5天的日常资金需要量，如有特殊需要可超过5天但不得超过15天的日常资金需要量。库存现金超过一定数额时必须存入银行，如遇到特殊情况，超过规定限额应及时向理事会或相关管理部门通报，做好保卫值班工作。

(2) 不得坐支现金。收到的现金应及时存入银行账户，严格执行现金收支"两条线"。

(3) 不得以"白条"抵库。"白条"是指没有审批手续的凭证，其不能作为记账的依据。

(4) 认真做好现金的日常管理工作。日记账必须做到日清日结，并保证库存现金与账面金额相符。

(5) 认真做好现金盘点工作。出纳应定期(每月、季、年末)或不定期地对现金进行盘点,编制"现金盘点表"。财务机构负责人(或授权的会计)应对现金盘点进行监督盘点和不定期抽查盘点,确保现金账面余额与实际库存相符,如发现不符,应及时查明原因并做出处理。

3. 银行存款管理制度

社会组织应根据实际情况,在符合《民间非营利组织会计制度》的基础上建立银行存款管理制度,主要包括以下内容。

(1) 开立银行存款账户。开立账户用于银行收付业务,一般应开立两个账户(基本账户和一般账户),基本账户用来付款,一般账户用来收款。根据业务需要,确需增开专用账户时,由计划财务部提出申请报理事会或相关管理部门批准后方能开立。

(2) 应遵照国家相关银行账户管理的规定,不得出租、出借账户。

(3) 尽可能使用转账结算。根据自身情况,设定结算起点,对于超过起点金额的所有公共业务,应当通过银行转账进行结算。

(4) 对于各种银行存款方式的收款凭证和付款凭证的填制日期和依据,应按照《民间非营利组织会计制度》的要求进行。

(5) 收到的汇票、支票等银行收款凭单应及时送存银行,并进行账务处理。

(6) 支票、汇票、汇兑等付款,均须登记备查簿,详细填写单据编号、收款人名称、金额、用途、借款日期、报销日期等,并由经手人签字。

(7) 出纳人员定期与银行核对银行存款余额,并编制"银行存款余额调节表",会计要对"银行存款余额调节表"进行审核,对未达账项进行及时处理。

4. 存货管理制度

社会组织应根据实际情况,在符合《民间非营利组织会计制度》的基础上建立存货管理制度,主要包括以下内容。

(1) 合理的存货收付制度。存货取得和发出时,仓储管理员应当和经办人当面清点数量,当面开具单据(包括入库单、出库单、发票或收据证明单据),并确保财务审核审批人员和相关经办人都签字确认后,才能入库或出库,做到单据和数量完全相符。

(2) 仓储管理员管理制度。存放存货的仓库钥匙必须由专人保管,除了仓库管理员以外的人员不得私自进出,并且要做好清洁、整齐、防霉、防蛀、防潮等工作。仓库管理员必须经常定期或不定期地抽查物资,如发现问题及时上报上级主管部门,并会同有关部门及时采取补救措施。

(3) 存货的合理存放制度。存货的摆放讲究科学、合理,区域要分开,摆列要整齐、有序,高低要适当、均衡。

(4) 存货盘点制度。定期对存货进行清查盘点,每年至少盘点一次。对于发生的盘盈、盘亏以及变质、毁损等存货,应当及时查明原因,并根据管理权限,报经批准后,在期末结账前处理完毕。

(5) 存货的减值制度。应当定期或者至少在每年年度终了，对存货是否发生了减值进行检查，并进行相应的会计处理。

5. 报销制度

社会组织应根据实际情况，在符合《民间非营利组织会计制度》的基础上建立报销管理制度，主要包括以下内容。

(1) 报销的流程管理制度。报销前应将原始凭证分类汇总、粘贴后，填写支出凭单，在支出凭单上注明摘要和用途、报销金额(大小写必须相符)、单据张数。报销的发票，必须是合法的原始凭证，发票上印有税务局或财政局收费专用章和收款单位财务专用章，各种印章必须清晰。发票上要填写购货单位名称、购货品名、单价、数量、金额和日期。

(2) 将填好且按规定审核、核准的支出凭单(附上原始单据)交部门负责人审签。

(3) 将部门负责人审签的支出凭单(附上原始单据)报会计审核，审核无误后交由理事会或相关管理部门核准后报销。

(4) 根据自身情况，设立一次性报销限额和财务办理报销时间，对于超过一次性报销限额的，通常提前一个工作日通知财务。

6. 借款制度

社会组织应根据实际情况，在符合《民间非营利组织会计制度》的基础上建立借款管理制度，主要包括以下内容。

(1) 现金及转账支票不应以任何理由借给外单位使用。

(2) 组织内部人员因公务出差借款，需填写借款单，由各部门领导批准后方可办理借款，设立借款限额，超过限额的须经理事会或相关管理部门签字，同时规定出差借款的报销期限。

(3) 所借支票必须妥善保管，不得遗失，因遗失而造成的经济损失由借票人负责赔偿。

6.4 社会组织的项目资金管理

社会组织超过一半的资金收支，都是通过项目资金的收入和支出来完成的，因此社会组织的项目资金管理，是社会组织财务管理中的关键环节，关系社会组织能否可持续、健康、快速地发展。无论是项目资金的收入管理，还是项目资金的支出管理，都是社会组织财务管理中的风险控制点，如何进行社会组织的项目管理工作，做好项目资金的支出管理和收入管理工作，关系社会组织核心竞争力的形成与提高。良好的社会组织项目资金管理，有利于充分发挥项目本身的优势，有利于更好地进行项目资金的风险控制和绩效考评，有利于规范项目资金的使用，提高社会组织的项目运作能力。

6.4.1 社会组织项目资金的收入管理

1. 项目资金的收入管理制度

社会组织的项目资金收入管理制度应该包括：①建立有效的项目立项申报工作制度；②设置合理的岗位进行项目资金的专项管理，确保项目资金的真实性和完整性；③建立合理的会计核算和资金管理制度，对项目资金的收支进行有效的管理。

2. 岗位设置和人员分工

(1) 岗位设置。社会组织的项目管理存在两种管理模式：第一，矩阵式的项目管理模式。矩阵式项目管理模式的下属岗位设置，均属于临时管理部门。矩阵式的项目管理模式，具有权力集中的优点，但也有等级制度明显、信息不畅的缺点。第二，网络式的项目管理模式。这种项目管理模式，通常是在秘书长下面新增一个项目部门，作为组织的常设部门之一，现代社会组织的项目管理往往采取网络式的管理模式。

(2) 人员分工。在项目组织实施的过程中，项目经理是一个至关重要的角色。应规划好项目经理的职业生涯，通过项目经理的生涯规划，增强项目经理的归属感，提高人力资源的稳定性。

3. 会计核算

项目资金的收入来源包括：捐赠收入、会费收入、提供服务收入、政府补助收入、商品销售收入、投资收益和其他收入。对于不同的收入，需要进行不同的会计核算。

6.4.2 社会组织项目资金的支出管理

1. 项目资金的支出管理制度

建立项目资金的支出管理制度，应该从项目资金的预算、使用、项目结算及资金使用效果的绩效评价等环节进行。第一，建立资金预算项目库，减少立项随意性。第二，细化预算支出内容，做实资金预算。第三，规范预算调整程序，强化预算约束力。第四，加强资金支出管理，保证专款专用。第五，及时拨付资金，改善资金结余管理。

2. 岗位设置和人员分工

(1) 岗位设置。社会组织应该设置专门的项目资金管理部门或者对项目资金的支出进行有效的管理。项目资金管理部门应当加强与人事部门的沟通合作，联合人事部门统一培训，安排项目资金的管理人员，提高社会组织项目资金管理的工作效率。

(2) 人员分工。社会组织应提高项目管理人员对项目资金管理的重视程度，将项目资金管理的工作职能定位于全面参与项目资金的使用决策与控制。项目资金管理人员应该参与项目资金管理的全过程，对整个过程进行统筹规划，以保证资金使用的高效率。

3. 会计核算

项目支出包括业务活动成本、管理费用、筹资费用和其他费用。对于不同的支出，需要进行不同的会计核算。

6.5 社会组织筹资管理与投资管理

社会组织的筹资管理(Fundraising Management)，与营利性组织比如企业的融资管理(Finance Management)相比，有很大的差异性，这是由社会组织非营利性的属性决定的，这也是社会组织财务管理区别于企业财务管理的显著特征之一。社会组织的筹资管理与企业融资管理的最大差异在于：社会组织的筹资管理不需要考虑资金占用成本，即企业融资管理需要考虑的资金成本中包含的筹资费用和资金占用成本，在社会组织筹资管理中，只侧重考虑筹资费用的部分，且对于社会组织募集来的资金，在通常意义上不用"还本"。这些社会组织筹资管理的特征，决定了在社会组织筹资管理过程中的侧重点，与企业融资管理具有本质的差异。社会组织存在的社会意义和社会价值，决定了社会组织的投资管理更侧重资金保值能力的分析。如何更好地对社会组织资金进行保值增值是投资管理要重点解决的问题。

6.5.1 社会组织筹资管理概述

1. 筹资管理的含义与目的

社会组织的筹资管理是指社会组织根据其持续经营和业务活动的需要，通过筹资渠道，运用筹资方式，经济有效地依法为社会组织筹集所需资金的财务行为。社会组织进行筹资管理的目标为：第一，为社会组织的基本运作提供资源。这是社会组织筹资管理的基本目标。第二，为可持续且有效地开展业务活动提供资源。

2. 筹资渠道

筹资渠道是指社会组织筹集资金来源的方向与通道，能够体现出资金的源泉和流量。现行的社会组织筹资渠道主要有接受捐赠、财政补助、出资人提供、向金融机构借款、业务活动收入、境外相关组织援助和会费收入。

3. 筹资管理的原则

社会组织筹资管理的主要原则包括：第一，筹资时间的匹配原则。筹资管理需要考虑的时间包括资金需求时间、费用支付时间和还本时间。第二，筹资数额的合理性原则。社会组织应该合理确定需要筹集的资金，充分考虑筹资管理的两个目标，避免资金的浪费与不足，避免由于过分筹资而降低社会组织的公信度，丧失持续筹资能力。第三，筹资风险的适当性原则。社会组织在筹资的时候需要考虑风险的存在，以组织所能承担风险的程度作为组织筹措多少资金的依据，防止因债务过多而造成组织的财务风险过高的现象出现。第四，筹资成本的最小化原则。社会组织在筹措资金的时候，要做到既满足资金预算的需要，又尽量降低资金总成本。第五，筹资途径的合法化原则。社会组织的筹资行为和筹资活动必须遵循国家的相关法律法规。

6.5.2 社会组织筹资管理制度

1. 筹资费用管理的内容

社会组织筹资费用,是指社会组织为筹集业务活动所需资金而发生的费用,包括社会组织为了获得捐赠资产而发生的费用以及应当计入当期费用的借款费用、汇兑损失(减汇兑收益)等。社会组织发生的筹资费用,应当在发生当期按其发生额如实计入当期费用。上述筹资过程中发生的各项费用,均应纳入社会组织筹资费用管理体系中。

2. 岗位设置与人员分工

为了提高筹资效率,降低筹资成本,增加筹资金额,社会组织应对筹资涉及的岗位和人员,进行专门的岗位设置与人员分工,实行相应的筹资激励与约束机制。例如,可以设置筹资管理委员会,专门负责资金筹募、管理和项目实施。该筹资管理委员会的委员一般由社会组织的创始发起人、捐赠方代表等利益相关者组成,通常包括主任委员1人,执行主任委员1人,副主任委员和委员若干,由执行主任负责主持管理委员会的工作。

3. 筹资管理的会计核算

为了核算社会组织的筹资费用,应当按照筹资费用的种类设置明细账,进行明细核算,并设置"筹资费用"会计科目。发生筹资费用时,借记"筹资费用"科目,贷记"预提费用""银行存款""长期借款"等科目。发生应冲减筹资费用的利息收入、汇兑收益时,借记"银行存款""长期借款"等科目,贷记"筹资费用"科目。期末,将"筹资费用"科目的余额转入非限定性净资产,借记"非限定性净资产"科目,贷记"筹资费用"科目。结转后,"筹资费用"科目应无余额。

6.5.3 社会组织投资管理概述

1. 投资管理的含义与目的

社会组织的投资是指用某种有价值的资产,包括资金、人力、知识产权等投入某个企业、项目或经济活动,以获取未来收益的经济行为。社会组织的投资管理是指投资者对投资方向、投资金额以及何时投资进行决策的过程。对于社会组织而言,证券投资是其主要的形式之一。社会组织通常采用自有货币资产购买企业发行的股票和公司债券,间接参与企业的利润分配过程,通过投资实现资产的保值增值。社会组织投资管理的步骤,如图6-3所示。

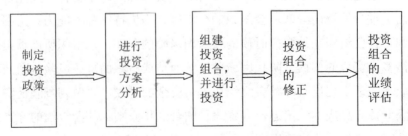

图6-3 社会组织投资管理的步骤

2. 投资的分类和投资原则

投资按照分类标准的不同，可以分为不同的投资类型：第一，按投资回收期限的长短，投资可分为短期投资和长期投资。短期投资是指社会组织持有的能够随时变现并且持有时间不准备超过1年(含1年)的投资，包括股票投资、债券投资等。长期投资是指不满足短期投资条件的投资，即社会组织持有的超过1年以上的投资。第二，按投资行为对被投资对象的介入程度，投资可分为直接投资和间接投资。直接投资包括社会组织内部直接投资和对外直接投资，前者形成社会组织内部直接用于运营的各项资产，后者形成社会组织持有的各种股权性资产。第三，按投资的性质，投资可分为债权性投资、权益性投资和混合性投资。债权性投资是指定期获得固定数额的利息，并在债权期满时收回本金的投资。社会组织可通过购买债券类固定收益证券获得债权性投资。权益性投资是指为获取其他企业的权益或净资产所进行的投资，如对其他企业普通股的股票投资。混合性投资是指同时兼有债权性和权益性的投资，社会组织可通过购买混合性债券获得，如购买可转换债券。

社会组织在进行投资管理时，需要遵循以下原则：①收益与风险最佳组合原则；②分散投资原则；③理性投资原则；④适度投资原则。

3. 投资方案的评价方法

投资方案的评价方法，根据是否考虑货币时间价值，可以分为静态投资评价方法和动态投资评价方法。静态投资评价方法，也称为非贴现法，通常不考虑货币时间价值，主要包括投资回收期法和会计收益率法。动态投资评价方法，需要充分考虑货币时间价值，主要包括净现值法、盈利指数法、内部收益率法。

1) 静态投资评价方法

(1) 投资回收期法。投资回收期法，是指通过计算投资项目的回收期来进行投资项目的判断方法。投资回收期是指回收初始投资所需要的时间，是投资项目经营净现金流量抵偿原始总投资所需要的全部时间，一般以年为单位。这种方法比较简单，实用性强。该方法主要用于多项目之间的初步筛选和初步评价。

投资回收期的计算，按每年的经营净现金流量是否相等而有所不同。具体计算公式如下：

① 如果每年的经营净现金流量相等，投资回收期=原始投资额÷每年营业现金净流量。

② 如果每年的经营净现金流量不相等，计算回收期时，需要根据每年年末尚未收回的投资额加以确定，投资回收期=前几年收回的原始投资额部分+尚未收回的原始投资额部分÷次年营业现金净流量。

在运用投资回收期法进行投资项目分析时，其判定原则是：项目回收期小于预期回收期，表明该投资项目可行；如果存在若干投资项目，投资回收期最小的项目最优。投资回收期法作为投资项目评价方法的优点在于：①可以作为衡量备选投资方案风险程度的指标。投资回收期越短，风险越小。②可以衡量投资方案的投资回收速度。③计算简便，容易掌握，决策成本较低。投资回收期法的缺点是容易忽视投资方案的获利能力；没有考虑资金的时间价值；忽视回收期满以后发生的现金流量。

(2) 会计收益率法。会计收益率法，也称为平均报酬率法，是用投资项目寿命周期内年平均报酬率来评估投资项目的一种方法。它的计算公式为

$$会计收益率=未来每年平均现金净流量\div 初始投资额$$

在采用会计收益率这一指标作为衡量投资项目可行与否时，需要事先确定一个企业要求达到的会计收益率，或称必要报酬率。在进行决策时，如果计算出来的投资项目的会计收益率高于必要报酬率，则表明该投资方案是可行的。在有多个方案的互斥投资方案选择中，应选择会计收益率最高的方案。会计收益率法的优点在于：①考虑了投资方案寿命期的全部现金流量所体现的获利能力。②计算简单，容易理解。会计收益率法的缺点是忽视各年现金流量的差异；没有考虑风险因素；没有考虑货币时间价值。

2) 动态投资评价方法

(1) 净现值法。净现值法是运用投资项目的净现值进行投资项目评估的基本方法，是利用经营净现金流量的现值之和与投资额现值的差额，来判断投资方案是否可行的一种投资方案评价方法，通常用NPV表示。计算公式为

$$NPV=未来各年的净现金流量的现值之和=各年净现金流量的现值之和-初始投资现值之和$$

在运用净现值法进行投资方案选择时，判断原则是：当NPV＞0时，投资项目可行；否则投资项目不可行。在进行多种投资方案的选择时，应选择NPV最大值的投资项目。

采用净现值法进行投资方案分析时，计算步骤如下：①计算各种备选投资方案的每年营业现金净流量。②计算各种备选投资方案的未来报酬的总现值(各年净现金流量的折现值之和)。首先，将每年的营业现金净流量折成现值。如果每年的净现金流量相等，则按年金法折成现值；如果每年的净现金流量不等，则先对每年的净现金流量用复利现值的计算方法折算成现值，然后加以合计。然后，将终结现金流量折算成现值。最后，计算各年净现金流量的折现值之和。③净现值=各年净现金流量的折现值之和-初始投资现值之和。

(2) 盈利指数法。盈利指数法，又称获利指数法或现值指数法，是指用项目未来现金流量总现值与初始投资额现值之比，来衡量投资项目经济效益的一种方法，通常用PI表示。它的计算公式为

$$PI=经营期各年现金流量的现值合计\div 原始投资额的现值合计$$

采用盈利指数法进行投资项目的选择时，其判定原则如下：投资项目的获利指数大于1，投资项目可行；否则投资项目不可行。获利指数越大，投资方案越好。

(3) 内部收益率法。内部收益率法，也称为内部报酬率法或内涵报酬率法，是通过计算使投资项目的净现值等于零的贴现率，来评估投资项目可行性的一种方法。这个贴现率是指该投资方案本身的报酬率，通常用IRR表示。内部收益率既是项目投资实际期望达到

的内部报酬率，也是投资项目的净现值等于零时的折现率。

它的计算步骤：①建立净现值等于零的关系式；②采用试错法和插值法，计算投资项目的内部收益率。

采用内部收益率法进行投资方案分析时，具体的判定原则是：内部收益率大于资本成本，该投资方案可行；否则投资方案不可行。内部收益率指标越大，投资方案越好。

运用内部收益率进行投资方案分析时，它的优点在于计算非常准确，能够了解投资项目自身的报酬率，有利于准确地做出投资决策。它的缺点是运用内部收益率进行投资方案分析时，计算难度较大。

它的计算方法可以分为两种情况：

① 每年现金净流量相等时的计算方法。第一，求使净现值为零时的年金现值系数。第二，查"年金现值系数表"，确定内部报酬率的范围，在表中找出对应的贴现率，即内部报酬率。第三，如果查不到正好对应的贴现率，则在表中找出相邻的两个数字，用插值法求出内部报酬率。

② 年现金流量不相等时，采用试算法，预估几个贴现率计算净现值：第一，估算贴现率i_1，并以此来计算净现值。如果计算出的净现值为正数，则表示预估的贴现率(资本成本率)小于实际的内部报酬率，应提高贴现率，再进行测算，最终使$NPV_1>0$又接近于零。第二，如果计算出的净现值为负数，则表明预估的贴现率大于该方案实际的内部报酬率，应降低贴现率，再进行测算，最终估算出另一个贴现率i_2，使得用i_2计算出来的$NPV_2<0$又接近于零。第三，用插值法求出介于这两个(使净现值一正一负且接近于零的)贴现率之间的(使净现值等于零时的)内部报酬率。

6.5.4 社会组织投资管理制度

1. 岗位设置与人员分工

投资管理的岗位设置一般有挑选、决策、评估、财务、监督。其中，挑选岗位主要是在众多可供选择的投资方案中，结合组织的实际情况以及其他相关信息，挑选出最合适的投资方案，并交给决策者进行决策。决策岗位的设置主要是根据挑选岗位给出的方案，进行投资方案的决策。评估岗位主要是对投资的效果进行评估。财务岗位主要是在投资方案确定后，负责投资时的相关财务事宜，如银行开户、支付手续费等。监督岗位主要是对投资进行日常管理，并监管投资是否按照国家相关法规进行。

2. 投资管理的会计核算

根据《民间非营利组织会计制度》的规定，在投资管理中涉及的会计核算包括短期投资、短期投资跌价准备、长期债券投资、长期股权投资、长期投资减值准备、投资收益等会计科目。

6.6 社会组织财务报告与分析

社会组织的财务报告是社会组织对外提供信息的载体，是社会组织对外披露信息的主要手段和方式。完整、准确、及时地编制和提供社会组织的财务报告，关乎社会组织的利益相关者是否能够正确做出相关决策。客观分析财务报告提供的信息，有利于社会组织的信息使用者提高决策效率。为了充分地利用社会组织对外披露的财务报告信息，采用基础技术手段和分析方法对社会组织的财务报告进行分析，有利于提高信息使用的效率。掌握各种财务报告的分析方法，有利于信息使用者更好地分析社会组织披露的信息，为利益相关者的决策提供依据。

6.6.1 社会组织财务报告的概念

社会组织财务报告是指社会组织提供的反映某一特定日期财务状况和某一会计期间业务活动和现金流量等情况的书面报告。财务报告是社会组织会计核算的最终成果，是社会组织对外提供会计信息的主要形式和信息载体。

6.6.2 社会组织财务报告的编制

社会组织的财务报告按服务的对象不同，可以分为内部报告和外部报告。社会组织的财务报告按编报的时间不同，可分为年度财务报告和中期财务报告。社会组织的财务报告按编制的主体不同，可分为个别财务报表和合并财务报表。社会组织的财务报告按所提供信息的重要程度不同，可分为主要会计报表和附属会计报表。

1. 财务报告的编制原则

(1) 以持续经营为基础。持续经营是会计确认、计量和编制财务报表的基础。如果社会组织不能持续经营，那么其所依据的持续经营基础就不存在，以持续经营为前提编制财务报表也就不再合理。

(2) 会计政策前后各期保持一致。社会组织采用的会计政策前后各期应当保持一致，不得随意变更，除非符合下列条件之一：法律或会计制度等行政法规、规章要求；这种变更能够提供有关社会组织财务状况、业务活动情况和现金流量等更可靠、更相关的会计信息。如果有必要变更，应当在会计报表附注中披露变更的内容和理由、变更的累积影响数以及累积影响数不能合理确定的理由等。

(3) 区别资产负债表日后事项。资产负债表日至财务会计报告批准报出日之间发生的需要调整或说明的有利或不利事项，属于资产负债表日后事项。对于资产负债表日后事项，应当区分调整事项和非调整事项进行处理。

调整事项，是指资产负债表日后至财务会计报告批准报出日之间发生的，为资产负债表日已经存在的情况提供新的或进一步证据，有助于对资产负债表日存在情况有关的金额做出重新估计的事项。社会组织应当就调整事项，对资产负债表日所确认的相关资产、负债和净资产以及资产负债表日所属期间的相关收入、费用等进行调整。

非调整事项，是指资产负债表日后至财务会计报告批准报出日之间发生的，不影响资产负债表日的存在情况，但不加以说明将会影响财务会计报告使用者做出正确估计和决策的事项。社会组织应当在会计报表附注中披露非调整事项的性质、内容以及对财务状况和业务活动情况的影响。如果无法估计其影响，应当说明理由。

(4) 报表披露时间与计量货币要求。社会组织的年度财务会计报告至少应当于年度终了后4个月内对外提供。如果社会组织被要求对外提供中期财务会计报告的，应当在规定的时间内对外提供。会计报表的填列，以人民币"元"为金额单位，"元"以下填至"分"。

(5) 报表格式的规范化。社会组织对外提供的财务会计报告应当依次编定页数，加具封面，装订成册，加盖公章。封面上应当注明：组织名称、组织登记证号、组织形式、地址、报表所属年度或者中期、报出日期，并由单位负责人和主管会计工作的负责人、会计机构负责人(会计主管人员)签名并盖章；设有总会计师的单位，还应当由总会计师签名并盖章。

(6) 需要编制合并会计报表的要求。社会组织对外投资，而且占被投资单位资本总额50%以上(不含50%)，或者虽然占该单位资本总额不足50%但具有实质上的控制权时，或者对被投资单位具有控制权时，应当编制合并会计报表。

(7) 资产负债表和业务活动表应列报所有科目的前期比较数据。社会组织当期财务报表中的资产负债表和业务活动表的列报，至少应提供所有列报项目上一会计期间的比较数据，目的是向报表使用者提供对比数据，提高信息在会计期间的可比性，以反映社会组织的财务状况、业务活动和现金流量的发展趋势，进而满足使用者的信息需求。

(8) 保证财务报告数据的真实可比性。对于交易或者事项应按照规定的会计处理方法进行，会计信息应当口径一致，相互可比。同一会计期间内的各项收入和与其相关的费用，应当在该会计期间内确认，并使发生的费用与其相关的收入相配比，同时应当合理划分应计入当期费用的支出和应当予以资本化的支出。另外，财务报表各个项目的列报和分类应在各期间保持一致，不得随意变更。

2. 财务报告编制的具体要求

(1) 会计报表。会计报表是指根据日常会计核算资料定期编制的，综合反映社会组织某一特定日期财务状况和某一会计期间业务情况、现金流量的总结性书面报告。它包括以下三张报表：资产负债表、业务活动表、现金流量表。

① 资产负债表。资产负债表反映社会组织某一会计期末全部资产、负债和净资产的情况。资产负债表"年初数"栏内各项数字，应当根据上年年末资产负债表"期末数"栏

内数字填列。如果本年度资产负债表规定的各个项目的名称与内容同上年度不一致，应按照本年度的规定对上年年末资产负债表各项目的名称和数字进行调整，填入资产负债表"年初数"栏内。

资产负债表包括资产类科目、负债类科目以及净资产类科目，并且资产总计=负债合计+净资产合计。与企业的资产负债表相比，资产类科目增加了文物文化资产和受托代理资产科目；负债类科目，除与受托代理资产相对应的受托代理负债科目外，其他科目与一般小企业财务会计制度科目设置基本一致。净资产类科目是社会组织资产负债表中的特殊项目，其将全部净资产划分为限定性净资产和非限定性净资产。

② 业务活动表。业务活动表反映社会组织在某一会计期间内开展业务活动的实际情况。

业务活动表"本月数"栏反映各项目的本月实际发生数。在编制季度、半年度等中期财务会计报告时，应当将本栏改为"本季度数""本半年度数"等本中期数栏，反映各项目本中期的实际发生数。在提供上年度比较报表时，应当增设可比期间栏目，反映可比期间各项目的实际发生数。如果本年度业务活动表规定的各个项目的名称和内容同上年度不一致，应按照本年度的规定对上年度业务活动表各项目的名称和数字进行调整，填入业务活动表上年度可比期间栏目内。

业务活动表"本年累计数"栏反映各项目自年初起至报告期末止的累计实际发生数。

业务活动表"非限定性"栏反映本期非限定性收入的实际发生数、本期费用的实际发生数和本期由限定性净资产转为非限定性净资产的金额；业务活动表"限定性"栏反映本期限定性收入的实际发生数和本期由限定性净资产转为非限定性净资产的金额(以"-"号填列)。在提供上年度比较报表项目金额时，限定性和非限定性栏目的金额可以合并填列。

业务活动表主要包括4个一级科目，即收入、费用、限定性净资产转为非限定性净资产和净资产变动额(若为净资产减少额，以"-"号填列)。收入类科目包括捐赠收入、会费收入、提供服务收入、商品销售收入、政府补助收入、投资收益、其他收入等科目；费用类科目包括业务活动成本、管理费用、筹资费用、其他费用等科目。

③ 现金流量表。现金流量表反映社会组织在某一会计期间内现金以及现金等价物流入和流出的信息。现金流量表所指的现金，是指社会组织的库存现金以及可以随时用于支付的存款，包括现金、可以随时用于支付的银行存款和其他货币资金。现金等价物，是指社会组织持有的期限短、流动性强、易于转换为已知金额现金、价值变动风险很小的投资(除特别指明外，下文所指的现金均包含现金等价物)。

社会组织应当根据实际情况确定现金等价物的范围，并且一贯性地保持其划分标准，如果改变划分标准，应当视为会计政策变更。社会组织确定现金等价物的原则及其变更，应当在会计报表附注中披露。

现金流量表应当按照业务活动产生的现金流量、投资活动产生的现金流量和筹资活动产生的现金流量分别反映。现金流量表所指的现金流量,是指现金的流入和流出。

社会组织应当采用直接法编制业务活动产生的现金流量。采用直接法编制业务活动现金流量时,有关现金流量的信息可以从会计记录中直接获得,也可以在业务活动表中收入和费用数据的基础上,通过调整存货和与业务活动有关的应收应付款项的变动、投资以及固定资产折旧、无形资产摊销等项目后获得。

(2) 会计报表附注。社会组织的会计报表附注至少应当包括下列内容:①重要会计政策及其变更情况的说明;②董事会(或者理事会或者类似权力机构)成员和员工的数量、变动情况以及获得的薪金等报酬情况的说明;③会计报表的重要项目及其增减变动情况的说明;④资产提供者设置了时间或用途限制的相关资产情况的说明;⑤受托代理交易情况的说明,包括受托代理资产的构成、计价基础和依据、用途等;⑥重大资产减值情况的说明;⑦公允价值无法可靠取得的受赠资产和其他资产的名称、数量、来源和用途等情况的说明;⑧对外承诺和有关事项情况的说明;⑨接受劳务捐赠情况的说明;⑩资产负债表日后非调整事项的说明;⑪有助于理解和分析会计报表需要说明的其他事项。

(3) 财务情况说明书。社会组织的财务情况说明书至少应当对下列情况做出说明:①社会组织的宗旨、组织结构以及人员配备等情况;②社会组织业务活动的基本情况,年度计划和预算完成情况,产生差异的原因分析,下一会计期间业务活动计划和预算;③对社会组织运作有重大影响的其他事项。

6.6.3 社会组织财务报告分析

1. 财务报告分析的意义

社会组织财务报告分析是指财务报告的使用者通过利用财务报表提供的基础数据资料,结合其他有关的信息,运用专门的分析方法,对社会组织的财务状况、业务活动情况和现金流量等情况进行综合比较和评价,以获得相关决策信息的一项工作。

通过对社会组织财务报告进行分析,捐赠者可以获知社会组织资金的使用情况、业务活动开展的资金使用情况,为捐赠者的捐赠提供充足的财务信息支持;社会组织的内部管理者可以充分了解社会组织的财务状况、报告期内的业务成果,剖析社会组织的经济情况,进一步找出社会组织在运营过程中的薄弱环节,吸取经验教训,优化改进管理方式,提高内部决策效率,确定未来的发展方向;国家有关监管部门和社会监督部门,能够更好地掌握社会组织业务活动和财务收支状况,检查社会组织资金运用情况,考查社会组织对财经纪律、法规、制度的遵守情况,分析不同类型、不同地区、不同规模社会组织在经济运营中存在的问题,并以此作为未来出台社会组织发展及监管政策等法规的依据,便于进行宏观调控;债权人可以从财务报告中取得他们关心的社会组织偿债能力的信息,为债权人的借贷决策提供依据。

2. 财务报告的分析方法

(1) 比较分析法。比较分析法是将同一项数据或指标在不同的时间和空间进行对比，揭示客观存在的差异，并进一步分析产生差异的原因的一种方法。它具体包括：

① 绝对差异分析。绝对差异分析主要用来观察差异的规模。绝对差异=实际值-标准值。

② 相对差异分析。相对差异分析主要用于观察差异的水准。相对差异=(实际值-标准值)÷标准值×100%。

③ 差异百分点分析。差异百分点分析主要用于观察差异的程度。差异百分点=实际百分点-标准百分点。

模型中的标准值通常有历史标准、预期标准和同类社会组织标准等。对于标准的选择不同，分析的意义也会有差异。历史标准是指以前各期实现的数据或历史最好水平，将实际值与历史标准对比，可以揭示该指标的变化方向与变化程度，进而分析其影响因素，把握变动规律，最终预测出未来的发展趋势。预期标准是指社会组织制定的关于工作预算、计划等指标，将实际值与预期标准进行对比，可以发现预期指标的完成情况。同类社会组织标准，又称为同类社会组织的行业平均指标。该类指标通常是指与自己类似的社会组织诸如规模、类别等指标的平均水平，将实际值与同类社会组织标准进行对比，可以了解该社会组织与同类社会组织平均水平之间存在的差距，了解该社会组织在同类型社会组织中的排名和地位。

(2) 比率分析法。比率分析法是比较分析法的发展，是指将影响某个指标的两个相关因素联系起来，通过计算比率来分析它们之间的关系，进而分析和评价社会组织财务状况和业务绩效的一种方法。它具体包括以下内容。

① 相关比率。相关比率是指根据经济指标之间存在相互依存、相互联系的关系，将两个性质不同但又相互联系的指标加以对比而计算出的具有另一个经济含义的比率。比如流动资产和流动负债是两个性质不同的财务指标，但两者之间又存在密切的内在联系，通过将流动资产和流动负债进行对比，可以计算出流动比率指标，分析组织的短期偿债能力。

② 构成比率。构成比率是指将某项经济指标的组成部分与该经济指标的总体进行对比，计算出组成部分占总体的比重而形成的比率。比如将社会组织各项收入与收入总额相比较，可以计算出各项收入占总收入的比重，能够反映社会组织的收入结构，有利于进一步分析社会组织收入结构的科学性和合理性，以便改进社会组织的收入结构。

③ 动态比率。动态比率是指将不同时期具有同一性质和类别的财务变量或指标进行对比而计算得出的比率。通过动态比率可以反映和观察某项经济活动的变动方向、变动程度以及发展趋势。运用动态比率进行分析的方法也称趋势分析法，根据比较标准的时期选择不同，又可分为定基比率法和环比比率法。定基比率法是指将分析期的财务变量与固定基期的财务变量进行对比，计算出比率，以反映当前财务变量与基期财务变量的变动及趋

势。环比比率法是指将不同分析期的财务变量分别与前一分析期的财务变量相对比，计算出比率，以反映每个相邻时期的财务指标的变动情况。

(3) 因素分析法。因素分析法是指当某项综合指标可以表示为若干项相互联系的因素的乘积时，按照一定的程序和方法，计算确定各因素的变动对综合指标的影响程度的分析方法。综合指标往往是由多个相互依存的因素构成，由于每个因素的变化不同，产生的影响也不同。通过因素分析法，可以找出主要的关键因素，为进一步分析和评价社会组织的财务状况和业务绩效提供依据。一般而言，因素分析法可分为比率因素分解法、连环替代法和差额分析法。

① 比率因素分解法。比率因素分解法是指把一个财务比率分解为若干个影响因素的方法。在实际分析中，通常比率因素分解法和比较分析法可以结合使用。比较分析之后，往往需要深入分析产生差异的原因，通过比率因素分解方法进行指标的分解分析，做进一步比较，找出差异原因，进一步认识各个具体指标的特征。

② 连环替代法。连环替代法是指根据因素之间的内在依存关系，依次测定各因素变动对经济指标差异影响的一种分析方法。计算程序一般分为以下几个步骤。

第一，确定分析对象。运用比较法计算出分析指标的实际值和标准值的总差异。

第二，找出影响指标的各种因素，建立指标和因素之间的关系式。

第三，按照关系式的排列顺序，依次用各种因素的实际值替代标准值，计算出替代结果。

第四，比较相邻两次的替代结果，得到各因素变动对分析指标的影响方向和程度。

第五，检验分析结果。将各因素变动对分析指标的影响值相加，其代数和应等于分析对象，即总差异。

用代数形式表达上文的步骤如下所述。

设某一分析指标 M 是由相互联系的 A、B、C 三个因素相乘得到的，下标"0"为计划值，下标"1"为实际值。采用连环替代法的具体计算步骤举例如下所述。

第一，确定分析对象：

$M_1 - M_0 =$ 总差异

第二，建立关系式：

计划指标 $M_0 = A_0 \times B_0 \times C_0$

实际指标 $M_1 = A_1 \times B_1 \times C_1$

第三，进行连环替代：

计划指标 $A_0 \times B_0 \times C_0 = M_0$

第一次替代 $A_1 \times B_0 \times C_0 = M_2$

第二次替代 $A_1 \times B_1 \times C_0 = M_3$

第三次替代 $A_1 \times B_1 \times C_1 = M_1$

第四,计算影响方向和程度:

A 因素变动对 M 的影响 $\Delta A = M_2 - M_0$

B 因素变动对 M 的影响 $\Delta B = M_3 - M_2$

C 因素变动对 M 的影响 $\Delta C = M_1 - M_3$

第五,检验分析结果:

$M_1 - M_0 = \Delta A + \Delta B + \Delta C$

③ 差额分析法。差额分析法是连环替代法的简化计算方法,计算原理与连环替代法完全一致,唯一的不同之处在于差额法是直接用各因素的实际值与标准值的差额来计算其影响数额,即将连环替代法中的第三步和第四步合为一步进行。

(4) 综合分析与评价法。综合分析与评价法主要是在对社会组织已经做了一系列分析后,对社会组织的财务状况和业务绩效做出综合分析和评价时采用的方法。常见的主要有综合指数法和综合评分法。

① 综合指数法。综合指数法是指将综合分析与评价的结果用综合指数表示。首先确定影响综合指数的各项指标,然后将反映综合指数的指标数通过统计学处理,使不同计量单位、性质的指标值标准化,得到各项指标的个体指数,最后考虑各项指标在评价综合结果时具有不同的重要性,给各项指标指数以不同的权重,加权汇总各项指标指数得到综合指数,以这个综合指数的高低反映评价结果的好坏。该方法的基本思路是利用层次分析法计算的权重和模糊评判法取得的数值进行累积,然后相加,最后计算出综合评价指数。

② 综合评分法。综合评分法是在确定影响综合评价的各项指标后,分别按不同指标的评价标准对各评价指标进行评分,然后汇总得出综合评价分数,以这个综合评价分数的高低反映评价结果的好坏。它适用于评价指标无法用统一的量纲进行定量分析的场合。

关键词

预算管理,日常资金管理,项目资金管理,筹资管理,投资管理,财务报告编制与分析

作业题

1. 什么是社会组织的财务管理?
2. 社会组织财务管理与企业财务管理的区别是什么?
3. 社会组织财务管理包括哪些内容?
4. 什么是社会组织预算管理?它的编制原则是什么?
5. 社会组织全面预算管理体系具体包括哪些内容?
6. 什么是社会组织日常资金管理?为何要进行日常资金管理?

7. 社会组织的项目活动主要集中在哪几个领域？
8. 社会组织筹资渠道主要有哪些？
9. 社会组织投资管理采用的主要分析方法有哪些？
10. 社会组织财务报告可以按哪些标准进行分类？社会组织财务报告的分析方法有哪些？

案例分析

敦和基金会
——基金会资金保值增值的新理念

2012年5月11日，以浙江敦和投资有限公司董事长叶庆均先生为主要发起人的浙江敦和慈善基金会，经浙江省民政厅核准正式成立(注册号为浙基证字第52105号)。敦和基金会为非公募基金会，原始基金数额为人民币贰仟万元整，来自叶先生等13位投资界人士的慷慨捐赠。敦和基金会定位于资助型基金会，在2013年第一个完整走过的年份，就已经资助项目31个，资助总额959.94万元。而2014年，其资助总额已达9 550.14万元，远超基金会接受捐赠的数额。在2015年，敦和基金会更是有一亿元的预算，主要用于公益及公益行业支持、中华文化传承等方面。敦和基金会是如何做到公益支出高于捐赠收入的呢？这源自基金会保值增值的理念。

一、敦和基金会概况

1. 基本信息

浙江敦和慈善基金会，成立于2012年5月11日，原始基金2 000万元，属于地方非公募基金会。现任理事长沈旭欣，秘书长刘洲鸿。基金会的业务范围主要为：资助老年机构建设及老年福利服务项目；贫困学生资助；公益文化事业扶植；救助孤寡病残等民政对象群体等。基金会的宗旨：天地与我同根，万物与我同体。用生命感恩生命。致力于中国慈善事业的规范和繁荣发展，以慈善事业推动社会的和谐与进步，让更多需要帮助的人得到温暖，用心关爱每一个人，用爱度过每一天。

2. 相关政策

(1) 募款方式(资金来源)。敦和基金会的主要资金来源有两个，一是敦和资产管理有限公司的投资收益，敦和基金会将捐赠所得的收入委托敦和资产管理有限公司进行投资，并取得投资收益，以此对资产进行保值和增值。二是捐赠收入，根据敦和基金会的年度报告，敦和基金会的捐赠收入全部来自理事的捐助。

(2) 资助方式。资助对象是在中国大陆登记注册的非政治、非宗教、非营利的民间公益组织，包括社会团体、民办非企业单位、基金会及其他具有独立法人资格的公益服务机构(包括工商注册)。

作为资助型基金会，敦和基金会接受申请的方式主要有寻访和他荐。寻访：敦和基金会主动接触和了解公益组织，从中选择候选机构，采用邀约的方式，邀请候选机构申请资助。他荐：采用推荐人或推荐机构的方式，申请机构要寻找优秀的公益组织或业内专家、资深人士向敦和基金会做推荐。

(3) 拨款管理办法。除特别约定需要一次性支付的项目外，敦和基金会的项目拨款次数原则上为2~3次。签署协议后第一次拨款(除列入白名单的公益合作伙伴需要提交收据等相关材料)，结项报告确认后第二次拨款；对于20万元以上的拨款，增加中期报告确认后的一次拨款。这样的拨款管理办法可以有效地加强敦和基金会对合作伙伴的监督，及时了解资助资金的流向和资助成果。

3. 主要项目

敦和基金会自成立以来，有纪录的资助项目共有125个，其中支出数额在500万元以上的项目有4个，执行年度均为2014年，关注领域均为公益行业发展(这是敦和基金会主要的关注领域)。

(1) 敦和种子基金计划(年度支出：3 000万元)。针对国内许多优秀基金会资源匮乏，特别是缺乏行政办公支出和工作人员工资福利的现状，为支持此类基金会的可持续发展，助力其更好地解决社会问题，浙江敦和慈善基金会特发起"敦和种子基金计划"。浙江敦和慈善基金会向入选"敦和种子基金计划"的基金会捐款，成立敦和种子基金。敦和种子基金为不动本基金，并只能将敦和种子基金的增值收益用于公益支出。

(2) 中国发展基金会("山村幼儿园"拓展等项目，年度支出：800万元)。项目合作方为中国发展研究基金会。捐赠款项用于甘肃省华池县儿童早期养育项目300万元、贵州省织金县"山村幼儿园"拓展项目300万元、第四届反贫困与儿童早期发展国际会100万元、儿童发展中心特聘专家基金100万元。

(3) 北京太安正安文化传播有限公司生命物理和生命科学探寻项目(年度支出：600万元)。项目合作方为北京太安正安文化传播有限公司。它致力于以项目机制持续推进生命物理和生命科学的文化探索研究以及相关系列活动的策划开展，找到中国乃至世界上的顶尖科学家及文化学者，从科学的视野，回望传统经典的文明，通过新闻话题、历史资料和科学实验等途径，以访谈对话的形式，将各种古老的话题用新鲜的语言观点展开解析，制成优秀文字、音频和影像等在互联网上传播分享，以促进其发展和传承。

(4) 中国比较经济研究中心机构发展支持(年度支出：500万元)。对中国比较经济研究中心的机构发展做出支持，希望通过比较经济研究的方法论梳理国内外经济现象，预测经济发展趋势，成为宏观分析、政策制定的辅助。

4. 财务信息

(1) 敦和基金会财务概况

敦和基金会财务概况，如表6-2所示。

表6-2 敦和基金会财务概况　　　　　　　　　　　　　　　　　　　　　　元

年份 项目	2012年	2013年	2014年
1 净资产	36 120 459.83	47 063 356.34	75 455 641.70
2 年度总收入	24 025 518.60	21 230 503.71	125 604 369.00
2.1 捐赠收入	23 951 305.63	20 885 778.90	50 500 000.00
2.2 投资收入	0.00	0.00	75 053 236.51
2.3 服务收入	0.00	0.00	0.00
2.4 政府补助收入	0.00	0.00	0.00
2.5 其他收入	74 212.97	344 724.81	51 132.49
3 年度总支出	7 905 058.77	10 287 607.20	97 212 083.64
3.1 用于公益事业的支出	7 622 937.22	9 599 423.38	95 501 370.74
3.2 工作人员工资福利支出	156 465.20	395 888.39	922 983.13
3.3 行政办公支出	125 656.35	292 295.43	787 729.77
3.4 其他支出	0.00	0.00	0.00
公益支出占总支出比/%	96.43	93.31	98.24

根据基金会中心网公布的FTI指标，敦和基金会的透明度为100%，是非常公开透明的基金会，不仅如此，根据其财务报表数据计算得出的敦和基金会历年公益支出占总支出比均在90%以上，2014年达到98.24%。由此可见，敦和基金会在慈善捐助方面做得十分优秀。

(2) 敦和基金会的主要财务数据

由图6-4可以看出，敦和基金会在成立后的第三年便实现了净资产翻倍，公益支出大幅度增长。实现这样惊人增长数额的原因在于，敦和基金会在2014年委托敦和资产管理有限公司对其资产进行投资。委托金额7 768.31万元，得到投资收益7 122.85万元。根据披露的信息，敦和基金会的收入构成中，投资收入(理财投资、信托投资等)占59.8%，相比之下，捐赠只占40.2%。这在全国的非公募基金会中是非常少见的。

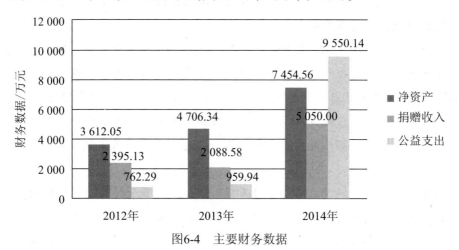

图6-4 主要财务数据

二、敦和资产管理有限公司简介

上文提及的敦和基金会的主要资金来源之一：投资收益，即为敦和资产管理有限公司对敦和基金会资产的投资所获得的收益。敦和基金会之所以能够成功定型为资助型基金会，敦和资产管理有限公司功不可没，正是敦和资产管理有限公司对于敦和基金会资产的合理投资，才使得敦和基金会能够拥有帮助更多慈善组织的能力。

1. 公司简介

敦和资产管理有限公司(以下简称敦和资管)成立于2009年7月4日，是一家中国本土成长起来的、致力于国内外资本市场投资的全球宏观对冲基金公司。多年来，敦和资管逐步探索并形成基于安全边际下的多类资产轮动、跨资产套利的投资理念和宏观多策略投资风格，并在实践中拥有全天候、立体化、牛市熊市都能获得较好绝对收益的投资能力。目前，敦和资管是中国本土为数不多的投资领域涉及国内外债券、货币、股票、大宗商品及其衍生品等跨类别资产的私募证券投资基金公司。

2. 投资团队(截至2015年12月31日)

前台投资部门：共有7名全职基金经理，平均投资年限15年。投资领域包括国内外债券、货币、股票、大宗商品及其衍生品等跨类别资产，所涉及投资领域在我国同行业中最为广泛。每位基金经理都具有优异的过往历史业绩。

前台研究部门：拥有23名研究员，平均从业年限7.5年，其中包括新财富排名第一的分析师若干。研究员中有2人拥有博士学位，15人拥有硕士学位。敦和宏观策略研究的战斗力在我国私募基金同行中处于领先地位。

中后台部门：拥有风控、合规、交易、清算、IT、市场等部门共43名员工，构成敦和资管强大的后勤支持基础。

3. 投资理念

多年来，敦和资管逐步探索并形成通过基于安全边际下的多类资产轮动、跨资产套利投资策略。敦和资管旨在为客户提供风险和收益比极具吸引力的投资。

三、敦和基金会的保值增值理念

敦和资产管理有限公司总经理张志洲在2015年的公开演讲中提到，敦和基金会仅2014年就实现了理财的投资收益一亿元左右。在慈善基金会普遍将善款存在银行，平均收益率不到4%的状态下，敦和基金会高额的投资收益是极为特别的。张志洲表示，整个中国基金会行业在保值增值方面，无论是意识还是能力都严重滞后。大多数慈善基金会都将善款存在银行中，考虑到通货膨胀的因素，许多基金会连其资产的保值都做不到，更不必说将资产增值了。

敦和基金会秘书长刘洲鸿在接受记者采访时说："公益伙伴募集社会捐赠，将其用于社会问题的解决，这是一种重要的社会再分配，但由于公益行业普遍的募款能力有限，金融能力不足，专业服务成本相对过高，加之制度管控，使这一过程中广泛存在资本使用效率不高的现象。我们更愿意看到的是公益伙伴关注募款融资的同时，可以运用金融思维与方法，提升资本利用能力，取财有道，以财生财，不过分依赖募款，也不过分追逐金融回报，逐步形成健康合理的资本结构，更好地为社会服务。"同时，刘洲鸿认为，目前基金会资本的利用效率低下的根本原因在于，将募得款项投资于金融市场的风险非常大，导致多数基金会为求稳妥而较少涉足此领域。但是，若有完善的整体运作系统与机制、专业的金融服务供应商等方面的支持，投资风险是可以控制的。

敦和基金会领先于其他慈善基金会的投资理念及其背后卓越的投资团队是其成功发展的决定性因素和第一助力。敦和基金会希望将这种优秀的理念推广到全国。敦和基金会计划开展基金会行业投资理财方面的培训项目，使更多的基金会能够在保值的基础上实现资产的增值，从而惠及更多需要扶助的人群和机构。

思考题：
1. 敦和资产管理有限公司与敦和基金会的关系是怎样的？
2. 敦和基金会的主要资金来源是什么？
3. 敦和基金会的资金运作模式是什么？
4. 敦和基金会的资金运作模式的优缺点有哪些？

第7章
社会组织项目管理

项目是指在一定时限内为实现特定的目标，所实施的一系列活动和任务，有时限性、有明确的特征等使得项目和常规活动有所不同。社会组织的项目管理有一定的周期，一般分为前期评估、项目设计、执行监测、终期评估、收尾等环节。社会组织的前期评估尤其是服务对象的需求评估是项目管理的前提和起点。非紧急状态下的实操型项目设计最为常见。一般项目建议书的内容包括项目背景、项目目标(长期目标、短期目的)、项目内容(策略与行动计划)、分期和分步行动计划、项目预算、结果、产出(环境影响、社会性别、社区能力等)、监测与评估(检验行动的指标设定)、后续活动(可持续性报告、评估、推广等)。当前，我国的社会组织项目在自身层面和外部因素方面存在诸多问题需要改进。

7.1 社会组织项目管理概述

7.1.1 项目的概念与特征

项目和常规性活动有较大的区别，项目具有临时性、独特性、明确的产出、目标的确定性、整体性和开放性等特征。不同视角下项目的分类也不同，如可对项目周期、项目资助方、项目领域等做区分。

1. 项目(Projects)的概念

目前，广泛流行的关于"项目"的定义基本上与企业管理或公共事务管理密切联系在一起。美国项目管理协会对"项目"的定义："项目是为了创造独特的产品、服务或成果而进行的临时性工作。"[①]韩俊魁认为，"项目是为满足市场、公众的需求，以及实现企业、政府组织生存与革新，以创造性生产一个或一组可交付产品、服务、研究或流程等高质量成果为目标，所开展的跨组织内部部门或跨组织的具有较高风险和高收益的一次性活动的总和"。笔者认为，项目是指在一定时限内为实现特定的目标，所实施的一系列活动

---

① [美]美国项目管理协会.项目管理知识体系指南[M].北京：电子工业出版社，2013.

和任务。

2. 项目的主要特征

(1) 临时性。项目有明确的时间起点和终点。临时性是指项目实施的时间长度和参与度，而非指项目的产出和影响力。

(2) 独特性。项目的产品或服务在一些方法、理念或结果上与项目实施之前的有所不同。因此，现今许多社会组织的项目过分追求可复制性、可推广性，这与项目的独特性是相矛盾的。

(3) 项目产出的有形性或无形性。项目的产出、产品、服务或效果有时是有形的，如社工站、服务手册等；有时项目的产出、产品、服务或效果是无形的，如智障人士家长的自信心增强了。

(4) 项目与组织的日常活动有较大的差异，也可以有机地结合。人类持续不断、周而复始的活动被称为"运作或作业"(Operations)；另一类临时性的、一次性的、独特的活动称为"项目"(Projects)。[①]

(5) 项目目标的确定性。每个项目都要有明确的目标，包括总目标、分目标。目标十分明确并影响着项目活动的设计与评估指标设计。

(6) 项目的整体性。项目是机构的重要组成部分，与机构的运营有密切关联；项目的实施需要机构自身、服务对象、资助部门和相关组织共同协作；项目设计、实施和结项之间有直接关联性和很强的逻辑性。

(7) 项目的开放性。一方面需要本着开放的态度让服务对象和利益相关方积极参与设计与实施；另一方面项目执行过程要不囿于项目计划的资源和合作组织，要敢于调动更多资源、更多公众参与。

3. 项目的分类

依据不同的视角，项目可以分为以下几类。

(1) 按三大部门视角，项目可以分为政府项目、企业项目、社会项目或跨界合作的项目。如南宁市HZ社会工作服务中心在某社区实施的社区综合服务项目既是政府购买社会组织参与社会服务的项目，也是政府、街道社区和社会组织实施的项目。

(2) 按项目对象，项目可以分为生产类项目、生活类项目、科研类项目、服务类项目。

(3) 按项目受益人群，项目可以分为儿童服务类项目、助老类项目、助残类项目、妇女类项目等。

(4) 按资金来源，项目可以分为政府购买社会力量服务项目、基金会项目、企业资助型项目、社会组织众筹型项目等。

---

① 周俊.社会组织管理[M].北京：中国人民大学出版社，2016：190.

7.1.2 社会组织项目的概念与特征

社会组织项目与企业、政府的项目有本质的区别，非营利性是社会组织项目最重要的特征。社会组织项目与企业、政府的项目差异主要体现在需求指向不同、实施主体不同、项目意义不同、项目管理和实施流程不同。

1. 社会组织项目的概念

韩俊魁给非营利组织[①]的"项目"下的定义是："为直接或间接满足公众、会员尤其是弱势群体的需求，以及实现非营利组织生存与革新、紧紧围绕组织宗旨，以创造性生产一个或一组可交付公益产品、服务、研究或流程等高质量成果为目标，所开展的跨组织内部部门、跨组织，甚至跨非营利组织-政府-企业的、具有很多不确定性的、一次性活动的总和。"[②]

2. 社会组织项目与企业或政府项目的差异

社会组织项目与企业或政府项目有较大的差异性[③]，主要体现在以下几个方面。

(1) 需求指向和实施主体不同。社会组织项目主要以服务对象(个人、家庭、社区、组织或行业)尤其是困境服务对象的需求为前提，围绕机构的宗旨和利益相关方的要求进行项目设计和项目实施；而企业或政府的项目是为了满足普通公众的需求，追求利润的最大化或合法性执政的基础。

(2) 项目对于组织的意义不同。社会组织项目主要是为了生存、为了完成机构的使命、为了更好地解决社会问题；企业或政府的项目主要是为了创新，与组织生存没有太大的直接相关性。

(3) 项目管理和实施的流程和意义有较大的差异性。对于企业和政府而言，项目主要用于创新研发，购入的人力物力占组织的人力物力的比重不会太高；而对于社会组织而言，项目的人力物力投入比重可能是机构的全部，项目的活动与组织日常的工作可能有较大的重合性。组织的其他事务主要是围绕项目来运行的，项目往往是组织生存的保障，小型社会组织更是如此。为此，一些部门专门设置了项目研发部或项目部。

总之，社会组织不能简单套用企业或政府的项目和项目管理概念。

7.1.3 项目管理

项目管理一般包括启动、计划、实施、监控、收尾等过程。项目管理经历被质疑、被肯定和专精化的发展阶段。公益活动的项目化使得项目管理成为现代社会组织必要的且十分重要的工作。

1. 项目管理(Project Management)

美国项目管理协会对项目管理的定义是："把各种系统、方法和人员结合在一起，在

[①] 韩俊魁定义的非营利组织，即本书所指的"社会组织"。
[②] 韩俊魁.非营利组织项目管理[M].北京：社会科学文献出版社，2015：6.
[③] 韩俊魁.非营利组织项目管理[M].北京：社会科学文献出版社，2015：7-8.

规定的时间、预算和质量目标范围内完成项目的各项工作。有效的项目管理是指在制定用来实现具体目标和指标的时间内,对组织机构的资源进行计划、引导和控制工作。"[1]有学者把项目管理界定为"以项目为对象,把知识、技能、工具和技术应用于项目活动中,以满足项目需求"的过程,包括项目启动、计划、实施、控制和收尾5个工作过程,其间要考量和权衡范围与规模、质量、成本和工期等要素。

美国项目管理协会认为,项目管理应当包括启动过程、计划过程、实施过程、监控过程、收尾过程;项目管理包括范围管理、时间管理、成本管理、质量管理、人力资源管理、沟通管理、风险管理、采购管理、项目干系人管理等。[2]

2. 项目管理的历史回顾

人类历史上实施过各种规模的项目,早期的建设项目有古埃及金字塔、铺设铁路、开发农田和建设城市等。后来,项目管理正式成为一门学科被人们研究和实践。

20世纪50年代,"管理"对于社会组织(NPO)而言是负面的字眼,管理意味着企业行为,认为社会组织不需要管理。[3]后来项目管理被运用于航天技术、大型建设项目等。20世纪80年代以来,社会组织(NPO)走进世界治理和发展的中心地带。

目前,一个基本共识是:非营利组织(NPO)和项目(Project)的专业化管理是社会组织应对诸多挑战的有效手段。如世界宣明会2005年完成《从问责及规划的评估中学习》;2006年香港乐施会的《项目手册》(中国内地项目适用)一直被使用并更新了6个版本。

近年来,我国公益丑闻事件不断发生,社会组织的公益项目失败的案例越来越多。我国的社会组织普遍缺乏逻辑缜密和具有国际发展视野的项目管理经验和实操流程。2012年党的十八大以来,社会组织的活力被激发,社会组织数量越来越多,活动越来越频繁,社会组织活动的项目化管理趋势也越来越明显,但社会组织的项目管理人员的数量和能力跟不上社会的需要,应当重视社会组织项目的专业化管理。

7.1.4 社会组织项目管理

项目有自己独特的生命周期。社会组织的项目周期一般分为前期评估、项目设计、执行监测、终期评估、收尾等环节。社会组织的项目管理需要制度配合、岗位设置、人员资源的匹配等。

1. 项目生命周期(Project Life Cycle)

项目生命周期是指项目需要经历的几个阶段,是"具有一定顺序的项目阶段的综合,项目阶段的多少和具体的阶段名称取决于执行项目的组织和组织的需要"。[4]多数项目的

---

[1] 王名.非营利组织管理概论[M].北京:中国人民大学出版社,2002:19.
[2] [美]蒂莫西J.克罗彭伯格(Timothy J. Kloppenborg).现代项目管理[M].戚安邦,等,译.北京:机械工业出版社,2010:8.
[3] 彼特·德鲁克.非营利组织管理[M].北京:机械工业出版社,2007:前言.
[4] [美]蒂莫西J.克罗彭伯格(Timothy J. Kloppenborg).现代项目管理[M].戚安邦,等,译.北京:机械工业出版社,2010:6.

生命周期包括以下几个阶段：启动阶段、计划阶段、实施阶段、收尾阶段。启动阶段主要的工作是定义问题或需求，真实情况的描述和分析，获得项目实施的许可或资源。

2. 社会组织项目管理周期

社会组织项目管理，即在秉持非营利性理念的前提下，项目执行团队运用科学的知识、技能和方法，为实现项目目标而开展的一系列活动。

社会组织的项目管理有一定的周期，一般分为前期评估、项目设计、执行监测、终期评估、收尾环节。在具体实践中，一些社会组织对这5个环节进行了细化。例如，宣明会的LEAP将项目周期分为6个环节：前期评估、设计、监测、后期评估、反思与过度[1]；香港乐施会的项目管理周期包括发现、需求评估、设计、评审、实施、评估与学习以及结束等环节[2]。这些环节环环相扣，一些实务工作者和学者将其总结为逻辑框架思维式的项目设计与项目管理。

3. 社会组织架构中的项目管理团队

为了更好地管理项目，必须安排高层、中层和执行层的管理，还要组建项目执行团队和监督委员会等。

(1) 一些社会组织在架构图中设计了项目研发部、项目部、项目管理办公室等部门，主要负责项目的研发、申请、实施和再研发等工作。项目团队可以是组织内较为固定的部门，称其为职能型组织；也可以是项目型团队；还可以是横跨组织内部成立、随着周期结束而得以解散的临时机构，称其为矩阵式团队。

职能型组织的优点是员工清楚地知道自己该做什么，部门的所有员工向一个主管汇报，相互之间容易学习和交流；缺点是多个部门之间沟通较慢，部门负责人之间的知识板块有断层，不利于沟通合作。

项目型团队的特点是项目负责人有足够的权利来安排项目，使用资源，分派人力，大家因为服务项目而存在，大家通过项目负责人向上级汇报；优点是减少了传统的部门障碍，沟通、应对和决策迅速化，有利于团队关系和沟通的改善，可以有效地整合资源；缺点是一些团队成员较为闲置，项目负责人有可能会想脱离上级主管的限制，不利于员工专业的深度发展。

矩阵型团队的特点是项目负责人和职能经理有各自的权利，还有一部分共享权利；优点是公开透明度高，促进部门间合作，有利于专业知识发展，灵活性较大；缺点是团队成员要同时向项目负责人和职能经理汇报工作，两人决策有可能冲突，容易造成人际关系紧张。[3]

(2) 负责项目的工作人员根据不同组织的职能和项目的大小，可以设置"项目总监""项目经理""项目官员""项目主任""项目协调员""项目助理""项目财务总

---

[1] 摘自世界宣明会编制的《从问责及规划的评估中学习》，2007：20。
[2] 摘自《香港乐施会项目手册》(中国内地项目手册)，2014年9月第六版。
[3] [美]蒂莫西·J. 克罗彭伯格(Timothy J. Kloppenborg). 现代项目管理[M]. 戚安邦，等，译. 北京：机械工业出版社，2010：31-34.

监""项目出纳""项目会计""项目社工""项目实习生""项目督导"等岗位。不同岗位的人员的岗位职责和权限大小因机构不同而不同。比较通用的是"项目经理"(Project Manager)，它是指为了实现项目目标，组织所指派的人员，通常负责项目成果、项目进度和预算。

项目经理是一个头衔但要扮演多种角色：策划者、组织者、特派员、"军需官"、促进者、劝说者、解决问题的人、"保护伞"(避免成员过多受政治和外界干扰)、教练(提升团队成员能力)、监督者、"图书管理员"(项目信息与档案管理)、"保险代理"(识别风险和应对)、"警察"(项目检测与审查)、"推销员"(营销和社会变革的推动者)等。为了完成这些功能和角色的扮演，项目经理需要具备以下重要的知识和技能：①项目管理基础知识；②组织管理技能；③技术知识；④沟通技能；⑤领导技能。项目经理需要具备的素质有：全身心投入、通情达理、亲和力、危机应对能力、以服务对象为中心的导向、以人为本、时刻瞄准目标、合理的偏执、理解背景等。①

(3) 为了提高机构或项目的公信力，一些社会组织专门设置了项目顾问、项目监督员、项目监督委员会等，主要是对项目实施过程中的专业性、财务规范、信息公开等进行监督。

7.1.5 社会组织项目管理的意义与原则

项目管理是社会组织规范化发展、有效回应服务对象需求、践行机构使命、依法治理社会组织的重要载体。社会组织的项目管理原则秉持发展的理念、创新的理念、尊重差异理念等。

1. 社会组织项目管理的重要性

(1) 规范的项目管理是机构生存的保障。规范的项目管理可以控制项目的进度，校正项目的预算使用方向，引导项目的高品质完成，有利于提升机构的公信力，有利于机构的筹资工作，是机构可持续发展的生存保障。

(2) 项目化生存是当前社会组织的生存生态。活动的项目化是当前社会组织与公益慈善事业发展的趋势，项目化对社会组织的项目管理的能力和技术要求较高，有利于机构品牌活动的形成、知名度的扩大。

(3) 规范的项目管理是满足服务对象需求、践行机构使命的保障机制。规范的项目管理，最终使得项目能让服务对象的利益最大化，能促成机构使命的落实，有利于满足利益相关人需求的多元化。

(4) 项目管理是社会创新的需要。以往的活动只注重我做了，没有特别去评估活动的产出与效果，而项目管理要以服务对象需求为前提去设计和实施项目，强调过程的监测与督导，强调成效既有量的产出又有质的变化，达到社会创新与社会价值投资最大化的目的。

---

① [美]Gregory M. Horine. 写给大家看的项目管理书[M].陈彦辛，译.北京：人民邮电出版社，2011：12-14.

(5) 项目管理是现代法治中国的具体要求。项目管理有利于财务使用的规范，有利于社会组织自身发展的规范化，是建设法治中国的细微体现。

2. 社会组织项目管理的基本原则

(1) 遵循发展和管理的双重属性原则。发展是指"经济、社会、政治的变化引起生活水平、社会福利及政治参与水平提高的过程"，发展要践行公益和"以人为本"的理念，回应群体的需求。在"发展"原则的基础上，社会组织的项目管理与企业项目管理得以区分开，社会组织发展的原则在不同领域衍生许多一般性原则，如参与、赋权、教育、儿童、性别、赈灾人道主义标准等。

(2) 坚持人类基本共识和社会文化多样性的辩证统一原则。人类的基本共识主要通过国际公约、行动准则等得以呈现，如《消除对一切妇女形式歧视公约》《儿童权利公约》。社会组织经常在跨文化、跨种族或民族中开展项目，应当尊重文化的差异性，尊重文化的多样性。

(3) 其他原则。如遵循项目点所在国家或地区法律政策原则；符合自身机构宗旨、使命和组织内部指引原则；组织生存与创新兼顾原则；诚信原则；尊重资助人意愿原则等。

7.2 社会组织项目设计的前期评估

7.2.1 以需求为导向的项目设计逻辑思维

项目设计有一套非常严格的逻辑过程，需求尤其是服务对象的需求是项目设计的前提和起点。国内外社会组织项目领域的工作者发展出几种不同的项目设计逻辑过程。一些工作者将项目设计的基本流程分为7步：①项目背景分析，主要分析项目的微观、中观、宏观环境，一般借助PESTEL等工具来分析；②利益相关方分析，主要包括资助方、服务对象、协同的单位、社会组织及其他，分析的基本思路是项目的实施对利益相关方的利益、需求和权力的正面和负面的影响；③界定服务对象的问题和需求；④围绕需求的满足制定总目标(目的)和分目标，目标的制定尽量符合SMART原则；⑤围绕目标的完成，讨论和制定项目实施的策略和具体的项目活动及其进程安排；⑥根据目标和具体的活动，讨论和制定项目的产出制表，尽量符合SMART原则，同时讨论项目预算；⑦对项目实施可能遇到的风险进行评估和规避设计，如图7-1所示。

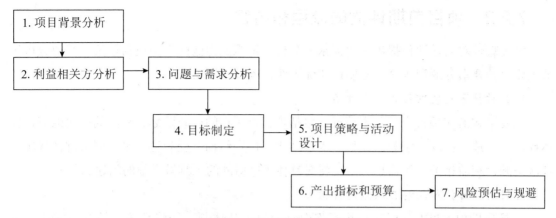

图7-1 项目设计的基本流程

在所有的步骤中,项目的前期评估尤其是需求评估工作是整个社会组织项目设计和项目管理中期的逻辑起点。前期的评估是指通过多种专业化的技术性的手段和方法及评估者的经验对项目服务对象的需求与现状、项目的背景、利益相关方的资源、权力和利益等进行透彻的了解和分析,在发现问题的基础上提出解决方案的一系列活动的总和。

除了图7-1所总结的项目设计的7个步骤,一些工作者还总结了逻辑框架式的项目设计思维图,如图7-2所示。

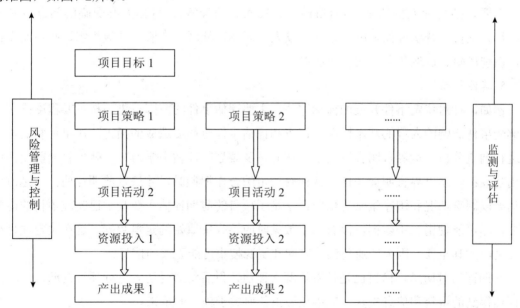

图7-2 社会组织项目设计的逻辑框架图

如图7-2所示,项目设计的逻辑性很强,前期评估发现的问题和需求1,在目标设计时设定为目标1,在项目任务和策略上对应任务1,在项目活动上对应项目活动1,最后对应产出指标1和资源投入1,其他以此类推。在这期间,项目的风险管理控制和监测与评估过程贯穿始终。

7.2.2 项目前期评估的流程和内容

韩俊魁针对需求评估提出了"需求—分析—组织能力匹配"的逻辑框架,其中分析环节主要包括要素分解和排序、必要性和优先性、风险及干预等。[①]

1. 针对社区发展项目的前期评估

主要了解潜在项目点的基本情况,包括项目点所在的行政区划、社区的历史沿革、自然环境、土地、民族、宗教、民俗、人口结构、性别结构、受教育水平、弱势群体状况、社区资源、利益相关方等信息。下文将对具体可以借助的工具做详细的阐述。

2. 针对项目执行的潜在风险的评估

一是借助PESTEL分析项目执行将面临的政治与体制、经济环境、社会与文化、法律、自然环境、技术等方面的风险;二是组织层面的风险,如项目是否偏离机构宗旨、执行团队、来自资助人的压力等。

3. 项目执行可能的资源与机会分析

项目执行涉及的个人、群体、社区、部门和组织在资源、权力、利益等方面拥有的资源和机会。此外,还可以分析出权力关系结构、潜在的合作伙伴。

4. 针对服务对象尤其是困境群体的评估

主要包括目标人群的基本情况(性别、民族、信仰等)、目标人群面临的问题及其成因;社会支持系统状况如家庭、亲戚、友人、同伴、社区、政府、其他组织、政策及文化等,识别风险、机遇和潜在的合作伙伴。

5. 其他评估

例如,针对特定事件开展的前期评估,主要评估事件的前因后果、按重要程度排序,了解受事件影响的人群的基本情况,调查和评估事件对环境造成的损害,对事件利益相关者进行调查分析。世界宣明会制定了《从问责及规划的评估中学习》,就项目的前期评估给出建议:一是世界宣明会与地方伙伴有一定的合作把握时,才进行前期评估;二是前期评估要以国家情况和国家策略为依归;三是子项目的前期评估主要基于已完成项目的前期评估,尽可能使用二手数据,没有二手数据时应该收集原始的定量数据。这在决定项目可行性之前尤其重要,因为能避免浪费时间和资源搜集可能无关的信息。

前期评估时切忌标榜自己是带着资源去评估,日后将对受访者进行项目资助,这样会让评估得到的资料和信息失真,应避免做出任何关于项目的承诺。

7.2.3 项目前期评估的方法与工具

项目前期评估的方法主要包括社会科学研究方法和农村快速参与式评估法。评估的主要工具有绘制社区地图、大事记法、季节图、问题树分析法等。

[①] 韩俊魁. 非营利组织项目管理[M]. 北京:社会科学文献出版社,2015:49.

1. 项目评估的方法

项目前期评估的方法主要包括社会科学研究中常用到的质性研究方法和量性研究方法，也会用到实地研究、调查统计等具体方法，同时吸收了发展组织总结出来的农村参与式快速评估法(PRA)等。

(1) 社会科学研究方法。在项目前期评估中用到的社会科学研究方法主要有：文献研究、实地研究、调查统计。

一是文献研究。文献研究主要是对相关文献进行搜集和分析，这些文献主要包括：①与项目服务对象有关的未发表或公开的相关报告，如服务对象满意度报告、某社区年度工作总结等。②与本项目有关的政策、法规和文件。这些政策、法规和文件可以是上级下发的，也可以从互联网或其他报刊、书籍中获取。③地方志和年鉴。地方志较全面地记录项目所在地较长时间内的政治、经济、民俗、文化、灾害等资料。④档案，如相关政府职能部门建立的档案。文献研究存在一定的局限：难以进行二手文献的准确性甄别，一些社会组织寻找的文献与项目地的紧密度太低，忽视了服务对象的真实需求，而是基于"想象的需求"进行设计。

二是实地研究。实地研究主要用到的资料搜集方法有：①访谈法。访谈法分为结构式访谈法、半结构式访谈法和无结构访谈法，也可以分为个别访谈和团体座谈。按照提问是否有严格的内容和顺序为标准做区分，结构式访谈明确了问题和提问顺序，但缺乏灵活性；无结构式访谈不设明确的访谈提纲，也不强调顺序，可让受访者感到轻松，但对访谈者能力的要求高、要求善于控制局面；介于两者之间的是半结构式访谈。②观察法。观察法分为参与式观察法和非参与式观察法。参与式观察要求工作者进驻服务对象的生活或工作所在地，与服务对象同吃、同住、同劳动。非参与式观察主要是身临其境但站在一旁对环境或某种行为进行细致观察，如进入低保户家中对家居、布置、装修等情况进行观察和记录。

三是调查统计。调查统计在资料搜集方面的方法主要有：①问卷法。问卷调查的大致步骤是：问卷设计—问卷发放、回收和处理—问卷分析—完成报告。问卷法的优点是短时间内能勾勒出某个群体某方面的概况，定量的数据比较直观、有说服力。②量表法。借助某些学科专业的量表，对某些群体进行专题的测量，如对灾民进行心理状况的测量，对心智障碍的成年人进行个人梦想的测量。

(2) 农村参与式快速评估法。农村参与式快速评估法是从英文Participatory Rural Appraisal翻译而来，简称PRA。这种方法是由泰国研究人员首先提出来的，是由国际咨询专家根据在肯尼亚和印度工作的实践于20世纪80年代末到90年代初开发出来的。[①]

20世纪80年代，"参与"和"参与式"的概念被引入快速农村评估的工作中，并在国际发展工作中得以快速运用，尤其是在社会组织中得以运用。

---

① 张和清，等.农村社会工作[M].北京：高等教育出版社，2008：181.

PRA的工作要点和核心包括需求评价、可行性研究、确定项目活动和优先顺序、项目的监测和评估等。该方法的特点有：①强调当地人的参与，外来者变成协助者，"放下指挥棒"，避免专家角色。②强调不同利益者之间的相互学习，是基于学习的一种工具体系，"三人行，必有我师"。③强调科学技术的适用性和"乡土知识"的运用。④参与式农村评估是一个开放的方法体系，吸收了社会学、人类学、发展学和社会工作等相关的知识和方法。

2.项目评估的主要工具

(1) 直接观察法。这种方法虽然不能像人类学一样开展常年四季的田野调查，但是可以通过在社区人员的引导下，对社区进行直接观测、总结和归纳，可以比较不同区域的主要特征、资金来源情况和存在的问题。在观察中要与居民进行非正式的讨论，最后绘制样貌图。

(2) 绘制社区地图法。绘制社区地图法是以直观的方式展示社区以及对地方性知识利用得很有效的工具。如绘制社区内的自然环境(河流、山川、土地、草场、矿场等)、行政区划、基础设施(道路、民居、学校、庙宇、市场、医院、养老机构等)。

在社区中以不同的颜色标识社区所拥有的资源，就变成社区资源图。社区资源图是在社区分布图的基础上进行绘制的(社区内的自然环境、社会和经济环境；社区的外围边界、社区地形特点、各种服务点等)，更适合进驻社区时的工作，可以不涉及前期的需求评估；要求工作者按地理位置和资源类型对资源进行统计和标识；让社区知情人参与绘制效果更佳；工作者可以根据自己的需要让绘制人在图上标注想要看到的东西。

通过社区地图可以展示社区功能，也可以考量和对比社区某些方面的变化(如植被)，不同年龄段的社区居民绘制的社区地图可以变成社区发展史的展示窗口，通过绘制社区地图可以增强居民对社区历史和文化的了解，可以增强其对社区的认同感和归属感。现在使用电子地图比较便捷，许多工作者开始依托电子地图来绘制社区地图。

(3) 绘制大事表。大事表可以展示村民或社区在发展中较有影响的事件，是一个社区的发展史，可用来分析某一特别事件或一系列事件对社区发展的影响。大事表可以由个人或集体来讨论和制作。

(4) 季节图(日常活动图)。通过前期评估了解社区居民的生产和生活周期是非常重要的，应绘制季节图，可以是饼状图也可以是表格，把居民各阶段的生活生产的时间特点勾勒出来，可以直观地展示居民的活动特点、劳动强度、性别分工和休闲娱乐等。如果绘制的是农村居民的日常生活图，一些学者称之为农事历。也可以根据需要绘制某些特殊的个人或家庭或学校的每日活动安排图。

(5) 问题树分析法。问题树分析主要是识别现有环境中的负面问题，然后在这些存在的问题之间建立"原因与结果"的关系图即问题树。通过表达问题，问题归类(合并同类项和寻找因果关系、并列关系)，找到问题的主要原因和次要原因。例如，可以采用问题树分析法对某社区婴儿与儿童死亡率高的原因进行分析。如图7-3所示。

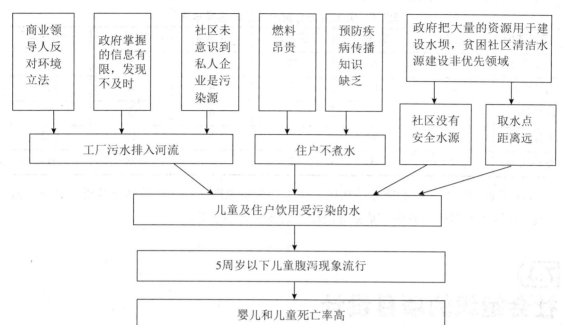

图7-3 采用问题树分析法对某社区婴儿与儿童死亡率高的原因进行分析(参考胡小军的课件)

绘制问题树的主要步骤有：收集问题—讨论确定核心问题—分析各个原因间的逻辑关系—画出问题树。具体步骤和要求有：第一，在给定的背景环境中，识别主要(焦点)问题(头脑风暴)，明确所要分析的主题；选择一个单独的主要问题作为问题分析的起点，寻找与这个主要问题相关的其他问题。第二，建立"原因-结果"关系图：引起这个起点问题的问题放在这个起点问题的下面；是这个起点问题造成的结果的问题放在这个起点问题的上面；结果在上，原因在下；用"原因-结果"箭头连接这些问题；回顾这个问题树并检验它的完整性和有效性。这一环节主要思考：问题的深层原因是什么？原因之间的关联是什么？这些原因属于什么层面，即国家、社会、机构、部门、个人或其他？

画问题树的注意事项：分析原因时一定要找直接原因；不要混淆原因和原因导致的结果；分析的原因表述要具体不要笼统，如缺乏能力；问题应当是负面的文字描述；问题应当是目前存在的问题，而不是将来的问题或者想象中的问题；问题树中问题的层次不预示它的重要性；出现问题不是由于缺乏解决办法，它是实际存在的负面情形。

(6) 排序法。排序法是按照问题、事务、事物等重要程度进行识别并排列的一种方法，目的是将有限的和有一定使用周期的资源用于发展工作中的最重要的部分。顺序的排列可以通过打分、投票、分类甚至是画图的方式进行确定。使用这种方法时应当不断聚焦，达成共识，如代表陈述时引发其他人的思考，陈述后大家重新打分，经过"头脑风暴"和催化引导，排序结果逐渐趋同，形成共识。

如表7-1所示，0~10中分数越高表明越重要，灾民打分后可以判断灾民多种需求的排序，为下一步制订工作计划提供依据和思路。

表7-1 灾民对灾后重建项目的选择排序[①]

项目选择	灾民1	灾民2	灾民3	灾民4	灾民5	分值排序
房屋重建	10	9	10	8	10	第1
清洁用水	4	10	5	4	6	第3
垃圾处理	2	3	2	4	3	第5
生计发展	8	6	7	5	10	第2
办幼儿园	7	3	2	10	9	第4

(7) 其他方法。如绘制家庭结构图、个人社会生态图、社会支持网络分析、性别分析工具、社区生态脆弱性分析、贫富分级图、口述史评估法等。

7.3 社会组织的项目设计

7.3.1 社会组织项目设计概述

社会组织的项目设计主要包括5W+ME的内容，项目类型有4种，非紧急状态下的实操型项目是最常见的。

1. 项目设计概述与项目书的基本内容

项目设计就是基于前期评估成果尤其是需求评估，确定项目的总体目标和具体目标，并进行项目策略选择、项目具体活动设计、风险管理、进度安排和成本控制等一系列行动或活动计划的过程。

一般来说，项目设计过程就是要回答5W+ME的内容，即

· What 做什么，项目与具体活动？

· Why 为什么，项目缘由？

· How 怎样做，用什么方法？

· Who 谁来做，执行团队？

· When 时间安排，何时在哪里？

· M(Modulate) 行动步伐如何，路是否走对了，是否要调整？

· E(Evaluate) 是否达到目标？

在回答了5W+ME的基础上，最终形成一个完整的项目建议书。一般的项目建议书的内容包括项目背景、项目目标(长期目标、短期目的)、项目内容(策略与行动计划)、分期

---

① 韩俊魁. 非营利组织项目管理[M]. 北京：社会科学文献出版社，2015：61.

和分步行动计划、项目预算、结果、产出(环境影响、社会性别、社区能力等)、监测与评估(检验行动的指标设定)、后续活动(可持续性报告、评估、推广等)，等等。

当前，随着社会组织项目管理领域的逐渐成熟和服务的专精化发展，项目建议书的内容被拓展。常见的项目建议书包括以下内容。

(1) 项目的基本信息；
(2) 执行团队的基本情况(人力、荣誉、类似经验)；
(3) 项目背景与需求分析(项目指导理论)；
(4) 项目的总目标(目的)和分目标；
(5) 项目的具体策略或活动；
(6) 项目执行计划；
(7) 项目的产出(Outcome)与结果(Output)；
(8) 项目的风险预估与规避；
(9) 项目的预算及配套资金；
(10) 项目的评估、宣传与监测方案；
(11) 项目对环境、少数民族、女性、儿童等的影响；
(12) 项目的创新性、可持续性、可复制性。

2. 项目设计的类型、目的和标准

(1) 项目设计的类型。韩俊魁认为，项目设计可以分为四大类，用非紧急状态下、紧急状态下、实操型、资助型进行构建，如表7-2所示。

表7-2　不同类型的项目设计[①]

项目 \ 状态	非紧急状态下	紧急状态下
实操型项目	非紧急状态下的实操型项目	紧急状态下的实操型项目
资助型项目	非紧急状态下的资助型项目	紧急状态下的资助型项目

四类项目设计中，非紧急状态下的实操型项目设计最为常见，如某智障人士服务机构设计的心智障碍承认社区家庭托养项目具有非紧急状态、实操型的特点。本节有关项目设计的讨论都以非紧急状态下的实操型项目设计为基本思路，其他三类项目彼此间有所差别，但大同小异。

(2) 项目设计的目的和标准。韩俊魁认为，项目设计的目的主要有：预测未来实施的项目能在多大程度上回应目标人群的需求；围绕项目目标，在策略层面，从资金和组织能力的角度出发，安排子项目或活动，并对活动和指标进行整合；在逻辑框架下对项目风险进行分析，落实项目周期、评估督导、资源投入、制度建设等；以书面形式确定利益相关方的角色和责任；通过风险分析和管理最大限度地保障后续项目的顺利实施。

韩俊魁认为，项目设计的标准主要包括：秉持公益的理念和目标；清晰界定目标人群

[①] 韩俊魁.非营利组织项目管理[M].北京：社会科学文献出版社，2015：71.

和面临的问题，厘清问题的前因后果；有效的正面描述；贯彻参与、性别、民族文化敏感性等理念；激发目标人群"助人自助"的理念；对风险进行控制；完善指标体系；寻找项目的动力基础，最大化地延长公益链；实事求是。①

7.3.2 项目目标的设定

项目的目标设定源自前期评估尤其是对服务对象的需求评估，项目的目标分为总目标和分目标，分目标的设定要符合SMART原则。

1. 目标的设定源自前期评估尤其是服务对象的需求评估

在项目前期评估的基础上进行项目服务对象需求的再评估，可以采用委托外部专家评估、组织内部继续深入评估等方式进行。需求再分析最重要的是对需求背后的原因进行深入挖掘，然后进行排序，力图确定多个原因之间的逻辑关系。SWOT工具、问题树、座谈会、排序法等都可以用来对需求进行再分析。确定目标之前，需要明确项目要解决的问题的逻辑关系。

2. 项目总目标和分目标的设定

项目总目标是指整个项目要达到的一个较高层次的目标，是一个长期的、宏观的、概念性的目标，项目的总目标也被称为项目的目的。

总目标由一系列分目标构成。分目标的设定要符合SMART原则，具体内容如下所述。

S：Specific明确的

M：Measurable可测量/量化的

A：Achievable可达到/实现的

R：Relevant相关的

T：Time-bound有时间期限的

目标的达成和确定不容易实现，目标的确定是一个冲突、妥协和共识的过程；这些冲突包括资源和理想之间的冲突；不同利益相关者之间的冲突；行动者与资助者之间的冲突；团队内部的分歧与冲突；文化观念之间的冲突。

项目目标的设定受到内部和外部因素的影响。①目标设定的外部影响因素：目标的设定不能与国家的发展目标和政策相矛盾；目标的设定需要与资助方、实施方、项目地的政府达成共识。②目标设定的内部影响因素：如要符合SMART原理；与指标、任务、实施计划反复核实的过程有充分的合理性；目标的设定是自下而上与自上而下的互动参与过程；目标的设定必须符合专业理念与伦理的要求。

7.3.3 项目策略与项目活动的设计

项目的策略选择就是多元方案的选择过程，选择的基本要求就是选择的标准，具有专

---

① 韩俊魁. 非营利组织项目管理[M]. 北京：社会科学文献出版社，2015：77-78.

业性、可持续性、有效性等特点。

1. 项目的策略

项目的策略是指从现状到达目标的实现路径，这种路径是多元的。策略是有多方案、多路径选择的，项目的策略选择过程其实就是一个多方案选择的过程。例如，一个项目要开展心智障碍常识教育，可以有很多路径达成目标，如社区宣传、专题网站、卡通漫画、专题讲座等。

2. 项目具体活动设计的基本要求

项目的具体活动任务(实施内容)是实现项目目标(目的、指标)的具体措施，是将目标通过行动策略，转化为具体活动或工作。项目活动任务的选择应当符合以下基本要求：①成本与效益。②目标群体支持度。③技术可行性。④社会接受程度。⑤敏感性和社会风险。⑥方案可持续性。表7-3是某社会组织选择方案的分析维度，针对不同的方案分析技术、市场、组织、生态等层面的因素。

表7-3 社会组织项目活动方案的分析维度

方案\维度	科学/技术	经济/市场	社会/机构	生态/环境	……
方案1					
方案2					
方案3					
方案4					

在以上要求的指导下，社会组织项目的具体活动的设计要回应需求、落实目标、结合项目策略。一些学者总结出成功项目的标准，如下所述。

● 项目解决了一个社会问题。
● 项目具有针对性、迫切性：回应某类群体或社区的真实而迫切的需求。
● 项目具有可操作性，即可行性。
● 项目具有创新性，如创新思维、创新策略、创新需求挖掘等。
● 项目具有可持续性。
● 项目具有可复制性，项目的经验和模式具有可复制推广的价值。
● 项目的效益和社会影响力：在利于节约成本和时间，促进国家和社区的发展，取得较好的效益和效果。

7.3.4 项目的实施计划和进度设计

项目实施计划是将项目任务分解到不同的时间段并进行合理安排的行动。项目的实施计划最好能结合项目的分目标来做一一对应的项目实施计划设计，同时在计划中设定项目的产出指标、所需资源和分工等，如表7-4所示。

表7-4　项目实施计划表(参考虎孝君的课件)

分目标	项目	活动内容	活动时间	活动地点	活动次数	参与人数	负责人	所需资源	备注
分目标1		1							
		2							
		3							
		4							
		5							
分目标2		1							
		2							
		3							
……									

项目的实施计划较多被社会组织采用的还有甘特图法。甘特图又称时间线条图表，是20世纪初由亨利·甘特开发的，是一种线条图，横轴为时间，纵轴为要安排的活动。设计甘特图时，首要的工作是列明达到某一目标所需完成的活动和工作，然后用线条在图表内展示每一项工作的开始点和完成点(见图7-4)。

在图7-4中，甘特图左边竖列是项目需要开展的具体活动，横排表示每个项目具体活动的时间节点，最后一排还有表格编制人、审核人、批准日期等，较为系统与科学。甘特图的优点是简洁、明了、直观、易于编制，可直观地表明活动计划在什么时候进行和完成，并可以对实际进展与计划要求做对比检查；使实施者很容易搞清楚一项任务或项目还剩下哪些工作要做，并评估某项工作是提前了还是落后了或者按计划进行。到目前为止，甘特图仍然是小型项目中常用的工具。

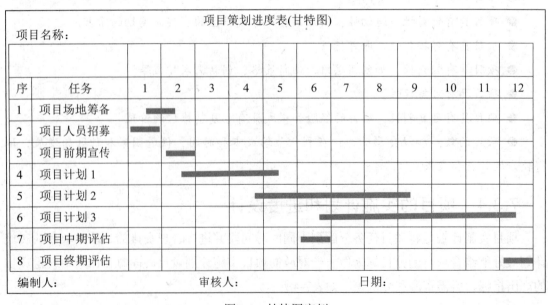

图7-4　甘特图案例

甘特图具有自身的局限性，如由于甘特图没有表示各项活动之间的关系，也没有指出整个计划的关键所在，更重要的是它不能在计算机上应用，因此，对于复杂的项目来说，甘特图就显得不适用。甘特图也无法有效地对计划中的资源配置进行科学的指导，而社会福利资源如何有效地得到配置恰恰是社会工作计划的重要内容。

7.3.5 项目的资源投入

项目的资源投入有很多方面，资金预算是最核心的内容，此外动员利益相关方的参与和支持是非常重要的。资金预算的科学性将会对后面的项目实施产生重要影响。

1. 项目的资源投入

项目的资源投入是指为了配合实施项目的具体活动、完成项目的目标，需要投入的人力资源、组织资源、资金资源和社会资源等(见图7-5)。

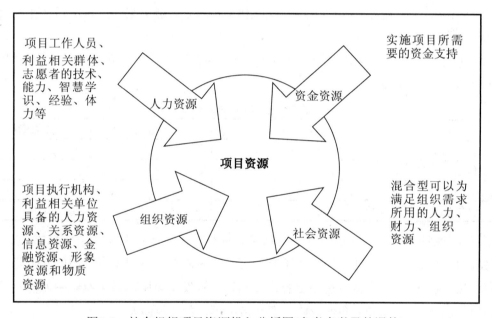

图7-5　社会组织项目资源投入分析图(参考虎孝君的课件)

社会组织围绕项目的实施投入的人力资源包括项目工作人员、项目督导、志愿者等。项目的资金资源主要是指围绕活动实施而产生的资金。项目社会资源包括一切可以调动的合法的人力、物力、财力及组织资源等。项目的组织资源包括项目执行机构的资源、利益相关方的资源等。

2. 项目的资金预算

项目的资金预算主要包括以下几个方面：第一，人员费用。它包括项目专职人员补贴(可以含五险一金或人身意外险)，项目督导补贴，项目志愿者补贴(可以含人身意外险)。第二，项目服务活动费用。它包括与项目服务活动紧密相关的交通费、住宿费、印刷费、场地费、资料费、材料费等。第三，硬件和不可预见费用。它包括与项目服务活动紧密相关的活动设备设施采购，办公硬件采购和其他不可预见的费用。第四，项目行政费用。它包括支持项目运行的办公用品、办公室场地租赁费、快递费、电话费等，但切忌将与项目无关的费用纳入项目行为费用。

7.3.6 项目的风险预估与规避

社会组织项目风险的分析、应对和控制贯穿整个项目管理周期，称之为风险管理或风险管控。项目的风险管理包括对风险的预估、风险等级的分析、风险的规避等方面。

在开展社会组织风险预估时可以有几个思考的维度：一是对项目的外部环境的预估。可以借助PESTEL工具对项目外在的政治与政策、经济、社会与文化、技术、环境与法律等进行预估，看是否会对项目执行造成负面影响。二是对项目团队及利益相关方可能带来的风险进行预估和规避。比如项目团队方面包括决策的风险、团队冲突的风险、资金管理和财务的风险、项目进度把控的风险。项目利益相关方可能带来的风险包括合作冲突、政策限制、业绩冲突。

在风险等级的预估和排序方面，可以借助一些表格进行分析和处理，如表7-5是某社会组织对某项目的风险等级预估。

表7-5 项目风险分类表

风险因素	后果	可能性	负面影响
项目负责人辞职	高	中	中
合作伙伴之间产生矛盾	高	低	大
超支	中	低	小
目标群体的需求估算不充分	高	中	大

当然，风险因素还可以包括合作方延误、标准变更、难以获得人员或技术等。表7-6是世界宣明会某项目设计的风险管控工具。可见，风险分析时要重点解决的问题是：项目可能存在的风险是什么？哪些风险更容易发生？一旦发生风险，后果及影响如何？采取哪些必要的缓解策略可以降低负面影响？哪些措施可以预防风险发生？

表7-6 世界宣明会某项目风险分析与规避表

重要假设	不会发生的可能性(高中低)	产生的影响(高中低)	管理措施
参与学习的老师具备决定教学方法的权利			
参与学习的老师有很高的学习意愿			
学到的方法可以用于自己的学校			

风险的应对包括以下几种方式：①尽可能集思广益再进行决策；②采取最小化风险原则，与合作伙伴分担风险或风险转移策略；③用合同进行约束和激励；④建立有效的培训团队成员的方案并实施；⑤建立健全财务管理制度；⑥建立应急储备金；⑦强化进度管理；⑧设计监测制度包括监测主体、监测机制、监测表格，并与绩效考核挂钩；⑨建立项目督导制度；⑩在各个环节提高项目团队的文化敏感性和文化能力。

7.3.7 项目设计的其他内容

在项目书中，除了上述内容需要设计，一般还要设计的其他内容主要包括以下几个方面。

1. 项目直接与间接受益人群的统计

它包括直接的受益群体和间接的受益群体，一般会要求对服务对象自身、家庭或家长、社区、志愿者等相关信息进行统计。这些数据只有完成具体的项目活动设计之后才可以统计出来。

2. 项目基本信息简介

如项目主要围绕什么问题，项目时间，项目实施地点，项目实施计划，项目预计的产出和效果等。

3. 项目管理机构和执行团队的设计

如项目执行团队的具体分工，工作经历，获得的荣誉，星级评定情况，工作机制，制度完善情况等。

4. 项目的财务管理制度

如账户的设立和管理，财务审批的权限，财务规范的细则，报销的要求，科目的设计，配套资金的情况等。

7.4 社会组织项目的执行、监测和督导

7.4.1 社会组织项目的执行

社会组织的项目执行包括启动仪式、分工筹备、基线调查、合同签订等内容。

1. 项目启动

项目设计、申请获批之后，可以进入项目实施执行阶段。一般情况下，项目伊始要举行启动仪式并向项目点的目标人群和利益相关方介绍项目计划和财务预算等。项目的启动仪式或启动大会上主要介绍组织的基本情况、为何要做这个项目、经费多少、周期如何、解决什么问题、准备做什么活动、预计有什么产出等。

2. 项目执行的筹备

项目启动前，项目主管应该设计出项目初步的执行计划、人员配备与分工、支出预算、财务制度等；此外，建议组建项目监督委员会，由媒体、受益对象等组成的监督委员会对项目的进度、资金的使用进行监督。

3. 基线调查

项目正式开始实施前，建议开展项目的基线调查，目的是清晰地确定项目指标体系，

取得前测值,为接下来的项目监测和评估工作奠定基础。当然,如果项目前期评估阶段搜集的数据和需求情况已经满足基线调查的要求和任务,那么不用再进行基线调查。①

4. 合同签订与资金准备

项目的启动之前务必与资助方签订合同,并跟进资金到账情况。因为社会组织与政府互动过程中经常出现政府拖延拨付资金的现象。

此外,建议每个月召开项目会议,总结工作,布置任务,检查财务和做账情况;每次项目活动的总结、媒体报道、照片视频必须及时整理归档并转发给资助方;建议每月出一期简报,并在网上宣传;项目预算和活动计划可以在机构内网上、会议上做宣传和公开。

7.4.2 社会组织项目的监测

社会组织的项目监测主要是发挥了校准的功能,目标、资金的使用、进度等方面的校准,确保项目的有效推进和科学化、规范化实施。

1. 项目监测的内容和意义

项目监测是指在采用定性和定量方法搜集项目信息并进行系统数据分析的基础上,将设计的项目和实际开展的项目持续进行比照,确保资金的有效使用、项目进度如期进行和项目产出顺利实现的一系列活动和过程。

项目监测的主要内容包括:项目的指标、财务管理、进度管理、人力资源等环节。

社会组织项目监测与评估工作图,如图7-6所示。

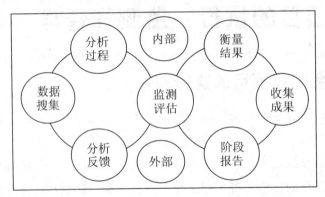

图7-6 社会组织项目监测与评估工作图(引自虎孝君课件)

项目的监测主体主要有:项目实施团队的自我监测;资助方对项目实施进行监测;邀请第三方对项目的实施情况进行监测,如组建项目监督委员会等。此外,项目团队配托捐赠人探访也是一种监测方式。

项目监测的意义在于使项目的运行风险降低,尽早发现问题并提出解决方案,提高资源利用的有效性,有利于组织公信力和组织管理水平的提高,项目监测还可以将经验转化为组织的其他项目继续设计和申报。

---

① 韩俊魁. 非营利组织项目管理[M]. 北京:社会科学文献出版社,2015:115-116.

2. 项目资金使用的监测

项目经费使用的过程中，如果遇到特殊情况需要对预算进行调整，必须征得资助方同意。项目资金有节余时，须经资助方同意后才能做出相应的处理。一般情况下，每个项目的实际支出与预算的上下浮动率不超过5%~10%。

3. 项目的监测方法与工具

项目的监测内容主要包括项目质量和产出指标的完成情况，监测的主体和过程比较多元化，监测具有校准的重要意义。

4. 确定监测内容

项目监测的主要内容包括项目质量和产出的指标和相关数据。这些指标在设计项目分目标和项目具体活动时都有量化的要求。在监测指标中应该重点把握要监测的核心指标。建议将监测的指标变成月报表或周报表的方式进行监测。救助儿童会专门提出了关于数据搜集不宜过细的经验，指出数据搜集过细的缺点是无法正确衡量和记录信息、没有充足的时间来分析和利用大量信息、定期搜集数据会遭到服务对象的抵制、难以发现重要的趋势。①

5. 监测的主体、监测的产出及监测系统的完善

开展项目监测工作之前要明确监测主体，要将监测任务落实，要以文本形式落实并与绩效考核挂钩；此外还要对监测者进行相关技能的培训。

监测的产出包括正式的和非正式的，前者的表现形式是监测报告和监测会议记录，后者的表现形式是共识的达成和行动的改善。项目产出模型，如图7-7所示。

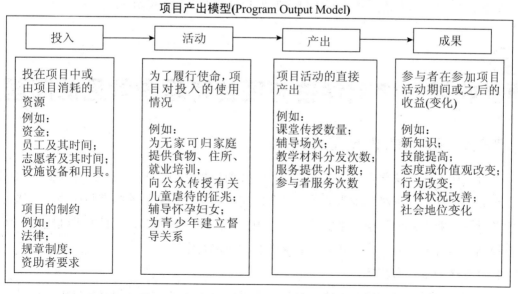

图7-7 项目产出模型(引自美国联合募捐会)

---

① 韩俊魁.非营利组织项目管理[M].北京：社会科学文献出版社，2015：120-121.

监测的工作烦琐但很重要，一定要围绕项目目标来设计，一定要常态化，一定要适宜，否则会耗费过多精力和时间，要做好档案建设，要注意监测过程中的文化敏感性。

7.4.3 社会组织项目的督导[①]

在社会组织的项目管理中，组织—项目—员工形成"三位一体"的格局，员工是项目实施最基层也是最关键的力量，因此对员工开展项目的督导很重要。督导一般分为行政性督导、教育性督导和支持性督导三类。督导的形式可以是个别督导也可以是团体督导。督导的对象可以是基层员工也可以是志愿者。

(1) 行政性督导的主要内容包括对新员工、新的志愿者的招募、培训与岗位职责的明确；对机构概况和管理制度、项目有关制度的培训；对员工和志愿者的激励机制的完善、活动经费的支持等。

(2) 教育性督导主要是通过培训或个别化辅导的方式对项目的有关人员教授专门的知识，传授有关社会组织和项目管理的知识、有关社会问题和社会服务的知识、有关社会工作的价值观和伦理等方面的反思。

(3) 支持性督导的主要内容是督导者协助被督导者处理由项目带来的心理和情绪的不愉悦感，包括挫折、不满、失望、焦虑等情绪；协助被督导者发现工作成效和自我欣赏；协助被督导者获得专业满足感；协助被督导者处理好人际关系。

行政性督导、教育性督导和支持性督导有时是分开进行的，有时是同时进行的，主要是看督导者的身份和权限以及当地督导机制的完善情况和资金实力等。督导活动具有协助员工适应、提升员工能力、保障组织健康发展和推动专业发展等作用。

7.5 项目收尾、终期评估与项目管理中常见的问题

7.5.1 项目的收尾工作

项目收尾工作主要包括以下内容：项目的终期自我评估、项目的第三方评估、项目的财务结算与审计、项目终期报告的撰写、合同完成的验收、资料的归类和存档、工作人员与服务对象专业关系的结束、物资的处理、项目团队的"解散"、项目的继续宣传、新项目的挖掘、项目成果的转化和社会价值及影响力的扩大化等。

1. 项目终期报告的撰写

项目报告的类型包括项目的进展报告、项目的最终报告、项目的财务报告。项目的最

[①] 韩俊魁. 非营利组织项目管理[M]. 北京：社会科学文献出版社，2015：128-132.

终报告主要包括以下内容。

(1) 基本情况：项目名称、项目实施时间、项目操作团队等。

(2) 项目实施情况：计划实施的项目活动有哪些？实际实施的项目活动有哪些？项目是如何实施的？项目实施过程中，遇到哪些问题和困难？如何克服困难？

(3) 项目的效果：项目制定的目标有哪些？项目目标是否实现(数量和质量两方面，需要提供服务对象的反馈资料)？假如项目计划达成的成效与实际达成的成效有差距，请阐述这些差距是怎样发生的？是什么原因导致的？是否有新增加的计划外的项目活动，如果有，请说明原因，并阐述其结果？项目的受益人群(直接受益人、间接受益人)是如何参与本项目的？

(4) 项目影响力：通过项目实施，产生了哪些积极影响和作用？受益群体是如何看待本项目所开展的工作及达到的成效？媒体对项目做了哪些报道？

(5) 总体评价及观点。邀请合作伙伴、服务对象、第三方等对项目进行总体评价。

(6) 典型事例。挖掘项目给服务对象带来改变的典型案例。

2. 项目终期成果的转化

项目终期成果的转化主要有以下几种形式：一是发表论文，推广经验；二是申报奖项，扩大影响；三是提炼模式，通过研讨会等进行传播；四是延伸出新的项目，继续申报；五是影响政策决策，促使政府形成吸收项目的理念和思路，影响政府对相关服务对象或社区发展的推进措施。其中，项目的倡导是将项目成果进行示范推广的一种模式。倡导的方法有媒体报道(平面媒体、立体媒体)、提案/议案、游说、研究报告以及研讨会、优秀案例、优秀项目的评选等。

3. 项目财务报告的撰写

财务报告的内容包括但不限于项目收支情况，还应包括项目预算中每项的使用比率，是否有超支及超支的原因，项目资金的使用率，项目适应的合理、合法、合规的情况等。

7.5.2 项目的终期评估

项目终期评估与项目前期评估、项目监测不同，主要评估项目的战略性、必要性、可持续性、过程和效果等内容。

1. 项目终期评估与项目前期评估、项目监测的关系

项目终期评估，也被称为项目的后期评估。项目的终期评估与项目前期评估、项目监测既有联系也有区别。首先，三者都是项目管理不可或缺的有机组成部分。其次，在时间上，项目终期评估在末期，前期评估在项目启动前，项目监测贯穿整个过程。最后，目的不一样，项目前期评估是为了发现问题和需求，项目终期评估是评估项目完成情况，项目监测是对项目实施过程和效果的把握。

如表7-7所示，项目监测主要是收集信息资料，了解工作是否按项目目标和项目计划

开展,是一种持续性职能。监测方式有定期报告、报表、考察等。项目评估是指评估者根据项目的目标和项目活动,对项目的适当性、效益、效果、社会影响和持续性进行的判断与评价。

表7-7 项目监测和评估的区别

维度\项目	监测	评估
时间	连续性,贯穿项目始终	阶段性(中期、终期)、不连续
目标	纠正偏差、及时调整	项目的实施结果
对象	所有项目	有选择地进行
针对什么	针对单个项目	针对一个或几个项目
方式	定期报告、报表、考察	座谈会、问卷、查阅资料、考察

此外,不要把项目评估与社会组织评估相混淆,不要把项目终期评估和项目终期工作总结相混淆,两者是有较大差异的。

2. 项目终期评估的内容

项目终期评估的主要内容包括:①项目的战略性评估。主要围绕项目和组织的关系进行,更多的是评估组织的使命、组织的制度完善、组织的架构和人力资源配备等。②项目的必要性评估。评估项目实施的合法性、必要性、需求是否明确等。③项目实施过程的评估。如工作计划、执行情况、进度管理、风险管控情况等。④项目的产出和结果评估。要注重区分产出和结果的差异性,前者只是表达做了什么,后者需要展示做了之后的改变如何。⑤项目的可持续性评估。如资金的可持续性、组织的可持续性、项目可复制模式的提炼、项目成果的转化情况、政策的改善等。⑥项目的创新性评估。如理念的创新、模式的创新、技术的创新、方法的创新。

世界宣明会认为项目终期评估应该包括以下内容。[①]

(1) 提供哪些活动有成效或没有成效及其原因。

(2) 确定项目背后的理论基础和假设是否有效。

(3) 度量项目和子项目的效率、一致性、相关性和可持续性。

(4) 指导决策者和项目执行者再造成功的项目。

(5) 鼓励和赞扬合作伙伴的成就。

(6) 帮助学习和总结知识以加强影响。

3. 项目评估的流程和方法

(1) 项目评估的流程。项目评估的通用步骤是:确定评估任务和评估计划—组成评估团队—设计评估框架—实施评估—撰写终期评估报告。

其中,在评估团队的组建上,如果是政府招投标项目一般采取第三方评估,如果是基金会资助的项目一般采取外部专家+内部评估团队联合评估的方式,并常采用"以学习为

---

① 摘自世界宣明会编制的《从问责及规划的评估中学习》,2007:72。

目标"的评估方式。

(2) 评估方法。比较常用的评估方法有"3E"框架法(3E是指Economy经济、Efficiency效率和Effectiveness效果)，分别针对项目成本、项目过程和投入产出比例、项目产出和影响力进行评价。此外，还有"3D"法(3D是指Diagnosis诊断、Design设计、Development发展)、基于理论的影响评估、逻辑框架分析法、APC评估法(APC是指Accountability问责、Pefromance绩效、Capacity能力)等。

具体操作时有资料对比法、有项目点和无项目的同类对象的对比法等。社会科学研究方法中的问卷法、访谈法、文献法、观察法等也是比较常用的。

4. 评估指标的设计

评估指标的设计既是定量的也是定性的，主要包括以下内容：总目标和具体目标的实现率；产出的成本效益分析；资金到账率和使用率；项目管理制度的健全情况；员工能力的变化；对于合作伙伴关系的测量与评判；受益者对项目的满意度、认同度和知晓度；项目的影响力和可持续性等。此外，还要评估项目是否导致新的需求产生，是否导致新的脆弱性。

7.5.3 社会组织项目管理中常见的问题与对策

社会组织项目管理中常见的问题包括自身存在的问题，如推进的进度缓慢、执行力不强、流于形式等。项目管理中常见的外部因素导致的问题有资助方中断、项目被叫停等。改善的建议主要从社会组织自身和外部因素着手，做好风险预估和规避工作才是硬道理。

1. 社会组织项目管理中常见的问题

(1) 社会组织自身存在的问题。社会组织在项目设计、申请和执行中面临的主要问题：一是项目的领域与机构的宗旨不符合，属于资源导向型项目管理意识；二是项目申请后被束之高阁，没有及时召开项目推进会，耽误了项目的进程；三是项目执行力不强，出现人员流动、内部矛盾等问题；四是项目的监督和监测不力，导致项目进度和效果受到较大的影响；五是项目流于形式，不注重成果，为了完成项目而开展项目活动；六是没有与利益相关方及时沟通，没有得到相关方的理解和支持。

(2) 项目管理中常见的外部因素导致的问题。社会组织在项目管理过程中会遇到的问题：一是项目资助方突然中断资助；二是利益相关方尤其政府相关部门没有给予大力支持甚至阻挠；三是项目得不到受益群体的支持，反而在项目地产生了负面影响；四是由于涉及外资，项目可能被叫停；五是项目资助方事先没有安排第三方评估的预算和工作，导致评估工作拖延，资金迟迟没有拨付；六是项目遇到风险事故，遭遇官司。

2. 社会组织管理中常见问题的对策

(1) 社会组织自身层面问题的对策。建议通过以下途径来应对和解决社会组织自身存在的问题：明确机构使命，不为金钱所诱惑；学习项目管理知识，将项目管理工作纳入每月绩效考核中;将项目监测工作列入日常工作中;安排专业人员对项目人员进行定期培训,争取把项目做专做新;保持机构始终处于合法状态。

(2) 社会组织应对外部因素造成的项目管理问题的对策。建议加强风险管理意识,做好风险预估和规避方案;取得项目利益相关方的支持,保持沟通和汇报;严格办理涉外事宜的报备与申请手续,公益无国界,公益人有国界;学会影响政府逐步将项目管理或政府购买社会力量服务的工作专业化;聘用法律顾问,学会依法自我保护。

关键词

社会组织,项目管理,非营利,前期评估,需求导向,项目设计,项目监测,项目评估,终期评估,项目结项,SMART原则

作业题

1. 社会组织的项目管理概念与政府及其他领域的有何不同?
2. 项目管理的一般周期是什么?
3. 逻辑框架式的项目管理思维是指什么?
4. 社会组织项目的前期需求评估包括哪些内容?有哪些方法?
5. PRA方法的核心和主要方法包括哪些?
6. 项目产出和项目结果的主要区别是什么?
7. 项目评估与项目监测的主要区别是什么?
8. 如何画甘特图?
9. 如何画问题树?

案例分析

乐施会的项目管理

乐施会是一个境外发展组织,创办于1976年,并于1987年开始在中国开展项目活动。乐施会推崇自己的项目理念,乐施会跨越种族、性别、宗教和政治的界限,与贫穷人群一起面对和消除贫困。让贫穷人拥有均等的资源和发展机会是消灭贫穷根源的重要方法。"助人自助"是乐施会开展工作的宗旨,"以权利为本"是乐施会的基本工作手法。乐施会相信,每个人都有权得到尊重与关怀,享有食物、居所、就业机会、教育及医疗卫生等基本权利,主张在持续发展中建设一个更加公平的世界。

乐施会在中国的项目主题主要包括：①意见受到重视的权利，包括公民社会发展项目、青年公民教育。②身份受到尊重的权利，如社会性别公平项目。③保障生命安全的权利，灾害救援项目。④可持续生活的权利，包括农村发展项目、城市生计项目、农业与扶贫政策项目、气候变化与贫穷项目、中国与发展中国家项目。⑤获得基本社会服务的权利，如基础教育项目、城市生计项目。

乐施会的项目手法主要有：①参与性。乐施会相信，项目的各相关群体，特别是项目对象及弱势群体，参与到项目的需求评估、设计、执行、监督及评估中，充分表达意见并参与决定，项目才能真正针对目标人群的需求做出合理的回应。目标人群充分参与到项目的执行、监督及评估中，能力才会得到提升，对项目的拥有感增强是保证项目可持续性的关键。②性别平等和赋权。不平等的性别关系是造成妇女贫困的结构性原因，使妇女在各种权利实现和资源获取中被边缘化。乐施会力图在所有项目中落实社会性别主流化，达到社会性别平等和妇女赋权，尤其是底层和弱势妇女的意见能够得到表达，有获取资源和机会的权利，并参与到社区发展和管理中来。乐施会项目从分析不同性别面临的问题入手，设计解决这些问题的措施和活动，并监测评估项目实施中相关目标实现的过程和结果。③关注弱势。"弱势"是指那些在性别、贫富、民族、宗族、健康、居住地点等方面处于劣势的个人或群体。乐施会项目积极关注弱势人群的特殊需要，鼓励他们参与项目的设计、管理和监督评估，从而体现平等的权利。同时，项目帮助弱势人群树立自信心、增强可持续的自我发展能力，协助他们勇于表达自己的意见、行使自己的权利。④综合项目手法。乐施会的扶贫发展项目涵盖生计发展、减灾救灾、政策倡导以及公众教育等，我们称之为"综合项目手法"。

乐施会的目标群体包括：贫困、边远地区的农民，特别关注妇女；贫困、边远地区的学龄儿童，特别关注女童；正当权益受到侵害的妇女；农民工及其子女；易受灾害影响的弱势人群；艾滋病易感人群；关注贫困问题的草根民间组织。

乐施会希望通过合作伙伴实施有质量的项目，一起开展扶贫、发展及人道救援工作。乐施会珍惜与合作伙伴的关系，重视合作伙伴的需求，了解合作伙伴的困难，希望与合作伙伴一起在扶贫领域做出有影响力的贡献，来实现中国策略目标。

乐施会选择合作伙伴时的原则：认同乐施会扶贫与发展工作的理念和手法；具有公开透明性、建设性、问责性，拥有开展项目的能力。选择合作伙伴时考虑的因素：合作伙伴在项目领域的工作是否具有优势？合作伙伴是否缺乏资金？合作伙伴是否有能力开展项目？合作伙伴是否有适当的人力资源开展项目？合作伙伴是否具备必要的财务管理能力？合作伙伴是否具有基本的诚信度和问责性？

乐施会对项目合作伙伴的基本要求：持开放学习的态度、互相尊重、互相讨论、交流沟通、促进了解；赞同参与式发展、两性平等和赋权的发展手法；尊重乐施会的基本原则和制度；工作思路清晰、管理制度明确；节俭使用项目资金，争取低成本、高效益；严格按协议书列明的条款和要求推进工作；尊重民族的、文化的习俗和禁忌；提供真实的资料，提高问责性；不从事可能危害乐施会声誉的活动。

乐施会选择项目点的要素：项目点是否有助于达到中国项目主题领域的策略目标；项目点是否为重点贫困县乡，收入水平在贫困线之下；项目点是否属于受益社会群体较集中的地点；项目点的社区群众是否有发展的愿望；项目是否能使社区群众直接受益；项目是否有示范作用；项目点的政府和社区群众是否支持开展项目；项目点是否有其他机构正在开展工作，资源投入是否重复；乐施会的重点工作地区是云南、贵州、广西、广东、陕西、甘肃和北京等。

思考题：
1. 在乐施会这一资助方看来，什么样的项目才是一个好项目？
2. 乐施会对承接项目的社会组织的基本要求与选择合作伙伴的要素说明了什么？
3. 以乐施会为例，分析服务对象如何参与到项目管理的各环节中？

第8章 社会组织评估

社会组织评估是社会组织管理中非常重要的一环,它能够更好地规范和促进社会组织健康发展。本章主要介绍社会组织评估的概念及类型,简要介绍我国社会组织评估机制探索、建立、发展的三个阶段。而在开展社会组织评估前,需要把握公平公开、科学合理、评估多元化、积极反馈等原则,明确评估主体及其职责,依据专业的评估理论,制定科学系统、分类清晰的评估内容和指标,按照一定的程序与方法,最终得到评估结果,并有效地运用评估结果。目前,我国社会组织评估仍处于初级阶段,不得不面临一些问题,需要通过积极的对策和建议来完善社会组织评估工作。

8.1 社会组织评估概述

社会组织评估是指运用科学的评估方法和工具,根据社会组织的特征,对社会组织一定时期内的内部治理、业务活动及其效果、社会影响等进行综合评价的活动。本节将梳理社会组织评估的概念、社会组织不同的分类以及社会组织评估发展的脉络,进而使读者对社会组织评估有一个概括性的认识。

8.1.1 社会组织评估的概念

1. 评估

评估是指人们对某个特定的评估客体进行评价,是一种主观的认识活动。它源自企业管理,最早主要运用在企业的资产评估、风险评估以及效益评估等方面。《现代汉语词典》对评估的解释是"评议估计,评价"。评估的概念有广义和狭义之分:从广义上来说,是指按照一定的标准对人或物进行的一种价值判断过程;从狭义上来说,是指为达到一定的目的,运用科学的方法,按照一定的程序,采用规范的指标体系,对特定组织或项目某一方面或整体状况进行系统评价、判断、分析的过程。

评估是一个系统工作,但针对不同的评估客体,会设定不同的评估目标和内容。例如,政府评估侧重政府的工作绩效,企业评估关注企业的利润,而社会组织则围绕公益的实现这一重点进行评估。20世纪后，评估逐渐应用在政府、社会等更加广泛的领域，尤其是从20世纪70年代开始，全世界范围内掀起一场以评估为主要管理工具的新公共管理的浪潮。例如，1973年美国颁布《联邦政府生产率评估方案》、1979年英国提出"雷纳评审"等后，政府开始运用评估来呈现工作绩效。同时，世界银行、亚洲开发银行等国际金融机构和许多国际社会组织资助的项目，也开始大量运用评估的方法来加强项目管理，因此评估在社会组织发展中日益受到重视。20世纪90年代初，国际上开始将评估引入社会组织中，美、日、英、澳等国家先后建立了许多官方和民间的中介性或学术性评估机构，定期或不定期对社会组织进行绩效、项目、组织管理能力等方面的评估，并逐步形成完善的评估机制，成为政府加强监管和提高社会组织公信力的重要手段。

2. 社会组织评估

王守文(2013)认为，社会组织评估实际上是根据社会组织的特征，采取有针对性的评价标准，以科学方法与技术收集相关的信息，通过定性、定量的对比分析，对被评组织一定时段的活动状况以及活动的业绩、效益、效率、影响和持续性等做出综合性评价的活动。

高聪(2014)认为，社会组织评估实际上就是把整个社会组织作为评估对象，对其进行包括工作绩效、组织能力、社会责任等方面在内的全方位考察。

在由上海社会科学院政府绩效评估中心编著的《非营利组织绩效评估》(2015)一书中提到，社会组织绩效评估实际上是指围绕明确社会组织绩效这一目标，评估主体在一定时期内运用科学的评估手段和技术对运营效果进行测量、判定和评价的系统过程；其目的是发现组织在经营过程中过去或目前的行为成果与组织的战略目标之间存在的差距，并帮助组织改进其不足之处，以达到最终帮助组织提升绩效的目的。

本书认为，社会组织评估就是运用科学的评估方法和工具，根据社会组织的特征，对社会组织一定时期内的内部治理、业务活动及其效果、社会影响等进行综合评价的活动。

8.1.2　社会组织评估的类型

(1) 从评估的性质来看，社会组织评估包括：①示范性评估。评估的目的主要是树立社会组织的标杆，这类评估往往不具有法律约束性，只起到引导公众捐赠或树立公众的信心的作用。例如，全国社会工作服务示范机构的评选、全国先进社会组织评选等。②资格性评估。评估的目的主要是确认组织的某种资格或资质。例如，我国社会组织的等级评估等。

(2) 从评估的主体来看，社会组织评估包括：①政府部门的社会组织评估。例如，日本政府部门对社会组织开展的评估，中国香港社会福利署对福利机构的评估，我国台湾地区某些政府部门开展的社团法人和财团法人的评估。②独立第三方开展的社会组织评估。例如，深圳市现代公益组织研究与评估中心对深圳市社会工作机构所开展的行业评估。③伞状型或联合型社会组织对团体成员开展的行业自律性评估。例如，USDO自律吧和壹基金典范工程。

(3) 从评估的客体来看，社会组织评估分为国内和国外两种情况。国外社会组织评估的分类主要为：①对劝募机构开展的评估。这是国外开展最多、最普遍的社会组织评估。我国于2016年9月正式执行《慈善法》后，所有具有劝募行为的慈善组织都作为评估的重点。②对那些直接提供社会服务的机构开展质量评估。如果该类机构也开展劝募活动，那么同样需要接受劝募机构的特殊评估。

我国社会组织评估的分类主要为：①对社会团体的评估。它是指针对在各级民政部门登记注册的行业性社团、学术性社团、专业性社团和联合性社团等社会团体的评估。②对民办非企业单位的评估。民办非企业单位以直接服务为主，因此针对民办非企业单位的评估主要侧重服务成效的达成。③对基金会的评估。基金会评估的对象是基金会，更加侧重对基金会所从事的公益事业活动的状况、能力、绩效、影响、价值等进行评估，尤其强调组织募捐和接受捐赠的合法性和合规性，强调财务的规范性和公开性。

(4) 从评估的时间来看，社会组织评估包括：①前期评估，也称预评估、事前评估。它是指社会组织使用多种专业性、技术性的评估工具对即将开展的服务项目或计划等进行前期调查，并对项目执行的可行性和必要性等进行综合的评价活动。②中期评估。它是指针对社会组织所执行的服务项目，从开始到完成前的任何一个时间点对前期项目服务的效果进行检查，查找存在的问题，以有效推进项目总体目标实现的评价活动。③终期评估。它是指社会组织完成项目服务活动之后，由社会组织自身或其他评估方对项目所进行的系统、综合的评价活动。

(5) 从评估的内容来看，社会组织评估包括：①规范性评估。强调对组织一系列管理制度的制定与执行，确保组织合法与规范。②公信力评估。关注服务对象、政府、捐赠方、社会等对组织的认可和信任程度。③能力建设评估。强调过程，关注组织改善，以推动组织能力建设为主。④结果导向评估。强调结果，关注组织在一定时期内进行资源投入后能达到的成效和影响。

8.2 中国社会组织评估的发展与现状

中国历来重视慈善互助的传统文化，从先秦起，就有"会党""社会"之说，民间结社在春秋战国时期十分盛行。从中华人民共和国成立到1978年，社会组织受国内政策环境的影响，与党政机关融为一体，几乎不存在独立于政府之外的市场和第三部门。因此，在该阶段社会组织自上而下建立，1966年后，社会组织的发展几乎停滞。社会组织重新发展始于1978年，因此本书主要对1978年以后社会组织评估的发展进行梳理。我国社会组织评估机制的认识和发展大致可以分为三个时期，即探索、建立和发展时期。

8.2.1 中国社会组织评估机制的探索(1978—2003年)

1978年,党的十一届三中全会召开后,改革开放的政策全面推行,我国经济、政治、社会生活、文化观念等发生了巨大的变化,人们参与社会生活的意识不断增强。在20世纪80年代,中国社会组织得到较快的发展,主要体现在组织数量迅速增加、组织种类增多、独立性增强、合法性增大等方面。在这一时期,社会组织的发展与政府的改革推动息息相关。此时,社会组织的相关制度在发展中不断完善,但《基金会管理办法》(1988年)、《社会团体登记管理条例》(1998年)、《民办非企业单位登记管理暂行条例》(1998年)等,侧重加强对社会组织的管控和评价,并没有独立提出统一的评估概念。然而,社会组织经过这段时间的发展,已经初具规模,为后续社会组织评估奠定了基础。

8.2.2 中国社会组织评估机制的建立(2004—2009年)

2004年,民政部做出加强民间组织管理的重大部署,要求各地积极探索社会组织的评估机制。2005年,社会组织评估工作被正式提上议事日程,民政部部长李学举在全国民政工作会议上明确提出要"探索建立民间组织评估机制,逐步实施分类管理、指导"(民发〔2005〕3号)。民政部民间组织管理局针对民间组织评估理论、指标与实践方面开展了研究。山东、湖北等地都积极开展了有效的社会组织评估机制的探索。2006年10月,党的十六届六中全会提出要"发挥各类社会组织提供服务、反映诉求、规范行为的作用"以及"引导各类社会组织加强自身建设,提高自律性和诚信度"。同年底,行业类社团、公益类社团、学术类社团、联合类社团、基金会及民办非企业单位6类社会组织评估指标基本理论研究框架形成。2007年,民政部发布了《关于推进民间组织评估工作的指导意见》(民发〔2007〕127号),对定义、原则、费用、参评资格、评估主体(民政部设立全国性民间组织评估委员会、民间组织服务中心)、程序等相关内容做出了规定。同年,《全国性民间组织评估实施办法》(民函〔2007〕232号),对重要意义、基本要求、指导思想、主要原则、评估机构、评估内容、评估程序、评估登记、具体要求等做出说明。2008年,全国性行业协会商会评估工作启动。2009年,民办非企业单位评估工作启动。这些都是政府对社会组织进行评估和考核的重要举措,随着一系列文件的出台,标志我国社会组织评估机制逐渐确立。

8.2.3 中国社会组织评估机制的深化发展(2010—2015年)

2010年4月,民政部发布了《关于开展全国性行业协会商会、基金会和民办非企业单位评估工作的通知》(民函〔2007〕93号),对社会组织的评估范围、评估内容、时间安排、评估材料、具体要求等做出说明。2010年12月,民政部颁布了部门规章《社会组织评估管理办法》,明确了总则、评估对象和内容、评估机构和职责、评估程序和方法、回避与复核、评估等级管理、附则等内容。可以说,该办法的出台是我国社会组织评估历史中

"里程碑式的一页"。2011年3月,《中华人民共和国国民经济和社会发展第十二个五年规划纲要》明确提出,实行社会组织信息公开和评估制度,完善失信惩罚机制,强化社会监管,为开展社会组织评估工作提供了依据和保障。2011年,民政部颁布了《关于开展2011年度社会组织评估工作的通知》,更加明确了评估范围、评估内容、时间安排、评估材料、评估要求等。随后,民政部又颁布了《关于印发各类社会组织评估指标的通知》(2011年)、《关于印发全国性公益类社团、联合类社团、职业类社团、学术类社团评估指标的通知》(2012年),使各类社会组织逐步明确了更加合适的评估指标,评估工作逐步精细化。2013年至2015年,各地陆续开展社会组织评估工作,上海、杭州、北京、贵州等地针对社会组织开展了关于社会组织评估的培训,提升社会组织的评估意识并向社会组织答疑解惑,这使得社会组织评估系统工作更加完善。2015年5月13日,民政部发布了《民政部关于探索建立社会组织第三方评估机制的指导意见》,从政策层面扩大评估的主体。总体而言,我国社会组织评估工作正在逐步深入,推行分类评估、细化评估指标、扶持第三方评估主体等成为这一时期的工作重点。

8.3 社会组织评估的基本框架

社会组织评估的基本框架主要包含社会组织评估所涉及的基本要素,掌握这些要素,能够让社会组织评估更加系统化、科学化和规范化。本节内容主要包括评估的意义和原则、主体和职责、评估内容、内容和指标、程序和方法、结果及应用。

8.3.1 评估的意义与原则

1. 评估的意义

随着我国经济建设和社会建设的快速发展,涉及科教文卫、生态环境、公益慈善等多个领域的社会组织,已成为我国社会建设中一支重要的力量,对促进经济和社会的构建、发展起到越来越重要的作用。无论是从政府监管的角度,还是从社会组织自身发展而言,如何更好地规范和促进社会组织有序发展,都是社会组织发展过程中的重中之重。而评估在社会组织管理中的运用可以带来非常重要的意义。

(1) 有助于搭建社会组织的监管体系。政府对社会组织的监管最普遍的形式是年检,通过年检,可以保证社会组织的合法性。而这种传统的形式往往出于社会组织数量过多等原因,流于形式,既缺乏科学系统的监管体系,也缺少评估的针对性和专业性。这种形式只能作为最基本的监管,单纯依靠监管机关自身的力量很难有效促进社会组织健康发展。因此,除了年检,对社会组织的评估可以更好地弥补监管机制缺位的情况。一方面,政府可以通过星级评估等形式,促进社会组织朝政府引导的方向来规范组织自身的建设;另一方面，政府可以通过引入第三方评估机构，有针对性地评估社会组织所承接的政府职能转移项目，以项目评估促进社会组织的专业化和规范化。最后，通过不同层面、不同形式的评估方式逐渐搭建社会组织的监管体系，营造社会组织良性发展的环境。

(2) 有助于加强社会组织的自我完善。有效的评估机制可以促使社会组织由被动接受评估转变为主动地自我学习和自我完善。通过参与评估，社会组织能够更好地理解何为优秀的社会组织，从而不断加强自身建设，通过自我学习，完善内部治理，明确组织的使命和发展方向，提升组织自身的专业能力和服务能力。

(3) 有助于促进社会组织与利益相关方的沟通。社会组织的服务和发展，离不开与利益相关方的互动。其中，利益相关方的评价是社会组织评估重要的评价指标之一。良好的评估体系，能够让社会组织注意与利益相关方的日常互动沟通，有效提升社会组织的服务质量，从而逐渐成长为有能力承接政府转移职能的社会组织，并获得更大的发展空间。

(4) 有助于提高社会组织的公信力。社会组织以使命优先，由于社会组织本身的非营利性和公益性，公众往往对社会组织抱有很高的期望。因此，社会组织一旦传出负面消息，很容易影响公众对社会组织的信任。例如，郭美美事件的影响、百色助学性侵事件、中华体育基金会2 000万元和宋庆龄基金会1 810万元"丢失"事件等，对社会组织尤其是基金会的信誉和形象带来很大的负面影响。一个组织一旦失去公信力，将很难吸引社会捐赠和政府支持。如果社会组织日常管理，尤其是财务管理不够规范化、不够透明，公众就会怀疑社会组织滥用职权牟取私利。因此，建立评估机制，向社会公开评估的过程及结果，可以让公众加强对社会组织的了解和信任，从而理性地进行捐赠。对于那些缺乏公信力的社会组织终将被淘汰。

2. 评估的原则

尽管评估是促进社会组织发展的重要的管理工具，但不可否认的是，评估始终难以脱离主观性，加之，开展社会组织评估耗时、耗力、耗钱，因此，开展社会组织评估需要把握好评估的原则。可以说，社会组织评估的原则是社会组织评估的灵魂，也是社会组织评估工作的落脚点。具体来讲，社会组织评估的原则主要包括以下几个方面。

(1) 公平公开原则。公平一方面是指评估对象不能偏向某一个组织而设定评估体系，或随意取缔组织的评估资格，应一视同仁设定评估的标准；另一方面应采用定量与定性相结合的评估方法，尽量减少评估过程中主观因素和评估者个人感情色彩的影响。公开是指评估过程和评估结果要做到公开透明，便于公众的了解，以增强公众对被评估机构的信任感。

(2) 科学合理原则。科学的评估不是随意设定评估方法和标准，而是针对不同类型的社会组织，采取科学合理的方法，设定更加有效的评估指标，保证评估程序的合法性、评估内容的可信性、评估标准的合理性等。

(3) 评估多元化原则。评估过程中，从评估内容上，既有对硬件的评估，也有对软件的评估；从评估方法上，既有定量评估，也有定性评估，综合考虑成效；从评估对象上，既要有专家的评分，也要有资助方、合作方、服务对象等不同利益相关方的评价。评估是一个系统，因此，评估不能只局限于某个方法或某个方面，而要进行综合考虑。

(4) 积极反馈原则。评估不是为了完成评估的任务，而是通过评估促进社会组织的发展。因此，评估结果不能只是给出一个分数，而应该帮助社会组织诊断现存的问题，帮助社会组织梳理发展的方向，明晰优秀社会组织的标准，从而推动社会组织继续加强内部治理。另外，评估的结果要与社会组织今后的发展结合起来，使社会组织能够意识到社会组织评估不是压力或者阻力，而是组织发展的强大助推力。

8.3.2 评估的主体及其职责

1. 评估的主体

评估的主体是指对评估对象做出评估的个人或者组织。简单来说，就是谁来评估社会组织。从不同国家或地区社会组织评估的实践来看，基于不同的文化与历史、不同的法律与政治体制、不同的社会经济发展阶段，社会组织评估的主体各不相同。总体来说，主要有以下三类。

第一类：以政府为主导的评估主体。即由政府成立专门的机构或者部门，根据相关制度对社会组织进行评估。例如，日本无论是对社团法人还是财团法人，都是以政府的现场检查和评估为主导的。我国台湾地区借鉴日本模式，由各目的事业主管机关对社会团体进行评估。中国香港特区则由社会福利署按照《香港服务质素标准SQS(16项)》对社会福利机构进行评估。

以政府为主导的评估主体评估，其优点在于政府本身具有较强的权威性，评估经费能够得到足够的保障，而政府能够更加清楚地掌握社会组织的情况，并通过评估对社会组织加以引导。它的缺点则是评估具有垄断性，且由于政府工作人员数量不足，评估容易流于形式，而且政府容易通过评估过多干预社会组织的自主性，加之，社会组织类型较多，不同类型的社会组织要求的专业性不同，政府官员未必具有足够的专业性，容易影响评估的科学性和专业性。

第二类：政府委托第三方评估机构作为评估主体。简单来说，该评估机构是由政府授权以及提供资金支持，但评估机构本身是独立运作的机构。一方面，政府积极介入社会组织的评估；另一方面，评估方式采用民间运作的形式。例如，深圳市民政局对社会组织的评估，主要通过购买拥有评估资质的第三方评估机构服务，对全市的社会组织进行全面评估。

该类评估的优点在于既有政府的授权和权威性，也有比较稳定的资金来源，同时能够保证评估的专业性以及减少政府对社会组织的干预。它的缺点在于，第三方评估机构需要在政府、社会组织以及自身之间进行博弈，既要考虑政府对评估的要求，又不能完全受限于政府,同时还要考虑社会组织的实际情况和需求。这对第三方评估机构的要求比较高。另一方面,评估的程序会比较烦琐,需要征求社会组织的意见,同时又要经过政府审批评估方案,程序较多,时间耗费较长。

第三类:社会组织自身作为评估主体,即行业自律性评估。该类评估是基于社会组织自身的需求与自愿,为了更好地促进行业的发展、塑造行业的公信力和整体形象,联合起来对自身进行评估,并自发向社会公众公开评估结果。例如壹基金典范工程围绕 "公信、专业、执行、持续" 4个标准,评选出10家组织治理严谨、运营能力优秀、财务透明、可持续发展以及有社会影响力的公益典范组织,并给每家公益组织颁发资助金。另外,还有USDO自律吧,它是由深圳市阿斯度社会组织自律服务中心联合全国100多家公益机构共同发起并支持的独立公益网络平台,它有效地促进了行业自律。

该类评估的优点在于评估的公开透明度比较高,社会组织出于自身意愿,评估的主动性更强,不会受到政府对社会组织内部事务的干预,评估的公信力更强,同时,还能在自律中向同行学习,更好地规范组织自身的发展。它的缺点则是社会组织的参与源自其主动性,只能起到社会组织自我评估的部分作用。另外,资金来自民间,稳定性不强,且权威性也相对较弱。

不同类型的社会组织,评估主体不尽相同。最重要的是,我国社会组织类型较多,要想通过评估促使社会组织健康运作,就必须突破单一的评估形式,建立多元化、多层次的评估体系。既要有继续保证基本线的强制性年检,又要采用包含激励成分的资质性或示范性评估,还要有项目评估以及促进社会组织自身完善的评估。但并不是评估越多越好,而是要针对不同类型社会组织发展的目标和侧重点进行评估,同时,还要尽量避免重复评估,减轻社会组织应对评估的负担。

2. 评估主体的职责

无论是以政府为主导、以民间为主导还是以行业自律为主导,在任何一种评估主体开展评估时,都要组建临时的评估委员会。一般情况下,评估委员会主要由某一行业领域的专家学者、相关政府官员或项目官员、行业领域内的实际工作者等组成。评估委员会应该秉持中立客观的立场,对被评估组织一视同仁,尽量减少政府管理机关和社会组织的干扰,采取科学合理的评估标准对社会组织进行评估。为了保证评估工作的顺利开展,评估委员会应该在评估工作中承担以下具体的主要职责。

(1) 针对被评估组织的行业或领域特征制定合适的包括评估内容指标、评估方法等在内的评估方案。

(2) 与购买评估服务的单位、被评估组织等加强沟通,听取双方对评估的意见,以便完善评估方案。

(3) 根据被评估组织提供的材料进行核查,并依据评估方案对被评估组织进行实地评估,并得出初步的评估结果。

(4) 评估结果的反馈与公示，处理有异议的申诉，重新核查并确定最终评估结果。

(5) 根据评估资料，形成社会组织相关的评估报告并提交给评估购买方。

(6) 整理评估资料，做好材料归档和保存。

8.3.3 评估的理论

1. "3E"评估理论

"3E"评估理论是指经济(Economy)、效率(Efficiency)与效果(Effectiveness)。经济指标是指以最低可能的成本供应与采购维持既定服务品质的公共服务。它强调的是成本的控制，例如投入了多少数量，而忽略其产出和服务的品质。效率指标通常包括服务水准的提供、活动的执行、每项服务的单位成本等。它强调的是投入与产出的比例。而效果指标是指公共服务实现目标的程度。它只关心目标或者结果。

"3E"侧重从经济和价值的角度出发。尽管社会组织从经济、效率和效果对自身加以评估，能够使组织更加关注其服务给社会创造的"价值"，但社会组织以维护公共利益为目标，有些服务难以通过转换"价格"或者"价钱"进行衡量。同时，这种评估忽略了社会组织的公益使命，对社会组织整体发展能力的判断容易失真。因此，完全依靠"3E"评估理论对社会组织进行评估是比较片面的。

2. "3D"评估理论

"3D"评估理论是指诊断(Diagnosis)、设计(Design)和发展(Development)。诊断是指社会组织整合与协调相关利益方的需求与利益，最终正确识别组织或项目所面临的问题。设计主要是针对诊断出来的问题，能够在分析的基础上，设计解决这些问题所需要的恰当的结构和战略。发展是指执行设计的方案，对社会组织进行治理，解决组织中的问题，使社会组织不断变革和创新。

"3D"评估理论更加关注社会组织自身的能力建设，强调通过评估促进社会组织的学习和发展。而这一评估的理论难以进行定量分析，更多的是定性评估，也难以进行组织之间的比较，无法对评估结果进行排序和奖惩。因此，这一评估理论可以运用于中期评估，可以强调组织对前期服务的检视，发现问题并加以改善。

3. "APC"评估理论[①]

"APC"评估理论是指问责(Accountability)、绩效(Performance)和能力(Capacity)。这一理论是清华大学教授邓胜国于2004年结合中国社会组织发展的实际情况提出的一种绩效评估指标体系。问责性评估是指保证社会组织公信度的制度体系，主要包括对组织的治理结构，组织的活动是否与组织的宗旨相一致，组织的财务是否透明，组织的有关信息是否得到必要的、准确的披露进行评估。一旦社会组织违背社会公信，问责性评估就会对其进行约束，使社会组织一直维持正常轨迹。绩效性评估从绩效成果出发考核社会组织，能使

---

① 邓国胜. 非营利组织"APC"评估理论[J]. 中国行政管理, 2004.

社会组织保持紧迫感和使命感，不断寻求自身的突破，正确高效地处理事务。它主要包括对社会组织的适当性、效率、效果、顾客满意度、社会影响及持续性等方面的评估。组织能力评估是对组织开展活动和实现组织宗旨的技能与本领，主要包括组织基本资源、组织内部的管理能力、组织外部的公共关系与动员资源的能力和组织自我评估与学习能力进行评估。组织能力评估是社会组织的基础评估，目的在于促进组织自我能力的提升。

"APC"理论侧重根据价值和能力判断的标准对社会组织的发展状态进行评估。这一理论首先考虑组织的合法性，其次对组织所创造的价值进行评估，最后考虑组织的能力发展情况。它较好地规避了"3E"和"3D"理论的片面性，对社会组织横向维度的评估比较全面。

4. 组织生命周期理论

组织生命周期理论认为，组织像任何有机体一样有生命周期，是指组织的产生、成长和最终衰落的过程。组织生命周期的概念是1972年由格林纳(L. E. Greiner)在其著作《组织成长的演变和变革》中首次提出。随后，不同学者对生命周期阶段进行了划分，它可以分为4个阶段：产生、成长、成熟、再循环阶段。每一阶段社会组织需要面临的管理危机不同，需要通过一系列改革和发展措施的执行，最终一步步成长。

生命周期理论将组织的发展特性视为生物一样，让我们对社会组织从纵向的角度进行思考，理解社会组织生命周期的规律，识别社会组织在不同阶段所面对的不同困境和机遇，从而有利于避免或减少问题，使社会组织得到良性发展。

5. "SCC"理论[①]

"SCC"评估理论是指结构(Structural)、技艺(Craft)和文化(Cultural)。这些维度是针对公共管理主体参与社会事件的行为能力和效果呈现而提出的。这一理论是王守文于2013年在综合分析主流的社会组织评估理论，结合组织生命发展周期理论而构建提出的理论。结构维度强调社会组织发展的稳定性架构。它主要包括组织合法性、组织机构、组织制度和章程等方面的评估。它是保证社会组织管理体制、监督机制和整个治理体系的科学合理，有利于稳固组织的根基，保证组织的良性运转。技艺维度，即社会组织的各项技能和技巧，主要包括人力资源管理、资产管理、业务活动、社会化服务、组织沟通、应急处理、社会满意度等方面的评估。它是保证社会组织提升组织能力的管理工具，是衡量社会组织对社会资源获取的能力大小的指标，是获得更大发展下的组织行为完善。文化维度，即组织的文化，是组织管理的灵魂和最高目标。它主要包括战略规划、文化管理、忠诚度、内部交流和奖惩等方面的评估。它以可持续的眼光来审视组织的发展，促进社会组织更好地、更有效地完成其组织使命，稳固发展根基，提升社会公信力和影响力。这三个维度在组织发展的不同阶段各有侧重。从组织生命周期的视角来看，在组织的初创阶段，以结构维度为主；在组织的成长阶段，以技艺维度为主；在组织的成熟阶段，以文化

---

① 王守文. "SCC"理论：中国社会组织评估机制研究[D]. 武汉：华中科技大学，2013.

维度为主。

"SCC"评估理论既有纵向的时间脉络考虑，也有组织的横向维度考虑。这可以较好地指引社会组织不同时期的评估侧重点。三个横向维度的设计，对社会组织评估维度的区分是很好的借鉴。但是，在通常情况下，若针对社会组织整体评估，较难区分时间维度。因此，这一理论对社会组织自身评估而言，会更加适用。

8.3.4 评估的内容与指标

社会组织评估是一个系统，包括评价指标、评价标准、评价方法三个要素，其中指标体系是社会组织评估系统的核心构成要素，它直接关系到评价活动的客观与公正，关系到评价活动能否实质性展开，关系到民间组织经营与管理能否得到改进和提高。一个完整的社会组织评价指标体系，应该包括组织的外部环境与内部成熟度指标、核心绩效与边缘绩效指标、财务指标与非财务指标、效率指标与效益指标、投入指标与产出指标、长期指标与短期指标、定量指标与定性指标、主观指标与客观绩效指标等内容。评价指标很多，因此，需要评估机构把握评估指标体系设计的原则，再依据社会组织的实际情况设定指标。

1. 评估指标体系设计的原则

(1) 目的性原则。评估指标要依据社会组织评估的目的来设定。不同的评估目的，在评估指标的权重方面是不一样的。强调规范社会组织时，要侧重社会组织财务、管理制度、监督等方面的评估指标设定；强调社会组织公信力时，则会从组织合法性和公信力、组织使命、资源利用和利益冲突、内部治理、协作和伙伴、筹资、项目评估、财务透明、信息公开及道德诚信等方面进行考虑；强调结果导向的评估时，则会关注被评估机构的服务成效及目标的达成；强调过程评估时，则更加关注社会组织在评估中的成长和能力建设。因此，评估指标体系必须结合评估目的进行设计。

(2) 可操作性原则。可操作意味着评估指标便于测量，也便于比较，还能保证其可行性。首先，在设定评估指标时，应能够收集到一定的数量值，以达到可测量的效果。这样可以确保评估的客观程度。其次，社会组织在规模、性质、功能上千差万别，设计评估指标时，要考虑共性的指标，便于对社会组织进行比较。最后，可行性是指评估时要充分考虑人、财、物是否能够结合评估地区社会组织的实际情况，否则很可能造成评估任务难以实现、评估结果难以被认同的局面。

(3) 系统性原则。系统性原则，就是要尽可能系统全面地反映和衡量社会组织的实际情况，评估指标应既全面完整，又避免指标过于膨胀。系统性原则要求社会组织评估指标设定时需要考虑评估的目的，也要考虑社会组织的实际特点，对社会组织进行综合考量。这样既能推动社会组织内部的能力建设，又能符合政府及社会对社会组织的客观要求和期望。

(4) 相对独立性原则。通常情况下，社会组织评估体系根据一定的理论依据，先设定一级指标，再延伸到二级指标，最后扩展到三级指标。独立性原则，要求各项指标尽可能相互独立，即指标不能存在任何相互包含关系，不相互重叠，不具有互为因果关系。评估指标重叠，实际上就加大了考量的权重，使评估的科学性降低。例如，在民办非企业单位评估标准中，"基础条件"中的三级指标"有与其业务活动相适应的从业人员"和"组织管理和能力建设"中的"人员"指标，两项内容基本相同。

2. 我国社会组织等级评估指标

2006年，我国民间组织管理局在全国十多个城市开展了社会组织评估的试点工作，在大量调研的基础上，结合社会团体、基金会、民办非企业单位的特点，制定了一套评估框架与指标体系。这些内容指标主要包括以下要素。

(1) 基础条件。基础条件主要包括组织是否具备登记管理所要求的法人或非法人资格条件，也就是组织是否符合相关法律法规所要求的最基本的条件。例如，组织法人代表是否符合相关规定，按照组织章程产生；组织的活动资金是否达到最低要求；组织的名称是否合乎规范；组织是否有固定的或独立的办公场所；是否具备一定的办公设备；是否按照规定进行变更、备案及税务登记；是否通过年检等。

(2) 内部治理。内部治理关注社会组织制度、管理是否建立健全，关注组织的内部运营情况。它主要包括组织的权力架构，如员工大会、理事会、监督机构、党组织等是否健全，是否履行职责；在人力资源管理上，相关的薪酬制度、考勤制度、激励制度是否齐全并得到执行，以及人员的资质和培训；在财务管理上，资金的来源、财务的规范性、资产管理、税务及票据、财务审计等情况；组织的档案及证章管理是否规范等。

(3) 工作绩效。工作绩效关注社会组织开展业务活动所取得的结果。它主要包括组织是否在章程规定的业务范围和活动范围内开展活动；组织是否符合非营利原则，依照国家法律法规运作；业务活动中业务计划、监督、效果及效益的情况；提供服务活动的情况，向社会提供服务的数量及质量；组织的对外宣传情况等。

(4) 社会影响。社会影响关注社会组织在运行管理过程中的社会评价。它可以分为内部评价和外部评价。内部评价主要包括理事、监事、员工等评价。外部评价包括登记管理机关、业务主管单位、政府其他相关部门、服务对象、大众媒体、组织合作伙伴等评价。通过组织利益相关方的整体评价来反映组织的社会影响力。

3. 我国社会组织评估体系

2010年12月，民政部颁布的《社会组织评估管理办法》指出，目前我国社会组织评估，按照组织类型的不同，实施分类评估。其中，社会团体、基金会实行综合评估，民办非企业单位实行规范化建设评估。

(1) 社会团体评估体系。近年来，社会团体在教育、卫生、环保、社会救助等领域，为社会公众提供了多方面的服务，发挥着越来越重要的作用。尽管社会团体管理体制日趋规范化、法制化，但总体来说，对社会团体的监管和培育仍处于粗放型阶段，社团评估作为引导社团健康发展的重要手段,越来越受到社会、政府、社团的重视。对学术性、公益性、行业协会等评估指标体系进行比较,针对共性方面的指标,差别比较小,针对特性方面的指标,主要体现在业务活动这一部分。

社会团体的评估指标,如表8-1所示。

表8-1 社会团体的评估指标

序号	一级指标	二级指标
1	基本条件	合法性:评估会员性社团是否具有行业代表性
2		非营利性:未向理事、捐赠者或投资者分配利润
3		自主性:没有科级以上在职领导干部兼任社团领导
4		组织宗旨:目标和宗旨是否明确、具体、可行
5		基础设施:办公场所及办公设备情况
6		组织规模:人员、财务规模
7	组织管理与能力建设	民主办会:决策的民主化、科学化和公开化程度
8		组织制度:管理制度情况
9		党的建设:组织内部党员管理情况
10		人力资源:人力资源状况
11		持续发展:持续发展能力
12	业务活动	会员服务:为会员提供直接服务的能力
13		业务职能:其他业务职能
14		社会服务:对社会的贡献
15	社会影响	会员认同:会员对社团的认可程度
16		政府认可:社团与政府的关系
17		社会公信度:社团被社会接受的程度

(2) 民办非企业单位评估体系。民办非企业单位(以下简称民非)是我国社会组织的重要组成部分,它属于实体性、非会员性的社会组织。在我国,民办幼儿园、民办学校、教育培训机构等教育类民非所占比重最高。另外,卫生、文化、体育、劳动、科技、民政等类型的民非也在逐步发展。除了按照领域对民非进行区分,还可以从是否向被服务对象收费的角度对民非进行分类。例如,教育类民非主要通过向被服务对象收费维持机构的日常运作,还有一类自2006年起迅速发展起来的社会工作机构,以公益服务为主,经费则主要来自政府、基金会或企业购买服务。这两种类型在细化的指标上,也应该有所区分。但目前来看,对民非的评估指标暂时还处于比较笼统的状态,没有分类细化。另外,我国登记管理机关和业务主管单位是分开的,这容易造成重复评估的问题。因此,登记管理机关和业务主管单位的评估应该既能相互联系,又能更有侧重。与此同时,由于民非起步晚,发展不够完善,公众对民非并不了解,缺乏对民非的信任和信心,所以,从民间组织管理局所制定的评估体系中,可以发现民非的评估指标体系比社会团体、基金会多出了关于公信度或诚信建设的评估指标。

民办非企业单位的评估指标,如表8-2所示。

表8-2 民办非企业单位的评估指标[①]

序号	一级指标	二级指标
1	宗旨与活动	组织的宗旨陈述是否清晰
2		员工和志愿者了解并理解组织的宗旨
3		组织未向投资人、理事分配利润
4		组织开展的活动是否与组织的宗旨一致
5		组织是否开展了公益性活动
6	治理结构	董事会的代表性是否合理
7		董事会作用的发挥
8		监事会的构成是否合理
9		监事和未担任专职工作的理事是否从组织获得报酬
10		受薪的理事是否担任主席或财务主管
11		董事会是否每年至少召开两次以上的会议
12		参加会议的理事是否超过半数
13		董事会成员是否与组织存在关联交易
14	组织管理与能力建设	组织是否制订战略规划和年度计划
15		组织的各项管理规章制度是否健全
16		组织的专职工作人员数量
17		组织的年度支出规模
18		组织的文档资料是否齐全
19		组织每年是否进行财务审计
20		接受捐款的手续是否规范
21		组织的环境卫生是否符合相关规定
22		组织的公共安全及消防措施是否符合相关规定
23	组织的信息透明度	组织是否有公开的年度报告
24		员工招聘的程序是否公开、公平
25		组织是否公开、公平地选择被服务对象
26		组织是否有公开的员工权利和义务说明书
27		组织是否有公开的服务承诺
28		组织是否有公开的被服务对象权利和义务说明书
29		组织接受捐赠的情况是否公开透明
30	相关利益群体的权益保障	是否有与被服务对象联系的平台或组织
31		被服务对象及员工是否有申诉的渠道,而无须忧虑遭到报复
32		组织是否有处理投诉的制度安排
33		捐赠人的权益是否得到保障
34	组织的社会影响	被服务对象的满意度
35		政府部门的评价
36		工作人员的满意度
37		媒体的报道

---

① 邓国胜.民间组织评估体系[M].北京:北京大学出版社,2007:164-166.

(3) 基金会评估体系。基金会是公众了解慈善公益事业的窗口,也是我国动员民间资源的重要渠道。由于基金会的资金主要来自公众的个人捐款、企业的赞助等,社会公众十分关注基金会的资金使用情况。因此,基金会是社会组织中最需要通过评估树立社会公信力的组织。基金会分为公募基金会和非公募基金会,两者在评估指标上基本相同,区别在于针对公募基金会评估需要包含资金募集的情况。

基金会的评估指标,如表8-3所示。

表8-3 基金会的评估指标

序号	一级指标	二级指标	备注
1	基本条件	法人资格	
2		名称使用	仅公募基金会
3		年检	
4		负责人情况	
5		登记事项变更	
6		理事会情况	
7		监事会情况	
8		分支(代表)机构情况	
9		财务及资产管理情况	
10	组织管理与组织发展	组织发展的一般状况	
11		理事会、监事会状况	
12		财务及资产管理情况	
13		人力资源管理情况	
14		党组织建设情况	
15		战略规划情况	
16	业务活动	组织使命的实现状况	
17		项目的选择与执行	
18		资金募集状况	仅公募基金会
19		资金使用状况	
20		资产金额规模	
21		公益项目资金增长率	
22		人均筹款金额	仅公募基金会
23	社会影响	主要捐资人的评价	
24		主要受益人的评价	
25		同业者的评价	
26		业务主管单位的评价	
27		登记管理机关的评价	
28		税务部门的评价	
29		审计部门的评价	
30		遵守其他法律法规的情况	
31		媒体的评价	
32		来自社会公众的评价	

8.3.5 评估的程序与方法

1. 评估的程序

社会组织评估需要设计科学合理的操作程序，评估人员按照严密的程序一步步进行，以减少评估过程中的随意性和人为因素的干扰。从各国社会组织评估的实践来看，评估的程序大同小异。通常，社会组织的评估程序包括以下几个步骤。

(1) 自我评估。通常情况下，评估机构需要制定并公布评估方案，社会组织在规定的时间内按照评估标准与指标等内容进行自我评估。自我评估是指社会组织对组织自身一定时期内的管理、运行以及活动成效等方面进行自我总结和评价。此时，被评估的组织除了要完成自我评估报告，还要按照评估方案逐一准备对应的材料作为证明。同时，为了保证自我评估的质量，社会组织或者评估机构可以提供相关的自我评估表、自我评估问卷等，以便评估更加标准化。社会组织的评估越来越强调以证据为本，因此，社会组织应加强日常工作中的痕迹管理，为评估积累日常的工作和服务记录等材料证明。

(2) 自评审查。被评估组织将准备好的材料提交给评估机构，由评估工作人员检查自我评估材料是否齐全。如果不完整或有不清楚的地方，由工作人员与被评估组织沟通。工作人员根据评估材料记录有疑问或需要实地考察的地方，以便做出初步判断并作为现场检查的依据。

(3) 实地考察。在书面材料审查之后，评估机构安排评估工作人员根据实际情况对社会组织进行实地考察，既可以全部进行实地考察，也可以选择一定的抽样样本。抽选社会组织时，需要设计更加科学的抽样方案，尽可能公平、公正。另外，可以将重要的、大型社会组织或者有不良记录、遭到公众举报的社会组织列为重点检查的对象。评估工作人员通过实地评估，可以通过观察、访谈、查询有关资料、访问有关人员等，更加全面地了解社会组织的情况，并根据评分标准进行逐项打分。

(4) 结果公示。实地评估结束后，评估机构需要将评估结果反馈给被评估组织。如果被评估组织对结果有意见或者疑问，可以提出申诉。同时，评估机构还需要将评估结果及申诉途径等通过互联网等形式公开，在公示期内，接受公众的质疑和检举。如有申诉，评估机构需要重新对评估结果进行复议，并在规定的时间内，将最终评估结果公示。

(5) 结果发布。要将社会组织评估的最终结果在互联网、媒体等公开场合进行公示。

2. 评估的方法

社会组织评估方法有很多，事实上，就某个具体的社会组织评估而言，并没有通行或通用的唯一方法，评估机构可以根据评估的目的、对象、资金、时间等因素来确定评估方法。本书重点介绍4个目前比较流行的评估方法。

(1) 逻辑框架法。[①]逻辑框架法(Logical Framework Approach，LFA)又称为逻辑框架矩

---

① 邓国胜. 民间组织评估体系[M]. 北京：北京大学出版社，2007：57-58.

阵法。这种方法在国际上常常用于项目设计、制订工作计划和考核评估。逻辑框架法主要通过建立目标、目的、产出和投入4个层次的因果关系，确定每个层次之间的因果链和重要的假定前提。其中，目标，通常是指高层次的目标，也就是宏观的计划、规划、政策等，考虑项目对国家、社会、地区等带来的影响。目的，是指为什么要实施这个项目，考虑项目为受益目标群体带来什么变化，也就是项目直接的效果或者效益。产出，是指对应项目目的的直接产品或服务。投入，是指为了确保产出以及目标的达成所需要的人、财、物等资源的投入。逻辑框架法中的逻辑关系可以分为垂直逻辑关系和水平逻辑关系。垂直逻辑关系主要是指目标、目的、产出、投入4个层次自上而下相互促进的逻辑关系。水平逻辑关系的目的是通过主要验证指标和验证方法来衡量一个项目各层次目标是否实现。逻辑框架法涵盖的4个逻辑层次形成一个因果关系链，所确定的每个指标，都应该是因果关系链的一环，尽量避免一堆孤立、互不相关甚至矛盾的指标。垂直逻辑关系和水平逻辑关系两者结合起来生成矩阵式框架结构。

逻辑框架法的基本结构，如表8-4所示。

表8-4　逻辑框架法的基本结构

层次纲要	客观验证指标	验证方法	假定外部条件
目标/影响	目标指标	监测和监督手段及方法	实现目标的外部条件
目的/作用	目的指标	监测和监督手段及方法	实现目的的外部条件
产出/结果	产出物定量指标	监测和监督手段及方法	实现产出的外部条件
投入/措施	投入物定量指标	监测和监督手段及方法	落实投入的外部条件

资料来源：周鹏.项目验收与后评价[M].北京：机械工业出版社，2007.

(2) 平衡计分法。平衡计分法是衡量社会组织管理绩效的一种全面而有效的方法。平衡计分法的核心是从使命、价值观、远景与战略出发，在财务、顾客、组织内部执行、学习与成长4个方面对社会组织进行评估。在财务方面，主要考察服务成本的降低和服务价值或服务附加值的提高。在顾客方面，主要衡量顾客满意度、顾客保留率、顾客增加率等方面。在组织内部执行方面，重点衡量创新能力、运营效率以及后续服务情况等。在学习与成长方面，主要体现社会组织的长期成长和发展的能量，例如员工的稳定程度、员工培训情况等。总的来说，平衡计分法4个层面之间存在一定的因果关系。财务层面为组织战略实现提供必要的条件；顾客是社会组织存在的价值；内部业务流程则为顾客的服务质量提供保障，也是财务管理的依据；学习与成长层面可以将组织环境进行整合，为战略实现提供保障。因此，平衡计分法的4个层面不是相互独立的，4个层面相互作用形成一条因果关系链，增强关键内部业务流程，促使客户满意、财务成功，从而实现战略。

(3) 功效系数法[①]。功效系数法又叫功效函数法，它是根据多目标规划原理，对每一项评价指标确定一个满意值和不允许值，以满意值为上限，以不允许值为下限。计算各指

---

① 廖鸿，等.中国民间组织评估[M].北京：中国社会出版社，2007：101-102.

标实现满意值的程度，并以此确定各指标的分数，再经过加权平均进行综合，从而评价被研究对象的综合状况。功效系数法能够根据评估对象的特点，拟定不同侧面的多个评估目标，对多个变量进行分析判断，正好满足了社会组织评估体系多目标、多层次、多因素的评估要求，避免由于单一评估标准而造成评估结果的偏差。功效系数法属于一种定量评估的方法，能够减少主观因素的干扰，因此，应用相对较广泛。

(4) 综合评估法。综合评估法是对受多种因素影响的事物或现象进行的综合评估。它先根据综合评估的目标，对客观事物的影响因素进行分解，以构造不同层次的统计指标体系，然后再对这些指标进行赋值并确定其权重系数，最后采用综合评估模型进行综合，得到综合评估值，以此值进行排序和评估。在综合评估法中，指标赋值和指标权重系数确定构成此方法的两大内容。在指标体系构建完成后，指标赋值用于将量纲不同、单位不一致、对总目标作用大小不一、不能直接相加的指标值转变为可直接相加汇总的指标值。指标权重系数依据各层指标对总目标评估贡献份额的大小来确定。在实际应用中，综合评估模型包括线性加权和、对数线性加权和、混合加权和等具体记分方法。

8.3.6 评估的结果与应用

评估的目的主要是约束和激励，因此，评估结果的应用必须围绕这两个主要目的。在约束方面，需要根据评估结果，对表现差的社会组织给予适当的警告或惩罚，尤其是一些出现财务不规范透明、材料弄虚作假等问题的社会组织。但惩罚需要慎重，可以给被评估的社会组织一个解释和申诉的机会，或给予其一定时间进行整改。在激励方面，针对评估结果表现比较好的社会组织，给予物质和精神方面的奖励。在物质奖励方面，可以是奖金、减免税收、减少年检次数、增加培训机会、场地免租或作为承接政府职能时的重要参考依据；在精神奖励方面，可以是荣誉，也可以是提供宣传或者树立典型的机会，鼓励表现优秀的社会组织总结经验并加以推广。事实上，无论是物质奖励还是精神奖励，最重要的是通过评估能够引导公众有选择性地对社会组织进行捐赠或者公益服务参与，社会组织需要在评估中优胜劣汰，这样才能促使社会组织不断规范和完善。

评估结果的运用在各省大同小异。例如，2014年，北京将等级评估结果升级为等级管理，通过将等级管理与年检结论、评优先进、政府职能转移及政府购买服务、示范基地、品牌建设等相结合，使评估在社会组织管理的工作系统中发挥重要的作用。广东省中山市除了对评为3A及以上等级的社会组织优先提供专项资金支持，还明确了失信社会组织将被降低评估等级，使社会组织信用建设与评估结合起来。湖南省衡阳市出台了《社会组织评估管理办法(试行)》，其中获评4A及以上等级的社会组织可以简化年检程序；获评3A及以上等级的基金会、慈善组织等公益类社会团体可以按照规定申请公益类社团捐赠税前扣除资格，并可以优先承接政府职能转移、政府购买服务、获得政府奖励。此外，辽宁、安徽、内蒙古、河南、山西等地都将评估结果与政府购买、资金扶持、奖励等结合起来。各地不断完善对评估结果的运用，使社会组织加强评估意识，通过评估完善内部治理。

评估是整合社会组织发展战略的重要环节之一，也是社会组织管理必不可少的环节。评估不是独立的环节，而是与社会组织发展息息相关的环节，因此，评估应该从总体进行考虑，使整个评估工作能够在除了约束和奖励之外，发挥更大的作用。

首先，积极地向社会组织反馈评估结果。这里的评估结果并不是简单的分数或排名，而是一对一地向社会组织反馈评估中发现的问题，或者以集中交流的方式向社会组织反馈评估的问题。通过评估主体与评估客体双方的交流反馈，更加深入地了解评估问题背后的原因以及社会组织的期望。而这些信息经过整理分析，将可以成为社会组织能力建设环节中重要的参考依据。

其次，通过评估建立社会组织信息库。通过评估，评估主体将掌握很多社会组织的一手资料，政府可以充分利用这些信息，对社会组织的发展状况进行分析，为政府的决策提供重要的参考依据。例如，德国DZI通过评估，建立了非常详细的数据库，目前已经成为德国掌握社会组织信息最全的机构。另外，这些信息在保密和知情同意的基础上，还可以成为学者开展研究的重要资料来源，而学术的研究又可以进一步为政府提供决策依据，还可以为社会组织发展提供方向和建议。

最后，加大社会组织的宣传力度。公众对社会组织的认知实际上是非常欠缺的，甚至还有一些误解。社会组织的发展离不开公众对社会组织的支持，因此，加大对社会组织的宣传是非常必要的。一方面，评估主体可以将评估的初评结果通过媒体或者其他途径向社会公布，接受公众的监督，如果有检举，则要再次进行评估，直到公众无异议为止。评估结果的公示既宣传了社会组织，又能增加公众对评估的参与程度，提升公众对社会组织的信任程度。另一方面，通过评估结果，政府可以树立典型，扩大媒体对社会组织的宣传，帮助社会组织树立社会公信力。

8.4 我国社会组织评估的问题及发展对策

目前，我国社会组织总体发展还处于初步阶段，社会组织评估也在起步阶段，在现有的社会组织评估中，主要存在评估主体单一及评估能力不足、评估指标不够完善、评估结果反馈与应用不够等问题，而要解决这些问题，就需要采取相应的措施：建立多元评估体系，实现多元参与机制；分清组织类别，完善评估指标体系；建立激励机制，强化评估结果的应用。

8.4.1 社会组织评估存在的问题

社会组织的资金主要来自公众的捐赠、政府的资助，部分还享受减免税收或者其他优惠政策的待遇，因此，社会公众需要向社会公众交代财务的使用情况，要接受公众的问责。随着近年来社会组织的发展，全国各地逐步开展并完善社会组织的评估工作，使社会组织评估工作取得了重大的成绩。通过评估，形成激励社会组织发展的外部动力体系，也形成优胜劣汰的竞争状态，淘汰一些不良的社会组织，同时，还能帮助社会组织发现问题，促进组织内部的治理和能力的建设。在社会组织评估工作日渐规范有序的环境下，我们仍然需要检视目前社会组织评估工作的不足，以便进一步完善。

1. 评估主体及其评估能力有待培育

评估是一门专业性很强的工作，尤其是评估理论、评估内容、评估标准、工具开发等都需要有强大的知识储备。评估主体可以分为政府、第三方评估机构、行业内部，但目前大多数地方的社会组织评估仍然以政府部门为主导。2005年，全国民政工作会议强调要"建立政府指导、社会参与、独立运作的民间组织综合评估机制"。要建立这种机制，第三方评估机构、行业内部等评估主体培育就显得尤为重要。近年来，许多地方政府尝试购买第三方评估机构的服务，对辖区内的社会组织或者项目开展评估。例如，2014年3月，广东省民政厅发布《社会组织等级评估工作第三方评估机构遴选公告》，通过召开省级社会组织等级评估第三方机构评审会，公开、透明地遴选承接社会组织等级评估职能的第三方机构。2015年5月13日，民政部发布了《民政部关于探索建立社会组织第三方评估机制的指导意见》，该意见重点分为五部分，第一部分阐述了第三方评估机制的总体思路和基本原则；第二部分明确了第三方评估机构的资格条件、组织形式、选择方式、活动准则和民政部门的监管职责；第三部分明确了第三方评估的资金保障机制；第四部分着重规范了第三方评估的信息公开和结果运用；第五部分明确了第三方评估工作的组织领导。该意见的出台，从政府层面对社会组织第三方评估提供了更加明确的要求，使社会组织第三方评估工作更加有保障。

在"小政府，大社会"的转型下，社会组织评估交给第三方评估机构，这对第三方评估机构的评估能力的要求极高。我国社会组织评估发展的时间并不长，从我国评估研究现状上看，我国社会组织评估相关研究还主要停留在理论层面，局限于构建评估框架，至于如何量化指标、怎样具体实施、模型的有效性如何，都没有做出深入探讨。另一方面，从第三方评估机构本身而言，评估机构是否具备足够的资格条件是一个关键点。即便评估机构在确定评估资格时符合条件，但在实际的评估工作中，是否能完全由具有评估能力的专家执行也是值得深思的。20世纪70年代，在发达国家，评估已经成为专门的学科，通过开设评估课程对评估专业人才进行培养。而我国的评估体系建设还处于初期阶段，评估专业人员十分欠缺，需要我们继续加强对评估理论、指标、工具等方面的学习，结合我国社会组织的实际情况培养评估方面的本土人才，使评估工作能够更加职业化和专业化。

2. 评估指标体系需要进一步完善

民政部制定的分类评估评分标准经多次论证和修订，基本达到了评估的目的，同时有效地指导了地方社会组织的评估，但仍需进一步完善指标体系。第一，评估指标需要再分类细化。社会组织可以分为社团、基金会、民办非企业单位三大类，但每一类下面还有各自的分类。例如，在民办非企业单位中，教育类的和公益类的民办非企业单位在评估上就存在比较大的差别，两者适用一套评估指标，容易出现指标适用狭窄、设定不合理等问题。民政部先后制定了8类全国性社会组织的评估指标，包括基金会、非内地居民担任法定代表人的基金会、行业协会商会、公益类社团、学术类社团、联合类社团、职业类社团、民办非企业单位，多集中于对社会团体评估指标的细化，但仍有其他类型社会组织的评估指标需要进一步探索。第二，"社会评价"的相关指标的客观性不足。例如，"理事评价""工作人员评价""服务对象评价"基本上都是由参评单位按照评估机构发放的调查表提供上来的，无法确保得到的评价结果的准确性、客观性，因而，该项指标的评估有效性相对欠缺。

3. 评估结果反馈及运用仍需加强

评估结果的运用与反馈主要是由各地方政府依据实际情况制定相应的政策，而有的地方政府部门对社会组织发展的重视程度不够，并没有充分利用评估的结果，这使得评估机制难以发挥其约束、激励、竞争等作用。评估本身不是目的，而是手段，评估的目的是促进社会组织的管理，促进社会组织更好地达成使命，共同助力社会建设。对社会组织而言，除了按照要求完成评估任务，也希望通过评估完善自身建设，更重要的是希望评估能够给社会组织后续的发展带来动力。但在目前的评估工作中，并非所有的评估工作都能够让评估结果积极反馈给社会组织，难以让评估结果与后续的有效激励结合起来。例如，广东省某市在对社会工作机构所开展的社区服务中心进行评估时，评估结果与能否继续承接政府职能存在脱钩现象。某社工机构所服务的社区服务中心评估排名均靠前，属于A等级范围，但由于三年一招标，该社工机构即使成功进入承接政府服务的行列，也难逃政府轮换服务标段的决定，导致三年社区服务中心的社工服务，由于轮换机构承接运营而不得不重新栽植服务。耗时耗力的评估对组织延续服务的承接影响甚微，容易导致部分社会组织对评估工作怨声载道。

8.4.2 社会组织评估的发展对策

社会组织在"登记、年检、培育、评估、执法"五位一体的管理模式中，每个环节在社会组织管理这一链条中，都不应该是割裂的。评估好像社会组织管理中的动态血液，能够更好地激活其他环节，使各项工作形成合力，产生叠加效应。评估结果具有激励作用，能够吸引更多草根组织注册；年检与评估相互补充，一个保证最基本的合法性，一个保证组织发展的推动力；评估过程中发现的社会组织的问题，能够作为培育的参考依据，而组织的培育又能反过来促进社会组织的评估；评估能发现社会组织中严重的违法行为，又能让执法更有效率，同时执法能促进评估的有序开展。因此，评估在社会组织的发展中意义重大，政府在社会组织管理的顶层设计中，应该重点考虑评估能发挥的作用，保障评估工作的常态化、专业化以及延续性。

1. 建立多元评估体系，实现多元参与机制

(1) 健全社会组织第三方评估机制。社会组织第三方评估的培育和规范，离不开政府的引导和支持。第一，政府应该建立对第三方评估机构的资质认证和监管体系。社会组织的评估资质并非在社会组织经营范围内包含评估，就表示具备评估资质。相关政府部门应该对第三方评估机构的资质进行认证，从机构的专业性、人员素质、公信力等综合考评，遴选合适的第三方评估机构。同时，在确保评估工作独立性的基础上，还要对第三方评估机构的评估过程进行监管，保证第三方评估机构评估工作的公平和公正。第二，保障第三方评估机构的资金来源。评估工作的经费可以从财政预算、民政行政经费、专项资金、福利彩票公益金中列支，以尽量保证经费的来源。第三，加强第三方评估机构的培训和学习。可以定期开展第三方评估机构经验交流会，促使行业内的相互学习；也可以开展社会组织评估专题的培训、沙龙、研讨会等，从总体上规范评估市场，提升第三方机构的评估能力。

(2) 推动社会组织加强行业自律和内部评估。行业自律包括两个方面，一方面是行业内对国家法规政策的遵守和贯彻，另一方面是用行业内的行规行约制约自己的行为。社会组织的行业自律，可以作为政府以及第三方评估以外的补充，使社会组织在日常的管理运作中，能够做到日常的自我评估和监管。第一，搭建具有公信力的社会组织行业自律平台。社会组织可以根据自身意愿加入行业自律平台，按照要求定期公布资金使用情况、财务审计报告，自觉接受社会监督，提高公益财产的使用效益。第二，鼓励社会组织建立内部自评机制。社会组织通过内部评估，能够起到组织自身规范的作用，也能提升组织的能力。同时，社会组织的内部评估对外部评估也具有推动作用，通过内外评估共同完善组织的建设。

2. 分清组织类别，完善评估指标体系

评估指标体系可以引导社会组织的发展方向。对社会组织而言，评估犹如指挥棒，能够指明社会组织努力建设和完善的方向。例如，社会组织评估中强调服务的成效，那么社会组织将用更多精力去思考如何达到服务成效并且展现服务成效。但在制定评估标准之前，首先应该对社会组织的类别进行清晰的界定。2016年9月正式推行的《慈善法》并未提及民办非企业单位这一概念，而采用社会服务机构这一概念。此外，它还提及关于慈善组织的界定，一旦界定，慈善组织募款不再受限于公募基金会，社会团体也可能被认定为慈善组织。其中，具备募捐资格与否又将影响评估指标的界定。因此，在评估前，社会组织的分类及界定成为首要工作。另外，应加强社会组织评估的研究。社会组织类型多种多样，涉及范围较广，发展阶段不一，规模也各不相同。如何根据不同的社会组织类型以及社会组织的不同内容等设定科学的评估标准，还需要不断加强研究。

3. 建立激励机制，强化评估结果的应用

首先，要尽快制定及落实社会组织评估的相关法律法规，提升政府对社会组织的评估意识，保障评估工作的顺利开展。目前，评估所依据的法律层次较低，在评估过程中不受重视，即便对社会组织开展了评估，但应该如何运用评估结果并未规定，一旦政府不重视社会组织的评估，那么评估结果不过是一个简单的分数或者等级。其次，要从更高的政策层面，落实社会组织评估结果的激励。只有明确的政策，才能将社会组织等级评估与政府职能转移、购买服务、税收优惠、评比表彰等结合起来。

关键词

社会组织评估，评估发展情况，评估原则，评估主体，评估理论，评估指标，评估程序，评估方法，评估问题，发展对策

作业题

1. 简述社会组织评估的概念和类型。
2. 社会组织评估发展有几个阶段？每个阶段发展的总体特点是什么？
3. 简述社会组织评估的基本框架。
4. 目前，社会组织评估有哪些问题？有哪些对策？

案例分析

自律吧①

USDO的中文名称是"自律吧"；英文全称是the Union of Self-Disciplinary Organizations。这是一个联合全国100多家公益机构共同发起并支持的独立公益网络平台。USDO成立于2009年10月30日，所有参与的公益机构，通过签署并遵守《USDO自律准则》，共同促进行业自律、提升公信力。USDO是一套基于普遍接受的原则的价值观，是一项推动社会组织自律和问责的自愿行动，是一个由社会组织和其他利益相关方共同组成的社区。2014年12月，执行USDO自律吧成员大会的决议，将USDO自律吧秘书处注册为深圳市阿斯度社会组织自律服务中心。截至2016年8月，已有来自全国27个省级行政单位的169家公益组织加入USDO自律吧。申请加入USDO的机构，须提交证明自己满足下列5条基础准则的文件：①有明确的使命，以服务特定的公共利益为目的。②有不少于三人的

---

① USDO自律吧网站，http://www.chinausdo.org/(访问日期：20160828)。

治理机构,并有会议纪要。③有健全的财务管理制度。④有完整的项目记录,并至少对利益相关方公布。⑤对于形成事实劳动关系的,须遵守《劳动合同法》;对于仅使用志愿者服务的,须提供《志愿者服务协议》。

加入USDO的社会组织,需要承诺遵守《USDO自律准则》,主要包括使命及对使命的贯彻、利益回避、内部治理、筹资、财务、项目、人员、信息公开、信息保护等准则。①在使命及对使命的贯彻方面,需要遵守以服务特定的公共利益为使命和目标;行为和使命应当保持一致。②在利益回避方面,应当有利益回避制度。③在内部治理方面,应当建立公开透明的治理机制并向其他成员及公众公布实施状态;治理机构的构成和制度应当保证治理机构正常和有效地运作;治理机构应当制定战略规划,任命执行团队负责人并评估其业绩;治理机构的会议制度应当保证治理机构正常和有效地运作;治理机构应当定期进行自我评估,评估记录应当予以存档。④在筹资方面,筹资活动中所提供的全部信息和资料应当真实有效、不得有任何虚假陈述;筹资行为应当尊重捐赠者的合法权益,包括捐赠意愿、隐私权和知情权;在筹资活动中应当有捐赠合同,明确双方的权利与义务。⑤在财务方面,应当公示财务管理制度;应当编制清晰的年度财务报表,该报表能清楚地反映各项工作的财务信息。⑥在项目方面,应当有系统的项目管理程序;应当建立一定的项目监测和评估体系;应当保存完整的项目记录,包括项目方案或项目建议书、执行记录、项目报告及评估报告等。⑦在人员方面,应当建立人力资源管理制度;应当在互相尊重和互惠互利的基础上招募和管理志愿者/义工。⑧在信息公开方面,应当以适当的途径,及时向社会公开该社会组织的真实信息;应当建立信息公开渠道和回应公众质询的渠道。⑨在信息保护方面,应当尊重受益对象的隐私权,经其书面授权才能公开相应的信息。

思考题:
1. 以"USDO自律吧"为例,分析这种行业自律性评估有什么优势和劣势?
2. 请比较《USDO自律准则》中的准则内容与民政系统评估内容的异同。

第9章 社会团体管理

作为民间性、资源型、非营利性、代表性的社会组织，社会团体在我国的经济发展、技术进步、社会文化创新以及对外交流方面发挥着重要的作用。本章主要围绕社会团体的管理，介绍社会团体的相关概念，厘清社会团体与社会服务机构、基金会等其他组织形式的社会组织的异同；分析我国在《慈善法》出台前后在社会团体管理方面的举措、创新及不足；通过对行业协会商会与行政机关脱钩的案例分析，指明我国社会团体去行政化的路径选择。

9.1 社会团体的概念界定

"社会团体"的概念具有中国特色，我国有关社会团体的内涵与外延的界定在参考了大陆法系国家以及英美法系国家对于法人的分类和定义的基础上，赋予社会团体独特的意涵。因此，在介绍和分析社会团体管理相关制度之前，需要明确社会团体在世界语境以及中国语境下的意涵。

9.1.1 世界语境下的社会团体

在世界语境中，不存在"社会团体"的概念，与其具有相似意涵的则是社团法人。

下文主要分析世界上不同法系中对社团法人的定义。大陆法系和欧美法系，作为世界两大法系，对社团法人的定义明显不同，显示出其形成背后的历史文化差异。在大陆法系中，受到罗马法的影响，将社团法人作为独立的法律组成部分，单列出来，例如，《德国民法典》中，将社团法人与财团法人(基金会)和公法法人并列。在社团法人之下，又划分非营利社团法人和营利社团法人。其中，营利社团法人是"以营利为目的的社团，在帝国法律无特别规定时，因国家的授予取得权利能力"(《德国民法典》第22条)，其突显的"乃是以使社员享受财产上之利益为目的"；与之相对应，非营利社团法人是指"不以营利为目的的社团，因登记于有管辖权的区法院的社团登记簿而取得权利能力"(《德国民法典》第21条)。

然而，在英美法系中，与大陆法系中有关法人的"社团法人"和"财团法人"二分法不同，采用的是集体法人和独任法人的划分方法，其中，"集体法人"（Corporations Aggregate）也译为合体法人，是指由若干成员共同组成的法人，其性质与大陆法系中的社团法人的概念基本相同。[1]"独任法人"（Corporations Sole），也译为独体法人或单独法人，是指由担任特定职务的一人组成的法人。这种职务本身具有恒久的存续性，并通过任职者之间的继任实现。[2]因此，通过概念可以看出，集体法人类似大陆法系中的社团法人，而独任法人则是一个特定的职务，与大陆法系中的财团法人相似。

在私法理论中，一般认为社团法人和财团法人的分类是私法人的最基本分类之一，但是对于其分类的标准，学界认识并不统一，主要有三种观点：第一种观点是，由共同目的的人集合而成的法人为社团法人，由一定目的的财产聚合而成的法人为财团法人；第二种观点是，根据社员意思而构成法律关系的法人为社团法人，根据捐助者的意思而构成法律关系的法人为财团法人；第三种观点是，以一定组织的社员为其成立条件的法人为社团法人，如公司、企业等，以捐助行为为其成立条件的法人为财团法人，如寺庙、基金会等。[3]无论何种观点，社团法人成立的基础在于"人"，因此，社团法人又称为法人型人合组织，是指以人的结合为成立基础的法人，即"人的组织体"[4]；而财团法人成立的基础在于"财"，财团法人的形态是无成员的，表现为独立的特别财产，因此称为"一定目的的财产的集合体。"[5]

因此可以看出，在世界语境之中，社团法人是与财团法人相对应的法人形态，以人的集合为设立条件。其中，非营利社团法人按照其设立的目的是促进公益还是增进互益，又可以划分为公益性社团法人和中间法人。公益性社团法人，主要是指以公益为目的的法人，如政治、宗教、学术、技艺、社交等非经济目的的法人；而中间法人是指非营利性也非公益性的法人，如合作社法人等。

9.1.2 中国语境下的社会团体

在中国语境之中，目前中国的法律体系没有社团法人和财团法人的法人二分模式，有关法人的分类，根据法人所从事的活动性质，1987年实施的《民法通则》将法人分为企业法人、机关法人、事业单位法人和社会团体法人。对于什么是社会团体法人，《民法通则》没有详细的规定，仅在第50条规定，具备法人条件的事业单位、社会团体，依法不需要办理法人登记的，从成立之日起，具有法人资格；依法需要办理法人登记的，经核准登

---

[1] 江平.法人制度论[M].北京：中国政法大学出版社，1998：56.
[2] 江平.法人制度论[M].北京：中国政法大学出版社，1998：56.
[3] 王利明.民法总则研究[M].北京：中国人民大学出版社，2003：386.
[4] 龙卫球.民法总论[M].北京：中国法制出版社，2001：376.
[5] 栾群.私法中社团法人和财团法人的分类及社团管理[J].社团管理研究，2009(5)：31.

记，取得法人资格。

之后，1989年实施的《社会团体登记管理条例》没有明确界定社会团体的概念，而是通过列举社会团体组织形式的方式界定了社会团体的范围。该条例第2条规定，在中华人民共和国境内组织的协会、学会、联合会、研究会、基金会、联谊会、促进会、商会等社会团体均应依照本条例的规定申请登记。但是，管理条例中所提及的社会团体又不同于《民法通则》中的社会团体法人。管理条例第12条规定，社会团体具备法人条件的，经核准登记后，取得法人资格；全国性社会团体必须具备法人条件。因此，管理条例中所涉及的社会团体取得法人资格后才可以成为《民法通则》中的社会团体法人。

经修订后于1998年起实施的《社会团体登记管理条例》第2条则明确了社会团体的定义，本条例所称社会团体，是指中国公民自愿组成，为实现会员共同意愿，按照其章程开展活动的非营利性社会组织。同时，修订后的管理条例第3条明确了社会团体应当具备法人条件，因此修订后的管理条例中所规定的社会团体在是否具有法人条件上范围更小。

通过分析《民法通则》、1989年实施的管理条例和1998年实施的管理条例，可以看出，在我国有关社会团体和社会团体法人的规定出现了不一致的现象。

首先，社会团体是否为法人？1989年实施的管理条例除了规定全国性社会团体必须具备法人条件，对其他地方性和区域性的社会团体没有做出特别的要求。但是修订后的1998年实施的管理条例则明确了社会团体应当具备法人条件，且在第35条罚则中明确规定，未经批准，擅自开展社会团体筹备活动，或者未经登记，擅自以社会团体的名义进行活动，以及被撤销登记的社会团体继续以社会团体名义进行活动的，由登记管理机关予以取缔，没收非法财产；构成犯罪的，依法追究刑事责任；尚不构成犯罪的，依法给予治安管理处罚。因此，能够以社会团体名义进行活动的组织要依法在民政部门登记，并且具备法人条件。但是，1998年实施的管理条例并没有使用"社会团体法人"这一《民法通则》的表述，造成社会团体概念和社会团体法人概念之间发生混淆。

其次，基金会等以财产集合为成立要件的非营利性社会组织是否为社会团体？根据2004年实施的《基金会管理条例》第2条规定可知，基金会是指利用自然人、法人或者其他组织捐赠的财产，以从事公益事业为目的，按照本条例的规定成立的非营利性法人。因此，财产是基金会成立的要件，其成立的目的在于运用财产实现公益性社会目的。由此可见，从成立的目的来看，基金会属于大陆法系中的财团法人和英美法系中的独任法人，其与社团法人之间的边界明确且清晰。但是，《民法通则》中没有基金会之类的组织形式，1989年实施的管理条例将基金会作为社会团体的一种组织形式，修订后的1998年实施的管理条例则明确指出社会团体具有人的集合体的属性，且在《慈善法》出台之前，基金会与社会团体、民办非企业单位共同构成我国的社会组织体系。在法律位阶方面，《民法通则》高于《社会团体登记管理条例》和《基金会管理条例》，但是在基金会的法人属性方面却出现了不一致，"基金会与明显具有社团特征的社会团体具有本质的区别，我国的做法实际上是对上述几个概念①进行了模糊使用，有可能将基金会等福利机构中的管理人员误认为法人成员，从而导致其设立宗旨和财产用途被非法改变……我国处理基金会问题的方式并没有突显其'财团法人'的身份，极易与社团法人和社会团体相混淆。"②

2016年通过的《慈善法》将社会组织、非营利组织、非政府组织、第三部门等统一认为是慈善组织，并指出慈善组织可以采取基金会、社会团体、社会服务机构等组织形式。作为《慈善法》的配套法规，新的《社会团体登记管理条例》正在制定之中，根据民政部公布的《社会团体登记管理条例(修订草案征求意见稿)》第2条的规定，本条例所称社会团体，是指中国公民自愿组成，为实现会员共同意愿，按照其章程开展活动的非营利性的社会组织；第3条规定，社会团体应当具备法人条件。因此，本书所论社会团体主要是指《社会团体登记管理条例》中定义的社会团体，以一定的人为基础，拥有自己的社员。

目前，关于社会团体管理最高位阶的法律法规是国务院颁布的行政法规——《社会团体登记管理条例》，其他多为部门规章或地方性法规以及规范性文件。

9.2 社会团体的分类和功能

9.2.1 社会团体的分类

不同于企业法人等营利性组织，社会团体"是基于成员利益的需要相聚而成的，是以互惠互益为基本宗旨的，社团在一定时期内积累的盈余，不是在组织缔造者或管理者之间分配，而是投入组织的宗旨所规定的活动中，而企业、公司等经营性组织则不同，其设立即以追求利润为目的，其生产、经营等一切活动无不围绕利润运转，赢利性是经营组织的天性。"③同时，社会团体也不同于基金会、社会服务机构等其他组织形式的慈善组织，"从本质上，社会团体是指基于一定社会关系组成的人际共同体。"④此外，作为非营利性慈善组织的社会团体具有慈善团体的一般属性，例如民间性、志愿性、自治性等。其中，民间性强调社会团体与政府机构之间存在明显的边界，"社会团体中的各类组织机构、团体在资金来源、功能、人事制度等方面独立于政府体制之外。它既不是政府的组成部分，也不受制于政府，而只服从社会公共利益的体现——法律规范。"⑤志愿性突显的是内化于社会团体中的公民结社权。作为一项公民基本权利的结社权，是指公民基于志愿

---

① 上述几个概念主要是指社团法人、财团法人、社会团体等。
② 栾群.私法中社团法人和财团法人的分类及社团管理[J].社团管理研究，2009(5)：32.
③ 侯小伏.论社团的组织特征及中国社团组织的发展趋势[J].山东社会科学，2002(5)：117.
④ 王名，等.社会组织与社会治理[M].北京：社会科学文献出版社，2014：211-212.
⑤ 雷兴虎，陈虹.社会团体的法律规制研究[J].法商研究，2002(2)：50.

和自主的意思表达通过组织化，实现自身的诉求。"结社是一种自主的、组织化的社会生活方式，结社在人们自然形成的社会关系和国家公共权力构造的社会关系之外，建构了一种有别于自然形成的社会关系和公共权力关系的社会生活形式。"①而自治性强调社会团体作为自治团体，在对内管理和对外活动方面，能够践行组织宗旨和愿景，"社会团体实行自我管理，有独立的决策和行为能力。"②

按照社会团体的特殊属性和一般属性，可以对社会团体进行不同的分类，而我国有关社会团体的管理思路之一就是建立在不同分类基础之上的分类管理。例如，根据1989年民政部发布的《民政部关于<社会团体登记管理条例>有关问题的通知》的规定，"社会团体的种类可根据社团的性质和任务分为学术性、行业性、专业性和联合性等。学术性社团一般以学会、研究会命名，其中又可以分为自然科学类、社会科学类及自然科学与社会科学的交叉科学类，具体社团的设立，可参照国家制定的学科分类标准确定。行业性社团一般以协会(包括工业协会、行业协会、商会、同业公会等)命名。这类社团主要是经济性团体，其中可分为农业类、工业类和商业类等。具体社团的设立可依照我国《国民经济行业分类和代码》中的分类标准确定，特殊需要按大类或小类设立者必须经过充分论证。专业性社团一般以协会、基金会命名。这类社团一般是非经济类的，主要是由专业人员组成或以专业技术、专门资金为从事某项事业而成立的团体。联合性社团一般以联合会、联谊会、促进会命名。这类社团主要是人群的联合体或学术性、行业性、专业性团体的联合体。"

同时，按照业务开展范围，社会团体又可以划分为全国性社会团体、地方性社会团体和区域性社会团体。由于不同层级的社会团体，其对社会经济的影响不同，其活动的复杂程度不同，因此，需要设计不同的管理制度与之相匹配，其对社会团体登记成立的要求也不相同。例如，《社会团体登记管理条例》第7条规定，全国性的社会团体，是由国务院的登记管理机关负责登记管理；地方性的社会团体，是由所在地人民政府的登记管理机关负责登记管理；跨行政区域的社会团体，是由所跨行政区域的共同上一级人民政府的登记管理机关负责登记管理。第10条规定，有合法的资产和经费来源，全国性的社会团体有10万元以上活动资金，地方性的社会团体和跨行政区域的社会团体有3万元以上活动资金。社会团体的名称应当符合法律、法规的规定，不得违背社会道德风尚。社会团体的名称应当与其业务范围、成员分布、活动地域相一致，准确反映其特征。全国性的社会团体的名称冠以"中国""全国""中华"等字样的，应当按照国家有关规定经过批准，地方性的社会团体的名称不得冠以"中国""全国""中华"等字样。通过分级管理，一方面优化了社会团体管理资源配置。不同层级的政府机关，其所拥有的资源数量和种类不同，因此，通过分级管理的方式，有利于不同层级的政府针对不同层级的社会团体进行管理，从而实现了管理资源投入产出比的最大化。另一方面，不同层级的社会团体在专业性、代表

---

① 刘培峰.结社自由及其限制[M].北京：社会科学文献出版社，2007：42.
② 王名，等.社会组织与社会治理[M].北京：社会科学文献出版社，2014：212.

性、资源集中度等方面不同，层级越高的社会团体的专业性、代表性、资源集中度越高，特别是随着经济全球化的推进和我国企业走出去步伐的加速，全国性的行业协会商会在对外交流中能够更好地运用专业性、代表性和资源集中度解决国际贸易争端，维护我国企业的整体性利益。

9.2.2 社会团体的功能

社会团体的功能是其权力的表现方式，由于权力来源不同，因此，社会团体的功能在形式上也有所区别，既有与其他同类组织相同或类似的功能，也有其独特的功能。从权力来源来看，社会团体的权力来源主要可以分为三类：第一，因法律的直接规定而取得，例如中国消费者协会的7项职能[1]中绝大多数都是基于《消费者权益保护法》的规定，当然这可能与中国消费者协会的半官方性质有关；第二，因政府授权而取得，例如各地行业协会法律文本中均规定了政府及其工作部门授权或者委托的其他职能；第三，通过社会团体内部的章程契约而取得。[2]其中，基于法律规定或者政府授权而生成的权力具有建构性，是一种社会团体与外部环境互动过程中生成的权力，而基于契约而生成的权力，具有自然性，是公民结社权的直接表现形式，是社会团体最为根本和最为重要的权力，也是其赖以存在的基础。因此，在功能方面，社会团体除了具备社会组织共有的经济、社会和政治功能外，还有三个特殊的功能，即表达共同诉求、协调集体行动、形成共同体。[3]

(1) 共同诉求即社会团体代表会员维护全体成员的共同利益或实现其共同的目标，强调社会团体的代表性。代表性是社会团体的主要功能之一，同时也是其设立存在的前提之一。由于公民个人在面对以政府为代表的公权力和以企业为代表的市场力量的时候，为维护自身的利益和表达自身的诉求，通过结社的方式，与具有相同或相似意愿的个人共同组成社会团体，实现自身权益的最大化。因此，"代表性是指一般社团都在不同程度上代表某一类人或某一个社会阶层的共同利益。这里的'利益'不仅包括物质上的利益，而且包含精神上的兴趣、爱好与追求。"[4]

(2) 协调集体行动，强调社会团体的对内功能。为了实现成员的共同利益，避免出现乌合之众的负和博弈，跳出集体行动的困境，就需要强化组织内部成员之间的协调。社会团体的内部协调功能如果从互益的角度审视，具有促进组织内部团结，实现组织长期愿景

---

[1] 根据《中国消费者协会章程》第7条的规定，中消协的主要职能包括：向消费者提供消费信息和咨询服务；参与有关行政部门对商品和服务的监督、检查；就有关消费者合法权益的问题，向有关行政部门反映、查询，并提出建议；受理消费者的投诉，并对投诉事项进行调查、调解；投诉事项涉及商品和服务质量问题的，可以提请鉴定部门鉴定，鉴定部门应当告知鉴定结论；就损害消费者合法权益的行为，支持受损害的消费者提起诉讼；对损害消费者合法权益的行为，通过大众传播媒介予以揭露、批评。
[2] 陈承唐.论社会团体权力的生成——以消费者协会与行业协会为例[J].南京大学学报，2009(4)：71.
[3] 王名，等.社会组织与社会治理[M].北京：社会科学文献出版社，2014：213-214.
[4] 侯小伏.论社团的组织特征及中国社团组织的发展趋势[J].山东社会科学，2002(5)：118.

的作用，但是在特定的条件下，从社会公益的角度审视，则可能形成市场垄断，损害社会公共利益。例如，2007年，世界方便面协会中国分会通过协调占中国市场95%以上份额的十余家方便面厂商共同提高方便面零售价格。这种由行业协会协调会员的行为涉嫌垄断，不仅损害了正常的市场竞争，也损害了消费者的权益。

(3) 形成共同体强调社会团体的网络特性。不同于制度主义强调制度的重要性，社会网络强调社会经济活动嵌入一定的社会关系中，"制度学派的思路关心的是环境对组织的影响，而某一个组织或个人与整个理论并没有特别大的关系。但关系网络一定是与具体的人有关系，讲的是具体人之间的关系。通过具体的关系网络去研究人的行为时，首先要涉及人们所处的社会结构或网络结构；其次要描绘个人在网络中的地位，个人在网络中的位置是怎样的；最后是网络中不同位置之间的相互作用。"[①]社会团体是基于会员共同意愿成立的组织，这种组织具有网络特征，网络中互惠性规范和信任产生了经济资本、人力资本之外的第三种资本——社会资本。社会资本的产生有利于强化组织成员之间的信任关系，形成利益共同体、命运共同体、信仰共同体等，减少由于信息不对所称带来的囚徒困境，减少交易成本。

9.3 社会团体的历史沿革和发展现状

9.3.1 社会团体的历史沿革

中华人民共和国成立以来，我国社会团体的发展主要经历了三个历史时期。在不同历史时期，政府与社会团体之间的关系呈现不同的特点，政府对社会团体的态度虽然呈现跌宕起伏的态势，但是总体上呈现良性互动的趋势。特别是随着十八届三中全会明确了4类社会组织直接登记以及《慈善法》和《行业协会商会与行政机关脱钩总体方案》的出台，社会团体从政府权力延伸的实然角色向以会员利益为核心的非营利性组织的应然角色不断改革。

第一阶段为1949年至改革开放之前。在此阶段，社会团体的管理主要是消化吸收原有社会团体，确立新的社会团体管理体制。1949年公布的《中国人民政治协商会议共同纲领》第5条明确了公民的结社权，"中华人民共和国人民有思想、言论、出版、集会、结社、通信、人身、居住、迁徙、宗教信仰及示威游行的自由权。"在此基础上，政务院于1950年9月制定了《社会团体登记暂行办法》，并授权内务部于1951年3月制定了《社会团体登记管理暂行办法实施细则》。这两部法规规定了社会团体主要包括人民群众团体(系

---

① 周雪光.组织社会学十讲[M].北京：社会科学文献出版社，2003：117.

指从事广泛群众性社会活动的社会团体,如工会、农民协会、工商业联合会、民主妇女联合会、民主青年联合会、学生联合会等)、社会公益团体(系指举办社会公益事业的社会团体,如中国福利会、中国红十字会等)、文艺工作团体(系指从事文学、美术、戏剧、音乐等文艺工作的社会团体,如文学艺术界联合会、戏剧工作者协会、美术工作者协会、音乐工作者协会等)、学校研究团体(系指从事某种专门学术研究的社会团体,如自然科学工作者协会、社会科学工作者协会、医学会等)、宗教团体(系指从事宗教活动的社会团体,如基督教、天主教、佛教等)、其他依照人民政府法律组成的团体(系指其他依照人民政府法律组织而不包括在上述五类之内的社会团体)。在这一阶段,政府的社会团体管理围绕消化吸收旧社会遗留的各类社会团体,对其中具有反动行为的社会团体进行取缔,对其他社会团体进行改造,使其符合新时代的要求。由此,确立了我国社会团体管理的指导思想和管理体制。但是,随后的十年动乱破坏了原有的社会团体管理体制和机制,各类社会团体陷入瘫痪。

第二阶段为改革开放至《慈善法》等一系列促进社会团体发展的有关法律法规出台。在这一阶段,随着我国对外开放政策的实施,政府逐渐放松对社会的管控,由此,社会组织得以在政府和市场的夹缝中不断发展。政府的社会团体管理政策呈现由紧到松的变化趋势。1984年,中共中央、国务院发布的《关于严格控制成立全国性组织的通知》(中发〔1984〕25号)指出,目前过多成立这类跨行业、跨部门、跨地区的全国性组织,使已经膨胀的上层机构、人员数量继续增加,不符合十二届三中全会的精神。成立全国性的组织历来是一件十分严肃的事情。有些单位和个人不经中央审批,随意成立全国性的组织,这种做法继续下去,叠床架屋,鱼龙混杂,可能助长某些不正之风,不利于四化建设。虽然该通知明确了全国性社会团体由主管部门审查,由国家体改委负责审定。然而"归口部门"的模糊性使社会团体仍然由各个部门自行审批:党政机关、企业都可批准社会团体成立,社会团体本身也可批准成立社会团体,有的社会团体甚至在未经批准的情况下自行宣告成立。[1]这导致社会团体数量大幅度增长,到1989年初,全国社会团体由"文化大革命"前的近百个猛增到1 600多个,增长16倍;地方性社会团体也由6 000多个猛增到20多万个,增长33倍,这种超速发展带来了各种问题。[2]为此,1989年,国务院颁布了《社会团体登记管理条例》,明确了民政部门社会团体登记管理的主体身份,并要求成立社会团体应当经过业务主管机关的批准。由此,社会团体的"双重登记管理体制"正式形成。

1998年,国务院修订了《社会团体登记管理条例》。新的管理条例成为针对社会团体的位阶最高的一般法律。此外,针对特殊行业和领域制定出台了一系列专门法,如《律师法》《消费者权益保护法》《注册会计师法》等。

---

[1] 陈金罗. 社团立法与社团管理[M]. 北京:法律出版社,2007:28.
[2] 蔡胜彬. 我国社会团体发展中存在的问题及对策研究[D]. 湘潭:湘潭大学公共管理学院,2007:11.

第三阶段为以《慈善法》出台为标志的一系列配套法律法规的出台。十八届三中全会首次明确了"重点培育和优先发展行业协会商会类、科技类、公益慈善类、城乡社区服务类社会组织,成立时直接依法申请登记。"此后,《慈善法》进一步明确了慈善组织直接向民政部门申请登记的政策。为此,民政部在《社会团体登记管理条例(修订草案征求意见稿)》第3条中采用分类管理的政策,即"成立以下社会团体,依照本条例的规定直接进行登记:行业协会商会;在自然科学和工程技术领域内从事学术研究和交流活动的科技类社会团体;提供扶贫、济困、扶老、救孤、恤病、助残、救灾、助医、助学服务的公益慈善类社会团体;为满足城乡社区居民的生活需求,在社区内活动的城乡社区服务类社会团体。成立前款规定以外的社会团体以及法律、行政法规和国家规定必须有业务主管单位的全国性行业协会商会,应当经其业务主管单位审查同意,并依照本条例的规定进行登记。"四类直接登记的社会团体涵盖了公民、法人的日常生活、工作需求,有利于进一步激活社会团体的发展。

9.3.2 社会团体的发展现状

截至2014年底,我国共有社会团体31万个。其中,工商服务业类34 099个,科技研究类16 923个,教育类11 412个,卫生类10 060个,社会服务类44 630个,文化类30 101个,体育类20 848个,生态环境类6 964个,法律类3 270个,宗教类4 898个,农业及农村发展类60 202个,职业及从业组织类19 867个,国际及其他涉外组织类516个,其他45 946个,具体见表9-1。

表9-1 2007—2014年社会团体发展情况 万个

年度	2007	2008	2009	2010	2011	2012	2013	2014
数量	21.2	23	23.9	24.5	25.5	27.1	28.9	31

数据来源:民政部发布的《2014年社会服务发展统计公报》。

9.4 社会团体的登记管理

登记管理是政府对社会团体管理的第一步,也是社会团体获得合法性不可或缺的必要条件。合法性主要包括4个维度,分别是社会合法性、政治合法性、行政合法性及法律合法性。其中,社团的社会合法性主要有三种基础:一是地方传统,二是当地的共同利益,三是有共识的规则或道理。行政合法性是一种形式合法性,其基础是官僚体制的程序和惯例,其获得形式是多种多样的,大致有机构文书、领导人的同意、机构的符号(如名称、标志)和仪式(如授予的锦旗)等。政治合法性是一种实质合法性,它涉及的是社团内在的方面,如社团的宗旨、社团活动的意图和意义;它表明某一社团或社团活动符合某种政治规范，即"政治上正确"，因而被判定是可以接受的。①而作为核心的法律合法性是指社会团体由于遵守了法律规则而获得合法性。法律合法性是一种形式上的正当，也是对上述三个维度的社会合法性、政治合法性和行政合法性的整合、浓缩与升华。②在不同的历史时期以及不同的政治环境下，4种合法性的权重不同。在法律不健全的情况下，政治合法性和行政合法性相对更为重要，也是社会团体开展活动的前提条件。但是，随着法律法规的健全，法律合法性是一种积极的规定，只有满足法律合法性，社会团体才能获得开展活动的资格。例如，1998年实施的《社会团体管理条例》第35条规定，未经批准擅自开展社会团体筹备活动，或者未经登记擅自以社会团体名义进行活动，以及被撤销登记的社会团体继续以社会团体名义进行活动的，由登记管理机关予以取缔，没收非法财产；构成犯罪的，依法追究刑事责任；尚不构成犯罪的，依法给予治安管理处罚。因此，可以看出，我国对社会团体的成立采用许可主义，即对社会团体的成立采用普遍性限制的行政许可，而非采用欧美国家普遍采用的准则主义。因此，登记管理是政府等公共机关对社会团体采取的一系列管理的第一步。

9.4.1 从双重管理到直接登记

我国社会组织的登记注册制度始于1988年国务院第21次常务会议上通过的《基金会管理办法》，作为国务院制定的第一部专门规范中国民间组织登记管理的行政法规，其第11条规定，建立基金会，由其归口管理的部门报经人民银行审查批准，在民政部门登记注册发给许可证后，具有法人资格，方可进行业务活动。全国性的基金会，报中国人民银行审查批准，向民政部申请登记注册，并向国务院备案。地方性的基金会，报中国人民银行的省、自治区、直辖市分行审查批准，向省、自治区、直辖市人民政府的民政部门申请登记注册，并向省、自治区、直辖市人民政府备案。由此，逐渐形成有关社会组织登记注册的"双重管理体制"。此后，1989年国务院通过的《社会团体登记管理条例》第9条则第一次明确提出了业务主管部门的概念，规定"申请成立社会团体，应当经过有关业务主管部门审查同意后，向登记管理机关申请登记。"以这部法规为标志，以业务主管部门(单位)和登记管理机关为主体的所谓"双重登记体制"，正式成为依法规范和管理我国社会组织的一项基本制度。③双重管理体制从根本上说是由于我国社会组织"先发展、后管理"，是面对大量已经成立并得到相关政府部门支持的社会组织在推行统一登记制度时政府部门之间彼此妥协的结果，目的是一方面保留已有行政归口部门的部分权限，另一方面达成统一登记管理的目标。④1998年修订后的《社会团体登记管理条例》相较于1989年实施的登记管理条例在登记要求的表述上的变化主要体现为："业务主管部门"的表述变更为"业

---

① 高丙中. 社会团体的合法性问题[J]. 中国社会科学，2000(2)：104-107.
② 赵庆. 中国社会团体管理法制化研究[D]. 北京：中共中央党校政法教研部，2015：57.
③ 王名，等. 社会组织与社会治理[M]. 北京：社会科学文献出版社，2014：14.
④ 王名，等. 社会组织与社会治理[M]. 北京：社会科学文献出版社，2014：14.

务主管单位"。双重登记或双重管理体制的确立，为我国社会组织的发展带来了重大影响，这些影响一方面体现积极的作用，另一方面正是由于双重管理体制的确立限制了社会组织行业的整体活力。

(1) 双重管理体制的确立，明确了登记管理机关和业务主管单位之间的权限和职责，通过构建双重验证的方式，分散和防止社会团体可能带来的潜在风险。1998年修订的《社会团体登记管理条例》第27条和第28条分别规定了登记管理机关和业务主管单位在社会团体监督管理方面的职责，例如登记管理机关履行下列监督管理职责：负责社会团体的成立、变更、注销的登记或者备案；对社会团体实施年度检查；对社会团体违反本条例的问题进行监督检查，对社会团体违反本条例的行为给予行政处罚。业务主管单位履行下列监督管理职责：负责社会团体筹备申请、成立登记、变更登记、注销登记前的审查；监督、指导社会团体遵守宪法、法律、法规和国家政策，依据其章程开展活动；负责社会团体年度检查的初审；协助登记管理机关和其他有关部门查处社会团体的违法行为；会同有关机关指导社会团体的清算事宜。特别是通过在业务上具有相关性或相似性的业务主管单位对社会团体进行监督管理，有利于从专业性的角度指导和监督社会团体的活动。

(2) 双重管理体制建立于对社会组织的管控思维之上，主要目的在于通过复杂的制度设计，将社会团体可能带来的负面影响和潜在风险降至最低。但是，这种制度设计模糊了行政确认和行政许可的边界。行政确认行为是行政机关就行政相对人的申请事项，在法定职权范围，依照法定程序，对既成事实或关系的确定、认可和证明。也就是说，行政确认是通过对一定的法律事实或法律关系的甄别、认定，对行政相对人既有的法律地位或权利义务进行的肯定或否定评价。而根据《行政许可法》第2条的规定，本法所称行政许可，是指行政机关根据公民、法人或者其他组织的申请，经依法审查，准予其从事特定活动的行为。行政许可的行为对象是许可行政相对人获得进行某种行为的权利或资格。因此，可以看出，行政确认是对既有的身份、能力实施的确定和认可，其法律效果具有前溯性；而行政许可是准许行政相对人今后可以进行某种行为，其法律效果具有后及的性质，不具有前溯性。"在公民结社自由的层面上分析社会团体登记，它必然是一种行政确认行为，与此相关包含以下几个方面的含义：第一，结社自由先于行政确认，它并不是因为行政确认才使公民享有的；第二，行政确认并非结社权的必要条件，即国家公权力对于未经确认的社会团体没有制裁权；第三，以行政确认的方式对待公民结社权必然引出在税收方面给予社会团体优惠的制度。从社会团体的法律地位来看，社会团体是否可以获得独立的民事权利并独立承担民事义务，主要看其是否获得法人的法律地位。从社会团体法律地位层面来看，对法人型社会团体进行登记显然是一种行政许可行为，它包含下述几个方面的含义：第一，行政许可设置了普遍性的机制，因此社会团体是否享有承担有限责任的权利发生在行政许可之后；第二，行政许可要对普遍性的机制设置解禁条件，解禁条件与社会团体是否有能力承担有限责任有关；第三，行政许可制度所包含的普遍性禁止的含义决定了违反行政许可的条件而进入相关领域必然会带来制裁性的后果。"[①]由于我国在社会团体登记上重视行政许可而忽视行政确认，导致大量的社会团体游离于政府监管体制之外，难以获得法律合法性。

(3) 双重登记管理体制由于采用"重入口登记、轻日常管理"的管理思维，一方面导致登记管理机关为降低日常管理疏漏可能带来的风险，趋于强化入口管理，会进一步限制社会团体登记，因此，不利于社会团体的发展；另一方面，社会团体在日常经营活动中，难以得到登记管理机关和业务主管部门的有效服务，缺少政策性支持。

面对双重登记管理体制的弊端，2013年，党的十八届三中全会在《中共中央关于全面深化改革若干重大问题的决定》中首次提出，限期实现行业协会商会与行政机关真正脱钩，重点培育和优先发展行业协会商会类、科技类、公益慈善类、城乡社区服务类社会组织，成立时直接依法申请登记。之后，2016年出台的《慈善法》第10条首次以法律的形式确认了慈善组织直接在民政部门登记注册的制度，"设立慈善组织，应当向县级以上人民政府民政部门申请登记，民政部门应当自受理申请之日起三十日内做出决定。符合本法规定条件的，准予登记并向社会公告。"作为《慈善法》的配套法律法规之一，2016年民政部公布的《社会团体登记管理条例(修订草案征求意见稿)》第3条规定，成立以下社会团体，依照本条例的规定直接进行登记：行业协会商会；在自然科学和工程技术领域内从事学术研究和交流活动的科技类社会团体；提供扶贫、济困、扶老、救孤、恤病、助残、救灾、助医、助学服务的公益慈善类社会团体；为满足城乡社区居民生活需求，在社区内活动的城乡社区服务类社会团体；成立前款规定以外的社会团体，以及法律、行政法规和国家规定必须有业务主管单位的全国性行业协会商会，应当经其业务主管单位审查同意，并依照本条例的规定进行登记。相较于1998年修订的《社会团体登记管理条例》，新的管理条例在一定程度上顺应了《慈善法》的要求，但是对于四类直接登记之外的社会团体，依然需要业务主管单位的审查。

9.4.2 限制竞争

限制竞争是指在我国将社会团体看作政府权力的延伸，而不是独立的社会组织思维下形成的登记管理制度。《社会团体登记管理条例》第13条规定，在同一行政区域内已有业务范围相同或者相似的社会团体，没有必要成立的，登记机关不予批准筹备。而2016年民政部公布的《社会团体登记管理条例(修订草案征求意见稿)》第17条则将不予登记的限制性条件变更为：申请登记的全国性社会团体与已登记的全国性社会团体的业务范围相同或者相似，没有必要成立的。虽然在一定程度上放松了政府规制，允许地方层面或区域层面具有相同或者相似业务范围的社会团体之间进行竞争，但是依然禁止全国性社会团体之间的竞争。

---

① 沈国琴.社会团体登记制度反思[J].北方法学，2010(1)：91-92.

这种限制竞争的制度设计一方面造成社会团体垄断现象的出现。在某一领域内，由于缺少竞争对手，作为单一存在的社会团体，不仅垄断了针对会员的服务，同时也垄断了行业与社会和政府之间的沟通渠道。特别是当垄断现象出现之后，由于社会团体，特别是全国性社会团体与行政机关之间存在的特殊关系，极易产生寻租现象。另一方面，限制竞争阻碍了社会团体的成长。由于限制竞争，社会团体垄断了一定区域内的资源，因此，社会团体在成长过程中缺少外部激励因素，造成社会团体能力的落后，例如，当去除"一业一会"的约束后，一个地方的同一领域内就可以拥有不止一家社团。于是，社团之间又会围绕会员展开竞争，只有对会员有更强的吸引力，才能够生存下来、发展下去。在此期间的运作逻辑链条是这样的：一个社团为会员提供服务，当服务质量足以让会员感到满意的时候，后者就愿意付费加入，接下来，社团又通过客观的会费而提升服务质量；当服务质量不足以让人满意的时候，人们就不愿意加入社团，或者即使加入也不愿意缴纳会费，于是就没有足够的资金支撑起优质的服务体系，反过来会员就更不愿意缴纳会费。这与市场机制类似，社团之间可以在一定程度上形成市场竞争关系，也可以称其为"会员选择"机制。[①]

9.4.3 社会团体设立党组织

社会团体设立党组织是新形势下出现的新现象。2015年，中共中央办公厅印发的《关于加强社会组织党的建设工作的意见(试行)》(以下简称《意见》)指出，加强社会组织党建工作的重要意义在于"随着改革开放的不断深入，我国社会组织快速发展，已成为社会主义现代化建设的重要力量、党的工作和群众工作的重要阵地。在协调推进全面建成小康社会、全面深化改革、全面依法治国、全面从严治党战略布局中社会组织承担着重要任务，同时社会组织自身发展也面临许多新情况、新问题、新挑战。加强社会组织党建工作，对于引领社会组织及其从业人员紧密围绕在党的周围，不断扩大党在社会组织的影响力，增强党的阶级基础、扩大党的群众基础、夯实党的执政基础，都具有重要意义。"社会团体设立的党组织的职能主要包括：保证政治方向、团结凝聚群众、推动事业发展、建设先进文化、服务人才成长、加强自身建设6个方面。为实现社会团体党组织的有效覆盖，《意见》提出通过落实领导责任、强化基础保障和抓好督促落实的方式，实现社会团体党组织的有效覆盖。

作为对《意见》的回应，《社会团体登记管理条例(修订草案征求意见稿)》第4条规定，在社会团体中，根据《中国共产党》章程的规定，设立中国共产党的组织，开展党的活动，发挥党组织的政治核心作用。社会团体应当为党组织的活动提供必要条件。而在登记条款中，《意见》要求社会团体的章程中必须包括宗旨、党建要求、业务范围和活动地域等内容。由此，党建工作今后将成为社会团体登记的必要条件，也是党发挥领导核心作用的机制之一。社会团体成立党组织是为了践行2005年召开的中央统战工作会议上提出的

---

① 陶传进. 社会团体发展的前瞻与思考[J]. 社会治理，2016(1)：36.

将"新的社会阶层人士"纳入新的统战对象之中的要求。所谓新的社会阶层人士主要由私营企业、外资企业的管理人员和技术人员；中介组织从业人员；自由职业人员等组成，集中分布在新经济组织、新社会组织中。随着社会团体的发展壮大，越来越多的社会精英投身到社会团体等公益慈善领域，因此，对于这部分群体的统战工作成为党建新的要求。

9.5 社会团体的日常管理

登记管理是政府行使社会团体管理权力的第一步，在社会团体依法登记的入口管理之后，政府对社会团体的管理属于日常管理，日常管理主要包括以下三个部分。

9.5.1 年度检查

年度检查是登记管理机关依法行使社会团体日常管理的重要方式之一，同时年度检查的结果也是社会团体评估等级的重要参考因素之一，而评估的结果则将作为社会团体能够进入政府购买服务名单以及获得政府扶持的重要依据。

根据《社会团体登记管理条例》第31条的规定，社会团体应当于每年3月31日前向业务直管单位报送上一年度的工作报告，经业务主管单位初审同意后，于5月31日前报送登记管理机关，接受年度检查。工作报告的内容包括：本社会团体遵守法律法规和国家政策的情况、依照本条例履行登记手续的情况、按照章程开展活动的情况、人员和机构变动的情况以及财务管理的情况。而1996年民政部颁布的《社会团体年度检查暂行办法》第5条规定，社会团体年检的内容包括：执行法律法规和有关政策的情况、开展业务活动的情况、开展经营活动的情况、财务管理和经费收支情况、办事机构和分支机构设置情况、负责人变化情况、在编及聘用工作人员情况、其他有关情况。社会团体的年检结论分为"合格"和"不合格"两类，而合格与否则直接影响社会团体能否参加社会组织评估。根据民政部2010年发布的《社会组织评估管理办法》第7条的规定，社会组织有下列情形之一的，评估机构不予评估：未参加上年度的年度检查；上年度的年度检查结果不合格或者连续两年基本合格；上年度受到有关政府部门行政处罚或者行政处罚尚未执行完毕；正在被有关政府部门或者司法机关立案调查；其他不符合评估条件的。评估的结果直接影响社会团体能否作为政府购买服务的对象以及享受政府扶持政策。《社会组织评估管理办法》第26条规定，社会组织评估结果分为5个等级，由高至低依次为5A级(AAAAA)、4A级(AAAA)、3A级(AAA)、2A级(AA)、1A级(A)。第28条规定，社会组织评估等级的有效期为5年。获得3A以上评估等级的社会组织，可以优先接受政府职能转移，可以优先获得政府购买服务，可以优先获得政府奖励；获得3A以上评估等级的基金会、慈善组织等公益性社会团体可以按照规定申请公益性捐赠税前扣除资格。获得4A以上评估等级的社会组织在年度检查时，可以简化年度检查程序。

9.5.2 财务管理

此处的财务管理主要是指相关机关针对社会团体财务情况制定并出台相关法律法规、规范性文件等，试图通过健全社会团体财务管理，为社会团体持续健康发展提供有效的财务支持。财务管理对于社会团体来说具有重要的意义：首先，社会团体的财务管理是社会团体管理的基础，是实现内部管理的中枢。其次，财务管理是实现社会团体与外部交往的桥梁。此外，财务管理活动能够反映社会团体活动的效果以及存在的问题等，加强财务管理能够及时应对财务信息，进行计算、预测、整理与分析，肯定成绩的同时对问题进行揭露，并寻找原因，及时采取相应的改进措施，确保社会团体的有序发展。[①]政府对社会团体的财务管理主要可以分为资金来源的合法性管理和资金使用的合法性管理。

(1) 资金来源的合法性管理主要强化资金入口管理，确保社会团体所得收入均为合法性收入。《社会团体登记管理条例》第29条规定，社会团体的资产来源必须合法。不同类别的社会团体的收入来源不同。根据2005年实施的《民间非营利组织会计制度》第58条的规定，收入是指民间非营利组织开展业务活动取得的、导致本期净资产增加的经济利益或者服务潜力的流入，收入应当按其来源分为捐赠收入、会费收入、提供服务收入、政府补助收入、投资收益、商品销售收入等主要业务活动收入和其他收入等。但是，社会团体不同于基金会和社会服务机构等社会组织，其以向会员提供服务为核心要务，因此以会费收入、捐赠收入和政府补助收入为主要收入来源。由于我国社会团体长期以来缺少市场化运作的思维和经验，难以向会员企业提供充足的服务，导致会费收入不多以及社会性捐赠不足，"社会团体组织的资金主要来自政府拨款、会费收入和开展业务活动的服务收入。在被调查的组织中，一半以上的组织表示资金比较紧张，导致开展活动受到很大的限制。资金紧张的单位多为没有政府拨款或政府拨款较少的单位。这些组织的负责人认为，政府拨款和资助不足、会费标准较低、会员缴纳会费的积极性不高、开展活动的服务收入较少是造成资金不足的主要原因。由此可见，我国社会团体对政府的依赖度过高，组织的自我发展和管理能力较低。"[②]因此，对于社会团体的资金入口管理，除了依据《民间非营利组织会计制度》之外，对于接受政府拨款的社会团体，同时需要执行《事业单位会计制度》，例如2016年民政部公布的《社会团体登记管理条例(修订草案征求意见稿)》第43条规定，社会团体不得接受违反法律、行政法规以及社会公德的捐赠；第44条规定，社会团体必须执行国家统一的会计制度和国家规定的财务管理制度，接受财政部门的监督；财产

---

① 何韵. 浅谈社会团体财务管理中的常见问题及应对策略[J]. 时代金融, 2014(36): 42.
② 赵宏伟. 社会团体财务管理创新研究[J]. 财会研究, 2014(4): 52.

来源属于政府资助或者社会捐赠、资助的，还应当接受审计机关的监督。

(2) 资金使用的合法性管理。社会团体资金使用的合法性主要是指社会团体在资金使用方面，需要符合法律法规以及章程要求。根据《社会团体登记管理条例》第29条的规定，社会团体的经费以及开展章程规定的活动按照国家有关规定所取得的合法收入，必须用于章程规定的业务活动，不得在会员中分配；社会团体接受捐赠、资助，必须符合章程规定的宗旨和业务范围，必须根据与捐赠人、资助人约定的期限、方式和合法用途加以使用；社会团体应当向业务主管单位报告接受、使用捐赠、资助的有关情况，并应当将有关情况以适当方式向社会公布。除业务主管单位的监管之外，登记管理机关在对全国性社会团体进行年度检查时，要求社会团体提供会计事务所出具的年度审计报告，同时登记管理机关履行监管职责，可以同时出资委托会计事务所对全国性社会团体进行年度财务抽审［《民政部、财政部关于规范全国性社会组织年度财务审计工作的通知》(民发〔2015〕47号)］。《社会团体登记管理条例(修订草案征求意见稿)》第44条规定，社会团体必须执行国家统一的会计制度和国家规定的财务管理制度，接受财政部门的监督；财产来源属于政府资助或者社会捐赠、资助的，还应当接受审计机关的监督。

9.5.3 重大活动报告机制

社会团体在开展重大活动报告时须履行向业务主管单位、登记管理机关报告的义务。所谓的重大活动事项主要包括：会员大会或会员代表大会(包括成立大会、换届大会、年会、制定或修改会费标准、章程、名称的会议等)；秘书长以上负责人变更会议，分支机构、代表机构成立大会；大型成果展览、广告宣传、学术会议、培训班、联谊活动等；向社会筹募活动经费、收取赞助费及公开举行的募捐、资助活动；创办经济实体；涉外(含我国港、澳、台地区)活动，包括吸收境外人士担任社会团体名誉职务、与境外社会团体合作或联合举办的活动、接受境外社会团体的捐赠、邀请境外人士或境外社会团体参加活动、组团出国出境、与境外社会团体的交流交往活动等。

我国在社会团体管理方面采取"重入口登记管理，轻日常管理"的方式，因此，无论是年度检查、财务管理或者重大活动报告，都不是日常性的管理制度。由于信息不对称，社会团体在日常管理中相较于登记管理机关或者业务主管单位拥有更多的信息，也造成后者的日常管理存在缺陷和不足。

9.6 行业协会商会去行政化

行业协会商会和学会是我国社会团体的主要形式，"行业协会是经济领域的社会团体，是某行业内企业主体自愿参加、以保护和增进会员利益为目标的经济类社会团体，是社会团体中的重要类型。"①行业协会商会与其他社会团体相比，具有独特的功能，"一是当行业协会作为行业利益的整体代表者出现的时候，一般具有明显的经济利益价值导向，为了维护会员企业的共同经济利益，往往会采取统一的行动与政府部门、其他利益集团或者社会群体进行沟通、谈判、博弈甚至对抗；二是当行业协会作为行业内部秩序的协调者出现的时候，一般会以维护行业的正常秩序和长远利益为目标，根据协会章程采取相应的行动，包括采取统一的行业自律行动、制定行业技术标准、制定统一的行业发展规划、规范会员企业的市场行为、合理协调不同企业之间的利益冲突等；三是当行业协会以行业内'准公共服务'提供者的身份出现的时候，会为会员企业提供集体性物品，如影响政府政策、改善行业信誉以及非集体性物品，如发布行业信息、提供客户信用资料、专业培训、企业管理研究和技术咨询、帮助讨债以及维权服务等。"②虽然行业协会商会只是社会团体的一类，但其服务的会员主要是以企业法人形式存在的市场组织。因此，作为非营利性组织的社会团体确实与市场化程度高的企业法人发生联系，其所具有的代表性在一定程度上代表市场力量的态度，在特殊环境下，行业协会商会所具有的代表性被人为操控，则可能对公共权力机构和社会力量产生破坏性影响，"作为互益性的经济类社团法人，行业协会也可能存在消极功能。例如，行业协会作为生产者联盟，有可能损害消费者的利益；行业协会作为资本家的联盟，有可能损害劳动者的利益；行业协会作为互益性的社团，有可能损害公共利益；行业协会作为行业性的社团，有可能限制竞争、形成垄断。"③虽然行业协会商会属于互益性社会团体，但是在特殊情景之下，会产生正的公益性的外部性，例如，行业协会的内部管理、协调等功能，通过标准化程序，提高行业整体的产品质量水平，为消费者提供更好、更安全的产品，防止劣币驱逐良币现象的出现，从而在维护行业整体利益的同时，也维护了社会上不特定消费者的经济利益和人身安全，从而产生正外部性。

行业协会商会相较于基金会和社会服务机构，其在行政化的道路上走得最远，其行政化程度也最深。因此，论述行业协会商会的去行政化改革具有重要的意义，从政府的角度来看，行业协会商会的去行政化有利于加快政府职能转变，促进行业协会商会规范发展；在更深的层次上，有利于改变社会弱于国家和市场的局面，促进社会组织成为国家治理改革的重要一极。

9.6.1 行业协会商会与政府之间的权责关系

2012年，党的十八大报告提出建设政社分开、权责明确、依法自治的现代社会组织体

---

① 王名，等.社会组织与社会治理[M].北京：社会科学文献出版社，2014：215.
② 王名.社会组织概论[M].北京：中国社会出版社，2010：196-197.
③ 王名，等.社会组织与社会治理[M].北京：社会科学文献出版社，2014：216.

制。社会组织的权责关系究竟应当如何明确,还需要在理论上进一步厘清。作为社会组织中的一员,行业协会商会的权责关系问题,既关乎行政审批制度改革,也关乎现代社会组织体制建设。一方面,自2001年以来,从中央到地方都在不断推进行政审批制度改革,突出政府行政职能转变。行业协会由于同时涉及经济领域和社会领域,被看作深化改革的一个关键点。[1]职能是权利和责任的外在体现,任何团体或组织都应当享有的权利和应当承担的责任最终决定其可以承担的职能。因此,明确行业协会商会的权利和责任的归属问题成为厘清行业协会与政府职能边界、合理实现政府职能转变的先决条件。另一方面,政府职能转变所释放出来的公共职能需要社会组织予以承担,行政审批制度的改革离不开现代社会组织体制的建设,明晰社会组织的权责关系被看作现代社会组织体制建设的基础或关键。

行业协会商会的特有权责关系与行业协会商会自身的社会价值有关,这也是其区别于其他社会组织的根本。综合来看,行业协会商会的社会价值在于为企业提供服务[2],通过服务促进市场竞争的有序展开、维护会员企业的合理权益,并通过服务取得会员企业的认可、赢得存在和发展的基础。[3]行业协会商会对会员企业的服务分为两类:一是在行业内部直接面向会员企业的服务;二是在行业外部与政府的博弈过程中为会员企业提供的间接服务。因此,如何更好地为会员企业服务,成为行业协会特有权责关系的基础。与行业协会商会固有的权利和责任相比,行业协会商会的特有权利并不是先天具有的,而是由服务会员企业这一社会价值和义务派生而来的,也就是说,对于行业协会商会的特有权利和责任而言,权利是从属于责任的,其获得的顺序是"有责才有权"。[4]

市场经济的扩展性特征要求行业协会商会的服务不能仅停留在行业内部。从会员的角度看,会员不仅需要内部的交流与沟通,更希望能够与政府建立起对话的途径,表达本行业发展过程中遇到的困难以及相关的建议,并获得相应的支持。[5]而从政府的角度来看,面对众多独立于政府的、零散的企业,需要通过一个统一的组织进行协调和代为管理。[6]因此,行业协会商会作为众多零散企业的联合性组织,逐渐与政府建立起行业之外的权责关系,一方面,行业协会与政府进行组织化和理性化的博弈,维护本行业的合理权利[7];另一方面,行业协会需要发挥自己的专业优势,承担一部分政府原有的职能转移[8],协助政府优化对企业的服务效果。

---

[1] 叶雷. 我国行业协会的行动逻辑与改革取向——以"政府-社会-市场"的三分法为视角[J]. 行政论坛, 2009(2): 68-72.

[2] Schneiberg M. Political and Institutional Conditions for Governance by Association: Private Order and Price Controls in American Fire Insurance [J]. Politics and Society, 1999: 101.

[3] 翟鸿祥. 行业协会发展理论与实践[M]. 北京: 经济科学出版社, 2003: 37.

[4] 王文远. 明确权责关系 促进法制社会[J]. 法制与社会, 2009(36): 211.

[5] 汤蕴懿. 基层商会(工商联)转型问题研究——基于对上海某基层商会的案例分析[J]. 上海经济研究, 2009(9): 108-118.

[6] 翟鸿祥. 行业协会发展理论与实践[M]. 北京: 经济科学出版社. 2003: 6.

[7] 余晖. 行业协会及其在中国的发展:理论与案例[M]. 北京: 经济管理出版社, 2002: 30.

[8] 翟鸿祥. 行业协会发展理论与实践[M]. 北京: 经济科学出版社, 2003: 30.

从维护会员的合理权益的角度看，第一，为了防止政府对自由市场的不当干预，行业协会需要向政府表达意见，通过游说让政府提供或改善有利于行业发展的公共产品[①]，这就要求行业协会具备代表行业表达意见的权利，防止国家机构的权力过分膨胀，并使自身的利益公开化、合法化。[②]为了维护整个行业的利益，行业协会甚至需要参与政府同别国政府所进行的双边及多边贸易协定的谈判活动中。[③]第二，为了防止政府在进行宏观调控时出于信息不充分等原因做出不利于行业发展的决策，行业协会需要有参与制定产业政策和发展规划的权利。第三，行业协会可以代表行业进行诉讼，在行业整体利益受到影响或企业个体的利益受到影响时可以代表企业或行业整体利益进行诉讼。

尽管行业协会应以会员利益为根本目标，但并不意味行业协会可以置公共利益和政府于不顾。[④]相比之下，行业协会所具有的信息优势、身份优势等使许多工作开展得更为便捷、更为可靠，因此，在与政府的博弈过程中，行业协会逐渐帮助政府承担一部分不方便做或不适合做的工作。一是承担行业统计的责任，通过对行业发展情况的基础调查，研究本行业面临的问题并提出建议，出版刊物供企业和政府参考。二是承担反倾销的责任，反倾销工作是一个复杂的信息收集、解析和利益协调的过程，也是行业协会维护会员企业和本国利益的重要内容，但在国际贸易中，政府由于身份问题很难直接介入相关的诉讼，甚至会受到对方国家的惩罚，因而需要行业协会予以承担。此外，在国家与社会分权与合作的潮流趋势下，政府逐渐将一部分属于中观和微观层次，带有执行性和技术性的工作通过授权、委托等方式转移给行业协会。[⑤]例如，行业生产经营许可证和进出口许可证、产地证明、统计咨询、产业损害调查、大型项目审批等。这一现象在20世纪70年代以后尤为突出。

这种在行业之外与政府所构成的权责关系可以称为行业协会的外生权责关系。在外生权责关系中，行业协会的权利来自政府权力的部分让渡，以授权或转让的形式实现。[⑥]

我国现阶段的行业协会是在改革开放后发展起来的，是适应社会经济发展的需求以及经济体制改革需要的产物。为了推进政府的职能转移，更好地发挥行业协会的作用，我国自20世纪90年代以来对行业协会的权责关系进行了多次改进。

1997年，为贯彻党的十四届三中全会《中共中央关于建立社会主义市场经济体制若干问题的决定》和五中全会《中共中央关于制定国民经济和社会发展"九五"计划和2010年远景目标的建议》中提出的发挥行业协会的作用和加强行业管理的要求，国家经贸委决定

---

① Jeffrey M. Drope, Wendy L. Hansen. New Evidence for the Theory of Groups: Trade Association Lobbying in Washington, D.C.[J]. Political Research Quaterly, 2009(62): 303-316.

② 严文京. 调整国家与社会关系的第三种模式——试论组合主义[J]. 政治学研究, 1999(2): 85-93.

③ 毕监武. 社团革命——中国社团发展的经济学分析[M]. 济南: 山东人民出版社, 2003: 183.

④ 谭燕, 等. 行业协会治理: 组织目标、组织效率与控制权博弈——以中足协和中超杯"资本革命"为例[J]. 管理世界, 2006(10): 29.

⑤ 翟鸿祥. 行业协会发展理论与实践[M]. 北京: 经济科学出版社, 2003: 30-31.

⑥ 黎军. 行业组织的行政法问题研究[M]. 北京: 北京大学出版社, 2002: 146.

选取上海、广州、厦门、温州4个城市作为试点,明确了行业协会制定本行业行规行约、参与制定、修订本行业各类标准,加强行业统计工作等6项权力职能。1998年修改发布的《社会团体登记管理条例》对社会团体的职责进行了规范,对其登记注册应当满足的条件、资产来源、活动要求等做了明确的要求。为了进一步加强行业协会权力的下放,1999年10月,国家经贸委又下发了《关于加快培育和发展工商领域协会的若干意见(试行)》,在1997年的基础上增加了组织人才培训、协调会员关系、参与质量管理和监督、发展行业和社会公益事业等内容。

此后,各级地方政府开始制定行业协会的管理办法或相关条例,不断以法规的形式明确行业协会的权利。例如,温州市于1999年4月率先出台了《温州市行业协会管理办法》,2005年出台了《关于进一步促进行业协(商)会规范化发展的意见》;上海市于2002年发布了地方性法规《上海市促进行业协会发展规定》和地方性规章《上海市行业协会暂行办法》。

近年来,我国各地方行业协会的权责关系又有了长足的发展,开始对行业协会实行直接登记,并强调与政府部门脱钩。此外,各地方还通过各类条例、办法对行业协会可以具有的权利进行了进一步的确认,并明确了委托或转移的具体方式。2008年,温州市经贸委会同财政部门共同研究出台了《温州市工商领域行业协会评价管理暂行办法》,明确对成绩突出的行业协会给予一定的财政补助并建立行业协会发展专项资金。2009年,广州市根据《广东省行业协会条例》制定了《广州市行业协会商会承接政府有关职能的监督管理试行办法》,指出行业协会可以在法定程序内由政府以移交、授权、委托的方式将行业行政管理中有关事务性、辅助性等职能转交给行业协会商会承担。2010年,上海市对2002年出台的《上海市促进行业协会发展规定》进行了修正,扩展了行业协会的权利范围。

从上述各地方的实践来看,我国行业协会权责关系主要体现以下几个特点。

(1) 在固有权责关系上,注重对行业协会固有权利的回归。首先,从结社限制向结社自由的方向转变,各地方都开始对行业协会的登记办法进行改进,从对行业协会的双重审查许可转向直接登记。其次,由政社不分向行业协会内部自治转变,各地方不断强调行业协会与政府管理部门之间在人、财、物等方面脱钩,减轻政府部门对行业协会的干预。例如,广州市将业务主管单位改为业务指导单位,社会组织直接向民政部门申请成立,减少了前置审批环节;实行了"五自四无",即强调"自愿发起、自选会长、自筹经费、自聘人员、自主会务"和"无行政级别、无行政事业编制、无行政业务主管部门、无现职国家机关工作人员兼职"。

(2) 在权责关系的转移方面,各地方更倾向将内生权利和责任以移交的形式赋予行业协会,而将外生权利和责任以委托的形式赋予行业协会。例如,上海市明确把服务标准的制定、技能资质的考核及行业自律等权利转移给行业协会,把适宜由行业协会承担的行业管理权利委托给行业协会行使。

(3) 在权责关系的保障方面,立法先行,政策配套。例如,上海市人大常委会和市政府针对行业协会改革、发展、新建、调整及税收等方面制定了专门的配套政策,对行业协会发展中遇到的主要问题做出了具体规定。

9.6.2 行业协会商会与行政机关脱钩改革

虽然不少地区在地方性或区域性行业协会商会改革方面进行了尝试,但是在政府与行业协会商会关系的定位、改革方向、配套措施等方面依然缺少明确的目标。行业协会商会的去行政化改革首先体现在如何打破既有的政府机关与行业协会商会之间的人事链条、利益链条、资金链条、从属链条等。2015年,中共中央办公厅和国务院办公厅联合发布了《行业协会商会与行政机关脱钩总体方案》。该方案通过顶层设计的方式,明确了行业协会商会与行政机构之间的权责边界,提出了行业协会商会向非营利性社会组织应然角色回归。

改革措施主要包括5个部分,分别是机构分离,规范综合监管关系;职能分离,规范行政委托和职责分工关系;财产财务分离,规范财产关系;人员管理分离,规范用人关系;党建、外事等事项分离,规范管理关系。但是行业协会商会长期存在于体制之内,缺少健全的内部治理机制和筹资经验,因此,脱钩后的行业协会商会将面临严峻的生存压力。为此,政府在推进脱钩过程中,应当从政策层面为行业协会商会赋权赋能,其中通过政府购买服务是健全行业协会商会筹资能力的重要渠道。

行业协会商会作为非营利性社会组织,在非营利性方面与公共机关的追求相同,因此,从资金使用效率方面来看,行业协会商会作为政府购买服务的对象具有独特的优势。为此,财政部于2015年发布的《关于做好行业协会商会承接政府购买服务工作有关问题的通知(试行)》(财综〔2015〕73)指出,"行业协会商会是社会组织的重要形式,是承接政府购买服务的重要力量。支持和做好行业协会商会承接政府购买服务工作,对于稳妥推进行业协会商会与行政机构脱钩、加快政府职能转变、创新社会治理、促进行业协会商会优化发展、服务经济社会发展具有重要作用。"

虽然明确了行业协会商会与行政机关脱钩改革的总体路径,但是在推进改革的过程中依然面临各种挑战和风险:①变异为"二政府"的原始模式。"二政府"是指社团在与行政机关脱钩之后,虽然以独立存在的形式在领域内运作,但仍然会把自身做成政府形式;②变异为休眠组织。当协会以凌驾于会员之上的组织来自居时,如果它们缺乏政府的优势,又没有实质性的权力及资金资源,那么社团将同时具备政府与社会组织两方面的劣势;③变异为"私人化"组织。"私人化"是指社团组织像私人组织一样在市场中追逐利益或个人的作为,而忽视了社团本身的公共使命。[①]

---

① 陶传进.社会团体发展的前瞻与思考[J].社会治理,2016:36-37.

关键词

社会团体，双重登记管理，直接登记，去行政化，年度检查，财务管理，重大活动报告制度

作业题

1. 简述社会团体的概念与分类。
2. 社会团体的功能有哪些？
3. 在不同发展阶段，社会团体与政府之间的关系呈现哪些特点？
4. 社会团体的登记管理包含哪些内容？
5. 社会团体的日常管理包含哪些内容？
6. 简述行业协会商会去行政化改革的必要性和改革举措。

案例分析

破除贸易壁垒 行业协会挺身而出[①]

自2001年我国加入WTO以来，我国对外出口产品遭遇反倾销和贸易壁垒的数量急剧上升。据外经贸部统计，自2001年11月以来，外经贸部收到的反倾销、反补贴和保障措施调查申请已达12起，数量大大超过以往的4年，其中尤以浙江为甚，仅2002年上半年的涉及金额就高达十多亿美元。

面对诸多的反倾销不公平待遇，浙江各行各业奋起反击，对反倾销和贸易壁垒做出了积极应对。早在1992年，我国的弹簧垫圈出口就遭到美国的不公平反倾销，在国内其他弹簧垫圈出口企业和出口商都打退堂鼓之时，杭州弹簧垫圈有限公司迎难而上做出应诉。但作为单个企业，杭州弹簧垫圈有限公司在应诉反倾销的路上走得并不容易，困难不仅来自资金方面，缺乏经验和渠道更是一个致命伤。据杭州弹簧垫圈有限公司副总经理陈雪军介绍，当时公司感到一切都无从着手，沟通、联系都是问题，连打官司的代理律师事务所都是通过公司的一个美国进口商联系到的，而最后的结果当然也不尽如人意。由此，很多公司都感到，在应对贸易壁垒时靠单个企业的努力难以达到理想的效果，需要一个强有力的行业代言人站出来。

近来，过去少有作为的行业协会开始积极行动，在破解贸易壁垒的过程中起到越来越显著的作用。2002年上半年，当温州打火机商会得知欧盟标准化委员会正在拟订一个技术

---

① 资料来源：《市场报》(2002年11月21日第一版)。

壁垒文件——CR法案后,立即召开了紧急会议,并在与政府沟通之后,由温州商会和外经贸部有关官员组成7人代表团远赴欧盟进行了长达17天的交涉游说,这是中国企业第一次以民间商会的名义走出国门,应对国际贸易争端。一开始,欧盟成员国只派出政府官员接待,后来一看中国的商会代表也来了,马上就"对等"起来,欧洲打火机进出口商协会参与了谈判,由单边会谈变为多边会谈。

事实上,民间行业协会作为市场谈判主体应对反倾销是一个国际惯例。按照世贸组织的规定,行业协会完全可以成为企业的代言人,利用世贸组织条款,依法维护国内本行业的利益。从世界反倾销实践来看,政府或单个企业作为提诉人的情况很少,而维护本行业权益的行业协会作为提诉人的案件则占绝大多数。

行业协会作为企业的自发、自律机构,为企业说话、替企业代言可谓名正言顺,并且有助于对外树立我国市场化国家的形象。行业协会商会的一个很大的优势在于比政府部门更了解产业情况,操作更为有效。比如温州市现有市县级行业协会(商会)45家,基本上是遵循市场规律由民间自愿兴建的。这些协会往往由行业龙头企业出任协会负责人,他们对行业情况了如指掌,对维护行业利益有很强的责任感。

行业协会的优势还在于为应对贸易壁垒案件建立了切实可行的资金筹集渠道。由谁出钱来打官司一直是让企业头痛的问题,而2002年浙江多起贸易壁垒案件的应诉都是由行业协会出面,按各个企业所占的出口份额统一筹集的,这就解决了筹集破解贸易壁垒应诉资金的老大难问题。

尽管各个行业协会正在日益成长,但要全面与国际接轨仍然存在不少的问题。目前,国内行业协会的覆盖面过窄,难以发挥协会的综合协调功能。在全国性的行业协会中,有79%的会员为非国有企业。而行业和地区发展的不平衡、覆盖面窄、分布不均,使得它们掌握的信息不充分,难以发挥综合性的协调功能。据报道,在上海市近130家行业协会中,能够真正发挥"行业代言人"作用的寥寥无几。

我国现阶段的行业协会往往附属于某个行政机构,还不具备更大的独立性,而它只有保持民间性,根据市场经济规律进行商业化操作,保持服务项目的稳定性和持续性,才能更好地发挥其推动经济发展、管理社会事务的作用。

思考题:

1. 作为企业会员的代表,行业协会商会在国际贸易争端中扮演着什么样的角色?
2. 行业协会商会为了更好地发挥自身的代表性功能,如何处理与政府的关系?

第10章
社会服务机构管理

2016年9月起实施的《慈善法》，明确将民办非企业单位改称为社会服务机构，并且指出社会服务机构的主要任务就是从事慈善活动。我国社会服务机构管理条例的实施，必将对社会服务机构规范发展，履行社会职责，突显定位价值起到巨大的推动作用。这不仅是概念的变化，更要全面了解名称更改背后的深刻背景以及相关理论；国外社会服务机构的发展以及我国在一些方面的探索；我国颁布了《社会服务机构管理征求意见稿》（截至本书编写时），基本涵盖了社会服务机构管理的各个层面和框架体系，一些内容的创新反映了我国对社会服务机构管理的趋势。本章围绕社会服务机构管理的相关内容和管理趋势，结合上述问题，进行相关介绍。

10.1 社会服务机构管理概述

我国民政部在2016年5月26日发布的《社会服务机构登记管理暂行条例(修订草案征求意见稿)》中，首次将民办非企业单位更名为社会服务机构。在2016年9月1日起施行的《中华人民共和国慈善法》更进一步明确把民办非企业单位改为社会服务机构。这是自1998年我国《民办非企业单位登记管理暂行条例》实施以来，正式宣告我国"民办非企业单位"称谓退出历史舞台。社会服务机构相较于"民办非企业单位"这一名称更能准确地反映此类组织的社会组织性质和社会服务功能。

10.1.1 社会服务机构概述

1. 民办非企业单位的界定与原则

1) 民办非企业单位的定义与状况

在界定社会服务机构之前，有必要了解其前身——民办非企业单位。根据1998年10月25日国务院公布实施的《民办非企业单位登记管理暂行条例》的规定，民办非企业单位是指企业事业单位、社会团体和其他社会力量以及公民个人利用非国有资产举办的，从事非营利性社会服务活动的社会组织。常见的在民政部门登记的非营利性民办学校、民办医院、民办养老院、民办博物馆、民办社会工作机构等组织，都是民办非企业单位。

截至2015年底，在各级民政部门登记的社会组织共有661 861个，其中民办非企业单位329 122个，比上年增长约12.6%，另外还有4 762个基金会和327 977个社会团体。民办非企业单位发展迅速，活跃在教育、科技、文化、卫生、体育、养老、社会工作、环境保护、法律援助等领域，在促进经济发展、繁荣社会事业、创新社会管理、提供公共服务、增加就业岗位、扩大对外交往等方面发挥了重要作用，已成为我国社会主义现代化建设不可或缺的重要力量。[①]

"民办非企业单位"这一名称已经落后于这类组织发展的实际需要。一方面，"民办非企业单位"是一个否定式的命名，外延不清，从字面上理解，容易涵盖其他组织，例如基金会、社会团体等组织也都是民办的，也都是"非企业"。另一方面，这一名称的内涵不清，不能准确反映这类组织提供社会服务、从事公益事业等特征。同时，过于强调"民办"，与官办民营、民办公助以及推进有条件的事业单位转为社会组织等新的发展趋势不相适应。

近年来，许多专家学者、社会组织从业人员都建议对"民办非企业单位"这一名称进行调整，认为该名称虽然在20世纪90年代用于笼统涵盖社会上各类民办社会事业单位并无不妥，但随着民办非企业单位的发展路径和特点越来越清晰，应当在法律法规修订中给予重新命名。在《慈善法》的起草过程中，该意见得到了党中央和全国人大的认可，并在《慈善法》中正式将"民办非企业单位"更名为"社会服务机构"。

2) 社会服务机构的定义与非营利性特征

一般来说，社会服务机构是指由国家、法人、自然人或者其他组织创办的，主要利用非国有资产设立的，通过社会福利从业人员，为特定的、有需要的服务对象提供专业服务的社会组织。它的目的是提高服务对象的社会功能，协助他们面对问题、解决问题，并促进其健康、幸福和发展。具体理解为：

首先，社会服务机构是一个福利服务输送系统。机构行政人员、社会工作者、社会资料等多种元素，通过系统要素资源不断地整合和加工，影响或者改变服务对象。

其次，社会服务机构是从事经常性、连续性服务的实体性社会组织。组织经过注册，能够在较长时间里从事一系列具体的服务业务，这是组织存在的基本价值尺度。

最后，社会服务机构是提供社会服务的非营利性的社会组织。具有明确清晰的目标、使命、服务重点、服务承诺、具体策略等，以机构目标达成的程度为依归，同时，富有很重的理想色彩和"道德"事业色彩。

关于社会服务机构如何在服务过程中逐步壮大和发展的问题，较之原来的《民办非企业单位登记管理暂行条例》，删除了关于民办非企业单位不得从事营利性经营活动的规

---

① 程楠.民非为何变身社会服务机构——访民政部民间组织管理局黄茹[N]. 中国社会报，2016-4-22.

定,这与《慈善法》第五十四条"慈善组织为实现财产保值、增值进行投资的,应当遵循合法、安全、有效的原则,投资取得的收益应当全部用于慈善目的"的规定相一致。

社会服务机构要开展公益服务活动、造福社会,必须要有相应的财产。而为了使社会服务机构保持可持续性发展,就必须考虑财产的保值增值问题,通过投资等经营活动所得的利润只要用于慈善公益事业,就与社会服务机构的非营利属性不相矛盾,同样也不违反法律。当然,进行投资等经营活动,必须要遵循合法、安全、有效的原则,政府资助的财产和捐赠协议约定不得投资的财产,不得用于投资。①

由此可以更深刻地理解社会服务机构的非营利性特征。

一是社会服务机构的宗旨和目的与营利性企业完全不同。所有的企业,包括服务类型的企业,其宗旨就是通过其经营活动而获取最大的利润,营利是一切企业的出发点。而社会服务机构则不同,其宗旨是向社会提供公益服务,通过自身的服务活动,促进社会的进步与发展,其目的不是为了营利。社会公益性是社会服务机构的最大特征。正因如此,我国才会在税收等方面对社会服务机构实行一些特殊的减免政策。

二是社会服务机构在财务管理和财产分配体制上与营利性企业差别很大。企业的盈余可以在成员中分红,清算后的财产可以在成员中分配,而社会服务机构的盈余和清算后的剩余财产只能用于社会公益事业,不得在成员中分配。由此可见,社会服务机构在从事社会服务活动的过程中,可以根据国家的规定收取合理的费用,以确保成本,略有盈余,这对于维持其生存和发展是非常必要的。如果以社会服务机构非营利性的特点来否定社会服务机构可以依法合理收费,那么社会服务机构就无法生存和发展。如民办学校的宗旨应该是弥补国家教育力量的不足,促进教育事业的发展。但为了自身的生存和发展,又允许其按规定收取一定的费用,并且可以盈利,但盈利的资金应投入扩大教育事业中去。其他民办医疗单位、民办文化单位、民办科研单位、民办体育单位等,都具有同样的性质。②

3) 社会服务机构的活动原则

社会服务机构应当遵守宪法、法律、法规和国家政策,不得反对宪法确定的基本原则,不得危害国家的统一、安全和民族团结,不得损害国家利益、社会公共利益以及其他社会组织和公民的合法权益,不得违背社会道德风尚。

当然,国家也会保护社会服务机构依照法律、法规、规章及其章程开展的各项活动,任何组织或者个人不得非法干涉。

民政部在2013年6月发布的《2012年社会服务发展统计公报》显示,2012年全年查处社会服务机构违法违规案件450起,其中取缔非法社会服务机构21家,行政处罚429起。可见,一些社会服务机构在具体社会服务活动过程中,仍存在一些违规违法的活动,严重背离组织宗旨和公共利益原则。

---

① 佟丽华. 社会服务机构立法的六大亮点[N]. 中国社会报, 2016-6-20(4).
② http://baike.sogou.com/v673775.htm.

4) 社会服务机构的活动领域及其划分

社会服务机构分布在社会各行各业中，每个领域都会产生和存在此类组织，从整体上看，主要分布在以下行业部门中。

(1) 教育事业，如民办幼儿园，民办小学、中学、学院、大学，民办专修(进修)学院或学校，民办培训(补习)学校或中心等；

(2) 卫生事业，如民办门诊部(所)、医院、民办康复、保健、卫生、疗养院(所)等；

(3) 文化事业，如民办艺术表演团体、文化馆(活动中心)、图书馆(室)、博物馆(院)、美术馆、画院、名人纪念馆、收藏馆、艺术研究院(所)等；

(4) 科技事业，如民办科学研究院(所、中心)、民办科技传播或普及中心、科技服务中心、技术评估所(中心)等；

(5) 体育事业，如民办体育俱乐部，民办体育场、馆、院、社、学校等；

(6) 劳动事业，如民办职业培训学校或中心，民办职业介绍所等；

(7) 民政事业，如民办福利院、敬老院、托老所、老年公寓，民办婚姻介绍所，民办社区服务中心(站)等；

(8) 社会中介服务业，如民办评估咨询服务中心(所)，民办信息咨询调查中心(所)，民办人才交流中心等；

(9) 法律服务业；

(10) 其他。

2. 社会服务机构党组织建设

加强社会组织党建工作，对于引领社会组织正确发展方向，激发社会组织活力，促进社会组织在国家治理体系和治理能力现代化进程中更好地发挥作用；对于把社会组织及其从业人员紧密团结在党的周围，不断扩大党在社会组织的影响力，增强党的阶级基础、扩大党的群众基础、夯实党的执政基础，都具有重要意义。

社会服务机构应当根据实际情况，设立中国共产党的组织，开展党的活动。社会服务机构应当为党组织的活动提供必要条件。

依照2015年9月的《中共中央办公厅关于加强社会组织党的建设工作的意见(试行)》要求，凡有三名以上正式党员的社会组织，都要按照党章规定，经上级党组织批准，分别设立党委、总支、支部，并按期进行换届。规模较大、会员单位较多而党员人数不足规定要求的，经县级以上党委批准可以建立党委。社会组织变更、撤并或注销，党组织应及时向上级党组织报告，并做好党员组织关系转移等相关工作；上级党组织应及时对社会组织的党组织变更或撤销做出决定。

暂不具备组建条件的社会组织，可通过选派党建工作指导员、联络员或建立工会、共青团组织等途径开展党的工作，条件成熟时及时建立党组织。新成立的社会组织，具备组建条件的，登记和审批机关应督促推动其同步建立党组织。街道社区、乡镇村党组织要加强对城乡社区社会组织的领导和指导。通过各种方式，逐步实现党的组织和党的工作有效覆盖。

3. 业务主管单位的监管和激励

国务院有关部门和县级以上地方各级人民政府的有关部门、国务院或者县级以上地方各级人民政府授权的组织，是有关行业、业务范围内社会服务机构的业务主管单位(以下简称业务主管单位)。

改革开放以来，随着经济和各项社会事业的发展，各种类型的社会服务机构不断增多，在经济、科技、教育、文化、卫生以及其他社会事务方面发挥了积极的作用，是我国社会主义现代化建设事业中不可缺少的部分。但是，一些管理问题也日益突出：一些单位对社会服务机构自行审批，政出多门，致使一些地方社会服务机构盲目发展。业务主管单位与社会服务机构的联系松散，许多业务主管单位甚至不履行管理职责，只批不管，放任自流；有的社会服务机构未经审批擅自开展活动。有些社会服务机构违法牟取暴利，有的甚至擅自接受境外敌对势力的捐赠和委托，搞非法活动。这些情况都严重干扰了正常的社会和经济秩序，给社会稳定带来了不利影响和隐患。[①]

与此同时，一些政府部门侵犯社会服务机构合法权益的现象不断发生，有的单位和个人，也有一些行政机关，随意向社会服务机构乱摊派、乱收费、乱罚款，甚至侵占私分或者挪用社会服务机构的财产；有的单位随意干涉社会服务机构的内部管理事务，挫伤了民间组织自主管理、自我发展的积极性。

鉴于此，在新的历史时期，特别是政府转型和"放管服"成为政府改革主旋律的趋势下，国家采取多项措施鼓励兴办社会服务机构，如通过政府补助、购买服务、土地划拨、人才培养等方式，支持社会服务机构发展。同时，依照法律、行政法规的规定，社会服务机构以及对社会服务机构进行捐赠的个人和组织享受税收优惠，对在经济社会发展中做出突出贡献的社会服务机构，按照国家有关规定给予表彰和奖励。

10.1.2　社会服务机构登记管理与清算管理

1. 社会服务机构登记管理

为了促进各类社会组织规范发展，政府不断降低社会服务机构的准入门槛，规定对于科技类、公益慈善类、城乡社区服务类社会服务机构，可直接到民政部门申请登记。

社会服务机构登记管理包括管辖权和具体登记程序两方面内容。

1) 社会服务机构的管辖

社会服务机构管辖主要坚持分级管辖原则，具体业务则由民政部门负责。具体分类情况包括：

(1) 县级以上地方各级人民政府民政部门负责同级业务主管单位审查同意的社会服务

---

① http://baike.so.com/doc/722618-765027.html.

机构的登记管理。

(2) 直接登记的社会服务机构向所在地县级以上地方人民政府民政部门申请登记，其中城乡社区服务类社会服务机构应当向所在地县级人民政府民政部门申请登记。

(3) 县级以上地方各级人民政府民政部门负责同级行业审批机关依法许可的社会服务机构的登记管理。

(4) 依照法律、行政法规和国家政策的规定，应当由国务院民政部门登记的社会服务机构向国务院民政部门申请登记。

(5) 登记管理机关、业务主管单位与其管辖的社会服务机构的住所不在一地的，可以委托社会服务机构住所地的登记管理机关、业务主管单位负责委托范围内的监督管理工作。

2) 社会服务机构登记的条件

不同社会主体要设立社会服务机构，一般应当经其业务主管单位审查同意，但是，以下三类社会服务机构可以直接向登记管理机关申请登记。

(1) 在自然科学和工程技术领域内从事学术研究和交流活动的科技类社会服务机构；

(2) 提供扶贫、济困、扶老、救孤、恤病、助残、救灾、助医、助学等服务的公益慈善类社会服务机构；

(3) 为满足城乡社区居民生活需求开展活动的城乡社区服务类社会服务机构。

不管什么类型的社会服务机构，如果要申请登记，应当具备下列条件：①不以营利为目的；②有明确的社会服务范围；③有规范的名称、章程；④有与开展服务相适应的合法财产；⑤有与其业务活动相适应的组织机构、场所、工作人员；⑥有独立承担民事责任的能力；⑦法律、行政法规规定的其他条件。

社会服务机构注册资金不得低于3万元人民币。在省级以下地方人民政府民政部门申请登记的，注册资金的具体标准由省级人民政府制定。

3) 申请社会服务机构登记的必备材料

申请设立社会服务机构登记，申请人应当向登记管理机关提交下列材料：①申请书；②章程草案；③捐赠财产承诺书、验资证明；④场所使用权证明；⑤申请人、理事、监事、拟任负责人的基本情况及身份证明；⑥业务主管单位的批准文件。

申请人应当对社会服务机构登记申请材料的真实性、完整性负责，对社会服务机构登记申请过程中的活动负责，不得以申请设立社会服务机构名义开展与申请无关的活动。

4) 社会服务机构登记的性质

(1) 个人出资且担任社会服务机构负责人的，可申请办理社会服务机构(个体)登记；

(2) 两人或两人以上合伙人举办的，可申请办理社会服务机构(合伙)登记；

(3) 个人出资，但不担任负责人，且符合法人条件的民办单位和两人以上举办且具备法人条件的民办单位可申请办理社会服务机构(法人)登记；

(4) 由企业事业单位、社会团体和其他社会力量举办或由上述组织与个人共同举办的，应当办理社会服务机构(法人)登记。

5) 社会服务机构名称管理

社会服务机构的名称应当符合法律、法规、规章和政策的规定，不得违背社会道德风尚。

社会服务机构的名称应当与其登记地域、业务范围、组织类型相适应，准确反映其特征。

省级以下人民政府民政部门登记的社会服务机构应当冠以相应的行政区域名称。

6) 社会服务机构章程管理

社会服务机构章程应当载明下列事项：①名称和住所；②宗旨和业务范围；③注册资金数额、来源；④组织机构的组成、产生程序、职权、议事规则；⑤理事、监事、负责人的资格、职责、产生、任期和罢免程序；⑥财产的管理、使用制度；⑦组织的终止条件、程序和终止后财产的处理；⑧章程的修改程序；⑨应当由章程规定的其他事项。

社会服务机构章程的一般样本[①]，如下所示。

第一章　总则

第一条　本单位的名称_____。

(社会服务机构的名称应当符合法律、法规及《社会服务机构登记管理规定》的规定，不得违背社会道德风尚。社会服务机构的名称应当与其业务范围、活动地域相一致，准确反映其特征。地方性的社会服务机构应冠以本行政区域名称。社会服务机构的名称，不得使用已由社会服务机构登记管理机关明令撤销或取缔的社会服务机构的名称。)

第二条　本单位的性质_____。

(其中必须载明：全体合伙人自愿出资举办、从事的行(事)业或业务领域、非营利性社会组织。)

第三条　本单位的宗旨_____。

(其中必须载明：遵守宪法、法律、法规和国家政策，遵守社会道德风尚，单位设立的目的。)

第四条　本单位接受业务主管单位_____、社会服务机构登记管理机关_____的业务指导和监督管理(必须载明具体的业务主管单位和社会服务机构登记管理机关)。

第五条　本单位的住所_____(应载明住所的详细地址，如：_____市_____县_____街_____巷_____号)。

---

① http://baike.so.com/doc/722618-765027.html.

第二章　业务范围

第六条　本单位的业务范围

_____。

(如果社会服务机构业务范围中有按照法律、行政法规的规定必须报经审批并领取执业许可证的，则必须载明：本单位已经_____(具体的业务主管单位)批准，并领取_____许可证，业务范围符合法律、行政法规的有关规定。)

第三章　事务执行

第七条　各合伙人对执行本单位的事务享有同等的权利，本单位的下列事务必须经全体合伙人同意：

(一) 处置本单位的财产；

(二) 制定和修改本单位章程；

(三) 改变本单位的名称；

(四) 入伙和退伙；

(五) 向登记管理机关申请办理变更、注销登记手续；

(六) 聘任合伙人以外的人担任本单位的管理人员、工作人员；

(七) _____(其他有关重要事项)。

第八条　经全体合伙人决定，委托1名(或者数名)合伙人作为合伙负责人执行本单位事务，对外代表本单位。

合伙负责人违反章程规定或者全体合伙人的决定执行本单位事务的，其他合伙人可以决定撤销该委托。

第九条　合伙负责人行使下列职权：

(一) 召集和主持全体合伙人会议；

(二) 代表本单位签署有关重要文件；

(三) 开展本单位日常工作，组织实施年度工作计划；

(四) 决定本单位管理人员、工作人员的聘用和辞退；

(五) _____(其他职权)。

第十条　本单位事务由合伙负责人执行的，其他合伙人不再执行，但可以监督合伙负责人，检查其执行事务的情况。

第十一条　合伙负责人应当依照约定向其他合伙人报告事务执行情况、本单位的业务活动开展情况和财务状况，其执行本单位事务所产生的亏损和民事责任，由全体合伙人承担。

第十二条　合伙人为了解本单位的业务活动开展情况和财务状况，有权向合伙负责人要求查阅相关材料。全体合伙人就本单位有关事项做出决定，实行一人一票的表决方法。

第四章 入伙、退伙

第十三条 新合伙人入伙时，须经全体合伙人同意并签署同意本单位章程的意见。

第十四条 入伙的新合伙人与原合伙人享有同等权利，承担同等责任。

第十五条 合伙人在不给本单位事务造成不利影响的情况下，可以退伙，但必须提前30日通知其他合伙人。

第十六条 合伙人有下列情形之一的，经其他合伙人一致同意，可以通过决议将其除名：

(一) 未履行出资义务；

(二) 因故意或者重大过失给本单位造成重大损失；

(三) 执行本单位事务时有不正当行为；

(四) 全体合伙人约定的其他事由。

第十七条 退伙人对其退伙前已发生的本单位债务，与其他合伙人承担连带责任。

第五章 资产管理、使用原则

第十八条 本单位经费来源：

(一) 合伙人的出资；

(二) 政府资助；

(三) 在核准的业务范围内开展活动或服务的收入；

(四) 利息；

(五) 其他合法收入。

第十九条 本单位经费必须用于本单位章程规定的业务范围和事业的发展，盈余按照国家有关规定进行处理。

第二十条 本单位建立严格的财务管理制度，保证会计资料合法、真实、准确、完整。

第二十一条 本单位的资产管理必须执行国家规定的财务管理制度。

第六章 章程的修改程序

第二十二条 对本单位章程的修改，须经全体合伙人决议通过。

第二十三条 本单位修改的章程，须在全体合伙人决议通过后15日内，经业务主管单位审查同意，并报社会服务机构登记管理机关核准后生效。

第七章 终止程序及终止后资产处理

第二十四条 本单位完成宗旨任务或自行解散或出于分立、合并等原因需要注销的，由全体合伙人决议通过，并报业务主管审查同意。

第二十五条 本单位有下列情形之一的，予以解散和清算：

(一) 全体合伙人决定解散；

(二) 章程规定的宗旨任务已经完成或者无法完成；

(三) 单位违反法律、行政法规被依法责令关闭；

(四) 全体合伙人约定的其他事由。

第二十六条　本单位终止前，须在业务主管单位及有关机关的指导下成立清算组织，清理债权债务，处理善后事宜。清算期间，不得开展清算以外的活动。

合伙人的债务，由合伙人按照出资比例或者全体合伙人的约定，以各自的财产承担连带责任。

第二十七条　本单位经社会服务机构登记管理机关办理注销登记手续后即为终止。

第二十八条　本单位终止后的剩余财产，在业务主管单位和社会服务机构登记管理机关的监督下，按照国家有关规定进行处理。

第八章　附则

第二十九条　本章程经_____年_____月_____日全体合伙人决议通过。

第三十条　本章程自社会服务机构登记管理机关核准之日起生效。

7) 社会服务机构登记审查

登记管理机关应当自收到规定的全部有效申请材料之日起30日内，做出准予或者不予登记的决定。情况复杂的，经上一级民政部门批准，可以适当延长，但延长的期限不得超过60天。

准予登记的，核准章程，发给社会服务机构法人登记证书。社会服务机构法人登记证书载明的登记事项包括：名称、住所、宗旨和业务范围、法定代表人和负责人、注册资金。

经业务主管单位审查同意设立的社会服务机构，登记事项还应当包括业务主管单位。

8) 社会服务机构相关事项变更管理

社会服务机构凭登记证书申请刻制印章、开立银行账户，并将印章式样、银行账号报登记管理机关备案。

社会服务机构理事、监事变动的，应当报登记管理机关备案。

社会服务机构登记事项发生变更的，应当在变更之日起30日内向登记管理机关申请变更登记。

社会服务机构修改章程，应当经登记管理机关核准。

经业务主管单位审查同意设立的社会服务机构，申请变更登记事项或者核准章程，应当先经业务主管单位审查同意。

社会服务机构的设立或者变更涉及重大公共利益的，登记管理机关可以征求有关部门的意见或者通过论证会、听证会等形式听取意见，所需时间不包括在审查时限之内。登记管理机关应当将所需时间告知申请人。

9) 社会服务机构注销管理

社会服务机构有下列情形之一的，应当终止并向登记管理机关申请注销登记：①按照章程规定终止的；②理事会决议终止的；③因分立、合并需要终止的；④无法按照章程规定的宗旨继续从事服务活动的；⑤依法被撤销登记或者吊销登记证书的；⑥社会服务机构不能清偿到期债务，且资产不足以清偿全部债务或者明显缺乏清偿能力的。

社会服务机构应当在注销情形出现之日起30日内，在业务主管单位、登记管理机关和其他有关机关的指导下成立清算组织，并开始清算。

社会服务机构未在限定期限内组织清算组开展清算的，以及清算组不履行职责或者存在侵害社会服务机构财产情况的，债权人可以申请人民法院指定有关人员组成清算组进行清算。

注销事由出现之日起1年以内无债权人提出申请的，经业务主管单位审查设立的社会服务机构的业务主管单位，或者直接登记的社会服务机构的登记管理机关，可以向人民法院提出申请。

清算期间，社会服务机构不得开展清算以外的活动。

社会服务机构符合解散情况的，参照适用《中华人民共和国企业破产法》的相关程序。

社会服务机构应当向人民法院提出破产申请，同时提交破产申请书和有关证据。破产申请书应当载明下列事项：①申请人、被申请人的基本情况；②申请目的；③申请的事实和理由；④人民法院认为应当载明的其他事项。

一般情况下，人民法院应当自收到破产申请之日起15日内裁定是否受理。有特殊情况需要延长的，经上一级人民法院批准，可以延长15日。

人民法院裁定受理破产申请的，应当同时指定管理人。人民法院应当自裁定受理破产申请之日起25日内通知已知债权人，并予以公告，通知和公告应当载明下列事项：①申请人、被申请人的名称或者姓名；②人民法院受理破产申请的时间；③申报债权的期限、地点和注意事项；④管理人的名称或者姓名及其处理事务的地址；⑤债务人的债务人或者财产持有人应当向管理人清偿债务或者交付财产的要求；⑥第一次债权人会议召开的时间和地点；⑦人民法院认为应当通知和公告的其他事项。

针对社会服务机构资不抵债可能破产，应明确社会服务机构的退出机制，有利于将"僵尸组织"及时退出社会组织行列，也有利于激活现有组织的活力。

2. 社会服务机构清算管理

社会服务机构申请解散时，清算组履行资产债务等清算职责，行使下列职权：①清理社会服务机构的财产，分别编制资产负债表和财产清单；②通知、公告债权人；③处理与清算有关的社会服务机构未了结的业务；④清缴所欠税款以及清算过程中产生的税款；⑤清理债权、债务；⑥处理社会服务机构清偿债务后的剩余财产；⑦代表社会服务机构参与民事诉讼活动。

清算组成员应当依法履行清算义务，不得利用职权收受贿赂或者其他非法收入，不得侵占社会服务机构的财产。清算组成员因故意或者重大过失给社会服务机构或者债权人造成损失的，应当承担赔偿责任。

社会服务机构负责人、理事及工作人员应当配合清算组开展清算工作，因故意或者重大过失妨害清算，侵害社会服务机构财产或债权人权益的，应当承担赔偿责任。

清算组应当自成立之日起10日内通知债权人，并于60日内在报纸上公告。债权人应当自接到通知书之日起30日内，未接到通知书的自公告之日起45日内，向清算组申报其债权。

债权人申报债权，应当说明债权的有关事项，并提供证明材料。清算组应当对债权进行登记。

在申报债权期间，清算组不得对债权人进行清偿。

清算组在清理社会服务机构财产、编制资产负债表和财产清单后，应当制定清算方案，并报理事会或者人民法院确认。

社会服务机构财产在优先支付清算费用后，按照下列顺序进行：①支付所欠服务对象的费用；②给付职工工资；③支付社会保险费用和法定补偿金；④缴纳所欠税款；⑤偿还其他债务。

社会服务机构清偿债务后的剩余财产，应当依照章程的规定用于特定的社会服务和公益目的；无法按照章程规定处理的，由登记管理机关组织捐赠给予该社会服务机构性质、宗旨相同的社会组织，并向社会公布。本条例施行前登记的社会服务机构清偿后的剩余财产处理，由国务院民政部门会同有关部门制定。

社会服务机构应当自完成清算之日起15日内，向登记管理机关申请办理注销登记。

社会服务机构申请注销登记时，应当向登记管理机关提交注销登记申请书和清算报告。经业务主管单位审查同意登记的社会服务机构，还应当提交业务主管单位审查同意的文件。

登记管理机关应当自收到全部有效文件之日起30日内核准注销，发给注销证明文件，收缴登记证书、印章和财务凭证。

10.2 社会服务机构组织管理

社会服务机构管理的规范性和组织清晰化程度，对社会服务机构的运作和发展具有重要影响。社会服务机构要建立权责明确、制度科学和运营专业的管理组织体系，这在一定程度上，决定了社会服务机构最终能否取得成功。可见，除了要加强社会服务机构外部环境建设，营造良好的社会支撑氛围，更要着眼于建立符合社会服务机构运行需求的组织管理体系。

10.2.1 社会服务机构法人治理结构

完善的法人治理结构是社会服务机构实现良好的内部治理，提升自身服务能力和社会公信度的必要前提，也是社会服务机构健康持续发展的保障。

法人治理结构，又称为公司治理(Corporate Governance)，是现代企业制度中最重要的组织架构。狭义的公司治理主要是指公司内部股东、董事、监事及经理层之间的关系；广义的公司治理还包括与利益相关者(如员工、客户、存款人和社会公众等)之间的关系。公司作为法人，也就是作为由法律赋予人格的团体人、实体人，需要有相适应的组织体制和管理机构，使之具有决策能力和管理能力，行使权利，承担责任。按照《公司法》的规定，法人治理结构由股东大会、董事会、监事会、经理4个部分组成。

社会服务机构作为独立的社会组织法人机构，也需要有相适应的组织体制和管理机构，使之具有决策能力和管理能力，行使权利，承担责任。完善的法人治理结构，可以使社会服务机构实现良好的治理，提升自身能力和社会公信度，健康、规范、持续地发展。因此，现代法人治理结构可谓是社会服务机构制度建设的核心。

1. 理事会

按照相关管理规定，社会服务机构应当设立理事会，理事数为3～25人。第一届理事由申请人、捐赠人共同提名、协商确定。继任理事由理事会提名并选举产生。理事任期由章程规定，每届任期不得超过5年。理事任期届满，可以连选连任。理事会设理事长1人，可以设副理事长。

理事会是社会服务机构的决策机构，履行下列职责：①修改章程；②决定分立、合并或者终止；③决定理事长、副理事长、理事任免事项；④确定法定代表人的人选，任免执行机构负责人；⑤制定内部管理制度；⑥审议年度工作计划、财务预算、决算报告；⑦审议重大业务活动、大额财产处置以及重要涉外活动；⑧审议年度工作报告和财务会计报告；⑨章程规定的其他职权。

理事会应当对所议事项的决定制作会议记录、会议决议，出席会议的理事应当在会议记录、会议决议上签名。

理事会违反相关管理、法律法规或者章程规定做出的决议无效。

理事长召集和主持理事会会议；理事长不履行职务的，由半数以上理事共同推举1名副理事长或理事召集和主持。

社会服务机构可以设立执行机构。执行机构在执行机构负责人领导下开展工作，负责组织实施理事会决议和章程规定的其他职权。

不担任理事的执行机构负责人列席理事会。

2. 监事会

社会服务机构可以设立监事或监事会，监事会由3人以上组成。登记或者认定为慈善组织的社会服务机构应当设立监事。

监事由主要捐赠人、业务主管单位、登记管理机关选派。监事任期与理事任期相同，可以连任，但不得超过两届。理事、负责人、财务人员以及上述人员的近亲属不得兼任监事。

监事履行以下职责：①依法监督社会服务机构按照章程开展活动；②列席理事会会议，有权向理事会提出质询和建议；③监督法定代表人的工作，检查财务和会计资料；④有权向业务主管单位、登记管理机关以及税务、会计主管部门反映情况；⑤章程赋予的其他职权。

3. 负责人制度

社会服务机构的法定代表人依照章程的规定，由负责人担任。法律、行政法规另有规定的从其规定。

但是，有下列情形之一的，不得担任社会服务机构的负责人、理事、监事：①无民事行为能力或者限制民事行为能力的；②因故意犯罪被判处刑罚，自刑罚执行完毕之日起未逾5年的；③担任因违法被吊销登记证书的社会组织的法定代表人，并负有个人责任的，自被吊销之日起未逾5年的；④有法律、行政法规规定不适合任职的其他情形的。

违反前款规定选举或者任命的负责人、理事、监事无效。负责人、理事、监事在任职期间出现前款所列情形的，社会服务机构应当依照章程的规定解除其职务。

国家机关工作人员不得担任社会服务机构的负责人。

有近亲属关系的理事人数不得超过理事总人数的三分之一。在社会服务机构领取薪水的理事数量不得超过理事总人数的三分之一。

社会服务机构的负责人、理事、监事应当遵守法律、法规和社会服务机构章程，忠实履行职责，维护社会服务机构利益，不得有下列行为：①违反决策程序或者内部管理规定，超越职权或者怠于履职的；②工作中隐瞒情况或者虚假报告的；③与本社会服务机构交易，损害本单位利益的；④参与与自身利益有关的决策或者利用职务之便牟取其他不正当利益的；⑤其他违反忠实和勤勉义务，损害本单位利益的行为。

违反前款规定给社会服务机构造成损失的，应当依法承担赔偿责任。

4. 社会服务机构法人治理结构与内容

综合来看，公认的社会服务机构法人治理结构主要包括：组织机构、治理规则和治理机制三部分，如图10-1所示。①

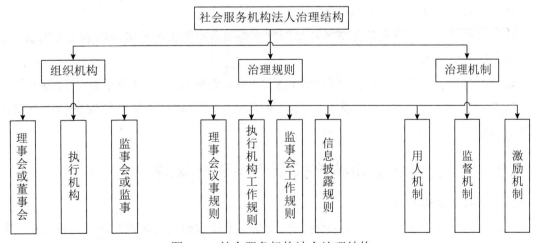

图10-1 社会服务机构法人治理结构

---

① http://wenku.baidu.com/view/5e1663b165ce050876321370.html.

1) 组织机构是社会服务机构法人治理的组织保障

社会服务机构法人治理的组织机构，包括理事会(或董事会)、监事会(或监事)、执行机构(即行政负责人)。它的运行机制是，按照章程规定的责权范围，在监事会的监督和理事会(或董事会)的领导下的行政首长(即CEO)负责制。

理事会(或董事会)是法人治理结构中的最高权力机构——决策机构，由举办者、出资人、职工代表等组成，按照章程赋予的职能进行民主决策。行政负责人由理事会(或董事会)聘任，对理事会(或董事会)负责，按照章程赋予的职责行使权力，负责落实和执行理事会(或董事会)决议。监事会(监事)是社会服务机构的监督机构，按照章程的规定，对理事会、行政负责人的行为进行监督和纠正，保障社会服务机构行为的合法性，维护单位和从业人员的合法权益不受损失。

按照《公司法》的基本规定和要求，我国社会服务机构目前基本是依照《公司法》进行部门权责的划分：

(1) 股东会或者股东大会，由公司股东组成，体现的是所有者对公司的最终所有权，是公司的最高权力机构。

(2) 董事会，由公司股东大会选举产生，对公司的发展目标和重大经营活动做出决策，维护出资人的权益，是公司的决策机构。

(3) 监事会，是公司的监督机构，对公司的财务和董事、经营者的行为发挥监督作用。

(4) 经理，由董事会聘任，是经营者、执行者，是公司的执行机构。

2) 治理规则是法人治理的制度保障

社会服务机构治理规则是组织机构行使权力的依据，也是对组织机构滥用权力的制约。健全的制度是法人治理的保障，也是社会服务机构规范化建设的重要内容。治理规则包括理事会议事规则、执行机构工作规则、监事会工作规则、信息披露规则等。

3) 治理机制是法人治理的措施保障

社会服务机构治理机制是保证各项组织制度得以落实的关键举措，包括用人机制、监督机制、激励机制等。

社会服务机构登记管理对组织结构进行完整明确的规定，有利于社会服务机构的运作透明、民主，防止权力被滥用，也避免了因章程规定不完善而导致机构内部管理混乱的问题。

10.2.2 社会服务机构产权制度与财产管理

1. 社会服务机构产权制度

国内外治理理论及实践表明，无论是公司法人治理结构还是非营利法人治理结构，其重点环节都在于建立法人财产制度、健全法人内部治理结构、完善法人外部治理环境三大方面。其中，建立法人财产制度是实施法人治理的基础，健全法人内部治理结构是实施法人治理的关键，完善法人外部治理环境则是有效实施法人治理的保障。

任何法人治理结构的建立都离不开产权的明晰。制度经济学认为，产权制度与市场制度的治理结构虽然不属于同一层面，却是紧密联系的。产权制度向下与它的基础——市场制度发生联系，向上与治理结构发生联系，故产权制度是治理结构的基础。

同样，产权制度也是社会服务机构法人治理制度的重要组成部分。就社会服务机构而言，建立法人财产制度的意义在于，规范出资人、举办者、社会服务机构和国家等权利主体的行为，并对各权利的行为做出合理预期，明确各自的权利与义务关系，最终通过保障民间资本的财产权益，促进社会服务机构健康发展。因此，真正落实法人财产权，理顺各权利主体的产权关系，是社会服务机构健全法人治理结构的物质基础和根本保障。

现在的问题是，不少社会服务机构的法人财产权并没有被落实，尤其是民办学校的问题最为突出。2002年12月28日颁布的《民办教育促进法》第35条规定，"民办学校对举办者投入民办学校的资产、国有资产、受赠的财产以及办学积累，享有法人财产权。"事实表明，如果民办高校的产权得不到明确界定，其法人财产权不能很好地落实，那么民办学校法人治理结构将难以健全和完善。[①]

2. 社会服务机构财产管理

社会服务机构的财产包括：①注册资金；②社会捐赠的财产；③在核准的业务范围内开展社会服务取得的收入，政府资助和购买服务收入；④依法保值增值形成的财产；⑤其他合法财产。

社会服务机构应当按照合法、安全、有效的原则管理自身财产。机构的财产应当按照章程的规定使用，不得在申请人、捐赠人、负责人中分配。任何组织或者个人不得私分、挪用、截留或者侵占社会服务机构的财产。

社会服务机构使用国有资产的，应当遵守国有资产监督管理的有关规定。政府资助的财产和捐赠协议约定不得投资的财产，不得用于投资。

社会服务机构不得以其财产向其他组织和个人提供担保或者与组织宗旨无关的借款，不得成为投资组织的债务连带责任出资人。

社会服务机构与利益关联方发生交易的，应当遵循公开、公平、公允的原则，不得损害社会服务机构的利益。理事会审议与利益关联方交易事项时，与该交易有利益关系的理事应当回避表决，也不得代理其他理事行使表决权。

社会服务机构接受捐赠和开展募捐活动，应当遵守相关法律和行政法规的规定，符合章程规定的宗旨和业务范围。接受的捐赠财产应当根据与捐赠人约定的期限、方式和用途合法使用。捐赠人有权向社会服务机构查询捐赠财产的使用、管理情况，并提出意见和建议。

社会服务机构应当按照国家统一的会计制度确定财务制度，制定财务会计报告，健全

---

① 方文进.社会服务机构治理结构问题探讨[J].社团管理研究，2010(11)：3-4.

内控机制，规范使用票据，接受财政部门的监督。

社会服务机构的财产来自国家资助或者社会捐赠、资助的，应当接受审计机关监督。

社会服务机构开展活动的资金往来，应当使用登记管理机关备案的账户，不得使用其他组织或者个人账户。

社会服务机构及其工作人员不得伪造、涂改、出租、出借、转让本机构的登记证书、印章。登记证书、印章遗失或者毁损的，社会服务机构应当向社会声明作废，申请补领。

社会服务机构接受境外捐助、开展对外合作、加入国际组织等，应当遵守国家有关规定并建立相应的管理制度。

10.2.3 社会服务机构信息公开

1. 信息公开一般内容规定

2008年5月1日实施的《中华人民共和国政府信息公开条例》规定了政府机关以及相关机构必须依法公开各类政务信息。这是我国加快建设透明性政府，便于群众监督的重要里程碑。同样，社会服务机构的特殊性质和受关注度，决定了这类组织必须向社会公众进行信息公开，接受国家、社会和公众监督。但是，在现实社会中没有任何私密的机构是无法立足发展的。因此，社会监督可以看什么、服务机构能保留什么，就需要均衡双方的利益来划这条线。

依照法律规定和各类机构法制建设进程来看，社会服务机构登记管理机关及其他政府有关部门应当及时向社会公开下列信息：①社会服务机构登记、许可事项；②登记或者认定为慈善组织的社会服务机构名单；③对社会服务机构的税收优惠、资助补贴等优惠措施；④对社会服务机构开展检查、抽查、评估的结果；⑤对社会服务机构的表彰、处罚结果；⑥法律法规规定应当公开的其他信息。

共享资源犹如信息社会的基石，最终目的是共赢，而且信息资源只有被利用才能体现出价值。登记管理机关和其他政府有关部门之间应当建立社会服务机构信息共享机制。广东省东莞市在2012年的《东莞市社会组织信用体系建设工作方案》中提出将通过共建共享方式，建设公共联合征信系统，政府部门和社会组织之间信用信息互通共享。建立统一查询平台，提高信用信息的公开和应用水平。此外，建立健全守信激励和失信惩戒机制，使诚实守信者得到保护，作假失信者受到惩戒，有效改善社会信用环境。它的主要任务包括：①推进社会组织内部信用体系建设，建立健全民主选举制度、会员(代表)大会制度、理事会制度、监事会(监事)制度等；②建立行业协会商会诚信自律机制；③建立健全社会组织信用档案，及时向公共联合征信系统提供和更新社会组织信用信息。[①]

2. 信息公开时限和具体内容规定

统一规范信息公开时限，既能对相关社会服务机构工作形成强大的约束力；也能告知

---

① 田玲玲. 失信用社会组织要受惩治[EB/OL]. http://roll.sohu.com/20121211/n360058843.shtml.

社会公众或者相关组织具体的查询时段和了解信息的明确时间。依照规定，社会服务机构应当自以下信息产生或变动30日内在登记管理机关统一的信息平台或通过其他便于公众查询的方式向社会公开：①登记事项；②章程；③负责人、理事和监事名单；④服务内容和收费标准；⑤接受捐赠和使用情况；⑥税收优惠、资助补贴、政府购买服务情况；⑦与利益关联方发生交易的情况；⑧受到行政处罚的情况；⑨设立分支机构的情况；⑩其他依法应当公开的信息。

同时，为了加强登记管理机关对登记机构的监管力度，要求社会服务机构应当于每年1月1日至6月30日，通过登记管理机关统一的信息平台向登记管理机关报送上一年度工作报告，内容包括：①基本信息；②业务活动情况；③组织机构情况；④接受有关部门监督管理的情况；⑤监事意见；⑥履行信息公开义务的情况；⑦财务会计报告；⑧登记管理机关要求的其他信息。其中，第①至⑥项信息应当及时、多样式向社会公开，而第⑦项、第⑧项信息则由社会服务机构选择是否向社会公开以及公开形式等。

依法登记或者认定为慈善组织的社会服务机构的年度工作报告及公开的内容中还应当包括注册会计师审计报告。

3. 信息公开责任与追责

社会服务机构信息公开责任，是指社会服务机构信息公开义务主体在履行职责时，违反信息公开的有关规定，造成不良影响或产生严重后果时所应承担的责任。

社会服务机构应当对公开信息的真实性、完整性、及时性负责。公开信息应当便于公众获取，不得有虚假记载、误导性陈述或者重大遗漏。社会服务机构被民政部门登记或者认定为慈善组织的，还应当依法公开相关的组织和活动信息。

社会服务机构对于已经公开的信息，应当制作信息公开档案，妥善保管。

涉及国家秘密、商业机密和个人隐私的信息以及法律、行政法规规定不予公开的其他信息，不得公开。捐赠人不同意公开的信息，不得公开。

社会服务机构信息公开的责任追究实行分级负责制。政府信息公开责任部门以及民政部门负责社会服务机构信息公开责任追究。

违反国家信息公开有关规定，具有下列情形之一的，追究科室领导和直接责任人的责任：

(1) 按照有关规定应实行信息公开而没有公开的；
(2) 政府信息公开流于形式，承诺不兑现的；
(3) 应当公开的重点内容没有按要求公开，造成不良影响的；
(4) 不及时受理群众的公开申请，不认真执行本局信息公开投诉举报制度的；
(5) 其他违反政府信息公开有关规定，应当追究责任的行为。

对违反信息公开有关规定的科室及其工作人员按以下办法追究责任：

(1) 情况轻微、影响较小的，对直接责任人给予告诫或批评教育，并限期改正。

(2) 影响正常工作或者给群众造成损失的，对有关责任人给予通报批评，责令做出书面检查，取消其当年评先评优资格。

(3) 情节严重、影响较大的，对科室给予通报批评，责令限期整改，取消年度评先评优资格；对科室主要负责人给予通报批评，取消年度评先评优资格，视情节给予相应的党纪政纪处分；要求理事会罢免直接责任人或者不得从事原来的工作，并按规定给予党纪政纪处分。

10.2.4 社会服务机构监督

各种形式以及多元主体的监督是确保社会服务机构健康发展、依法服务和履行责任的有效保证。没有监督的权力必然产生腐败，同样，没有监督的社会服务机构肯定会出现各种违规操作和违法行为。社会服务机构的监督在内容和形式上都是多样的，覆盖整个机构运行以及环境，而且这种监督是强力又有效的。

1. 登记管理机关的监督职责

政府登记管理机关是社会服务机构监督管理的直接政府责任主体，也是行使公权力的有力监督者，要履行下列监督管理职责：

(1) 负责社会服务机构的设立、变更、注销登记、备案和章程核准；

(2) 督促社会服务机构履行信息公开责任，对社会服务机构公开的信息进行随机抽查；

(3) 对社会服务机构依照本条例及其章程开展活动的情况进行监督检查；

(4) 对社会服务机构违反本条例的行为依法进行查处。

民政部门建立社会服务机构评估、信用记录、年度工作报告、活动异常名录制度，并通过统一的信息平台向社会公开社会服务机构的相关信息。

登记管理机关对涉嫌违反条例规定的社会服务机构，有权采取下列措施：

(1) 约谈负责人及相关工作人员；

(2) 对住所和违法行为发生地进行现场检查；

(3) 要求负责人做出说明，查阅、复制有关材料，对可能被转移、销毁、隐匿或者篡改的文件、资料予以封存；

(4) 向有关单位和个人调查询问与监督管理有关的情况；

(5) 经本级人民政府批准，查询社会服务机构的账户；

(6) 法律、行政法规规定的其他措施。

登记管理部门依法履职过程中，针对社会服务机构的现场检查或者调查的人员不得少于两人，并应当出示合法证件和检查、调查通知书。

登记管理机关依法履行监督管理职责时，有关单位和个人应当予以配合。

2. 业务主管单位的监督管理职责

尽管一些组织可以直接申请登记，但对其他组织来说，仍需要有业务主管单位，当然，这些业务主管单位也要履行监督管理职责，具体包括：

(1) 负责社会服务机构设立、变更、注销登记以及章程核准前的审查；

(2) 监督、指导社会服务机构遵守宪法、法律、法规、规章和国家有关政策，并依据其章程开展活动；

(3) 监督、指导社会服务机构制定年度工作报告、履行信息公开义务；

(4) 协助登记管理机关和其他有关部门查处社会服务机构的违法行为；

(5) 会同有关部门指导社会服务机构的清算事宜。

县级以上人民政府外事、发展改革、公安、财政、人力资源和社会保障、审计、税务等有关职能部门对社会服务机构涉及本领域的事项履行监督管理职责，依法查处违法违规行为并及时向登记管理机关通报。

3. 社会监督

登记管理机关应当建立社会监督机制，鼓励公众监督社会服务机构依法开展活动。社会公众、新闻媒体可以对社会服务机构开展社会服务活动的情况进行监督。社会公众可以依法向登记管理机关及有关部门举报社会服务机构的违法违规行为，相关部门应当及时受理。

社会服务机构可以依法建立行业组织，进行行业管理和行业监督。

4. 监督方式与程序

1) 监督方式

(1) 定期检查。根据《社会服务机构登记管理条例》以及若干具体实施办法的规定，社会服务机构应当于每年3月31日前向业务主管单位报送上一年度的工作报告，经业务主管单位初审同意后，于5月31日前报送当地民政局，接受年度检查。直接登记的社会服务机构可于每年5月31日前将上一年度的工作报告直接报送民政局，接受年度检查。

(2) 不定期检查。平时上门走访调研，监督社会服务机构的运行情况，检查其存在的问题。重点检查受到投诉举报的社会服务机构，视情节轻重予以处理。

2) 监督程序

(1) 定期检查程序。

① 下发通知。每年年初下发开展社会服务机构年度检查的通知，要求社会服务机构接受检查。

② 实施检查。社会服务机构在规定时间内向民政局报送经业务主管单位审查同意的上一年度的年度工作报告。民政局以集中检查、上门检查等多种形式进行年检。年检过程中，可要求社会服务机构就年度工作报告中涉及的问题进行补充说明。

③ 做出结论。根据年度工作报告，发现社会服务机构存在的问题，并做出"合格""基本合格""不合格"的年检结论。

④ 进行公告。完成年度检查后，民政局向社会公告年度检查结果，并向业务主管单

位通报。

⑤责令整改。责令年检基本合格或不合格的社会服务机构进行限期整改。

⑥依法处理。根据发现的问题以及年检情况，依法对社会服务机构进行相应的行政处罚。

(2) 不定期检查依照制订计划、实施检查、通报结果、整改处理的程序进行。

5. 重点内容监管

(1) 社会服务机构负责人监管。民政部门会同有关部门建立社会服务机构负责人任职、约谈、警告、责令撤换、从业禁止等管理制度，落实法定代表人离任审计制度。建立负责人不良行为记录档案，强化社会服务机构负责人过错责任追究，对严重违法违规的，责令撤换并依法依规追究责任。推行社会服务机构负责人任职前公示制度、法定代表人述职制度。

(2) 社会服务机构资金监管。税务部门要推动社会服务机构依法进行税务登记，对于没有在税务机关登记的社会服务机构，要在半年内完成登记手续；加强对社会服务机构非营利性的监督，严格核查非营利组织享受税收优惠政策的条件，落实非营利性收入免税申报和经营性收入依法纳税制度。

(3) 社会服务机构税务检查。对违法违规开展营利性经营活动的，依法取消税收优惠资格，通报有关部门依法处罚社会服务机构和主要责任人。审计机关要对社会服务机构的财务收支情况、国有资产管理使用情况进行审计监督。

6. 监督追责处理

社会服务机构有下列情形之一的，由登记管理机关列入异常名录或严重违法名单，并通过统一的信息平台向社会公开，具体实施办法由国务院民政部门制定：

(1) 未按照本条例规定的时限公开年度报告或者公开有关组织信息的；

(2) 公开信息隐瞒真实情况、弄虚作假的；

(3) 有其他违法违规情况的。

社会服务机构弄虚作假骗取登记的，由登记管理机关撤销登记。登记管理机关可以对直接责任人处以5万元以下的罚款。

社会服务机构不再具备设立条件的，由登记管理机关责令限期改正，逾期仍不符合条件的，吊销登记证书。

社会服务机构有下列情形之一的，由登记管理机关责令改正，可以给予警告或者责令限期停止活动；有违法所得的，没收违法所得；可以单处或者并处1万元以上3万元以下的罚款；情节严重的，吊销登记证书：

(1) 伪造、变造或者出租、出借、转让登记证书、印章的；

(2) 超出章程规定的宗旨和业务范围开展活动的；

(3) 拒不接受或者不按照规定接受监督检查的，或者在接受监督检查时隐瞒真实情

况、弄虚作假的;

(4) 不按照规定办理变更登记、核准、备案,或者隐瞒真实情况、弄虚作假的;

(5) 违反规定设立分支机构的;

(6) 私分、挪用、截留或者侵占社会服务机构财产的;

(7) 违反国家有关规定筹集资金、获取收入或者接受使用捐赠、资助的;

(8) 其他违反条例规定的情形。

社会服务机构有前款所列情形的,登记管理机关可以对法定代表人、负责人、直接责任人给予警告,并可处以1万元以下的罚款。对于前款第(7)项情形,责令相关责任人限期退还财产,给社会服务机构造成损失的,依法承担赔偿责任。

社会服务机构的活动违反其他法律、法规的,由有关国家机关依法处理。有关国家机关认为应当吊销登记证书的,由登记管理机关吊销登记证书。

未经登记,擅自以社会服务机构名义进行活动,以及被撤销登记、吊销登记证书后继续以社会服务机构名义开展活动,情节轻微的,由登记管理机关责令解散;情节严重或者拒不解散的,予以取缔,没收非法财产和违法所得;对责任人可处以2万元以下的罚款。有违反治安管理行为的,依法给予治安管理处罚;构成犯罪的,依法追究刑事责任。

依照法律、行政法规规定应当取得而未取得许可证或者批准文件,擅自开展活动的,由有关行业审批机关会同登记管理机关进行查处。

登记管理机关依法做出变更登记、撤销登记、吊销登记证书、注销登记的决定后,社会服务机构拒不缴回或者无法缴回原登记证书、印章的,由登记管理机关公告作废。

登记管理机关工作人员滥用职权、徇私舞弊、玩忽职守构成犯罪的,依法追究刑事责任;尚不构成犯罪的,依法给予处分。

10.3 社会服务机构发展

当前,社会服务机构在世界各地都成为社会组织中非常重要的一类组织。我国社会服务机构尽管刚刚更名,但其前身——民办非企业单位仍在我国社会发展进程中发挥了巨大的历史推动作用,成为不可缺少的、重要的社会组织类型。

10.3.1 社会服务机构发展理论与现状

1. 社会服务机构发展理论

在组织管理实践与研究中,组织发展已成为一个专门的领域,被广泛应用于企业设计和社会组织的发展之中。

贝克哈德认为，组织发展是一种用行为科学的知识、旨在提高组织效率和保障组织健康的、从组织高级管理层开始实施的、有计划的努力。贝尼斯认为，组织发展是对变革的回应，是一种旨在改变组织的信仰、态度、价值观和结构，以使它能更好地面对新的技术、市场、挑战和快速变化的培训策略。

一般来说，组织发展是专家运用心理学、社会学、文化人类学和其他相关理论帮助客户改善组织状况的活动。

1) 组织发展的内容

组织发展包括的内容比较广泛，具体来说，组织发展的内容有以下几个方面。

(1) 解决组织的较复杂问题的方法，具有长期性特点。组织发展是一个长期动态过程，一些问题只能在发展中寻求解决的办法，换句话说，一些问题会在组织发展中逐步得到解决。

(2) 组织中高层行政管理人员支持下改进组织的活动。组织发展是一种有计划的改良活动，组织管理者会制定组织发展战略以及规划，有序地推进组织的变革。

(3) 组织发展主要通过培训和员工发展来实现。任何组织的发展，其实质最终都体现为组织员工的发展。组织员工会在组织内经过组织文化熏陶，在不同岗位上积累经验和交叉学习培训，逐步形成健全的组织人格和专业知识。员工自身能力得到提升，组织的发展也相应具备人才基础和条件。

(4) 强调员工的参与，增强员工的责任意识。组织是一个相对封闭的体系，组织除了需要领导、需要精英人物设计和指挥，其发展更离不开员工的积极参与，组织的任何进步都是包括领导者在内的广大员工的努力成果。只有员工都具备相应的责任意识，组织才能不断壮大，组织生产或者提供的产品以及服务才能更加优质。

2) 社会服务机构能力建设

组织能力是组织所拥有的、实现目标的能力。它是组织所拥有的、有利于实现其目标的各要素及要素之间的整合以及可借助的外部力量的总和，包括组织所拥有的人力和物力资源、制度和文化资源、社会影响力和社会资本等。

总体来说，组织的能力可分为要素能力、协调能力、获致能力和影响能力。

当前，社会服务机构能力建设主要是针对机构能力不足而提出的，主要包括以下几个方面的含义。

(1) 能力建设是针对行为主体的能力不足而提出的。从社会服务机构来讲，主要是社会服务机构自身在组织建设、要素质量方面存在与其职责不匹配的地方。

(2) 能力建设是与实现组织目标相关的条件性的行动。任何组织要实现既定目标，必须具备相应的能力。社会环境的变化、组织内的调整，都要求组织必须加强自身建设，提高应变能力。

(3) 能力建设与组织持续达到目标的活动相关。组织在实现目标的过程中，需要一系列活动的支撑，能力建设就是在诸多活动中需要不断强化和改进的内容。

(4) 能力建设是多方面、多层次的。组织能力要服务于组织使命，各类组织使命不同，决定了组织要具备不同的能力内容和水平。组织人员是具备不同能力的人的组合。

(5) 能力建设的成功在于主体的努力。内因决定外因。组织主体自身的努力，是提升组织能力建设水平的关键。

能力建设的概念是于1995年首先由英国致力于发展中国家和地区扶贫活动的乐施会提出的。乐施会在扶贫过程中认识到提高服务机构的组织能力是做好各项工作的关键。同时，乐施会发现当地的社会组织缺乏向政府争取支持的力量，缺乏设计合理的发展项目的能力，缺乏自我管理的能力和独立推进项目的能力。

2. 社会服务机构现状

鉴于社会服务机构的名称是接续民办非企业单位，因此，可以用民办非企业单位的现状来管窥我国社会服务机构的基本问题。通过部分省市的专家学者以及管理实务人员的调研分析[1]，基本可以概括出我国社会服务机构的现状。

1) 社会服务机构作用的发挥远远不够

社会服务机构分布不均，教育培训类机构较多，群众需要的服务型社会服务机构较少。部分社会服务机构的规模较小、功能弱、服务能力差，不能适应社会的需要。一些社会服务机构的公信力低，社会认可度不高，多数群众相信国办的服务机构，多数人认为社会服务机构收费高。

2) 部分机构登记管理难度比较大

(1) 机构性质难界定。社会服务机构是开展非营利性社会服务活动的社会组织。登记过程中，一些俱乐部、家教托管中心、各类假期培优班等，难以被认定是社会服务机构还是社会服务型企业，游离于登记之外。

(2) 资产的性质难界定。社会服务机构是利用非国有资产创办的，但在实际工作中，很难认定资产的来源性质，特别是事业单位创办的社会服务机构，更不容易分清哪一部分是国有的，哪一部分是非国有的。

(3) 社会服务机构主动登记难。社会服务机构的登记，赋予社会服务机构民事主体资格和权利，是一个单位存在的最基本要求。但是，有的社会服务机构认为自己规模小不需要机构代码和银行账户，登不登记无所谓，等规模大了再登记也不迟；有的社会服务机构认为已经取得了"执业资格证"(教育类、劳动培训类)，不需要注册登记；有的社会服务机构认为登记后管的人就多了，不利于自己事业的发展，除非在工作中遇到有关管理部门的硬性要求，社会服务机构的举办者一般不会主动登记。

(4) 管理难。登记管理机关对社会服务机构的监管主要是通过年检来实现的，但社会

---

[1] 宋汉波，杨宏进. 对社会服务机构的调研[EB/OL]. http://xg.hbmzt.gov.cn/gzyj/201207/t20120726_132805.shtml，2012-7-15.

服务机构提供的年检材料往往不真实,难以核查;有的干脆不参加年检;有的在人员、业务范围、地址等方面发生变动,也不办理变更登记手续;有的停办,也不办理注销登记手续,举办人不知去向,名存实亡。

(5) 行政处罚难。对未经登记,擅自以社会服务机构名义进行活动的,或者被撤销登记的社会服务机构继续以社会服务机构名义进行活动的,由登记管理机关予以取缔,没收非法财产。但在执行过程中,首先是登记管理机关人员不足,一般都是工作人员身兼多职,只能应付日常登记工作;有的地方只有一个人,不能开展行政执法工作。其次是部门协调难,由于认识上不一致,业务主管单位不愿配合;取缔非法民间组织,有时需要公安、工商等部门参与,难以协调。

3) 各类业务主管单位监管乏力

业务主管单位负责社会服务机构成立、变更、注销登记前的审查;监督、指导社会服务机构遵守宪法、法律、法规和国家政策,按照章程开展活动;负责社会服务机构年度检查的初审;协助登记管理机关和其他有关部门查处社会服务机构的违法行为;会同有关机关指导社会服务机构的清算事宜。

除教育和劳动类社会服务机构外,其他业务主管单位没有科室和人员负责社会服务机构的管理工作,难以履行业务主管单位的职责;有些政府部门怕承担责任,有多一事不如少一事的想法,不愿作为社会服务机构的业务主管单位,尽量将社会服务机构的服务和管理工作往外推,使一些社会服务机构感到无所适从;有的业务主管单位与社会服务机构有利益联系,对登记管理部门的监管工作不配合、不支持、不协助,甚至隐瞒社会服务机构的违法违规行为。

4) 社会服务机构自身建设亟待加强

(1) 逐利倾向严重,缺乏诚信和自律机制。有的社会服务机构过多追逐利益,缺乏诚信;有的社会服务机构成立的目的是争取国家的项目和资金,没有为社会提供服务的意识;有的人创办社会服务机构的目的是获利,他们把社会服务机构当作企业来办,违背了设立社会服务机构的目的和意义。

(2) 内部管理不规范。社会服务机构普遍存在管理制度不健全的问题,特别是财务管理,很多机构没有专业的财务人员,账目混乱,有的甚至没有建账。

(3) 规模小、资金少、抗风险能力差。市县一级的社会服务机构大多规模较小,一般注册资金在10万元以下,业务单一,一旦条件发生变化,就难以生存。

(4) 违反规定设立分支机构。有的举办者在同一地区设立多个性质相同的社会服务机构时,往往不是登记多个独立的社会服务机构,而是只登记一个,其余作为分支机构,与"社会服务机构不得设立分支机构"的规定相背。

(5) 管理人员和工作人员的素质低。由于社会服务机构待遇不高、社会地位低,难以招聘到高素质人才。很多社会服务机构中很大一部分工作人员没有接受专业培训,专业水平低。

(6) 难以留住人才。由于社会服务机构规模小、待遇低、社会地位不高、发展前景不明，难以留住人才。有些人员是在没有找到合适单位的情况下，临时到社会服务机构工作，一旦有合适的单位，他们就会离开。

5) 转制机构历史遗留问题尚待清理

(1) 转制单位从国有转变为民办，人员从国有身份变为社会身份后，抵触情绪较大，不愿接受民政部门的登记管理，年检、变更等工作不能正常进行。

(2) 转制单位是依靠乡镇政府"以钱养事"购买服务的方式运行的，这些单位仍受乡镇政府的管理，包括法人代表的任免、工作人员的进出等，都是由当地政府指定，转制单位实际上没有独立法人地位。

(3) 资金渠道单一，发展后劲不足。目前，转制服务中心主要是依靠政府"以钱养事"购买服务，由于乡镇政府的财力有限，对这方面的投入甚少，单靠政府资金来维持服务中心的运转远远不够。

(4) 人才缺乏。由于待遇低，许多有技术的年轻人都离开了转制单位，有的单位只留下年龄大、文化水平低、工作能力差的人员，基本不能发挥转制单位的作用。

10.3.2 社会服务机构发展方法与策略

1. 社会服务机构发展方法

在发展中国家和地区，能力建设对于社会组织有着重要的意义，对于社会服务机构的发展也有明显价值，因为这些国家和地区的社会服务机构常常具有能力不足的特点。而社会服务机构的能力不足既有经济、政治制度方面的原因，也有机构自身方面的原因。这些都直接影响社会服务的提供和社会服务机构的发展。因此，需要采取措施，促进社会服务机构发展。具体方法有：

(1) 以成员为中心的发展方法。组织是由成员组成的，其职能的实现在很大程度上受其成员素质和积极性的影响，社会服务机构更是如此。以成员为中心的机构发展方法是通过提高成员的自我认知、增进成员间的相互了解来增强组织团结。敏感性训练、训练小组是常用的成员发展方法。

(2) 以任务为中心的发展模式。工业企业组织管理的经验表明，人们更希望从事有新意的、创造性的、能体现自己价值的工作，还希望比较自主地进行工作。以任务为中心的组织发展模式正是在此基础上形成的。基于工作单调会降低成员积极性的假设，如果能提高成员所负责的工作的复杂性就可能激起他们的工作积极性。按照人们都有责任心和成就感的假设，组织成员在一定范围内自主设计工作和完成工作，有利于降低他们的工具感和无权感，而增强他们的责任感和主动性。在社会服务过程中，社会服务机构可以谨慎而灵活地探索有效解决问题的方法，包括采取新的理念和方法去探索新的服务提供模式，采用新的技巧去提高服务效果等。

(3) 目标管理与参与。目标管理是由美国管理学家德鲁克提出的一种改善组织管理的方法。目标管理是指通过下属参与自己行动目标的制定，上下协商确定目标，将下属目标同上一层目标联系起来，让下属用自己参与制定的目标来自我指导、自我管理的办法去实现组织管理的创新。目标管理的主要贡献是用自我控制的管理来代替由别人统治的管理。它将组织的公共利益变为每一个管理人员的目标，用更严格的要求，更高的、更有效的内部控制来代替外部控制，能够充分发挥个人的长处和责任心，能统一各种见解和努力，能建立起集体协作，能协调个人目标和公共利益目标。

"参与"是一个平常的甚至不需要界定的概念，"参与"可以视为行动者参加某一集体(或群体)活动的行为。从价值观念的角度来看，指导参与的观点主要有精英主义和多元主义等。精英主义认为，参与是分层次的，精英分子有能力参与同组织决策、权力分配等相关的重要问题，而民众的参与是一般性的，因为他们缺乏对复杂的政治问题进行合理判断的知识和能力。多元主义认为，一般公民有参与政治活动的能力和权利，因此民众应广泛参与并深度参与。实际上，成员广泛而深入的参与是社会服务机构活动的基础和条件，成员在参与中进行交流和互相学习，在参与中形成工作团队，通过参与来促进机构目标的达成和员工的发展。因此，社会服务机构的有效运行需要多元主体的广泛参与。

(4) 工作生活质量。这是发达的工业化国家在走向后工业化时代的进程中讨论的问题。工作生活质量是将组织成员的工作与其总体生活联系起来，通过改善整个工作环境来提高其工作积极性和创造性的组织发展的思路和方法。高质量的工作生活具有以下特征：有安全感，有吸引力，有挑战性的工作，个人有一定的决策空间，有与责任相关的权力，承认贡献并且有平等的报酬和奖赏，在工作中获得支持和理解，有学习和成长的机会，工作有前途等。

工作生活质量设计的核心是使组织中的工作更加人性化，使组织的工具性目标与成员的发展结合起来。这就要求将组织中的技术性因素同完成任务的社会性因素协调起来，既有组织内的分工，又充分相信成员并给予其自主性，组织鼓励工作群体承担富有挑战性的任务并且给予支持，组织内部应该形成良好的信任关系。

(5) 职业生涯设计。职业生涯是指一个人一生连续担负工作职业和工作职务的发展道路，是与工作有关的连续经历。在现代组织中，组织负责人或有关部门(主要是人力资源管理部门)帮助组织成员规划其未来职业发展的活动就是职业生涯设计。在职业生涯设计方面，最重要的是组织的职业资源开发，即组织为其成员提供足够的职业发展空间。在社会服务机构中成员的职业发展是必要的，成员需要通过自己的工作在物质报酬、社会地位、专业地位等方面得到发展。服务机构与其成员一起进行职业发展设计对于激发成员的积极性、稳定队伍、有计划地促进机构发展具有重要作用。

2. 社会服务机构发展策略

各国社会工作的历史以及经验表明，社会服务机构是推动社会工作发展的重要力量，也是社会工作人才就业的主要组织载体。在我国，要为社会工作人才发挥作用提供充足的就业岗位，既要在政府机构和事业单位中开发社工岗位，也要大力培育发展社会服务机构，发挥其吸纳社会工作人才、提供公共服务的作用。

1) 社会服务机构的类型

社会服务机构是以提供专业社会工作服务为主要业务的社会组织，如上海市阳光社区青少年事务中心、上海乐群社工服务社等。这类机构是近几年才出现的新型组织，数量不多，主要分布在上海、北京、广州、青岛等大城市。根据成立模式来看，它主要分为两类：一是由政府牵头成立，这类机构由于有政府支持，不但登记注册不成问题，还能得到政府购买服务的合同，因此一般规模比较大，专业性强，运作规范；二是由民间发起成立，这些机构一般规模较小，具有较大的灵活性，创新性强。但是，不少机构由于找不到业务主管单位，无法在民政部门登记，不得不采用工商登记，如青岛的乐为社工咨询服务社等。

2) 社会服务机构发展对策建议

(1) 社会服务机构面临的困境。一是资金不足，政府财政支持不够，政府对公共服务的投入力度小；民办社会工作服务机构的融资渠道单一，社会筹资困难。二是税收优惠力度不够，在捐赠等筹资环节，政府缺乏统一的免税资格认定机制，小机构在争取过程中尤为困难。三是社会认知度低，一方面政府对社会服务机构的了解不够，无法得到政府的充分信任；另一方面社会服务机构透明度低、公信力差，难以得到义工或志愿者的支持。四是人力资源不足，人才流失问题比较严重。五是管理能力不足，管理人员缺乏社会组织方面的管理知识，没有完善的治理结构；业务主管部门对社会服务机构放任不管，制约力不强。六是登记困难，有些非慈善类社会服务机构找不到业务主管单位，不能登记，缺乏合法性，无法取得政府的制度性支持。

(2) 社会服务机构发展的具体措施。一是解决专业性社会服务机构登记难的问题，使其获得合法身份。民政部门有责任帮助非慈善类社会服务机构联系业务主管单位。对确实找不到业务主管单位的专业性社会服务机构，民政部门可以主动担任其业务主管单位，给予其合法的身份。二是完善扶持社会服务机构的制度环境、政策环境和社会环境，加强监督管理，引导其健康有序发展。三是在发展模式上提倡因地制宜，多元发展。在发展路径上，建议从补贴岗位到补贴服务逐步过渡。在社会工作普及阶段，应当采取补贴岗位的方式，鼓励各类组织聘用社会工作人才，扶持专业性社会服务机构做大做强。在社会服务机构发展较为成熟时，再采取政府购买服务模式，补贴承接政府公共服务项目的组织。

10.3.3 社会服务机构的社会工作创新方式

社会服务机构的重要价值在于不断推动社会工作创新发展，体现人才价值和机构的社会功能。实践经验表明，大体有以下三种方式充分体现了社会服务机构在开展社会工作过程中的重大创新，也可以说是我国社会服务机构进行社会服务工作的三种创新方式。[①]

1. 外部购买方式

外部购买方式是指社会服务机构通过向外部专业社会工作机构购买岗位与项目实现自身社会工作发展的方式。外部购买方式能够简便、快速地在本单位启动社会工作服务，营造社会工作氛围。但是，这种方式也会面临"融合"的问题，具体如下所述。

(1) 专业社会工作者与其他专业人员的融合。我国有许多历史悠久的专业社会服务机构，比如民政类社会福利服务机构大多建成于20世纪50年代以后。这些机构经过较长时间的发展，必然积累了许多专业性、内生性的服务技能和职业态度，具有较高的社会威望和影响力。我国社会工作的概念出现和发展则是近几年的事情，其理念和技术很多是舶来品，其专业影响力、专业技能在与原有专业机构整合的过程中，必然发生人员心理、技能、规则等方面的内在冲突。换句话说，如果没有现代专业社会服务机构的配合，社会工作就难以在短期内立足。

(2) 专业社会工作机构与社会福利服务机构的融合。目前，我国专业社会工作机构主要是指民办社会工作机构。这些民办社会工作机构基本是从2007年开展社会工作人才队伍建设试点以来，首先在我国东部沿海地区得到快速发展，为现有各类社会服务机构实现向社会工作专业化转型提供了专业力量，也为购买服务提供了供给资源。但是，这些民办机构的社会工作专业供给服务能否在购买单位顺利实现并切实发挥作用，需要得到购买单位在场地、人员以及工作开展等方面的支持与配合，通过支持与配合实现专业社会工作机构与社会服务机构之间的衔接与融合。

人员之间与机构之间融合的程度、范围与快慢直接决定了社会工作服务在相应服务机构进展的快慢与质量，也决定了社会工作服务进入相关社会服务机构的影响力与持续性。

2. 内部转换方式

内部转换方式是指社会服务机构通过对内部职工进行教育培训或者引进、配置专业社会工作人才等途径实现自身社会工作发展的方式。内部转换方式具有稳定、可持续、平稳过渡到专业化等特点。但是，内部转换方式也会面临"沉没"的问题，具体如下所述。

(1) 理念沉没。理念是社会工作区别于其他相关服务行为的核心。由于相关从业人员接受社会工作理念的时间较短，难以及时转化为相关管理与服务行为，难以转化为开展工作的思维方式。假以时日，社会工作理念将逐步沉没、吸收到原有的工作与服务框架之中。

(2) 技术方法沉没。技术方法是社会工作区别于其他相关专业行为的根本，也是建立社会工作专业权威的基础。由于社会工作专业技术方法的"软"性质以及从事福利服务的"综合"特性，一些年轻的专业社会工作人员难以将其转化为独立的社会工作管理与服务技术，难以尽快形成开展工作的路线与方法。假以时日，社会工作的技术将逐步沉没、吸收到原有的工作方式方法之中。

[①] 柳拯.社会服务机构发展社会工作的三种方式[N].中国社会报，2010(48).

(3) 队伍沉没。在社会服务机构中，专业社会工作人员只占少数，处于弱势。由于难以形成社会工作氛围，难以交流切磋社会工作知识、技术与方法，少数社会工作人才独立的专业属性将逐步沉没并被庞大的机构工作人员吸收、同化。

社会服务理念、技术方法以及队伍结构转换的程度、坚持的长短和彻底与否成为衡量社会服务机构专业化程度高低的主要标准，也是评价社会服务专业化转型成功与否的重要标志。

3. 复合发展方式

复合发展方式是指社会服务机构通过外部购买与内部转换相结合的办法实现自身社会工作发展的方式。复合发展方式充分发挥了外部购买与内部转换两种机构社会工作实现方式的长处，形成推进本单位社会工作专业化发展的合力。但是，这种方式也会面临"结合"的问题，具体如下所述。

(1) 思路上的结合。在同一个机构开展工作，必须要有统一的工作思路。思路决定方向。这就要求社会服务机构在进行外部购买时，必须充分了解被购买服务的机构在推进社会工作上的优势与长处，做到内部转换与外部购买在工作思路上保持一致，避免引起不必要的混乱与资源上的浪费。

(2) 发展路径上的结合。社会服务机构开展社会工作，关键要找准切入路径。路径不同，效果各异。这就要求社会服务机构在进行外部购买时，必须充分了解被购买服务机构已经积累的工作经验，做到内部转换与外部购买在工作路径上的切入部位一致，避免各行其是以及引起单位职工不必要的误会与盲从。

社会服务机构在外部购买与内部转换两种发展方式上结合的紧密程度，决定了复合式机构社会工作实现方式的效果与认可程度。

关键词

社会服务机构，民办非企业单位，信息公开，监督，财产，管辖，追责

作业题

1. 为什么要把民办非企业单位更名为社会服务机构？
2. 我国社会服务机构登记管理有哪些新的要求？
3. 申请设立社会服务机构，应该具备哪些条件？
4. 申请设立社会服务机构时，申请人应当向登记管理机关提交哪些材料？
5. 社会服务机构应当载明哪些事项？
6. 清算组在清算社会服务机构的过程中具有哪些权利？
7. 讨论题：如何使社会服务机构更好地从事社会慈善工作？

案例分析

33万民办非企业单位或转型为社会服务机构[①]

1. 我国社会服务机构状况

截至2016年第一季度,我国各级民政部门登记的社会服务机构的总数为33.1万个。

民政部民间组织管理局副局长黄茹介绍说,根据1998年10月国务院颁布的《社会服务机构登记管理暂行条例》,社会服务机构是"企业事业单位、社会团体和其他社会力量以及公民个人利用非国有资产举办的,从事非营利性社会服务活动的社会组织"。

近年来,社会服务机构发展非常迅速,已经占据我国66万多家社会组织的半壁江山。各类社会服务机构广泛活跃在教育、科技、文化、卫生、体育、养老、社会工作、环境保护、法律援助等领域,在促进经济发展、繁荣社会事业、创新社会管理、提供公共服务、增加就业岗位、扩大对外交往等方面发挥了重要作用,已成为我国社会主义现代化建设不可或缺的重要力量。

2. 《慈善法》中的名称变更

2016年9月1日起实施的《慈善法》规定,我国的慈善组织将有"基金会、社会团体、社会服务机构"三种形式。黄茹表示,这三种组织形式就是目前在民政部门登记的三类社会组织,即按照《基金会管理条例》登记的基金会、按照《社会团体登记管理条例》登记的社会团体以及按照《社会服务机构登记管理暂行条例》登记的社会服务机构。非营利性民办学校、民办医院、民办养老院、民办博物馆、民办社会工作机构等组织,都是社会服务机构。

黄茹介绍说,《慈善法》将"民办非企业单位"修改为"社会服务机构"的主要原因是,"民办非企业单位"这一名称已经落后于这类社会组织发展的实际需要。一方面,"民办非企业单位"是一个否定式的命名,外延不清,从字面理解,容易涵盖其他组织,例如基金会、社会团体等组织也都是民办的,也都是"非企业";另一方面,这一名称的内涵不清,不能准确反映这类组织提供社会服务、从事公益事业等特征。

同时,过于强调"民办",不利于官办民营、民办公助以及推进有条件的事业单位转为社会组织等新的发展趋势。

近年来,许多专家学者、社会组织从业人员都建议对名称进行调整,认为现有名称虽然在20世纪90年代用于笼统涵盖社会上各类民办社会事业并无不妥,但随着社会服务机构的发展路径和特点越来越清晰,应当在法律法规修订中给予重新命名。在《慈善法》的起草过程中,这一意见得到了全国人大的认可。

可以说,社会服务机构在慈善事业中的主要职责就是提供专业的慈善服务。

---

① 王亦君. 33万民办非企业单位或转型为社会服务机构[EB/OL]. http://news.cyol.com/content/2016-05/02/content_12494699.htm,2016-5-2.

3. 社会服务机构向慈善组织转变

慈善组织是社会组织中的一部分，这表明不是全部的社会组织都会成为慈善组织，那么社会服务机构中有哪些适宜成为慈善组织呢？

《慈善法》第九条列出了慈善组织需要具备的七项条件：一是以开展慈善活动为宗旨；二是不以营利为目的；三是有自己的名称和住所；四是有组织章程；五是有必要的财产；六是有符合条件的组织机构和负责人；七是法律、行政法规规定的其他条件。

成立社会服务机构本身需要在民政部门履行登记手续，因此凡是依法登记的社会服务机构，第三项到第七项条件都可以基本具备。所以，是否具备慈善组织潜质，关键看两个方面：①是否以开展慈善活动为宗旨，其业务范围是否符合《慈善法》第三条规定的慈善活动范围；②其运作过程中是否能真正落实非营利性，是否可以达到《慈善法》要求的信息公开、内部管理、公益支出标准等管理规定。

出于历史原因，社会服务机构中有部分组织产权并不清晰，逐利倾向比较严重。例如部分出资举办民办学校的举办者依据《民办教育促进法》要求取得"合理回报"，实质上是按出资比例分红，偏离了社会组织的宗旨，公益慈善性不强。同时，由于《社会服务机构登记管理暂行条例》的立法年代较早，除了允许法人，还允许以合伙或个体形式举办社会服务机构，在法理层面，这两类组织的财产与举办者个人的财产是难以区分开的。因此，可以将个体型、合伙型社会服务机构以及出资举办要求取得合理回报的民办学校排除在慈善组织范围之外。

近年来，随着经济社会发展和广大人民群众公益慈善意识的增强，大量公益慈善类社会服务机构不断涌现，如民办社会工作服务机构，民办法律援助机构，民办艾滋病防治机构，民办残疾人康复教育机构，为孤独症、渐冻症、血友病等罕见病患者提供康复服务的民间关爱机构，全免费或部分免费的民办职业培训机构，民间灾害和紧急救援机构，为社会组织提供孵化评估等支持服务的"伞形机构"等。这些社会服务机构多由公益组织或公民个人捐赠财产设立，不向其服务对象收取费用或者仅向部分服务对象收取服务成本，其收入主要来自社会捐赠、财政补助、政府购买服务收入、其他公益组织购买服务收入等公共支持性收入。这类机构之所以能获得公共支持性收入，主要由于其提供了社会必需且政府基本公共服务不能有效覆盖的公益服务，政府从有效提供公共服务的角度愿意向其购买服务或提供财政补助，基金会等公益组织愿意向其提供资助，社会公众也愿意向这类公益机构进行捐赠。从财产属性、宗旨和业务活动来看，这些社会服务机构与基金会一样，都属于财团法人(或捐助法人)，都从事《公益事业捐赠法》和《慈善法》所规定的公益事业或慈善事业。

2016年4月中旬，民政部门领导在全国民政系统学习贯彻实施《慈善法》培训班上表示，民政部要协助国务院法制办做好社会组织三部条例的修订工作，并完成"民办非企业单位"向"社会服务机构"名称的转换。

据了解,民政部正在抓紧制定《慈善组织认定办法》,作为《慈善法》的配套制度,《慈善法》实施后,我国33万多社会服务机构或将依照《慈善组织认定办法》向民政部门提出认定申请。

黄茹介绍说,从民政部门的管理实践来看,已经有部分社会服务机构具备清晰的产权关系,有明确的慈善宗旨和业务范围,建立了比较完善的法人治理结构,具备较高的社会公信力,初步具备了慈善组织的特征。

例如,在法律援助服务领域,北京致诚农民工法律援助与研究中心是我国第一家以专职律师为主体,专门从事农民工法律援助的公益机构。自成立以来,通过提供法律咨询、办理援助案件、进行普法培训、开展实证研究等多种方式为农民工提供免费、便捷、专业、优质的法律服务,引导他们合理表达诉求、依法有效维权。从2005年9月成立到2015年8月,该中心共接待法律咨询案件65 201件,涉及农民工超过20万人次,涉及金额5亿元以上,共办结案件10 069件,帮助农民工挽回损失超过1.45亿元人民币,为维护农民工合法权益、促进社会和谐稳定做出了重要贡献。2011年7月,该机构获得了联合国经社理事会特别咨商地位。

思考题:

1. 为什么要将民办非企业单位更名为社会服务机构?
2. 社会服务机构在服务领域和发展方向等方面出现哪些新变化?
3. 结合自身体会和案例内容,谈谈社会服务机构可能遇到的挑战。

第11章 基金会管理

本章主要介绍基金会的概念和特征、基金会在我国的发展历史和现状以及我国在基金会内部治理和外部治理方面相关的制度设计,最后,针对基金会作为"物的集合体"之特殊属性,分析基金会评估管理的重要意义以及评估的方式和方法。

不同于作为"人的集合体"的社会团体以及作为以社会服务供给为主要活动内容的社会服务机构,作为"物的集合体"的基金会由于在资金规模、社会影响力、社会认知度等方面远高于其他类型的社会组织,因此,在基金会的管理方面,无论是在内部治理机制,还是外部治理机制等方面,都相对较为成熟。特别是在重大自然灾害发生后,基金会作为一支重要的社会救援力量,积极参与到救灾活动中,其资金使用情况是政府和社会关注的重点。特别是近几年来在基金会领域出现的一系列违法违规事件以及"丑闻"等严重影响了基金会的社会美誉度。因此,随着《慈善法》的出台以及与之相配套的《基金会管理条例(修订草案征求意见稿)》的公布,基金会将迎来一次新的改革机遇。

11.1 基金会的概念、特征和分类

11.1.1 基金会的概念

基金会作为一种以资金的筹集和资金的运用作为工具,开展公益活动的组织,由于世界各国历史文化不同以及基金会培育土壤的不同,导致对基金会的定义有所区别。例如,《世界基金会指南》对基金会概念的定义为:以公益为目的,为了协助教育、社会、慈善、宗教等公共服务并提供补助金,有自己的由其受托人和董事会管理的基金,是非政府、非营利的组织。在基金会发展最为成熟、相关制度和社会环境建设最为完善的美国,美国基金会中心对基金会的定义是:非政府的、非营利的、自有资金(通常来自单一的个人、家庭或公司)并自设董事会管理工作规划的组织,其创办的目的是支持或援助教育、社会、慈善、宗教或其他活动以服务于公共福利,主要途径是通过对其他社会机构的赞助。在日本,基金会一般被称为"公益财团法人",按照《公益法人认定法》开展活动,

并通过日本政府行政厅公益性认证的财团法人。而我国颁布的《基金会管理条例》则将基金会定义为：利用自然人、法人或者其他组织捐赠的财产，以从事公益事业为目的的，按照本条例的规定成立的非营利性法人。

由于历史文化的差异，导致基金会在不同的法系中内涵与外延有所差别。例如，"在以德国为代表的大陆法系中，基金会是基于捐赠行为而设立的财团法人，即法律上为特定目的财产集合赋予民事权利能力而形成的法人，仅限于公益法人。当捐赠行为发生时，捐赠人将所捐赠财产的产权转移给受托人，受托人成为所赠财产的所有权人，依法行使占有、管理、处分等权能。"[①]例如，《德国民法典》第80条规定，设立有权利能力的基金会，除捐赠行为外，需要得到基金会住所所在地的邦的许可。如果基金会不在任何一个邦内有住所，则需得到联邦参议院的许可。除另有其他规定，基金会行政管理部门所在地视为住所。第81条规定了生前捐赠行为、方式和撤销：生前捐赠行为，须采取书面形式；在基金会未获得设立许可之前，捐赠人有权撤销其捐赠行为。如果已经向主管行政机关申请许可，则撤销只能向该主管行政机关提出。如果捐赠人已经向主管行政机关提出许可申请，或者在由公证人对捐赠行为进行公证的情况下，在证明的当时或者证明之后，已经委托公证人提出许可申请，则捐赠人的继承人无权撤销捐赠行为。而在以美国为代表的英美法系中，"基金会表现为公益信托，是基于社会信用而设立、以公益为目的而形成的特殊财产关系。其产权自信托成立之日起即发生转移，通过委托人与受托人之间的信托合约，受托人取得信托财产的占有、管理、处分的权能，相应的收益权则归委托人指定的受益人所有。受托人不得为私利而使用信托财产，其处分权不包括从物质上损坏信托财产，不得占有信托财产所生的利益。"[②]

我国2004年实施的《基金会管理条例》中有关基金会的定义与大陆法系中基金会的内容具有相似性，但是未明确使用"财团法人"的概念。这主要是由于我国处于上位法的《民法通则》中将法人划分为企业法人、机关法人、事业单位法人、社会团体法人，但是在大陆法系国家中，社会团体对应的是社团法人，强调"人的集合体"，是与"物的集合体"的财团法人相对应的概念。对于英美法系中的公益信托，我国2016年通过的《慈善法》第五章专门进行了规定，其中第44条规定公益信托是指委托人基于慈善目的，依法将其财产委托给受托人，由受托人按照委托人意愿以受托人名义进行管理和处分，并开展慈善活动的行为。

11.1.2　基金会的特征

基金会所表现出来的特征决定了基金会的功能，基金会所具有的多种特征也决定了基金会在现实中能够发挥多样化的功能，满足不同群体和受众的需求，有效弥补政府失灵和

[①]　王名，徐宇珊. 基金会论纲[J]. 中国非营利评论，2008(1)：17-18.
[②]　王名，徐宇珊. 基金会论纲[J]. 中国非营利评论，2008(1)：18.

市场失灵所造成的空白地带。

(1) 非营利性。基金会的非营利性并非指基金会不可以从事营利性事业，并获得相应的收益，而是指"剩余的非分配性"，即基金会所取得的捐赠或者投资收益等不在捐赠者、理事、监事、管理者等中进行分配，除用于组织发展的合理性行政支出之外，都应当用于符合基金会既定宗旨的公益性事业。基金会的非营利性主要表现在三个方面："①存在非营利的分配与收入约束机制，即如经济学所谓'不分配约束'，要求基金会的捐赠人、理事会成员和实际受托管理者不得从基金会的财产及其运作中获得利益；②存在非营利的组织运作和管理机制，也称为'非牟利控制'，要求基金会在其决策、执行和监督的各个环节都要具备有效规避较高风险与较高回报的自我控制机制，以及避免用利润和收益作为激励手段的管理规则；③存在非营利的财产保全机制，也称为'财产保全限制'，要求基金会不得以捐赠以外的其他方式(如集资、投资、合资、并购等)变更财产及其产权结构，当基金会终止其活动并注销时，其剩余财产不得以任何形式转移给包括捐赠人在内的私人所有，而只能用于合乎其宗旨的其他公益活动。"[1]对于基金会的非公益性，《基金会管理条例》中设计了相关的制度，规定基金会应当根据章程规定的宗旨和公益活动的业务范围使用其财产；捐赠协议明确了具体使用方式的捐赠，根据捐赠协议的约定使用。接受捐赠的物资无法用于符合其宗旨的用途时，基金会可以依法拍卖或者变卖，所得收入用于捐赠目的。基金会应当按照合法、安全、有效的原则实现基金会的保值、增值。征求意见稿同样规定，基金会开展保值、增值活动，应当遵守合法、安全、有效的原则，确立投资风险控制机制。

(2) 公益性。公益性强调基金会的宗旨在于增进社会公共利益，不同于社会团体的互益性，基金会的公益性具有受众群体范围广、社会贡献大的特点。公益性是基金会的本质属性。基金会的公益性集中体现在三个方面：①基金会源于捐赠，是各种公益捐赠的制度化和组织化形式；②基金会有明确的公益宗旨，是捐赠人各种公益意图、理念和价值的实现形式；③基金会有明确的公益用途，通过各种活动使特定的弱势群体乃至整个社会受益。[2]

(3) 非政府性。非政府性强调基金会作为独立的组织，具有完全的民事行为能力，通过登记的方式获得法律合法性，在组织上独立于政府，是作为政府失灵和市场失灵弥补措施存在的。基金会的非政府性体现在三个方面：①基金会在决策体制上不同于政府，具有自主、自治和独立性，是自主决策、自治管理的独立法人；②基金会在治理结构上不同于政府，具有民主、公开和社会性，是民主治理、公开透明的社会组织；③基金会在运作机制上不同于政府，具有非垄断的市场竞争性，是追求核心竞争力、在市场中优胜劣汰的实

---

[1] 王名，徐宇珊.基金会论纲[J].中国非营利评论，2008(1)：21-22.
[2] 王名，徐宇珊.基金会论纲[J].中国非营利评论，2008(1)：21.

力组织。[①]

(4) 财产性。基金会成立的根本在于财产的存在，无论是公开募捐或是定向捐赠，基金会开展项目或提供资助都依托于一定数额财产的存在。相对于社会团体依托人的集合和社会服务机构依托服务，基金会通过获得捐赠，利用不同于政府通过公共财政支出提供公共服务和市场追逐利益的做法，而是利用募集的资金为社会弱者提供帮助或者增进社会公共利益。基金会的财产性主要体现在两个方面：①基金会在本质上是一种信托关系，是捐赠人、受托人和受益人之间围绕公益财产达成的公益信托，良好的诚信和公信力是其核心价值所在；②基金会在形式上表现为"财富的结社"，即以基金形式存在的公益财产，通过有效的财产运作实现保值增值是其生命力的体现。[②]

11.1.3 基金会的分类

根据不同的标准可以将基金会划分为不同的类别，而不同的基金会在运作模式、资金来源、服务对象等方面不同，因此，通过基金会的分类，可以为政府的分类管理提供依据和参考。

美国拥有世界上最大规模的基金会，而且在基金会的种类上也最为齐全，其对基金会的分类标准对世界其他地区具有重要的参考意义。美国基金会中心将美国的基金会划分为私人独立基金会、社区基金会、企业基金会和运作型基金会。其中，独立基金会具有最悠久的历史，是最重要的基金会形式。独立基金会一般是由个人通过捐赠或遗嘱的方式建立，具有非营利性。例如，洛克菲勒基金会、卡耐基基金会等都属于独立基金会。企业基金会主要是由企业捐赠而设立的基金会，其发展伴随着美国经济的快速发展。"所有类型的美国企业都建立了基金会。最活跃的基金会是由银行、金融服务公司和制药公司建立的……美国企业基金会将捐赠用于十分广泛的领域。捐赠金额的最大一部分集中在教育领域，其目的是培养下一代工人。"[③]而企业捐赠成立基金会的动机既有公益的目的，也为了宣传企业品牌，"公司出于各种各样的考量而选择建立基金会，从希望'做善事'到宣传自己的品牌并以此增加收益，在这一点上，公司和个体的捐赠者没有区别。公司之所以做出建立基金会并正式参与慈善事业这一决策，其核心原因在于这样一种认识——如今的企业如果想要在这个高度竞争的经济环境中生存下来，必须被承认是当地社区，甚至整个世界的好'公民'。"[④]例如，沃尔玛基金会、星巴克基金会、耐克基金会、惠普基金会等都是企业基金会的典型代表。社区基金会属于美国联邦税法中规定的公共慈善机构，其资金主要来自社区募捐、地方公共机构提供的公共资金等，因此，社区基金会属于免税

[①] 王名，徐宇珊. 基金会论纲[J]. 中国非营利评论，2008(1)：22.
[②] 王名，徐宇珊. 基金会论纲[J]. 中国非营利评论，2008(1)：22.
[③] 基金会中心网. 美国企业基金会[M]. 北京：社会科学文献出版社，2013：2-3.
[④] 基金会中心网. 美国企业基金会[M]. 北京：社会科学文献出版社，2013：6.

的、非营利的、自治的慈善机构。"这些机构努力通过个人或公共机构的捐赠建立基金，处理那些来自特定社区或地区的需求。它们由社区领导管理，一般由领薪员工来监督拨款和筹款工作，同时，从不受限的基金和捐赠者指示基金那里取得拨款。"①例如，克利夫兰基金会、纽约社区信托基金会、西雅图基金会、旧金山基金会等都属于社区基金会。运作型基金会主要由私人或家族出资设立，实现组织既定宗旨的方式不是对其他组织进行资助，而是本身进行项目运作，开展教育、研究和社区公益事业。例如，塞奇基金会、斯坦利基金会、卡耐基国际和平基金会等都属于运作型基金会。此外，在美国，家族基金会也是一种重要的基金会类型。"家族基金会与其他基金会，包括企业、社区、独立基金会有所不同。家族基金会和捐献者在管理基金会中起到重要的作用。但是，家族在基金会日常活动中的参与可以有很大的差异。大部分家族基金会没有雇员，主要由家族成员来管理拨款和行政事务。大型家族基金会雇佣职员来管理拨款，而家族成员则组成董事会从而起到监督作用。"②例如，保罗·艾伦家族基金会、彭博家族基金会、洛克菲勒兄弟基金会等都属于家族基金会。

根据我国基金会的发展情况，我国也产生了不同的分类标准。例如，根据基金会的运作模式，可以将基金会分为资助型基金会和运作型基金会。资助型基金会以对外资助作为主要工作，运用所筹资金推动其他社会力量参与社会公共服务。运作型基金会则主要是指在获得社会捐赠之后，在特定的领域基于基金会宗旨和目的直接开展公益活动的基金会。按照基金会活动的地域，可以划分为全国性基金会和地方性基金会两类。全国性基金会可以在全国范围内进行募捐，而地方性基金会则只能在地方进行募款。根据基金会创办和运作的主体，可以将基金会划分为官办基金会和民间基金会。

2004年颁布的《基金会管理条例》则按照资金来源将基金会划分为公募基金会和非公募基金会。公募基金会是指可以向公众募捐的基金会；非公募基金会是指利用特定捐赠人捐赠的资金设立，不能面向公众募捐的基金会。其中，公募基金会按照募捐的地域范围，又可以划分为全国性公募基金会和地方性公募基金会。我国有关基金会的分类，一方面发挥"筛选"基金会的积极作用，另一方面也造成基金会"马太效应"的出现。"行政法规对募捐地域的划分主要是为了在宏观上对基金会的募捐行为加以适当的调控，从而避免在部分行政区域内募捐活动过多过滥导致公众负担过重，避免公益组织的整体形象受到伤害。另一方面，这样做是为了便于对募捐活动加以监管和规范。公募基金会根植于肥沃的生长土壤，有条件筹集更多的社会资源；在壮大自身实力的同时，基金会可以保障和反哺当地经济发展，进一步提高人民生活水平，从而形成良性循环。在这些地方公募基金会的数量和规模得以迅速扩大，公益事业的范围也不仅局限于当地，而是逐渐辐射至周边以及

---

① 基金会中心网.美国社区基金会[M].北京：社会科学文献出版社，2013：2.
② 基金会中心网.美国家族基金会[M].北京：社会科学文献出版社，2013：2.

其他困难地区。反之,经济实力较弱的地区基金会的数量和规模要小得多,募捐困难使得基金会的生存和发展都面临问题,能够提供的公益服务有限,即使其在性质上属于全国性的,也未必会发挥更大的作用。"①

民政部最新公布的《基金会管理条例(修订草案征求意见稿)》(以下简称征求意见稿)中,取消了公募基金会和非公募基金会的分类,而是按照基金会是否具有公开募捐资格,划分为具有公开募捐资格的基金会和不具有公开募捐资格的基金会两类。对于基金会如何获得公开募捐资格,征求意见稿也做了相应的规定:基金会开展公开募捐,应当依法取得公开募捐资格。未取得公开募捐资格的基金会,可以在发起人、理事会成员等特定对象范围内开展定向募捐。基金会开展公开募捐,应当制定募捐方案。募捐方案应当在开展募捐活动前报登记管理机关备案。为了应对重大自然灾害、事故灾难和公共卫生事件等突发事件,无法再开展公开募捐活动前办理募捐方案备案手续的,基金会应当在公开募捐活动开始后5个工作日内补办备案手续。此外,征求意见稿同时规定经国务院批准的,可以冠以"中国""全国""中华"等字样,并且自登记之日起取得公开募捐资格。

11.2 我国基金会的历史与发展现状

11.2.1 我国基金会的历史

我国的公益慈善事业具有悠久的历史,其中既有官办的福田院、安济坊、漏泽园,也有民间性的义庄。与现代基金会具有相似功能的组织最早可以追溯到宋朝的义庄。其中具有代表性的则是范氏义庄,范氏义庄由范仲淹于1050年设立,在义庄的管理方面制定了《义庄规矩十三条》,"规定从各房中择一弟子来执掌,负责义庄的经营。为保持义庄的规模,义庄所置的庄田不许出卖,如'遇有人赎田,其价钱不得支费,限当月内以元钱典买土地,'即若有外人赎回以典当方式所置之田,须及时置补被赎去的田数……义庄作为宗族的经济实体,其设立就是为了赈济和安抚贫穷不能自给的族人,适当供给一些日常生活及婚丧喜庆所需之物,因此它在一定范围和程序上发挥了慈善救济的社会功能。"②这种具有家族互益性的义庄虽然可以看作一种资金集合体,并具有非营利性,但是与现代意义的基金会依然具有较大的差别。

近代,作为我国基金会代表的红十字会的创立将我国的公益慈善事业带到一个新的层次。1904年,"东三省红十字普济善会"在上海成立,其宗旨为"延请中西大善董就近开

---

① 崔航一. 中国基金会分类研究[D]. 长春:吉林大学法学院,2015:13-14.
② 周秋光,曾桂林. 中国慈善简史[M]. 北京:人民出版社,2006:115.

办，在沪设立总局，专为善款之所；另设分局于京津，招留救援出难之人，以期一气贯注救治之法。凡在北方之南人，既必一一救回，而本地居民，亦必扶同出险，赈抚兼施，医药互助，用符西国红十字之本旨。"[1]而脱去传统慈善组织外衣的红十字会则是1904年3月10日由中英法德美五国人士于上海英租界成立的"上海万国红十字支会"。上海万国红十字支会具备了现代基金会的内部治理结构，设置了董事会。

中华人民共和国成立后，由于慈善事业被看作"统治阶级欺骗和麻醉人民的装饰品"，由此，大量的慈善组织被取缔、解散或改组。例如，1950年，中国红十字会经过改组后从一个人道主义性质的慈善团体转变为人民卫生救护团体，隶属于国家卫生部，成为后者的业务机构；而在1946年由宋庆龄创立的中国福利基金会主要给中国人民解放军以道义和物质上的支援，救济国民党统治下的贫病交困的文化、教育界人士；在上海兴办儿童文化保健事业。中国福利基金会于1950年进行了改组，改组后称为"中国福利会"，成为中国人民救济总会下的一个专门从事妇女儿童福利事业的团体，主要开展妇幼保健和少儿文化方面的福利工作。由此，我国境内现代意义上的基金会不复存在，或者被行政机构吸纳，成为行政机构的一种功能延伸组织。"到1954年前后，我国不存在完全意义上的现代民间慈善组织。虽然中国红十字会、中国福利基金会仍有活动，亦冠之以福利机构的名目，但它们所开展的工作事务是与政府部门的工作事务相连的，或者本身就已经从属于政府部门工作事务的一部分，已经不具有纯粹的民间慈善事业的性质。"[2]

党的十一届三中全会以后，"解放思想、实事求是"这一路线方针不仅适用于政治、经济领域的拨乱反正，在公益慈善领域同样适用，改革在重重阻力之下艰难破冰，至2004年《基金会管理条例》出台，这一阶段基金会的发展呈现复兴与发展的特征。1981年，中国儿童少年基金会在北京成立，成为我国第一家以募集资金的形式开展儿童少年教育公益事业的全国性基金会，由此，我国的基金会事业掀开了新的篇章。宋庆龄基金会于1982年5月成立，主要开展少儿文教等方面的公益慈善事业。在20世纪80年代，一批具有官方背景的基金会相继成立，1984年3月，中国残疾人福利基金会成立。而1989年成立的中国青少年发展基金会则标志中国现代基金会的开始。中国青少年发展基金会通过发起"希望工程"公益活动，实现了公益活动品牌化和公益捐赠社会化，由此，大大推动了我国公益慈善事业的发展。基金会在改革开放后得到复兴与发展，主要是基于以下原因：①具有良好的政治环境；②经济方面的变化为慈善事业的发展创造了条件；③在建立和健全社会主义市场经济的过程中，引入竞争机制，使中国社会面貌发生了深刻的变化；④思想文化方面的变化为慈善事业的复兴提供了有利条件。[3]

但是，由于20世纪80年代至90年代属于基金会复兴和发展期，相关法律法规不健全，

---

[1] 周秋光，曾桂林. 中国慈善简史[M]. 北京：人民出版社，2006：250.
[2] 周秋光，曾桂林. 中国慈善简史[M]. 北京：人民出版社，2006：368.
[3] 周秋光，曾桂林. 中国慈善简史[M]. 北京：人民出版社，2006：380-382.

政府管理部门权责不清，导致基金会管理出现混乱局面。1986年和1987年，国务院常务会议讨论了基金会问题，针对当时基金会管理混乱、种类鱼龙混杂的情况，决定进行清理和整顿。国务院于1988年9月制定颁布了《基金会管理办法》。《基金会管理办法》中有关基金会管理的两点规定与2004年颁布的《基金会管理条例》相比具有较大的差别。一是有关基金会法人性质的定义。《基金会管理办法》第2条规定，基金会是指国内外社会团体和其他组织以及个人自愿捐赠资金进行管理的民间非营利性组织，是社会团体法人。二是基金会登记注册实行人民银行与民政部门共同审批的双重审批制度。《基金会管理办法》第11条规定，建立基金会，由其归口管理的部门报经人民银行审查批准，民政部门登记注册发给许可证，具有法人资格后，方可进行业务活动。其中，全国性的基金会，报中国人民银行审查批准，向民政部申请登记注册，并向国务院备案；地方性的基金会，报中国人民银行的省、自治区、直辖市分行审查批准，向省、自治区、直辖市人民政府的民政部门申请登记注册，并向省、自治区、直辖市人民政府备案。从《基金会管理办法》的规定可以看出，当时的基金会被看作金融机构，其管理的权限主要在人民银行。

在《基金会管理办法》出台之后，中国人民银行和民政部对基金会进行了清理整顿，但在管理工作中，陆续出现了一些问题：有的基金会违背《基金会管理办法》的规定投资办实体；有的政府现职人员在基金会中兼职，募捐时搞行政摊派；有的基金会缺少专职管理人员，多年不开展工作；有的基金会管理混乱，规章制度不健全。针对这些问题，1995年4月4日，中国人民银行发布了《关于进一步加强基金会管理的通知》(银发〔1995〕97号)，就基金会的设立、审批、基金管理、接受捐赠、监督等方面的重要原则问题做出重申和进一步规定，弥补了《基金会管理办法》中许多不完善之处。[①]

1998年机构改革以后，经国务院批准，基金会归民政部门统一管理。1999年9月17日，中国人民银行、民政部联合发布《关于做好社团基金会监管职责交接工作的通知》(银发〔1999〕325号)，规定中国人民银行将基金会的审批和监管职权全部移交民政部。由此，人民银行将基金会的审批和监管职责全部移交民政部门。按照党中央、国务院的要求和国务院的立法计划，民政部从2000年开始，结合历年对基金会管理的经验，多次召开座谈会和专题研讨会，最后制定了《基金会管理条例》。相对于《基金会管理办法》，《基金会管理条例》明确了基金会的资金集合体的属性。

11.2.2 我国基金会的发展现状

自1981年我国第一家基金会成立至今，基金会在我国经历了从无到有，从小到大，从单一到多样的发展历程。特别是随着2004年《基金会管理条例》的出台，我国基金会数量由不到800家，迅速增加到2016年的5 000家以上。在量的基础上，基金会在多样化方面也出现了重大的突破。2010年，非公募基金会首次在数量上超过了公募基金会，表明我国个

---

① 杨岳，柴梅. 我国基金会管理及其法律环境的现状和近期发展[J]. 中国民政，2003(10)：25.

人及企业捐赠热情的高涨以及社会对有关基金会的认识达到一个新的高度。其中，具有代表性的非公募基金会是企业基金会。根据基金会中心网的统计，截至2016年8月25日，企业基金会的数量为620家，占非公募基金会的17.45%。在企业基金会的分布区域方面，广东省企业基金会为138家，位居第一。

根据基金会中心网的统计，截至2016年8月25日，我国基金会总数达5 110家，其中公募基金会1 556家。约占基金会总数的30%，非公募基金会3 554家，约占基金会总数的70%，具体见图11-1。

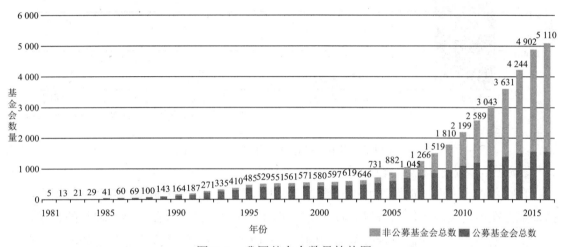

图11-1 我国基金会数量趋势图

数据来源：基金会中心网，截止日期为2016年8月25日。

从基金会地域分布来看，主要集中在广东、北京、江苏、上海、浙江、福建、湖南、四川等地区。从分布地域来看，经济发达地区，特别是非公经济发达地区或自然灾害频发地区，基金会的数量相对较多，体现基金会的资金属性或项目属性，具体见图11-2。

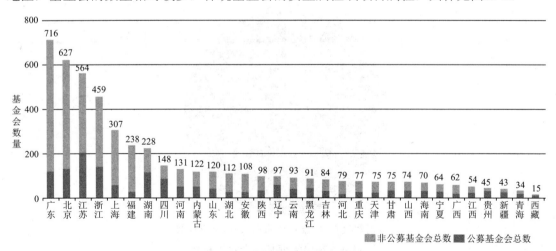

图11-2 我国各地基金会数量

数据来源：基金会中心网，截止日期为2016年8月25日。

从基金会登记部门的级别来看,省级民政部门最多,而在民政部和基层民政部门登记的基金会数量较少,具体见图11-3。

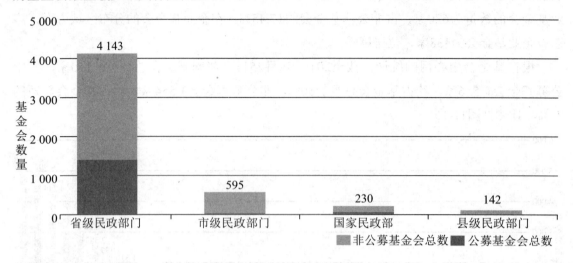

图11-3 我国不同登记部门的基金会数量

数据来源:基金会中心网,截止日期为2016年8月25日。

在收入构成方面,根据2005年实施的《民间非营利组织会计制度》第58条的规定,包括基金会在内的民间非营利组织的收入是指民间非营利组织开展业务活动取得的、导致本期净资产增加的经济利益或者服务潜力的流入。收入应当按照其来源分为捐赠收入、会费收入、提供服务收入、政府补助收入、投资收益、商品销售收入等主要业务活动收入和其他收入。由于基金会资金集合体的属性,基金会的收入按照收入来源的性质主要划分为捐赠收入、政府补助收入和投资收益。根据基金会中心网的统计,2014年度,全国基金会收入来源中捐赠收入占据大多数,具体见图11-4。

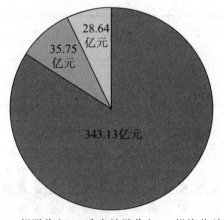

图11-4 2014年度基金会收入构成

数据来源:基金会中心网。

11.3 基金会登记管理

登记是基金会获得法律合法性的途径，而登记管理则是政府机关行使政府管理职能、规范基金会发展，防止基金会可能带来的潜在风险的主要方式之一。随着《慈善法》的出台，相关配套法律法规正在完善之中，其中，新的《基金会管理条例》是配套法律法规之一。目前，民政部已经公布了《基金会管理条例(修订草案征求意见稿)》(以下简称征求意见稿)。2004年版管理条例和征求意见稿在基金会的登记管理方面出现了重大变化，表明随着我国公益慈善事业的发展以及政府对社会组织功能定位的认识越来越清晰，出现了政府对基金会登记注册规制放松的倾向，政府认识到基金会作为政府的好帮手将逐步发挥更加重要的作用。

11.3.1 双重管理的登记管理体制

我国对基金会的管理基于从严控制的管理思维，其管理模式可以概括为"归口登记，双重负责，分级管理"的双重管理模式。在基金会登记的入口管理方面，依然采用业务主管单位同意设立和民政部门登记的双重管理体制。

1. 业务主管部门同意设立

根据《基金会管理条例》第9条的规定，申请设立基金会，申请人应当向登记管理机关提交下列文件：申请书；章程草案；验资证明和住所证明；理事名单、身份证明以及拟任理事长、副理事长、秘书长的简历；业务主管单位同意设立的文件。

针对哪些单位可以成为基金会业务主管单位，《基金会管理条例》第7条规定，国务院有关部门或者国务院授权的组织，是国务院民政部门登记的基金会、境外基金会代表机构的业务主管单位；省、自治区、直辖市人民政府有关部门或者省、自治区、直辖市人民政府授权的组织，是省、自治区、直辖市人民政府民政部门登记的基金会的业务主管单位。针对基金会业务主管单位职能委托问题，民政部在2005年下发的《民政部关于基金会业务主管单位职能委托有关问题的通知》(民函〔2005〕638号)明确了省、自治区、直辖市人民政府部门登记的部分基金会业务主管单位确立的问题：①凡《基金会管理条例》颁布之前在地(市)、县(市)民政部门登记的基金会，活动正常、符合换证条件的，省、自治区、直辖市人民政府有关部门可以将业务主管单位职能委托给下级地(市)、县(市)政府的归口部门；②《基金会管理条例》实施之后设立的非公募基金会的业务主管单位，可以由省、自治区、直辖市人民政府有关部门委托给对口的下级地(市)、县(市)政府对口部门承担；③业务主管单位职能的委托要在省、自治区、直辖市人民政府民政部门的协调下进行。可以由省、自治区、直辖市人民政府发文统一委托；也可以由省、自治区、直辖市民政部门与省、自治区、直辖市人民政府相关业务主管单位就某一类基金会或个别基金会进行委托。

2. 民政部门登记

民政部门作为法定基金会登记管理机关，是基金会获得法律合法性的主要渠道。《基金会管理条例》第6条规定，国务院民政部门和省、自治区、直辖市人民政府民政部门是基金会的登记管理机关。其中，国务院民政部门负责全国性公募基金会；拟由非内地居民担任法定代表人的基金会；原始基金超过2 000万元，发起人向国务院民政部门提出设立申请的非公募基金会；境外基金会在中国内地设立的代表机构的登记管理工作。相对于民政部，省、自治区、直辖市人民政府部门负责本行政区域内地方性公募基金会和不属于前款规定情况的非公募基金会的登记管理工作。

作为登记管理机关的民政部和省级民政部门在受理申请人设立基金会申请后，应当在收到申请人提交的申请书，章程草案，验资证明和住所证明，理事名单、身份证明以及拟任理事长、副理事长、秘书长的简历，业务主管单位同意设立的文件等全部有效文件之日起60日内，做出准予或者不予登记的决定。对于准予登记的，发给《基金会法人登记证书》，对于不予登记的，应当书面说明不予登记的理由。此外，登记管理机关对于基金会分支机构、代表机构的设立负有登记审查的义务。《基金会管理条例》第12条规定，基金会拟设立分支机构、代表机构的，应当向原登记管理机关提出登记申请，并提交拟设立机构的名称、住所和负责人等情况的文件。登记管理机关应当自收到前款所列全部有效文件之日起60日内做出准予或者不予登记的决定。准予登记的，发给《基金会分支(代表)机构登记证书》；不予登记的，应当书面说明理由。

作为境内基金会及其分支机构和代表机构登记注册的机关，同时是境外基金会在中国内地设立代表机构的登记管理机关。但是，随着2016年《境外非政府组织境内活动管理法》的出台，境外基金会的登记管理机关变更为公安机关。

相对于基金会管理单位可以将相关职能委托下级政府对口部门，省、自治区、直辖市人民政府民政部门不得将登记管理机关的职能向下级委托。

3. 基金会设立条件

基金会设立条件是申请设立基金会的最低条件，也是登记管理机关做出是否准予设立的判断依据。根据《基金会管理条例》的规定，设立基金会应当具备的条件如下：为特定公益目的而设立；全国性公募基金会的原始基金不低于800万元人民币，地方性公募基金会的原始非公募基金不低于400万元人民币，非公募基金会的原始基金不低于200万元人民币，原始基金必须为到账货币资金；有规范的名称、章程、组织机构以及与其开展活动相适应的专职工作人员；有固定的住所；能够独立承担民事责任。其中，第一点有关基金会设立宗旨的规定，排除了社会团体互益性的宗旨，要求其开展的活动应当具备公益性。第二点从基金会设立原始基金的要求可以看出，基金会作为物的或者资金集合体的特殊属性，决定其相对于社会团体和社会服务机构具有更高的严谨性，可以防止基金会被作为违法犯罪的工具。

11.3.2 直接登记和双重管理混合的登记管理体制

随着基金会在组织规模和资金规模方面的快速发展，基金会出现了不少新情况、新问题。2016年颁布的《慈善法》对慈善募捐、慈善捐赠、慈善信托、慈善财产、信息公开等方面提出了新的、更高的要求。为适应基金会发展的实际情况，贯彻落实《慈善法》，民政部于2016年5月26日颁布《基金会管理条例(修订草案征求意见稿)》(以下简称征求意见稿)，面向全社会公开征求意见。在登记管理体制方面，征求意见稿相比2004年颁布的《基金会管理条例》出现了较大的变化。

(1) 推动双重管理体制向直接登记和双重管理混合的登记管理体制改革。征求意见稿对原来的基金会登记管理的业务主管单位和民政部门双重管理体制进行了改革，规定了一般情况下设立基金会直接向民政部门申请登记和按照有关规定属于直接登记范围之外的还要经业务主管单位审查同意两种登记方式。征求意见稿第12条规定，申请登记设立基金会，发起人应当提交下列文件：申请书、章程草案、验资证明和住所证明；发起人、拟任负责人身份证明。按照规定应当经业务主管单位审查同意的基金会，发起人还应当向登记管理机关提交业务主管单位的批准文件。

相对于2004年实施的《基金会管理条例》，征求意见稿在基金会登记体制方面有所进步，但是，对于哪类基金会可以采用直接登记方式，哪类基金会需要采用双重管理登记方式，缺少明确的规定。

(2) 降低了基金会准入门槛。征求意见稿将基金会登记管理权限由部、省两级拓展为部、省、市、县四级。征求意见稿第6条规定，国务院民政部门和县级以上地方各级人民政府民政部门是本行政区域内的基金会登记管理机关；国务院有关部门和县级以上地方各级人民政府有关部门、国务院或者县级以上地方各级人民政府授权的组织，是基金会的业务主管单位；县级以上地方各级人民政府有关部门依照本条例和其他有关法律法规，在各自职责范围内做好相关工作。

(3) 对市、县级登记的基金会规定了较低的注册资金标准。征求意见稿第8条规定，在县级人民政府民政部门登记的基金会注册资金不低于200万元人民币；在设区的市级人民政府民政部门登记的基金会注册资金不低于400万元人民币；在省级人民政府民政部门登记的基金会注册资金不低于800万元人民币。

在县级和市级登记的基金会服务的对象主要是当地的社区居民，因此，从受益群体类别来看，这类基金会可以看作社区基金会。通过登记权限的下放和注册资金量的降低，将有利于促进社区基金会的发展，从而打通社区治理—社会治理—国家治理的链条。

11.4 基金会组织管理

组织管理是指通过建立组织结构，规定相应的职务或职责，明确权责关系等，实现组织目标的过程。组织管理的内容主要包括4个方面：确定实现组织目标所需要的活动，按照专业化分工的原则进行分类，按类别设立相应的工作岗位；根据组织的特点、外部环境和目标需要划分工作部门，设计组织机构和结构；规定组织结构中的各种职务或职位，明确各自的责任，并授予相应的权力；制定规章制度，建立和健全组织结构中纵横各方面的相互关系。[1]简单而言，组织管理主要是围绕组织既定目标，协调组织内各种资源和关系，达到组织目标。以基金会为代表的社会组织在组织目标、剩余分配、资源配置等方面与营利性组织有很大不同，因此，企业组织管理理论难以适用于社会组织。"大多数管理理论都是为了满足企业管理的需要发展而来的，很少关注社会组织与众不同的特征或特殊的关键性需求，例如：很少关注其与企业以及政府机构使命的区别；很少关注究竟什么是'非营利性工作'的成果；很少关注其出售服务和获得运营资金的策略；很少关注其因过分依赖志愿者导致无法推行强制性命令而引起的机构改革和调整的各种挑战等。"[2]为此，德鲁克在《非营利组织的管理》中将社会组织的管理划分为：确立使命(领导者角色)、从使命到成果(市场营销、创新和基金会发展的有效战略)、绩效管理、人力资源与关系网络(职员、董事会、志愿者和社区)、自我发展(个人、管理者和领导者)。虽然非营利法人与营利法人存在很大区别，但是在内部治理方面依然可以借鉴后者的一些成熟做法，例如，基金会在组织管理方面，借鉴了企业的做法，设计了由理事会、监事会和执行机构组成的内部治理结构，分别赋予三者决策权、监督权和控制权。

11.4.1 现行基金会内部治理机制

国务院于2004年颁布《基金会管理条例》，其中第三章对组织机构进行了规定。

(1) 理事会及理事会会议。理事会的决策权建立在与基金会之间的委托代理关系的基础之上。"对基金会而言，由于存在'所有者缺失'的现象，基金会的理事会的首要职责不再是股东利益的最大化，而是为了实现基金会的使命，保障受益人的利益。同时，理事会也需要像公司董事会一样，是基金会的代表，承担基金会的监督和决策功能。因此，董事会治理是基金会的内部治理的关键和核心环节。良好的理事会治理机制能够保障其科学决策和高效监督，有利于维护基金会各利益相关者的权益，并有效地体现基金会的价值所

---

[1] http://baike.baidu.com/link?url=Rw23n4vbPfE6VkwWqm27UR-samBK3N47OaRU-LWKSNvW11R32SxiBKM6ibEk1gOqrhl8r1ow_UKZDaLNssawNK.
[2] 德鲁克.非营利组织的管理[M].吴振阳，等，译.北京：机械工业出版社，2009.

在。"①根据《基金会管理条例》的相关规定，基金会设理事会，理事为5～25人，理事任期由章程规定，但每届任期不得超过5年。理事任期届满，连选可以连任。用私人财产设立的非公募基金会，相互间有近亲属关系的基金会理事，总数不得超过理事总人数的1/3；其他基金会，具有近亲属关系的不得同时在理事会任职。在基金会领取报酬的理事不得超过理事总人数的1/3。理事会设理事长、副理事长和秘书长，从理事中选举产生，理事长是基金会的法定代表人。理事会是基金会的决策机构，依法行使章程规定的职权。理事会每年至少召开2次会议。理事会会议须有2/3以上理事出席方能召开；理事会决议须经出席理事过半数通过方为有效。章程的修改；选举或者罢免理事长、副理事长、秘书长；章程规定的重大募捐、投资活动；基金会分离、合并须经出席理事2/3以上通过方为有效。

(2) 监事。作为专职监督机构，监事会的主要功能体现在强化基金会内部治理能力，保证基金会内部决策权、监督权和执行权的合理配置。根据《基金会管理条例》的相关规定，基金会设监事。监事任期与理事任期相同。理事、理事的近亲属和基金会财务人员不得兼任监事。监事依照章程规定的程序检查基金会财务和会计资料，监督理事会遵守法律和章程的情况。监事列席理事会会议，有权向理事会提出质询和建议，并应向登记管理机关、业务主管单位以及税务、会计主管部门反映情况。监事会在发挥职能的过程中，应当坚持的原则包括：第一，独立性原则。独立性原则是监事会的首要原则，是监事会能有效履行职责的保证。第二，合理性原则。就基金会而言，合理性原则主要是指监事会和理事会之间权责的合理划分，监事会履行基金会的监督职能，理事会履行基金会的决策职能。第三，适度性原则。监事会一方面要保证对理事会和管理者的监督，另一方面要避免过度干预，影响其正常工作的开展。第四，民主性原则。这一原则主要针对监事会制度的建立和完善。民主性原则要保证监事会内部成员的平等和民主，保证监事会活动的民主性和监事会工作作风的民主性。②

(3) 执行机构。执行机构是秘书长领导下负责基金会具体事务执行的职能部门。秘书长由理事会选任，对理事会负责，向理事会报告工作。我国对基金会秘书长任职资格的规定与理事长、副理事长完全相同：不得由现职国家工作人员兼任；因犯罪被判处管理、拘役或者有期徒刑，刑期执行完毕之日起未逾5年的，因犯罪被判处剥夺政治权利正在执行期间或者曾经被判处剥夺政治权利的，以及曾在因违法被撤销登记的基金会担任理事长、副理事长或者秘书长，且对该基金会的违法行为负有个人责任，自该基金会被撤销之日起未逾5年的，不得担任基金会的理事长、副理事长或者秘书长；担任基金会理事长、副理事长或者秘书长的中国香港居民、中国澳门居民、中国台湾居民、外国人以及境外基金会代表机构的负责人，每年在中国内地的居留时间不得少于3个月。此外，执行机构中的工

---

① 傅昌銮. 基金会内部治理机制的关键要素分析及评估研究[J]. 企业研究，2014(8)：13.
② 傅昌銮. 基金会内部治理机制的关键要素分析及评估研究[J]. 企业研究，2014(8)：13.

作人员的选聘工作主要由秘书长负责,且基金会的集体业务也由秘书长负责,因此,要求在秘书长的选人上注重秘书长候选人的专业能力和管理能力。

11.4.2 基金会内部治理体制改革

随着《慈善法》的出台,《基金会管理条例(修订草案征求意见稿)》对基金会的内部治理进行了较大幅度的修改,这些变化主要体现在以下几个方面。

(1) 明确了基金会应当根据实际情况设立中国共产党的组织。2005年中共中央办公厅印发的《关于加强社会组织党的建设工作的意见(试行)》明确了社会组织开展党建工作的重要意见、总体要求、社会组织党组织功能定位、社会组织党建工作管理体制和工作机制等。其中,党组织在社会组织中的主要功能体现在:指导基层党组织建设、党员队伍建设、思想政治工作、党的群众工作和党风廉政建设;督促指导所属社会组织党组织按期换届,审批选出的书记、副书记;审核社会组织负责人人选;指导做好党的建设的其他工作。城乡社区社会组织党建工作由街道社区和乡镇村党组织兜底管理。有业务主管单位的社会组织党建工作,由业务主管单位党组织领导和管理,接受社会组织党建工作机构的工作指导。社会组织中设立的党组织,对本单位和直属单位党组织的工作进行指导。各地要按照有利于开展党的活动、加强党员教育管理的原则理顺社会组织党组织的隶属关系。而对于社会组织党建的方式,也有明确的规定:①按单位建立党组织。凡有三名以上正式党员的社会组织,都要按照党章规定,经上级党组织批准,分别设立党委、总支、支部,并按期进行换届。规模较大、会员单位较多而党员人数不足规定要求的,经县级以上党委批准可以建立党委。社会组织变更、撤并或注销,党组织应及时向上级党组织报告,并做好党员组织关系转移等相关工作;上级党组织应及时对社会组织党组织变更或撤销做出决定。②按行业建立党组织。行业特征明显、管理体系健全的行业,可依托行业协会商会建立行业党组织。行业党组织对会员单位党建工作进行指导。③按区域建立党组织。在社会组织相对集中的各类街区、园区、楼宇等区域,可以打破单位界限统一建立党组织。规模小、党员少的社会组织可以本着就近就便原则,联合建立党组织。民政部公布的征求意见稿则进一步明确了基金会开展党建的要求,第4条规定,基金会应当根据实际,设立中国共产党的组织,开展党的活动;基金会应当为党组织的活动提供必要条件。

(2) 补充完善了基金会的决策、监督、执行机制。①限定了理事长的任期。征求意见稿规定,具有公开募捐资格的基金会,理事长连任不得超过两届。②明确了秘书长的定位。征求意见稿第31条规定,基金会设秘书处。秘书处在秘书长的领导下工作,组织实施理事会决议和章程赋予的其他职权。秘书长应当为专职,不能由理事长兼任。不担任理事的秘书长列席理事会。③明确了监事的选任资格。征求意见稿第33条规定,监事由主要捐赠人、业务主管单位选派,也可以由登记管理机关选派。

(3) 对具有公开募捐资格的基金会规定了高于一般基金会的治理要求。在征求意见稿中删除了2004年版《基金会管理条例》有关公募基金会和非公募基金会的划分，而是按照基金会是否具有公开募捐资格划分为两类基金会。《慈善法》第22条规定，慈善组织开展公开募捐，应当取得公开募捐资格。依法登记满两年的慈善组织，可以向其登记的民政部门申请公开募捐资格。征求意见稿第41条规定，基金会开展公开募捐，应当依法取得公开募捐资格。未取得公开募捐资格的基金会，可以在发起人、理事会成员等特定对象范围内开展定向募捐。具有公开募捐资格的基金会涉及公共资金的使用，且社会对公众捐赠资金的使用情况的关注度高，因此，针对此类基金会设计了更高的要求。征求意见稿中对此的规定如下：具有公开募捐资格的基金会，理事长连任不得超过两届；具有公开募捐资格的基金会，相互间具有近亲属关系的理事不得同时在理事会任职；在省级以上人民政府民政部门登记、具有公开募捐资格的基金会应当设监事会。

11.5 基金会外部治理机制

组织管理属于基金会内部治理机制，而政府监管和社会监督则构成基金会的外部治理机制。

11.5.1 政府监督管理

政府监督管理的责任主体主要由基金会登记管理机关和基金会业务主管单位两类构成。

首先，基金会登记管理机关的监督管理内容主要包括三类，即对基金会实施年度检查；对基金会依照《基金会管理条例》及其章程开展活动的情况进行日常监督管理；对基金会违反本条例的行为进行处罚。

其次，基金会业务主管单位的监督管理内容主要包括三类：指导、监督基金会依据法律和章程开展公益活动；负责基金会年度检查的初审；配合登记管理机关、其他执法部门查处基金会的违法行为。

政府监督管理的主要方式包括年度检查和日常监督管理。《基金会管理条例》并未明确日常监督管理的具体内容和方式，仅规定了基金会应当接受税务、会计主管部门依法实施的税务监督和会计监督。在年度检查方面，《基金会管理条例》明确了年度检查时间、检查主体、检查方式、检查内容。在检查时间方面，规定基金会应当于每年3月31日前向登记管理机关报送上一年度的工作报告，接受年度检查。在检查主体方面，主要包括登记管理机关和业务主管单位，《基金会管理条例》规定，年度工作报告在报送登记管理机关前应当经业务主管单位审查同意。在检查方式方面，主要是基金会编写的年度工作报告。在检查内容方面，主要规定了基金会提交的年度工作报告应当包括财务会计报告；

注册会计师审计报告；开展募捐、接受捐赠、提供资助等活动的情况以及人员和机构的变动情况等。

民政部在2016年发布的征求意见稿中明确了登记管理机关应当履行的监管职责和可以采取的有关措施；规定了业务主管单位和有关部门应当履行的监管职责。登记管理机关监督管理的主要内容包括：负责对基金会的成立、变更、注销登记以及章程进行核准；对基金会依照本条例及其章程开展活动的情况进行监督管理；对基金会开展活动、内部治理、财务收支和管理、年度工作报告、信息公开等情况进行抽查，并实施财务审计；调查处理有关单位和个人对基金会的举报；对基金会违反本条例的行为给予行政处罚；法律法规规定的其他职责。登记管理机关对涉嫌违反本条例规定行为的基金会，有权采取下列措施：约谈基金会负责人；对基金会的住所和活动发生地进行现场检查；要求基金会做出说明，查阅、复制有关资料；对可能被转移、销毁、隐匿或者篡改的文件和资料予以封存；向有关单位和个人调查、询问与监督管理有关的情况；经本级人民政府批准，可以查询基金会的金融账户；法律、法规规定的其他措施。

业务主管单位对基金会监督管理的内容主要包括：负责基金会成立、变更、注销登记以及章程核准前的审查；负责基金会的思想政治工作、党的建设、财务和人事管理、研讨活动、对外交往、接受境外捐赠资助；监督、指导基金会遵守宪法、法律、法规、规章和国家有关政策，并依据其章程开展活动；监督、指导基金会制定年度工作报告、履行信息公开义务；协助登记管理机关和其他有关部门查处基金会的违法行为；会同有关部门指导基金会的清算事宜；法律法规规定的其他职责。

相对于2004年版《基金会管理条例》，征求意见稿细化了登记管理机关和业务主管单位的职责，同时为了使登记管理机关更好地履行监督管理职责，赋予登记管理机关一定的执法权限。

此外，征求意见稿明确了登记管理机关和业务主管单位之外政府相关部门在基金会监督管理中的职责，例如，规定了县级以上人民政府的发展改革、财政、税务、公安、外事、人力资源与社会保障、审计等有关部门，对基金会涉及本领域的事项履行监管职责，提供相关服务，依法查处违法违规行为并及时向登记管理机关通报。

11.5.2 社会监督

社会监督主要是指社会公众以及媒体对基金会的监督。但是，由于基金会和社会公众以及媒体之间存在信息不对称，导致后两者对基金会募集资金的使用情况难以准确知晓，特别是对于公募基金会而言，其开展活动的资金以及日常办公经费均出自社会公众捐赠，因此，其有义务让捐赠人了解相关捐赠资金的使用情况。同时，由于我国基金会内部治理机制不健全，理事会和监事功能弱化，会导致基金会管理人员出现营利组织中容易出现的"内部人控制"现象。为此，社会监督的第一步则是基金会信息公开。

目前，我国基金会信息公开制度主要由《基金会管理条例》和《基金会信息公布办法》两部法律文件构成。其中，《基金会管理条例》第38条规定，基金会在通过登记管理机关的年度检查后，将年度工作报告在登记管理机关指定的媒体上公布，接受社会公众查询、监督。而《基金会信息公布办法》则进一步明确了基金会信息公布的主体、公布内容、公布方式等。例如，基金会作为信息公布义务人应当向社会公布基金会代表机构的年度工作报告、公募基金会组织募捐活动的信息、基金会开展公益资助项目等信息。基金会年度工作报告应当在登记管理机关指定的媒体上公布年度工作报告的全文和摘要，对于年度工作报告外的信息，可以选择报刊、广播、电视或者互联网作为公布信息的媒体。

衡量基金会信息公开的程度，可以参考基金会中心网制定的基金会中基透明指数（FTI）。中基透明指数总分等于41个指标的分数之和，满分100分，其中基本信息总分为13.2分，财务信息总分为24分，项目信息总分为39.2分，捐赠及内部建设信息总分为23.6分，具体见表11-1。

表11-1 中基透明指数

	指标	权重		指标	权重
基本信息	宗旨	2	财务信息	审计报告正文及会计报表	4
	原始基金	1		捐赠收入	2
	秘书长简历	1		公益事业支出	2
	全职员工数量	1		总资产	1
	原始基金出资方	1		净资产	1
	联系电话	1		总收入	1
	办公地址	1		投资收益	1
	理事姓名	1		政府补助收入	1
	理事工作单位	1		服务收入	1
	章程	1		总支出	1
				工资福利支出	1
				行政办公支出	1
				业务活动成本	1
				管理费用	1
				筹资费用	1
项目信息	项目支出	9	捐赠及内部建设信息	捐赠方查询模块	2
	项目收入	6		主要捐赠人信息	2
	项目名称	1		人事管理制度	2
	项目概述	3		财务管理制度	2
	资金用途	6		项目管理制度	2
	执行地点	3		年度工作报告	5
	活动领域	3		机构官网	4
	项目展示栏目	2		信息披露栏目	2

数据来源：基金会中心网，http://fti.foundationcenter.org.cn/fti_new/zjtmzsjd.pdf。

根据基金会中心网的统计，在5 159个基金会中，中基透明指数平均得分为51.33，其中，北京和浙江排名前两位，得分较为靠前，具体见图11-5。

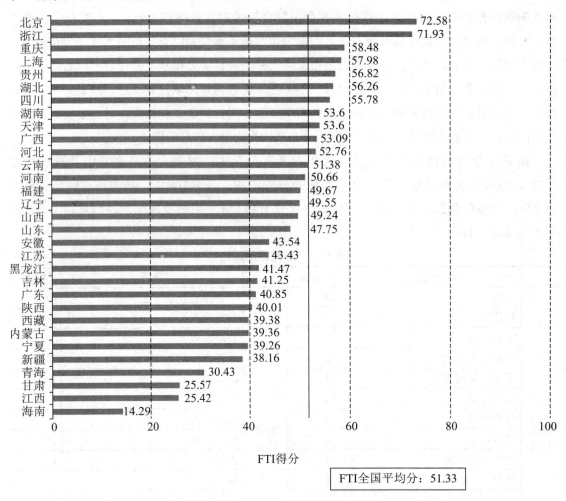

图11-5　FTI地域得分

数据来源：基金会中心网，http://fti.foundationcenter.org.cn/。

11.6 基金会评估管理

基金会是我国社会组织中在内部治理、社会影响力、制度创新、体制改革等方面走在最前列的社会组织，但是，由于我国社会组织整体起步较晚，在制度完备性方面依然存在较大问题。特别是近几年，随着基金会活跃在国内外救灾现场，其活动受到社会越来越多的关注，在舆论监督下，基金会自身存在的一些问题也暴露出来。例如，善款的挪用，造成社会对基金会的信任感降低，严重影响了我国公益慈善事业的发展。为此，基金会评估作为一种基金会质量甄别机制，其评估结果不仅作为政府对基金会日常管理的重要依据，而且评估结果也与政府财政补贴和政府购买服务相挂钩。此外，通过发挥评估的过滤器机制和功能，有利于重建基金会的社会公信力，从长远来看，有利于我国整个公益慈善事业的健康、有序、科学发展。

11.6.1 基金会评估的功能

具体而言，基金会评估机制的功能和作用主要体现在以下三个方面。

(1) 将评估作为基金会监管工作的一部分，实现政府监管的科学性。"民政部门行使行政许可权力对基金会这类法人进行监督管理，保证其社会公益性，其中主要管理手段包括登记注册、年度检查。评估可以定位于行政许可的延续，是一种审查，但这种审查是一种有别于年检的加分机制。年检是一种底线检查，只能保证基金会不违规违法，但并不是对基金会的立体评价。除了保证基金会的合法合规，管理工作还需要进一步延伸，筛选出对社会贡献大、专业性强、具有示范效应的基金会，使它们获得社会认可和支持，而这套筛选机制就是评估。"[①]

(2) 基金会评估机制可以发挥诱致性规范的作用，引导基金会健康发展。"基金会不同于营利法人，不以逐利为动机，但这并不意味着基金会不考虑利益因素。诱致性制度变迁必须由某种在原有制度安排下无法得到的获利机会引起。因此，各国的基金会法律制度背后通常隐含获利机会的引导，它体现为一种利益交换，即作为监督方的政府与作为被监督方的基金会都能通过治理行为获得利益：基金会通过接受法律的、行政的或者独立机构的监督，可以获得政府的税收优惠、财政资助、合作契约等特别利益；政府通过实施富有效率的监督手段，可以维护社会公共利益，实现国家与社会的互动。"[②]评估的诱致性功能相对于禁止性规范和强制性规范，从适用对象的角度来看，有利于赋予适用对象一定的自我选择权，能够引导基金会自我决策能力的提升，同时避免了刚性法律对基金会发展产生的限制性作用。"当登记管理部门想要为这些有突出贡献的基金会争取优惠政策的时候，仅以基金会没有违法违规为依据是不够的，国家让渡税收优惠给基金会，那么一定是让那些确实对社会有贡献、做得好的组织获得优惠，而不是谁都能得到这种优惠。税收优惠应当视为国家对公益组织的一种支持，目前评估结果在一定程度上与享受税收优惠相挂钩。另外，不仅与税收优惠有关，接下来评估可能尝试和其他优惠政策相配套，例如与政府购买社会组织服务相挂钩，通过评估将做得好的组织筛选出来，给予更多的支持。"[③]例如，2010年民政部发布的《社会组织评估管理办法》指出，社会组织评估结果分为5个等级，由高至低依次为5A级(AAAAA)、4A级(AAAA)、3A级(AAA)、2A级(AA)、1A级

---

① 卢玮静，等.基金会评估：理论体系与实践[M].北京：社会科学文献出版社，2014：288-289.
② 税兵.基金会治理的法律道路——《基金会管理条例》为何遭遇"零适用"[J].西北政法大学学报，2010(6)：128.
③ 卢玮静，等.基金会评估：理论体系与实践[M].北京：社会科学文献出版社，2014：289.

(A)。其中,获得3A以上评估等级的社会组织,可以优先接受政府职能转移,可以优先获得政府购买服务,可以优先获得政府奖励;获得3A以上评估等级的基金会、慈善组织等公益性社会团体可以按照规定申请公益性捐赠税前扣除资格;获得4A以上评估等级的社会组织在年度检查时,可以简化年度检查程序。

(3) 基金会评估可以解决基金会与社会公众之间信息不对称的问题,提升基金会透明度。基金会作为资金的集合体,相对于社会团体和社会服务机构,其在深度和广度方面对社会的影响更大,同时,社会公众对基金会的关注程度也更高,因此,基金会的透明度关系社会公众对社会组织的信任度。"从促进整个基金会领域公信力建构的角度看,评估在一定程度上能够给社会公众带来一些信息,使社会借助评估更好地认识和选择基金会,基金会也更重视组织的规范性、运作的专业性和实质的社会影响及社会评价,进而促进整个领域的发展成熟。"[1]

11.6.2 基金会评估管理的历程和内容

1. 基金会评估管理的历程

2004年《基金会管理条例》出台之后,民政部民间组织管理局开始着手探索基金会评估的相关工作,并于2005年开展了"中国民间组织评估体系"研究项目,同时与北京、上海、浙江、山东、湖北、广东、四川、新疆、大连、青岛、深圳等地社会组织登记管理机关及中国科协合作制定了行业性、公益性、学术性、联合性四类社会团体的评估指标、基金会评估指标以及民办非企业单位诚信评估指标,并开展了评估试点工作。2006年项目完成,民政部于2007年4月公布了中国民间组织评估指标体系。在此基础上,民政部于2007年8月出台了《民政部关于推进民间组织评估工作的指导意见》,制定了《全国性民间组织评估实施办法》。该指导意见明确了针对民间组织开展评估工作的指导思想、主要原则、评估机构要求、评估内容、评估程序以及评估登记等。其中,在评估内容方面,要求从基础条件、组织建设、工作绩效(自律与诚信建设)、社会评价等方面进行评估;在评估等级方面,要求建立与评估结果相配套的奖励和激励机制,根据评估结果及有关规定给予政策优惠、资助或奖励。

在基金会评估指标体系构建完成后,民政部于2007年11月至2008年1月组织开展了第一批基金会评估工作,此次评估的对象为在民政部登记的69家基金会。通过评估,6家基金会获得5A级,13家基金会获得4A级,19家基金会获得3A级,14家基金会获得2A级,10家基金会获得1A级,7家基金会无评估等级。此外,随着民政部指导意见的出台以及民政部第一批基金会评估工作的开展,各地陆续开展了基金会的评估工作。例如,北京市民政局社会团体管理办公室按照民政部提出的评估要求,于2008年年底首批对17家公募基金会进行了评估。

---

[1] 卢玮静,等.基金会评估:理论体系与实践[M].北京:社会科学文献出版社,2014:289.

2. 基金会评估内容

基金会评估内容主要由评估指标规定,根据民政部制定的"中国民间组织评估指标体系",基金会的评估指标由4项一级指标、15项二级指标、61项三级指标组成,指标总分合计为1 000分。其中,4项一级指标是指基础条件、组织建设、工作绩效以及社会评价,具体如下所述。

(1) 基础条件。基础条件是指基金会作为合法的社会组织应当具备的基本条件。基本条件包括:法人资格(原始基金、法定代表人、名称、办公条件、专职工作人员);章程(宗旨和业务范围体现基金会的特点、章程经民主程序通过、章程经登记管理机关核准);登记和备案(按规定变更登记、按规定备案、分支与代表机构登记符合规定);遵纪守法(年度检查情况、无违反国家法律法规和政策的行为、重大事项报告)。

(2) 组织建设。组织建设强调基金会作为组织的内部治理方式,关注其组织建设、人力资源建设、财务建设等。组织建设包括:组织机构(理事会,监事或监事会,办事机构,分支、代表机构,党组织);人力资源管理(有与业务开展相适应的工作人员及有关制度,工作人员的培训、任用和考核,按规定落实工作人员薪酬和社会保险政策,负责人尽职尽责、团结协作,有与业务开展相适应的志愿者队伍及制度);财务、资产管理(会计基础工作规范、账户管理规范、财务人员配备合理、执行《民间非营利组织会计制度》及国家有关规定、内部会计控制规范、关联方关系、财务公开透明、按规定进行财务审计、进行税务登记并规范使用各种票据、资产管理、分支机构与代表机构财务);档案、证章管理(档案管理、证书管理、印章管理)。

(3) 工作绩效。"工作绩效是真正反映基金会存在的必要性和正当性的关键内容,是评估基金会的社会'产出'。其中存在基金会公益项目活动的社会效益难以量化和评估的难题。目前的指标尽量不仅考察规模、成本控制等,还涉及专业运作、公益理念、社会创新和社会影响等方面。"[1]工作绩效包括:公益活动规模和效益(公益事业支出金额、公益支出占上年总收入的比例、行政办公费用和工作人员的福利占当年总支出的比例);项目开发与运作(项目符合章程规定的业务范围、项目运作规范性、项目的创新性和可持续性、项目社会评价);社会捐赠、募集、政府资助和政府购买服务(年度捐赠收入、年人均向社会募集资金额、年均接受政府资助额);信息公开与宣传(公开接受、使用社会捐赠的情况,公开公益资助项目种类及申请、评审程序,媒体宣传情况)。

(4) 社会评价。社会评价事关社会组织公信力,是对基金会的一种软性约束,它分为内部评价和外部评价。内部评价包括理事评价、工作人员评价、监事评价。外部评价包括公众评价(捐赠人评价、受益人评价、志愿者评价、新闻媒体评价);管理部门评价(业务主管单位评价、登记管理机关评价、其他有关管理部门评价)。

---

[1] 卢玮静,等.基金会评估:理论体系与实践[M].北京:社会科学文献出版社,2014:289.

在民政部基金会评估指标体系的基础上,各地结合本地区的实际情况制定了相应的基金会评估体系。例如,北京市2010年发布了《北京市社会组织评估管理暂行办法》,在评估内容方面基本上延续了民政部的相关规定,评估内容主要包括基础条件、组织建设、工作绩效(自律与诚信建设)、社会评价等方面。但是,在具体的操作方面,北京市2012年将本市的基金会评估委托独立的第三方——北京师范大学社会发展与公共政策学院,而第三方则将民政部的4项评估内容分解为:基础条件(合法性与操作规范)、内部治理(组织治理与运作、人员管理)、工作绩效(公益性与项目评价)、社会影响(项目辐射作用和公益创新)、公开透明与社会责任(信息公开与对捐赠人负责的情况)。①

除了实践领域,对基金会评估理论的探索也是构建科学规范的评估体系的重要支撑。基金会不同于企业等营利性组织以及政府等公共机构,因此,后两者的绩效评估对于基金会等社会组织的评估具有借鉴意义,但是难以全部适用。为此,国内外对于社会组织评估理论的研究和探索成为公益慈善事业研究的重要一环。

在国际上较为流行的社会组织的评估理论主要有3E理论和3D理论。其中,3E是指经济(Economy)、效率(Efficiency)与效果(Effectiveness)。经济指标一般是指组织投入管理项目的资源水准,它关心的是"投入"的项目,即如何使投入的项目做出最经济的利用。效率指标通常包括:服务水准的提供、活动的执行、服务与产品的数量、每项服务的单位成本等。效果通常是指公共服务实现目标(Targeting)的程度,可成为公共服务对于标的团体的状态或行为的影响,如福利状况的改变程度、使用者的满意程度、政策目标的成就等。3D理论中的3D是指诊断(Diagnosis)、设计(Design)与发展(Development)。其中,诊断是指社会组织或项目的管理者能够正确识别组织或项目所面临的新的管理问题,能够考虑主要的相关利益群体的需求与利益。设计是指组织或项目管理者能够通过适当的策略解决这些问题,能够设计解决这些问题所需要的恰当的结构与战略。发展是指一种解决组织或项目实施过程中所遇到问题的能力,以及相应的作为学习过程的管理变革或创新。②无论是3E理论或3D理论,各有其自身的优势和不足。"3E理论由于过分关注组织的经济、效率与效果,而忽略了组织其他方面的问题,一些社会组织的发展出现了扭曲。例如,有的社会组织实施的项目可以取得很好的经济、效率与效果,但是由于组织自身的能力没有得到全面的发展,往往项目结束之时,就是组织衰亡之日。3D理论的优势在于它特别注重通过评估提升社会组织自身的能力建设,通过评估帮助社会组织不断学习与完善。然而,这一评估理论的局限在于它难以定量,更多是定性方面的评估,难以在不同组织之间进行比较。由于难以比较,就无法根据评估的结果实施奖罚。"③为此,邓国胜在分析3D评估理论和3E评估理论利弊的基础上,提出了APC评估理论。APC是指问责(Accountability)、

---

① 卢玮静,等.基金会评估:理论体系与实践[M].北京:社会科学文献出版社,2014:297.
② 邓国胜.非营利组织"APC"评估理论[J].中国行政管理,2004(10):35.
③ 邓国胜.非营利组织"APC"评估理论[J].中国行政管理,2004(10):34-35.

绩效(Performance)和能力(Capacity)。其中，问责是指社会组织对其使用的公共资源的流向及其使用效果的社会交代；绩效是指对社会组织的适当性、效率、效果、顾客满意度、社会影响及其持续性的评估；能力是指社会组织开展活动和实现组织宗旨的技能和本领。[①]APC评估理论的优势在于"问责性评估是保证社会组织公信度的制度体系，它有助于保证社会组织做正确的事情，有助于提升社会组织的责任、声望与合法性，而组织的声望与合法性是社会组织成功的必要条件之一；绩效评估是保证社会组织有效使用稀缺资源的制度安排，它有助于保证社会组织正确地去做事；组织能力评估是保证社会组织提升组织能力的管理工具，它是社会组织持续提升组织的问责性与绩效的基础。"[②]

关键词

基金会，基金会双重管理，直接登记，内部治理机制，外部治理机制，慈善法，基金会评估

作业题

1. 简述基金会的概念、特征和分类。
2. 我国在基金会登记管理方面呈现哪些特点？
3. 基金会的内部治理的主要内容是什么？
4. 基金会的外部治理的主要内容是什么？
5. 基金会评估的意义和评估内容分别是什么？

案例分析

河南宋庆龄基金会事件突显我国基金会内部治理与外部治理的紧迫性[③]

中国宋庆龄基金会(以下简称宋基会)创立于1982年，与红十字基金会、青少年发展基金会并称为中国三大公益基金会。中国宋基会设立于北京，但河南、上海、江西、广东、海南、陕西六省市，因各种渊源都设有省级宋基会。它们与中国宋基会之间，虽时有业务往来但并无上下隶属关系，均由省内政府机构主管。例如，河南省宋庆龄基金会隶属于河南省统战部，是一家成立于1992年的公募基金会，其注册业务范围是"募集发展资金，资

---

① 邓国胜. 非营利组织"APC"评估理论[J]. 中国行政管理，2004(10): 36.
② 邓国胜. 非营利组织"APC"评估理论[J]. 中国行政管理，2004(10): 36.
③ 资料来源：2011年9月1日《南方周末》，原题为：中国最能筹款慈善组织的钱去哪了——谁在控制河南宋庆龄基金会。本书作者对文字部分进行了整理。

助儿童文教、科技和福利事业。

在中国宋基会旗下，有7个直属事业单位，称为××中心，旗下分别有若干公司。而省级宋基会同样成立了各类庞杂的公司。错综缠绕的"宋基系"公司大多集中在两个领域——地产与教育。许多公司在中国宋基会年报中几乎无迹可寻，营收状况和开支走向均在政府与公众的视野之外。

"郑州新区宋庆龄基金会青少年儿童活动中心"是由原河南省副省长、河南省宋庆龄基金会主席发起的一个公益项目。根据相关媒体的报道，活动中心包括爱国主义教育基地、科技活动中心等几十个场所。按照当时的计划，活动中心占地222亩，建筑面积16万平方米，总投资8亿元，由河南宋基会承办。但是，奠基之后，出于"经费不足"等原因，项目建设进程非常缓慢，目前仍未完工，甚至大幅"缩水"。其中，160亩地被用作商业住宅的开发。对此，郑东新区管委会的解释是，"因建设资金短缺，愿意向河南省宋基会主动提出将西侧部分用地划出，2007年9月，郑州怡商置业有限公司通过摘牌取得西侧用地，目前已办理建设用地规划许可证和国有土地使用证。"但是，这块土地的用地性质，目前只为商业和文体混合用地，而非住宅用地。

此外，对于对外宣传作为河南宋基会下属乃至独资企业，受托对基金会的公募基金进行投资管理。作为河南宋基会慈善基金保值、增值的平台的宋基投资公司虽然与河南宋基会在一起办公，但双方无任何股权关系。宋基投资公司是2001年由张悍东(河南宋基会发展部主任)和魏瑜璟(河南宋基会财务人员)出资设立的。在长达十余年中，河南宋基会的善款，都是委托给骨干员工实际控制的宋基投资公司进行投资管理。对此，河南省民政厅民管局有关负责人表示，"河南省民政厅主要对基金会进行监管，并不具体过问其下属的投资公司，而河南宋基会基于增值、保值的目的对外投资，按照《基金会管理条例》的有关条款，并不违规。"

现行的《基金会管理条例》针对基金会投资，仅规定基金会应当按照合法、安全、有效的原则实现基金的保值、增值。规定的模糊不清，为违法犯罪留下了空间。

公开资料显示，宋基投资公司的投资已横跨金融、地产、文教等领域。同时，年检报告显示，成立十年来，宋基投资公司的资产总额已从最初的几千万元，增长到现在的3.5亿元。不过，除了2010年实现266万元的净利润，之前十年一直亏损。

伴随宋基投资公司的扩张，与其在资金上一脉相连的河南宋基会的财务表现极为诡异。根据基金会中心网数据库的排名，河南宋基会在2010年年末，资产已近30亿元，在全国2 000多家慈善基金会中名列第一，位列第二的是私募基金北京大学教育基金会，资产只有12亿元，而中国红十字基金会只有7亿元，中国宋基会不到3亿元。在这个榜单上，河南宋基会已是三连冠，且资产规模的爬升速度极为惊人，2008年是15亿元，2009年是21亿元；2007年及以前，由于数据库里没有河南宋基会的财务数据，所以没有进入排名。不仅如此，作为一个省级慈善机构的河南宋基会，获得的捐赠收入同样高得惊人。其2010年捐赠收入逾10亿元，位居全国第一，是中国红十字基金会、中国扶贫基金会的近两倍。而河南宋基会的募捐能力也非常强大，在2009年和2008年，河南宋基会分别募得6亿元和8亿元的善款。然而，与筹款能力的强大形成反差的是，在公益支出的榜单上，河南宋基会却名落孙山。按照《基金会管理条例》的规定，公募基金会每年用于从事公益事业的支出不得低于上一年总收入的70%，这就意味着河南宋基会2010年和2009年的公益开支必须达到4.2亿元和4.8亿元，而实际情况是只有1.4亿元和8 000万元，离规定金额相去甚远。

倘若能筹集很多的钱却没有花出去，基金会的账上应该有很多钱，但事实却恰恰相反，查阅近三年河南宋基会的资产负债表不难看出，基金会手头的货币资金并不多，2010年年末只有1亿元，2009年和2008年年末只有一两千万元。

大量的钱去了哪里？资产负债表的答案是，大量资金都在"应收款项"科目下面，简单来说，就是已被借出。这些资金流入如宋基投资这样的"宋基系"公司，除了进行上文提及的各种投资业务，还有大量资金被用于放贷。

思考题：
1. 河南宋基会事件突显了我国基金会在内部治理和外部治理中存在哪些问题？
2. 针对该事件存在的问题，在基金会改革中应当采取哪些措施？

第12章
慈善组织活动管理

亚当·斯密在《国富论》中认为,生产、消费以及慈善,这三者都承载着对社会的贡献,而慈善更体现出个体人格升华以及责任担当。慈善事业被称为税收分配与市场分配之外的"社会第三次分配",它在改善贫苦和困难群体的生存状况、缩小贫富差距、缓解社会矛盾、提升社会凝聚力、增进中华民族的团结与融合方面,发挥着不可替代的重要作用。本章主要结合我国《慈善法》具体设定条款以及一些专家学者和政府官员研究成果及其实践探索,围绕慈善组织认定与管理、慈善公益活动与规范、国内外相关经验等进行介绍。

12.1 慈善组织活动管理概述

《中共中央关于构建社会主义和谐社会若干重大问题的决定》明确指出,逐步建立社会保险、社会救助、社会福利、慈善事业相衔接的覆盖城乡居民的社会保障体系。发展慈善事业,完善社会捐赠免税减税政策,增强全社会慈善意识。党的十八届三中全会报告中进一步指出,要完善慈善捐助减免税制度,支持慈善事业发挥扶贫济困的积极作用;重点培育和优先发展行业协会商会类、科技类、公益慈善类、城乡社区服务类社会组织,组织成立时直接依法申请登记。

从顶层设计的角度看,慈善事业明确为社会保障体系四大支柱中的一个支柱。而在四大支柱中,如果说社会保险、社会救助和社会福利三个板块主要是依靠政府的力量,那么慈善的力量和责任则主要来自民间社会。对于这样的高定位、低身份的慈善组织来说,只有加强科学管理、规范公益慈善行为,才能确保其发挥正常职能,才能走出中国特色的慈善公益道路。这就要准确认定慈善组织,并对慈善组织进行恰当分类,明确相应的业务活动边界,宣传其社会职能和重大价值,以更好地实现政府管理慈善、社会参与支持慈善、群众共享共治慈善的全社会共同价值认知和一致的行动。

12.1.1 慈善组织与慈善活动

当前,慈善事业不是一句空话,需要有大量的慈善组织或者慈善个体通过扎实的行动，提供慈善产品和服务。我国已经具有大量的官办或者民办慈善组织，也开展了大量的公开或者民间的公益慈善活动，但在我国开展慈善活动会遇到很多国外慈善活动没有出现的问题，这与我国的慈善文化积淀，特别是有关慈善组织认定、慈善活动规范等密切相关。

1. 慈善组织

1) 慈善组织界定与管理

"慈善"在我国有着悠久的历史。早期的史书记载中"慈"与"善"是分开的两个字。"慈"意为"爱也"，从情感上可以理解为长辈对晚辈的爱；"善"意为"吉祥、美好"，后来被解释为友好、和善。南北朝以后，人们渐渐将"慈"与"善"二字放在一起使用，用以表达个人修养方面的慈爱善良与宽容随和。[①]

英语中表达"慈善"的单词有两个，分别为"Charity"和"Beneficence"。前者在习惯上被解释为"仁爱""基督之爱"，带有浓厚的宗教色彩。后者是从希腊文演化而来的，通常译为"博爱"或"慈善事业"。虽然两者都有慈善的意思，但区别还是很明显的。前者强调社会对那些生活于苦难当中的人的救济，是最基础层面的救济与帮扶；后者则强调提高社会整体福利的意义所在。

日语中的"慈善"一词在历史上被佛教解释为"实践慈悲"并一直沿用，意为用佛、菩萨般善良的心去对待别人，消除痛苦，给别人欢乐。

《现代汉语词典》中对"慈善"一词的解释为"对人关心，富有同情心"。

贝克尔从学术研究的角度出发认为，"慈善"是指"如果将时间与产品转移给没有利益关系的人或组织，那么这种行为被称为'慈善或博爱'。"[②]

可见，慈善可以简单理解为人们怀着初始的爱心，不求回报地帮助别人，给予别人无私的支持。

慈善组织在各国的界定是不一样的，但是各国相关法规一定都有明确的限定。在我国颁布实施的《慈善法》中，慈善组织不是独立的法人类型，而是组织属性。这就理清了慈善组织与社会组织现有的基金会、社会团体和社会服务机构(之前称为"民办非企业单位")三种形式的关系。确切地说，慈善是很多类型组织都可以从事的公益活动和相应结果，慈善是一种行动过程和结果，更看重活动的结果性质和表现。无论是经过官方认定的慈善组织还是民间个体，只要针对一定对象尽其所能提供一定的帮助或者物品，都可以视为实施了慈善，人皆可为，随时可为。

我国《慈善法》中所称的慈善组织，是指依法成立、符合本法规定，以面向社会开展慈善活动为宗旨的非营利性组织。慈善组织可以采取基金会、社会团体、社会服务机构等组织形式。

---

① 史伟建. 我国慈善机构监督模式研究[D]. 兰州：兰州大学，2014：4.
② 加里·贝克尔. 人类行为的经济分析[M]. 王业宇，译. 上海：上海三联书店，1995：321.

依照《慈善法》的规定，申请慈善组织要具备法律要件，才能申请登记。对于已经成立的基金会、社会团体、社会服务机构符合慈善组织认定条件的，也可以经过一定程序申请认定为慈善组织。

慈善组织的设立条件是有明确法律规定的，经过注册就可以享受相应的法律保护和优惠政策等。这些条件具体包括以下内容。

(1) 以开展慈善活动为宗旨。这是此类组织的根本要求，也是衡量组织性质和获得免税等支持的先决条件。《慈善法》第三条规定的慈善活动领域与已有法律认定的公益事业领域是基本一致的。

(2) 不以营利为目的。财产的投入者对投入的财产不享有所有权；投入的财产及其孳息不被分配或变相分配；注销后剩余财产的处理应遵循"近似原则"。

(3) 有自己的名称和住所。这是登记注册的基本要求，一般会在组织章程中写清楚。

(4) 有组织章程。具体章程内容和规定要依据相关规定，面向全体会员，逐条审议和通过，是组织最高的要求和活动纲领依据。

(5) 有必要的财产。这部分财产是组织财产，非私人财产。组织财产是确保组织活动能力的要素之一。

(6) 有符合条件的组织机构和负责人。依法登记注册机构，同时具备独立民事行为能力，产权明晰，权责明确；能够以组织的身份与捐赠人建立捐赠关系，订立合同，享有保护捐赠财产的权利，承担相应的责任。

(7) 法律、行政法规规定的其他条件。

要严格依法设立慈善组织，不得违规或者违背组织章程。《慈善法》对慈善组织资格的获得设计了两条途径，即"新的登记，旧的认定"。

① 新的登记。我国《慈善法》规定，慈善组织发起人可以向县级以上人民政府民政部门申请设立慈善组织，并要求登记管理机关在受理申请之日起三十日内做出决定。因此，慈善组织发起人可以以慈善组织名义申请登记，并在基金会、社会团体和社会服务机构中确定一种法人类型。有特殊情况需要延长登记或者认定期限的，报经国务院民政部门批准，可以适当延长，但延长的期限不得超过六十日。

这是对过去双重管理制度的重大突破。此前成立慈善组织不仅要让民政部门作为"登记管理机构"，还要找到"业务主管单位"，造成实际上的登记难。《慈善法》通过后，慈善组织无须再"找婆婆"，且民政部门应当自受理申请之日起三十日内做出是否准予登记的决定。同时，它明确了慈善组织的直接登记制度，并且简化了慈善组织的登记程序。这一规定使得慈善组织无须业务主管机关便可直接在民政部门登记，不仅意味着慈善组织得以从双重管理制度中解放出来，而且可以让民众便利、快捷地通过慈善组织这一形式行善。

② 旧的认定。我国《慈善法》公布前已经设立的基金会、社会团体、社会服务机构

等社会组织,可以向其登记的民政部门申请认定为慈善组织,民政部门应当自受理申请之日起二十日内做出决定。

慈善组织登记模式的创新,有利于降低慈善组织设立登记门槛,加快实现政社分开,增强慈善组织自治服务功能,也有利于推进社会组织登记管理体制改革。一些地级市颁布的规定强调,对于全市性慈善组织设立登记,民政部门要认真贯彻国务院关于简政放权、放管结合、优化服务的要求,依照法定的设置条件、认定条件,明确审核内容和审批程序,优化登记流程,在市行政许可服务中心民政窗口统一办理。针对本市区级行政审批统一由各区行政审批局办理的体制,要抓紧制定配套规定,明确民政部门和各区行政审批部门落实《慈善法》的权责,实现各部门依法履职信息的互联互通、联动响应。

2) 慈善组织的章程

慈善组织的章程是组织活动和会员应该共同遵守的纲领性文件,尽管慈善组织包括很多类型,活动领域众多,组织章程细节存在差异,但是,一般来说,慈善组织章程应当符合以下法律法规的规定。

(1) 名称和住所;
(2) 组织形式;
(3) 宗旨和活动范围;
(4) 财产来源及构成;
(5) 决策、执行机构的组成及职责;
(6) 内部监督机制;
(7) 财产管理使用制度;
(8) 项目管理制度;
(9) 终止情形及终止后的清算办法;
(10) 其他重要事项。

3) 慈善组织人员权责

慈善组织应当根据法律法规以及章程的规定,建立健全内部治理结构,明确决策、执行、监督等方面的职责权限,开展慈善活动。组织相关人员具有组织规定的权利,但必须遵守具体的规章制度、履行相应的责任,不得从事组织明令禁止的各类事项。

在慈善组织决策团队中,慈善组织的负责人具有非常重要的地位,选任慈善组织负责人要符合相关法规要求,具有下列情形之一的,不能担任慈善组织负责人:①无民事行为能力或者限制民事行为能力的;②因故意犯罪被判处刑罚,自刑罚执行完毕之日起未逾五年的;③在被吊销登记证书或者被取缔的组织担任负责人,自该组织被吊销登记证书或者被取缔之日起未逾五年的;④法律、行政法规规定的其他情形。

慈善组织的发起人、主要捐赠人以及管理人员,不得利用其关联关系损害慈善组织、受益人的利益和社会公共利益。同时,他们如果与慈善组织发生交易行为,不得参与慈善组织有关该交易行为的决策，有关交易情况应当向社会公开。慈善组织及其人员不得从事、资助危害国家安全和社会公共利益的活动，不得接受附加违反法律法规和违背社会公德的条件的捐赠，不得接受受益人附加违反法律法规和违背社会公德的条件。

慈善组织要接受登记部门的监督，应当每年向其登记的民政部门报送年度工作报告和财务会计报告。报告应当包括年度开展募捐和接受捐赠情况、慈善财产的管理使用情况、慈善项目实施情况以及慈善组织工作人员的工资福利情况。同时，慈善组织应当执行国家统一的会计制度，依法进行会计核算，建立健全会计监督制度，并接受政府有关部门的监督管理。

4) 慈善组织终止与清算

慈善组织具有生命周期，在组织遇到下列情形之一的，按照法律法规的规定，应当依法终止：①出现章程规定的终止情形的，该规定因组织不同而设定了不同的情形，如有的规定组织发起人逝世或者退出，即宣告该组织活动终止；②因分立、合并需要终止的；③连续两年未从事慈善活动的；④依法被撤销登记或者吊销登记证书的；⑤法律、行政法规规定应当终止的其他情形，比如有的慈善组织因严重违法受到行政处罚被剥夺法人资格。

按照《慈善法》的规定，一旦出现慈善组织终止情况，就要依法实施财产等清算。慈善组织的决策机构应当在法律法规规定的终止情形出现之日起，三十日内成立清算组进行清算，并向社会公告。不成立清算组或者清算组不履行职责的，民政部门可以向人民法院申请指定有关人员组成清算组进行清算。

慈善组织清算后的剩余财产，应当按照慈善组织章程的规定转给宗旨相同或者相近的慈善组织；章程未规定的，由民政部门主持转给宗旨相同或者相近的慈善组织，并向社会公告。

慈善组织清算结束后，应当向其登记的民政部门办理注销登记，并由民政部门向社会公告。

5) 慈善与公益的关系

虽然慈善组织与公益活动密切关联，但是，慈善与公益还是有区别的。如果说慈善更多强调给予、帮助和默默付出，公益则更多强调参与、行动和唤醒公众加入进来。慈善在于点点滴滴的给予，公益在于点点滴滴的参与。阿里巴巴集团董事局主席马云曾有个关于两者关系的精彩论述："公益需要钱，但是光有钱是远远不够的，因为公益和慈善还是有差异的，慈善在于给予，而公益在于参与，是点点滴滴的行动。慈善可能以给钱为主，而公益需要你花出的是时间、激情、智慧以及所有你可能拿不出来的东西。你未必有能力去做慈善，但是我们每个人都可以去做公益，参与公益。"[①] 可见，慈善是个人的行为，公益是社会现象。慈善考虑更多的是个人的情感释放，公益考虑更多的是理念的传播与群体效应。

两者的联系则是慈善产生公益，公益源于慈善。一般情况下，人们怀揣一颗慈善之

---

① http://www.chinaz.com/news/2016/0709/549460.shtml.

心，进行募捐或者帮扶，或者选择公益行动等。当个体的慈善活动多了，很多个体就会逐渐形成一个团体，经过注册或者协调一致的行动，开展大规模的慈善或者公益行动，经过一段时间的历练，考虑到组织未来互动安全、政府管理等需要，这些松散的组织就可能凝聚成密切的组织，具有自己的章程、纲领和行动目标等，于是，公益和慈善就能密切地结合。

6) 慈善立法

法律是社会公器。不论是慈善组织还是公益行动，启动立法程序和完成立法，首先要考察慈善事业的发展对立法的具体需求，要能够解决存在的具体问题并且为未来慈善组织发展和公益行动指明方向和保障权益。

(1) 尊重慈善愿望，保护慈善热情，培育慈善意识，规范慈善行为，促进慈善事业的多元化发展，满足社会对慈善立法的期待。《慈善法》需要具备比现行的民间组织管理立法更大的空间和容量、更开明的政策措施去匹配一个具有慈善传统、有辉煌未来的慈善社会。这需要立法者对社会的发展有更深切的洞察和更具使命感的勇气和智慧。

(2) 通过立法构建慈善法制框架，建立完善的慈善法律制度。慈善需要法制阵地，更需要慈善法律框架去容纳多元又健康的慈善理想、自由的慈善创造、真诚的慈善努力，这样慈善力量才可以有所依托、因有用无。

(3) 保障慈善机构的公益性，提升慈善机构的公信力。慈善机构是履行社会公益最重要的民间组织，担负公益使命，享受优惠政策，汇集公共资源，赢得社会名誉。这就需要通过法律设定具有针对性的具体制度和机制，来保障慈善机构能够沿着正确的轨道发展，不能让慈善机构成为权力的傀儡、金钱的奴隶，甚至沦为犯罪的工具。

(4) 明确政府和社会在慈善事业发展中的关系和权界。政府在发展慈善事业、完善社会捐赠免税减税政策方面应当有哪些职责、使命和积极的作为，必须依法明确。社会也要立足自身使命，谨遵法制，在法律授权和责任区间内活动。

2. 慈善活动

一般来说，各个国家的慈善组织是需要官方认定或者登记管理的，但是，并不是说慈善活动都只能由慈善组织发起或者从事，慈善组织与慈善活动其实是两个独立的概念。慈善组织的活动并非完全是慈善活动，还有些是组织内部的管理活动或者为了竞争生存，从事一些相关非慈善活动；慈善活动不是慈善组织独享，其他自然人或者组织也可以定期或不定期开展公益慈善活动。

我国《慈善法》明确规定，慈善活动是指自然人、法人和其他组织以捐赠财产或者提供服务等方式，自愿开展的下列公益活动：①扶贫、济困；②扶老、救孤、恤病、助残、优抚；③救助由于自然灾害、事故灾难和公共卫生事件等突发事件造成的损害；④促进教育、科学、文化、卫生、体育等事业的发展；⑤防治污染和其他公害，保护和改善生态环境；⑥符合《慈善法》规定的其他公益活动。

国家鼓励和支持自然人、法人和其他组织在遵循合法、自愿、诚信、非营利的原则下，不得违背社会公德，不得危害国家安全、损害社会公共利益和他人合法权益，要努力践行社会主义核心价值观，弘扬中华民族传统美德，依法开展慈善活动。具体来说包括：①自愿无偿，扶贫济困。即慈善捐赠应当自愿无偿，不得强行摊派或者变相摊派，由捐赠人自主实施捐赠行为。②公开公正，监督透明。即慈善捐赠程序、捐赠款物的管理使用要公开，接受社会监督，公布捐赠款物要尊重捐赠人的意愿。③政府推动，营造环境。即制定慈善政策法规，制定慈善优惠政策，依法监督管理、规范募捐行为，规范使用捐赠款物，维护慈善组织和捐赠人、受益人的合法权益。④民间实施，广泛参与。即充分发挥慈善组织的主体作用，引导群众的慈善，营造社会慈善氛围，调动各类慈善资源，广泛开展各类志愿服务活动。

可见，我国《慈善法》采用的是"大慈善"界定，具体可以理解为：

(1) 慈善活动范围的广泛和全面。从扶贫、济困、扶老、救孤、恤病、助残、优抚与救助突发事件造成的损害等传统慈善领域出发，拓展到促进教育、科学、文化、卫生、体育等事业的发展，防治污染和其他公害，保护和改善生态环境等新的领域。这种"广覆盖"基本涵盖"公益"领域的各个方面，较好地加强了慈善与公益的联系，为慈善事业的进一步发展提供了广阔的空间。

(2) 慈善活动主体范围的扩大和拓展。从慈善活动的主体来看，经过登记认证的慈善组织应该是慈善活动的主力和长期坚守力量，这是慈善组织存在的根本意义和社会价值。此外，慈善组织以外的组织和个人也是进行慈善活动不可缺少的重要力量。全社会公益活动如果成为一种文化或者发展现象，很显然，其他组织和个体是不可或缺的，很可能是重要的创新动力。

12.1.2 慈善组织经费管理

慈善组织的慈善活动支出比例和管理费用问题，一直是困扰慈善组织发展，影响慈善组织诚信的重要问题之一。综合相关法律和管理规定、慈善组织开展慈善活动以及进行组织内部管理需要的经费支出等问题，概括起来就是：一个总体要求，两个具体规定，两个特殊规定。

1. 一个总体要求

慈善组织应当积极开展慈善活动，充分、高效运用慈善财产，并遵循管理费用最必要原则，厉行节约，减少不必要的开支。该要求的核心主旨是：慈善组织要把募集来的钱物尽快送达受益人，让这些钱物尽快发挥作用，使之效益最大化；慈善组织要节约开支，要减少不必要的管理费用浪费，使之成本最小化。

2. 两个具体规定

慈善组织中具有公开募捐资格的基金会开展慈善活动的年度支出，不得低于上一年总收入的70%或者前三年收入平均数额的70%；年度管理费用不得超过当年总支出的10%。

《慈善法》对具有公开募捐资格的基金会的慈善活动支出比例和管理费用的规定，与现行《基金会管理条例》的精神，既一脉相承，又与时俱进。一脉相承表现在公益支出和年度管理费用从严精神的要求上；与时俱进体现在公益支出给基金会适当的时间和空间上的便利条件，既可以按不低于上一年总收入的70%来衡量，也可以按不低于前三年收入平均数额的70%来衡量。

具有公开募捐资格的基金会以外的慈善组织开展慈善活动的年度支出和管理费用的标准，由国务院民政部门会同国务院财政、税务等部门依照前款规定的原则制定。

3. 两个特殊规定

"特殊情况下，年度管理费用难以符合前述规定的，应当报告其登记的民政部门并向社会公开说明情况。"这给一些情况特殊的基金会留下了生存条件。

"捐赠协议对单项捐赠财产的慈善活动支出和管理费用有约定的，按照其约定。"这有利于慈善组织生存的制度设计，需要指出的是，这是对单项捐赠财产的规定，不能代替慈善组织每年的慈善活动支出比例和管理费用的总规定。

12.2 慈善活动管理

慈善活动是由一系列有组织、有策划和行动方案的具体活动构成。慈善活动一般具有很明确的目的性，即要具体解决什么问题。《慈善法》针对慈善募捐、慈善捐赠和慈善信托三种主要慈善活动进行了相应的规定。

12.2.1 慈善募捐

1. 慈善募捐概述

1) 慈善募捐的定义与类型

慈善募捐是慈善活动、慈善组织的重要物质来源，也是社会关注的热点问题。在我国，慈善募捐是指慈善组织基于慈善宗旨依法募集财产的活动。

首先，慈善募捐的主体是慈善组织。不允许慈善组织以外的组织和个人进行慈善募捐。不具有公开募捐资格的组织或者个人基于慈善目的，可以与具有公开募捐资格的慈善组织合作，由该慈善组织开展公开募捐并管理募得款物。

其次，慈善募捐的目的是实现公益活动。

再次，慈善募捐的客体是财产。它包括货币、物品、不动产、股权、有价证券、知识产权等。

最后，慈善募捐的类型包括面向社会公众的公开募捐和面向特定对象的定向募捐。慈善组织计划和实施公开募捐活动，首先应当到当地主管部门取得公开募捐资格，不允许私自或者擅自开展公开募捐活动。依法登记满两年的慈善组织，可以向其登记的民政部门申请公开募捐资格。民政部门应当自受理申请之日起，重点针对慈善组织内部治理结构是否健全、运作规范条件是否符合要求，在二十日内做出是否发给公开募捐资格证书的决定。如果不符合发给证书条件的，需要民政部门给出书面说明理由。

但是，对法律、行政法规规定自登记之日起可以公开募捐的基金会和社会团体，民政部门应当直接发给公开募捐资格证书，不再需要重复或者再次审批。如现行《基金会管理条例》中规定的"公募型基金会"。①

2) 公开募捐的基本要求

面向社会公众的公开募捐权长期以来一直是一种稀缺的公益资源，基本上都集中在官办的基金会和慈善组织手中，严重挤压了民间慈善组织的生存空间。《慈善法》放开并允许合法组织或者个体开展公开募捐，要求发起人必须制定详尽具体的募捐方案。

募捐方案包括募捐目的、起止时间和地域、活动负责人的姓名和办公地址、接受捐赠方式、银行账户、受益人、募得款物用途、募捐成本、剩余财产的处理等。

募捐方案应当在开展募捐活动前报慈善组织登记的民政部门备案。

开展公开募捐时，应当在募捐活动现场或者募捐活动载体的显著位置，公布募捐组织名称、公开募捐资格证书、募捐方案、联系方式、募捐信息查询方法等。

不具有公开募捐资格的组织或者个人基于慈善目的，可以与具有公开募捐资格的慈善组织合作，由该慈善组织开展公开募捐并管理募得款物。

广播、电视、报刊以及网络服务提供者、电信运营商，应当对利用其平台开展公开募捐的慈善组织的登记证书、公开募捐资格证书进行验证。

3) 定向募捐的基本要求

慈善组织自登记之日起可以开展定向募捐。

慈善组织开展定向募捐，应当在发起人、理事会成员和会员等特定对象的范围内进行，并向募捐对象说明募捐目的、募得款物用途等事项。

2. 募捐活动

发生重大自然灾害、事故灾难和公共卫生事件等突发事件，需要迅速开展救助时，有关人民政府及其部门应当建立协调机制，提供需求信息，及时、有序地引导开展募捐和救助活动。

开展募捐活动时，应当尊重和维护募捐对象的合法权益，保障募捐对象的知情权，不得通过虚构事实等方式欺骗、诱导募捐对象实施捐赠。

1) 募捐活动方式

我国《慈善法》针对由于募捐活动的多样式，难以统一管理的问题，提出了明确的

---

① http://news.ifeng.com/a/20160829/49854206_0.shtml.

募捐形式规范，具体如下所述。

(1) 公开募捐要求在公共场所设置募捐箱；

(2) 举办面向社会公众的义演、义赛、义卖、义展、义拍、慈善晚会等；

(3) 通过当地广播、电视、报刊、互联网等媒体发布募捐信息；

(4) 可以开展其他公开募捐方式，如街头募捐、上门募捐、邮寄劝募信函、发送劝募短信或邮件、开展特定活动等。

2) 跨区域募捐

如果慈善组织要开展跨区域募捐活动，《慈善法》规定慈善组织确有必要跨区域募捐的，应当报其开展募捐活动所在地县级以上人民政府民政部门备案。

对于跨区域的募捐，监督检查的难度较大，容易产生欺诈等违法行为，在募捐活动所在地民政部门备案，便于监管部门掌握信息，进行监管，维护慈善募捐秩序。更重要的是，本地的监管机关所要监管的不仅是本地的慈善组织，还必须覆盖本地发生的所有慈善行为，外地慈善组织前来公开募捐，属于公开的慈善行为，必须接受本地监管部门的监管，而备案制是保证其履行法定监管职责的条件。

3) 网络募捐

如果慈善组织要开展网络募捐活动，《慈善法》强调，鼓励慈善组织利用互联网的优势，利用互联网发展慈善事业，并且作为重要的途径加以支持；要求互联网募捐必须在规定的平台上进行，以防止虚假募捐和欺诈行为对爱心人士造成伤害。由于各地区社会经济发展水平和民政部门行政能力各不相同，加上互联网受众是面向全国，慈善信息平台不宜由各级民政部门分别指定，应当在国务院民政部门统一或者指定的慈善信息平台发布募捐信息，并可以同时在其网站发布募捐信息。信息平台如何指定，则有待国务院民政部门出台具体政策和实施细则。目前，我国很多网络募捐活动需要被规范，已经有一些违规甚至欺诈行为发生，该项规定，有利于净化网络募捐活动，保护爱心行为，倡导社会慈善。

4) 个人求助与公开募捐的区别

《慈善法》并不禁止个人求助。个人求助是指为本人、为自己的家庭成员或者自己的近亲属向他人或社会求助，最根本的特征是"利己"。而《慈善法》所规范的慈善活动则必须是"利他"。慈善组织开展的慈善活动的受益人是"不特定的大多数人"。所以，如果为了解决自己和自己的家庭成员的困难而发起筹款，《慈善法》并不会禁止。

《慈善法》明确禁止的是个人自行开展"公开"募捐。个人不具有公开募捐资格，但基于慈善目的可以与具有公开募捐资格的慈善组织合作，由该慈善组织开展公开募捐并管理募得款物。该规定主要是针对当前公开募捐活动管理混乱，引发社会诚信危机和道德危机，进而危及合法的公开募捐活动的问题提出的。因此，对个人擅自进行的公开募捐活动需要进行规范和明确，可以将个人的爱心和公益行为与合法的慈善组织公开募捐相结合，由慈善组织进行公益款物管理，便于接受社会监督。

5) 禁止摊派或变相摊派

公益慈善活动是发自人们内心深处的一种自我选择，因此，慈善募捐应当是捐赠人的自主、自愿行为。以行政命令向个人或者单位、组织下达摊派或者变相摊派任务，强行要求向某一社会团体捐赠财物的做法，是法律所禁止的。开展募捐活动不得妨碍公共秩序、企业生产经营和居民生活。当然，坚决禁止任何组织或者个人假借慈善名义或者假冒慈善组织开展募捐活动，骗取财产。

向单位或个人摊派或者变相摊派将受到民政部门的警告，并责令停止募捐活动，还有可能被处以一万元以上十万元以下罚款。

12.2.2 慈善捐赠

1. 慈善捐赠概述

1) 慈善捐赠的定义与特点

慈善捐赠是指自然人、法人和其他组织基于慈善目的，自愿、无偿赠与财产的活动。慈善捐赠的主体包括自然人、法人或其他组织。

慈善捐赠具有以下三大特征。

(1) 自愿性。慈善捐赠应当是捐赠人自主、自愿的行为，有权根据自身情况决定是否进行慈善捐赠、捐赠什么、捐赠多少、捐赠方式、捐赠期限、向哪个慈善组织或者受益人进行慈善捐赠等。

(2) 无偿性。慈善捐赠是赠与的一种特殊形态，应符合"赠与人将自己的财产无偿给予受赠人"的要件。

(3) 必须基于慈善目的。符合《慈善法》相关公益活动的规定。

2) 慈善捐赠与赠与的区别

赠与是赠与人将自己的财产无偿给予受赠人、受赠人表示接受的一种行为，受赠人可以是任何自然人、法人或者其他组织。慈善捐赠是赠与的一种形式，是有条件的赠与，即基于慈善目的而实施的赠与。慈善赠与的受赠人只能是慈善组织或者受益人，相对于一般赠与的受赠人的范围窄很多。

所谓慈善捐赠的受赠人，《慈善法》规定捐赠人可以通过慈善组织捐赠，也可以直接向受益人捐赠，这体现了捐赠的自主、自愿原则。

捐赠人是否通过慈善组织捐赠，其享受的税收优惠政策可能存在不同。通过符合条件的慈善组织实施捐赠，捐赠人可依法享受税收优惠，捐赠财产可以在法律规定比例内予以税前扣除，超额部分还可结转到下一年度甚至更久。而捐赠人直接向受益人捐赠，与民事赠与并无多少差别，捐赠人则除特殊情形外，一般由于无法获得捐赠票据，很难享受税前扣除和其他税费减免，受益人也很难依据《慈善法》获得税收优惠。

在慈善捐赠中，政府一般不可以作为受赠人，更不可以成为直接受益人。政府及其部门承担的只是代为接收并分发捐赠财物和兴办公益事业的职责,而不得以本机关或本部门为受益对象。《公益事业捐赠法》第11条规定了政府作为受赠人时的特殊情形,即在发生自然灾害时或者境外捐赠人要求县级以上人民政府及其部门作为受赠人时,县级以上人民政府及其部门可以接受捐赠。

可见,政府角色和权责发生了显著变化,即由"可以接受捐赠"变为"有序引导开展募捐和救助活动"。这将遏止一些地方政府通过权力强行摊派捐款的做法,以往那种"以权谋捐"的"慈善风暴"会得到极大遏制。

3) 捐赠财产

捐赠人捐赠财产是有明确要求和规范形式的,并不是什么都可以捐,也不是捐后不承担任何责任。捐赠财产的形式包括:货币、实物、房屋、有价证券、股权、知识产权等有形和无形财产。捐赠财产的明确要求有三项:一是捐赠财产应当是捐赠人有权处分的合法财产;二是捐赠实物应具有使用价值,应符合安全、卫生、环保等标准;三是捐赠人捐赠本企业产品的,应当依法承担产品质量的责任和义务。

4) 捐赠义务履行

捐赠人履行捐赠义务是完成公益活动的标志,更是体现慈善价值的最重要一环。但是,在不同情形下,捐赠人履行捐赠义务也可能遇到非主观控制行为或者结果的发生,严重阻碍捐赠义务履行。《慈善法》就捐赠义务履行,规定了不同情况,总体精神是坚持区别对待的原则。

首先,强制履行交付捐赠财产义务的情形:一是通过广播、电视、报刊、互联网等方式公开承诺捐赠的;二是签订书面捐赠协议的特殊情形,包括扶贫、济困、扶老、救孤、恤病、助残、优抚,救助由于自然灾害、事故灾难和公共卫生事件等突发事件造成的损害。捐赠人拒不交付的,慈善组织和其他接受捐赠的人可以依法向人民法院申请支付令或者提起诉讼。

其次,履行捐赠义务的例外情形。捐赠人公开承诺捐赠或者签订书面捐赠协议后经济状况显著恶化,严重影响其生产经营或者家庭生活的,经向公开承诺捐赠地或者书面捐赠协议签订地的民政部门报告并向社会公开说明情况后,可以不再履行捐赠义务。《合同法》第195条规定,赠与人的经济状况显著恶化,严重影响其生产经营或者家庭生活的,可以不再履行赠与义务。《慈善法》借鉴了其规定,并要求捐赠人向民政部门报告,民政部门应当给予一定监管;向社会公开说明情况,起到公告公示的效果。

最后,解决"诺而不捐"的问题。《慈善法》出台之前,慈善捐赠中的违法、不诚信行为屡见报端。捐赠承诺到位率不高,"诺而不捐"的现象并非罕见。一些慈善捐赠最终未能落地,更是引起"假慈善、真避税"以及洗钱、转移财产等方面的质疑。《合同法》第188条规定,具有救灾、扶贫等社会公益、道德义务性质的赠与合同或者经过公证的赠与合同,赠与人不交付赠与财产的,受赠人可以要求交付。《慈善法》与此项条款实现了很好的衔接，第37和第41规定了慈善捐赠义务的强制履行及其例外情况，有效解决了"诺而不捐"的问题，有助于提升捐赠人的公信力。

自然人、法人和其他组织开展演出、比赛、销售、拍卖等经营性活动，承诺将全部或部分所得用于慈善目的的，应当在举办活动前与慈善组织或者其他接受捐赠的人签订捐赠协议，活动结束后按照捐赠协议履行捐赠义务，并将捐赠情况向社会公开。

5) 股权捐赠享受税收优惠问题

《关于公益股权捐赠企业所得税政策问题的通知》(财税〔2016〕45号)规定，企业向公益性社会团体实施的股权捐赠，应按规定视同转让股权，股权转让收入额以企业所捐赠股权取得时的历史成本确定，并依此按照《企业所得税法》有关规定在所得税前予以扣除。公益性社会团体接受股权捐赠后，应按照捐赠企业提供的股权历史成本开具捐赠票据。

2. 慈善组织捐赠活动管理

慈善组织是管理慈善爱心款物，提升慈善公益效率的基本载体。《慈善法》针对慈善组织活动加大了管理力度，设置诸多管理环节，要求依法从事或者接受慈善捐赠。

慈善组织接受捐赠应当向捐赠人开具由财政部门统一监(印)制的捐赠票据。捐赠票据应当载明捐赠人、捐赠财产的种类及数量、慈善组织名称和经办人姓名、票据日期等。捐赠人匿名或者放弃接受捐赠票据的，慈善组织应当做好相关记录。

慈善组织接受捐赠，捐赠人要求签订书面捐赠协议的，慈善组织应当与捐赠人签订书面捐赠协议。书面捐赠协议包括捐赠人和慈善组织名称，捐赠财产的种类、数量、质量、用途、交付时间等内容。

捐赠人与慈善组织约定捐赠财产的用途和受益人时，不得指定捐赠人的利害关系人作为受益人。捐赠人有权查询、复制其捐赠财产管理使用的有关资料，慈善组织应当及时主动向捐赠人反馈有关情况。

任何组织和个人不得利用慈善捐赠违反法律规定宣传烟草制品，不得利用慈善捐赠以任何方式宣传法律禁止宣传的产品和事项。

慈善组织违反捐赠协议约定的用途、滥用捐赠财产的，捐赠人有权要求其改正；拒不改正的，捐赠人可以向民政部门投诉、举报或者向人民法院提起诉讼。

国有企业实施慈善捐赠应当遵守有关国有资产管理的规定，履行批准和备案程序。

12.2.3 慈善信托

1. 慈善信托概述

1) 慈善信托的背景与定义

慈善信托最早起源于13世纪英国的慈善用益制度。1601年，英国颁布《慈善用益法》，奠定了现代慈善信托的雏形。英国《2000年受托人法》第39条规定，慈善信托是以慈善为目的而持有财产的信托。从国外立法实践来看，慈善信托往往是作为慈善法律制度架构中的一项重要制度安排而被纳入慈善法典或相应的成文法中予以规定。

《慈善法》设专章规定慈善信托，对于弥补中国现行制度中慈善财产保值增值难、慈善组织成立标准过高等不足、引导社会积极参与慈善事业，推动以信托机制开展慈善事业意义重大。我国2001年颁布的《信托法》首次引入公益信托，然而公益信托并没有得到长足发展，可以说长期处于停滞状态，原因之一就是《信托法》中未明确公益信托的审批部门。过去，设立公益信托要面对民政厅、地方民政局、地方民间组织管理局、公安局和教育局等不同的审批机构，审批制度也对设立公益信托设置了较高的门槛。《慈善法》明确规定，民政部门是慈善信托主管机构，慈善信托设立条件改为备案制，这些规定解决了慈善信托监管责权不清问题，使慈善信托设立更为便利和灵活。①

我国《慈善法》明确了慈善信托的定义，指出慈善信托属于公益信托，是指委托人基于慈善目的，依法将其财产委托给受托人，由受托人按照委托人意愿以受托人名义进行管理和处分，开展慈善活动的行为。

(1) 慈善信托的设立必须基于慈善目的。这是最基本的特征，即要符合《慈善法》规定的慈善活动。这与《信托法》第60条的规定是基本一致的。

(2) 慈善信托的受益人是非特定的。这是区别于其他信托的一个重要特征。通常情况下，民事或营业信托在设立时必须确定具体受益人，信托文件仅载明受益人的资格条件，由受托人根据所确定的条件选择确定，而不是委托人在信托文件中具体指定。

(3) 与其他信托相比，慈善信托的设立要求更为严格。

2) 慈善信托的设立条件

如上所述，慈善信托设立有严格的规定，确保此类组织行为不损害各方面利益。具体包括以下内容。

(1) 设立程序更复杂。慈善信托除了和其他信托一样，需要书面签订合同来确定有关信托的各类事项，还特别要求受托人在信托文件签订日起七日内将信托文件向受托人所在地县级以上人民政府民政部门备案。

(2) 对受托人的要求更高。慈善信托对受托人的条件做了限制，委托人只能指定其信赖的慈善组织或信托公司担任受托人，个人不能作为受托人。

(3) 特别设置了监察人制度。要加大监察人的监察力度和实际权责，也要注意处理好设置该制度的效率问题。

可见，慈善信托既不同于慈善捐赠、慈善财产使用等一般的慈善行为，也不同于具有完整组织结构的慈善组织。相比较而言，慈善信托具有其他慈善组织形式难以比拟的制度优势。首先，慈善信托无须申请法人登记，也不需要专门的办公场所和独立的运作团队，运营成本低。其次，慈善信托的财产独立性强，具有专业化的财产保值增值方式，更能实

---

① http://www.sdictrust.com.cn/cn/xtyd/xtyq/webinfo/2016/08/1465203326799718.htm.

现委托人的意愿。

3) 慈善信托财产

慈善信托有效设立后,信托财产即从委托人的其他自有财产中分离出来,成为一项独立运作的财产,仅服务于信托目的。对委托人来说,丧失了对信托财产的所有权。对受托人来说,可以对信托财产进行占有、处分,但是不享有收益。对受益人来说,则取得了信托收益的请求权。若委托人或受托机构解散、被撤销或破产,信托财产不属于其清算或破产的财产,这样就能保证受益人不因委托人、受托人破产或发生债务而失去其享有对该信托财产的权利。

民政部、中国银行业监督管理委员会在2016年8月29日发布通知明确规定,除依法设立的信托公司或依法登记(认定)的慈善组织外,其他单位和个人不得以"慈善信托""公益信托"等名义开展活动。该通知要求,对慈善信托受托人将信托财产及其收益用于非慈善目的,或未按照规定将信托事务处理情况及财务状况向民政部门报告或者向社会公开的,将依法予以行政处罚。根据该通知,每年3月31日前,慈善信托的受托人应当向备案的民政部门报告上一年度信托事务处理情况及财务状况。

2. 慈善信托关系人

慈善信托涉及多位权益关系人,只有明确相互权责,加强相互沟通,才能确保彼此信任,实现慈善信托的宗旨,实现利益最大化。

1) 委托人

委托人是指委托他人为自己办理事务的人。在市场交易中,由于信息不对称,处于信息劣势的委托方依照法律规定,为实现自身利益最大化或者行动目标,将自身财产或者资源委托给受托人经营管理,自身则在监管、解聘等方面拥有权利。在慈善信托中,依照《信托法》规定,委托人具有如下权利:①要求选择信托管理人的权利;②对信托财产给予强制执行,提出异议的权利;③要求改变信托管理方式的权利;④当受托人管理不当或违反信托契约时,对受托人要求补偿信托财产的损失以及复原的权利;⑤要求法院就信托事务的处理进行检查的权利;⑥对受托人的辞任予以承诺的权利;⑦要求解任受托人的权利;⑧信托结束而无信托行为规定的财产归属者时,取得信托财产的权利;⑨当委托人享受全部信托利益(自益信托)时解除信托关系的权利。

2) 受托人

设立慈善信托,开展慈善信托活动,首先要求以书面形式确定受托人和监察人,并且要求受托人在慈善信托文件签订之日起七日内,应当将相关文件向受托人所在地县级以上人民政府民政部门备案。未按照规定将相关文件报民政部门备案的,不享受税收优惠。

受托人可以由委托人确定其信赖的慈善组织或者信托公司担任,因此,委托人应该是法人组织,即合法的慈善机构或者从事慈善活动的其他机构。慈善信托涉及公共利益,目前我国个人诚信体系尚不健全,而且个人理财能力有限。出于保证慈善信托财产安全和受益人权益的考虑，自然人不能作为受托人。

受托人应该履行下列义务。

(1) 恪尽职守，履行诚信、谨慎管理的义务。这属于法定的强制性义务，受托人不得违反，也不得因双方约定而免除。这属于一般性要求，与《信托法》有关规定基本一致。

(2) 两个报告义务。

① 向委托人的报告义务——可以在信托文件中约定，要求受托人根据信托文件和委托人的要求，及时向委托人报告信托事务处理情况、信托财产管理使用情况。信托文件一旦约定报告的时间和事项，受托人就必须遵守。

② 向民政部门的报告义务——慈善信托受托人应当每年至少一次向民政部门报告其信托事务处理情况及财务状况，同时，还要将有关报告情况向社会公开。需要向民政部门报告的信托事务处理情况及财务状况的要求和方式，将由具体管理办法规定。

慈善信托的受托人违反信托义务或者难以履行职责的，委托人可以变更受托人。变更后的受托人应当自变更之日起七日内，将变更情况报原备案的民政部门重新备案。

委托人可以变更受托人的两种情形：一是受托人违反信托义务。比如，没有遵循诚实信用原则，没有主动履行通知、协助、保密等义务，致使委托人或受益人受损的；履行义务不符合委托人设立信托的目的，或者不完全履行义务致使部分或全部受益人权益受损的等。二是受托人难以履行职责的，委托人可以变更受托人。比如，慈善组织出现终止的情形(《慈善法》第17条)；信托公司出现分立、合并或者公司章程规定的解散事由，申请解散的；信托公司提出破产申请的，这些都导致慈善组织和信托公司作为受托人难以履行职责。

3) 监察人

慈善信托的委托人根据需要，可以确定信托监察人。设置监察人是慈善信托设立的必要条件。

信托监察人对受托人的行为进行监督，依法维护委托人和受益人的权益。信托监察人发现受托人违反信托义务或者难以履行职责的，应当向委托人报告，并有权以自己的名义向人民法院提起诉讼。

4) 慈善信托的主管机构

《信托法》规定，公益信托的设立和确定其受托人，应当经有关公益事业的管理机构批准，但"公益事业管理机构"未明确公益信托的具体办事机构。

《慈善法》规定，受托人应当在信托文件签订日起七日内将信托文件向受托人所在地县级以上人民政府民政部门备案。慈善信托的主管部门，明确统一为民政部门。

2001年10月1日生效的《信托法》专设一章对公益信托进行规定，明确国家鼓励发展公益信托。但其颁布实行多年，公益信托没有被激活的关键在于当时关于公益信托的审批机构和公益事业管理机构的界定含糊不清。《信托法》第六十二条规定，公益信托的设立和确立其信托人,应当经有关公益事业的管理机构批准。但它并没有在法律上明确规定这个管理机构,依据公益信托的目的,有可能涉及教育、环保、卫生、体育等多个部门,这就带来了实际上审批的困难,导致其无法真正落实。

《慈善法》中关于民政部门备案制的规定解决了困扰公益信托多年的管理机构审批问题,制度上的破局使公益信托有望被真正激活。这不仅让公众有了从事慈善事业的新途径,更关键的是,慈善信托在尊重捐赠人(委托人)意愿方面有着不可替代的意义和价值。

3. 我国慈善信托状况

1) 我国慈善信托的财富基础

"穷则独善其身,达则兼济天下",中国人乐善好施的传统古已有之。2015年"胡润第12届中国慈善排行榜"上可以看到,马云、王健林等知名人士都名列捐赠榜前列。随着越来越多中产阶层的出现,人们关注慈善的意识越来越强,慈善的大众化、平民化的趋势逐渐显现。如今,当互联网、移动终端日益普及之后,慈善的参与度也变得更为广阔。从世界范围来看,慈善已经成为众多富裕阶层的一致选择。从《2015中国私人财富报告》来看,到2015年年底,我国私人财富市场的高净值人群达到126万人,可用于对外投资的个人资产规模达到129万亿元,私人财富中用于慈善的比例有逐年升高的趋势。①

有关数据显示,目前中国全社会慈善捐赠总额已达1 000亿元,制度松绑将盘活巨额资产,慈善组织和信托公司将迎来一场不可小觑的改革。乐观预计,在《慈善法》与民政等部门的推动下,中国慈善信托市场有望打开,加上近年来家族传承市场正在崛起,信托公司或将迎来机遇期,甚至有业界人士认为,慈善信托市场将成为信托公司转型的主要方向之一。对于慈善组织,慈善信托机制能够让公募项目有一个稳定的资金来源,增进与捐赠人的关联,还能使项目信息公开以及资金管理更到位、更专业,这无疑是个机遇。中国儿童少年基金会筹资部主任徐晓光透露,目前他所在基金会正针对"春蕾计划"与信托公司策划慈善信托,希望将基金会作为受益人,实现对女童的帮助。如果该项目得以实现,基金会将获得更稳定的资金来源。②

信托在管理家族财富方面有天然的优势,信托所具有的风险隔离和破产隔离机制能够使信托财产保持独立性和安全性,再加上信托制度的运用灵活,能够有效实现家族财富的保值、增值与传承。

2) 北京信托慈善实践

在为数不多的慈善信托实践中,北京信托从2011年就开始进行有关方面的探索,前后两年相继推出"希望之星1号"和"希望之星2号"慈善信托。"希望之星2号"是一款资助贫困上进学生的爱心希望系列慈善信托,由委托人王保东先生投入人民币100万元成立,长期存续,委托北京信托通过专业理财手段,用理财所得收益作为助学金的发放来

---

① http://www.financialnews.com.cn/gs/xt/201605/t20160530_97861.html.

② http://www.sdictrust.com.cn/cn/xtyd/xtyq/webinfo/2016/08/1465203326799718.htm.

源。北京信托作为受托人为"希望之星2号"制定了严密的资金运作和风控措施，帮助委托人管理此项助学基金。

对委托人王保东而言，他秉持"扶贫济困、回报家乡"的信念，致力慈善助学事业十余年，每年坚持向一所大学和一所中学的贫困学子提供助学金。他选择北京信托的"希望之星"系列产品，是因为他得知，在国外众多个人和慈善基金通过委托设立公益信托的方式，可以归集慈善基金，有效运用专业机构的资产管理能力稳妥增值，通过信托可以使这一善举无论在自己"身前"还是"身后"都能长久地持续下去。

对信托公司而言，北京信托近两年设计的"希望之星"系列创建了慈善信托的长期可持续发展模式，对公益信托的发展与推广进行了有益的探索与经验积累。①

3) 慈善信托面临的挑战②

随着《慈善法》的出台，我国慈善信托正处于起步阶段，在一些具体立法和实践方面仍缺乏经验和理论储备。信托公司在资金管理、保值增值、信息透明度、运营成本等方面有专业优势，相比之下慈善组织缺乏投资知识和理财经验。当前，我国官办公募基金会在投资方面偏于保守，银行理财产品等稳定投资是其首选，如果以这种方式管理信托财产，很难实现保值增值。中国红十字基金会副理事长刘选国认为，"国字头"公募基金会在投资增值方面都当不了"领头羊"，由于机构性质，对投资可能遇到的风险唯恐避之不及。此外，慈善组织缺乏慈善信托的实践经验，没有具体细致的运作机制，未来一切都要摸着石头过河。

慈善信托的设立，从筹资到项目执行都会给慈善组织带来新的挑战。业界分析，慈善信托预期体量可能达到一千亿至两千亿元，这将是慈善组织除了富豪捐赠、企业捐赠、公众捐赠之后又一大资金来源。富人、企业和较大的慈善组织最有可能成为慈善信托的委托人，设立慈善信托，对慈善组织来说意味着挑战。其实，许多企业和富人早已开展公益信托的尝试。2014年4月，阿里巴巴共同创始人马云和蔡崇信捐资成立个人公益信托基金。该基金来自他们在阿里巴巴拥有的期权，总体规模为阿里巴巴集团总股本的2%，该信托基金估值约为30亿美元，很多人认为这预示中国富豪慈善时代的来临。如今，《慈善法》打开了设立慈善信托的大门，富人、企业可能会集中在我国设立慈善信托。清华大学教育基金会副秘书长王丹指出，很多本来可以向基金会捐赠的捐赠人，在慈善信托这样一个新渠道出现时，很可能会转向新渠道，这是基金会要关注的首要问题。

在慈善信托出现后，许多慈善组织认为自己作为受益方接受捐赠就行，对参与慈善信托的必要性心存疑惑。当然，也有慈善组织希望独自尝试慈善信托，从而为慈善资产另辟一条保值增值的捷径，但基金会等慈善组织的机构设置、理财能力，恐怕难以下得了慈善信托这盘大棋。除了保值增值，基金会如何加强监管机制、提高资金运作透明度也值得关注。

---

① 张天潘. 慈善信托：机遇与挑战[N]. 南方都市报，2016-8-21.
② 同上。

按照当前对慈善信托的规定,信托公司在一定程度上要脱离作为营利性企业法人的定位,在受托管理慈善资金的过程中扮演公益性组织角色,而从事慈善信托业务并不以营利为目的。信托公司作为金融机构,有明确的营利诉求,当前《慈善法》对信托公司在慈善信托中的角色定位不清晰,与慈善组织开展合作,业务关系也不明确。

信托公司还有法律制度障碍,尤其是《慈善法》在税收优惠政策等方面语焉不详。《慈善法》规定,未按照前款规定将相关文件报民政部门备案的,不享受税收优惠。该规定虽然已是一个很大的进步,但未说明如果备案就享受税收优惠,也没有说明如何享受税收优惠等关键问题。另外,没有出台信托登记制度细则,股权作为信托资产等问题也不清楚,种种不确定性使信托公司下一步开展业务存在后顾之忧。

事实上,信托公司若能充分发挥信托在"财产传承""慈善事业""资产管理"方面的独特优势,应对社会越来越多的此类需求,不断推出创新产品,必能为慈善事业的发展做出应有的贡献。正如一位热心公益的投资人所言,《慈善法》明确了慈善信托的备案制度,明确了受托人、监察人的义务,这些充分说明了我国发展慈善信托的愿望和决心,也说明我国的慈善事业将走上越来越专业化的管理道路。慈善信托能够实现家族精神财富的传承与担当,并让其永远流传,这对中产阶级也具有相当大的吸引力。

12.3 慈善财产与慈善服务管理

慈善财产管理是慈善组织运行的重要保障,也是赢得公众慈善信息和发展慈善事业的前提。我国《慈善法》明确了慈善组织财产管理的相关问题。慈善服务是慈善的另一种重要表现,是弥补单纯的慈善财产不足,提供直接有效的慈善行动的具体表现。

12.3.1 慈善财产管理

1. 慈善组织的财产类型与使用监管

1) 慈善组织的财产类型

《慈善法》明确规定了慈善组织的财产类型,具体包括以下内容。

(1) 发起人捐赠、资助的创始财产。这部分财产在慈善组织创设之初以各种形式存在,特别是以某些人或者组织命名的慈善机构,初始资金规模比较庞大,基本可以确保慈善组织能够运行和开展公益活动。

(2) 募集的财产。这部分财产属于慈善组织活动获得的外部财产,按照法律规定,有合法资质的慈善组织可以公开或者定向募集资金以及其他财物,这部分财产对于维护慈善组织运行,提高慈善组织影响力,具有重要价值。

(3) 其他合法财产。这部分财产的来源渠道多样,形式也不同,但都要符合国家法律规定，如慈善组织开展社会服务赚取的部分利润，依照规定不需要进行分配，只能进入慈善组织资金账户，用于公益目的。再如公益拍卖获得的部分财产等。

2) 慈善组织财产的使用监管

慈善组织的财产应当根据章程和捐赠协议的规定全部用于慈善目的，不得在发起人、捐赠人以及慈善组织成员中分配。任何组织和个人不得私分、挪用、截留或者侵占慈善财产。

慈善组织对募集的财产，应当登记造册，严格管理，专款专用。

捐赠人捐赠的实物不易储存、运输或者难以直接用于慈善目的的，慈善组织可以依法拍卖或者变卖，所得收入扣除必要费用后，应当全部用于慈善目的。

慈善组织为实现财产保值、增值进行投资的，应当遵循合法、安全、有效的原则，投资取得的收益应当全部用于慈善目的。慈善组织的重大投资方案应当经决策机构组成人员三分之二以上同意。政府资助的财产和捐赠协议约定不得投资的财产，不得用于投资。慈善组织的负责人和工作人员不得在慈善组织投资的企业兼职或者领取报酬。

具有公开募捐资格的基金会以外的慈善组织开展慈善活动的年度支出和管理费用的标准，由国务院民政部门会同国务院财政、税务等部门依照前款规定的原则制定。捐赠协议对单项捐赠财产的慈善活动支出和管理费用有约定的，按照其约定。

2. 慈善捐赠财产管理与受益人财产使用

1) 慈善捐赠财产管理

慈善组织获得的捐赠财产不同于其他获得财产，在使用中有特别的规定。慈善组织开展慈善活动，应当依照法律法规和章程的规定，按照募捐方案或者捐赠协议使用捐赠财产。慈善组织确需变更募捐方案规定的捐赠财产用途的，应当报民政部门备案；确需变更捐赠协议约定的捐赠财产用途的，应当征得捐赠人同意。

慈善组织在开展慈善项目过程中，要优化实施流程，降低运行成本，提高慈善财产使用效率。慈善组织应当建立项目管理制度，对项目实施情况进行跟踪监督。慈善项目终止后捐赠财产有剩余的，按照募捐方案或者捐赠协议处理；募捐方案未规定或者捐赠协议未约定的，慈善组织应当将剩余财产用于目的相同或者相近的其他慈善项目，并向社会公开。

2) 慈善受益人财产使用

慈善组织确定慈善受益人，应当坚持公开、公平、公正的原则，不得指定慈善组织管理人员的利害关系人作为受益人。慈善组织根据需要可以与受益人签订协议，明确双方权利和义务，约定慈善财产的用途、数额和使用方式等内容。受益人应当珍惜慈善资助，按照协议使用慈善财产。受益人未按照协议使用慈善财产或者有其他严重违反协议情形的，慈善组织有权要求其改正；受益人拒不改正的，慈善组织有权解除协议并要求受益人返还财产。

3) 慈善活动经费开支

慈善组织应当积极开展慈善活动,充分、高效地运用慈善财产,并遵循管理费用最必要原则,厉行节约,减少不必要的开支。慈善组织中具有公开募捐资格的基金会开展慈善活动的年度支出,不得低于上一年总收入的70%或者前三年收入平均数额的70%;年度管理费用不得超过当年总支出的10%,特殊情况下,年度管理费用难以符合前述规定的,应当报告其登记的民政部门并向社会公开说明情况。

12.3.2 慈善服务管理

1. 慈善服务界定

慈善服务是指慈善组织和其他组织以及个人基于慈善目的,向社会或者他人提供的志愿无偿服务以及其他非营利服务。慈善组织开展慈善服务,可以自己提供或者招募志愿者提供,也可以委托有服务专长的其他组织提供。

开展慈善服务,应当尊重受益人、志愿者的人格尊严,不得侵害受益人、志愿者的隐私。

开展医疗康复、教育培训等慈善服务需要专门技能的,应当执行国家或者行业组织制定的标准和规程。慈善组织招募志愿者参与慈善服务需要专门技能的,应当对志愿者开展相关培训。

2. 志愿者参与慈善服务管理

慈善组织招募志愿者参与慈善服务,应当公示与慈善服务有关的全部信息,告知服务过程中可能发生的风险。慈善组织根据需要可以与志愿者签订协议,明确双方权利和义务,约定服务的内容、方式和时间等。

慈善组织应当对志愿者实名登记,记录志愿者的服务时间、内容、评价等信息,并且根据志愿者的要求,慈善组织应当无偿、如实出具志愿服务记录证明。

慈善组织安排志愿者参与慈善服务,应当与志愿者的年龄、文化程度、技能和身体状况相适应。志愿者接受慈善组织安排参与慈善服务的,应当服从管理,接受必要的培训。

慈善组织应当为志愿者参与慈善服务提供必要条件,保障志愿者的合法权益。慈善组织安排志愿者参与可能发生人身危险的慈善服务前,应当为志愿者购买相应的人身意外伤害保险。

12.4 慈善监管方式

慈善监管是依照《慈善法》的规定,加强慈善事业建设,规范慈善组织行为,体现慈善宗旨的必要手段。慈善监管的方式是多样的，涉及慈善公益行动的各个方面，具体包括：慈善信息公开、促进激励措施、监督管理手段和追究法律责任。

12.4.1　慈善信息公开

《慈善法》要求县级以上人民政府应当建立健全慈善信息统计和发布制度。县级以上人民政府民政部门应当在统一的信息平台，及时向社会公开慈善信息，并免费提供慈善信息发布服务。慈善组织和慈善信托的受托人应当在规定的平台发布慈善信息，并对信息的真实性负责。

县级以上人民政府民政部门和其他有关部门应当及时向社会公开下列慈善信息：①慈善组织登记事项；②慈善信托备案事项；③具有公开募捐资格的慈善组织名单；④具有出具公益性捐赠税前扣除票据资格的慈善组织名单；⑤对慈善活动的税收优惠、资助补贴等促进措施；⑥向慈善组织购买服务的信息；⑦对慈善组织、慈善信托开展检查、评估的结果；⑧对慈善组织和其他组织以及个人的表彰、处罚结果；⑨法律法规规定应当公开的其他信息。

慈善组织、慈善信托的受托人应当依法履行信息公开义务。慈善组织应当向社会公开组织章程和决策、执行、监督机构成员信息以及国务院民政部门要求公开的其他信息。上述信息有重大变更的，慈善组织应当及时向社会公开。

公开募捐周期超过六个月的，至少每三个月公开一次募捐情况，公开募捐活动结束后三个月内应当全面公开募捐情况。

慈善项目实施周期超过六个月的，至少每三个月公开一次项目实施情况，项目结束后三个月内应当全面公开项目实施情况和募得款物使用情况。

慈善组织、慈善信托的受托人应当向受益人告知其资助标准、工作流程和工作规范等信息。涉及国家秘密、商业秘密、个人隐私的信息以及捐赠人、慈善信托的委托人不同意公开的姓名、名称、住所、通信方式等信息，不得公开。

12.4.2　促进激励措施

1. 信息共享机制

县级以上人民政府应当根据经济社会发展情况，制定促进慈善事业发展的政策和措施。

县级以上人民政府有关部门应当在各自职责范围内，向慈善组织、慈善信托受托人等提供慈善需求信息，为慈善活动提供指导和帮助。

县级以上人民政府民政部门应当建立与其他部门之间的慈善信息共享机制。

2. 慈善组织税收优惠

慈善组织及其取得的收入依法享受税收优惠。自然人、法人和其他组织捐赠财产用于慈善活动的，依法享受税收优惠。企业慈善捐赠支出超过法律规定的准予在计算企业所得税应纳税所得额时当年扣除的部分，允许结转以后三年内在计算应纳税所得额时扣除。境外捐赠用于慈善活动的物资，依法减征或者免征进口关税和进口环节增值税。

慈善组织、捐赠人、受益人依法享受税收优惠的，有关部门应当及时办理相关手续。

捐赠人向慈善组织捐赠实物、有价证券、股权和知识产权的，依法免征权利转让的相关行政事业性费用。

3. 扶贫济困优享政策

国家为慈善事业提供金融政策支持，鼓励金融机构为慈善组织、慈善信托提供融资和结算等金融服务。

各级人民政府及其有关部门可以依法通过购买服务等方式，支持符合条件的慈善组织向社会提供服务，并依照有关政府采购的法律法规向社会公开相关情况。

国家采取措施弘扬慈善文化，培育公民慈善意识。

学校等教育机构应当将慈善文化纳入教育教学内容。国家鼓励高等学校培养慈善专业人才，支持高等学校和科研机构开展慈善理论研究。

广播、电视、报刊、互联网等媒体应当积极开展慈善公益宣传活动，普及慈善知识，传播慈善文化。

国家鼓励企业事业单位和其他组织为开展慈善活动提供场所和其他便利条件。

经受益人同意，捐赠人对其捐赠的慈善项目可以冠名纪念，法律法规规定需要批准的，从其规定。

国家建立慈善表彰制度，对在慈善事业发展中做出突出贡献的自然人、法人和其他组织，由县级以上人民政府或者有关部门予以表彰。

12.4.3 监督管理手段

县级以上人民政府民政部门应当依法履行职责，对慈善活动进行监督检查，对慈善行业组织进行指导，对涉嫌违反《慈善法》规定的慈善组织，有权采取下列措施：①对慈善组织的住所和慈善活动发生地进行现场检查；②要求慈善组织做出说明，查阅、复制有关资料；③向与慈善活动有关的单位和个人调查与监督管理有关的情况；④经本级人民政府批准，可以查询慈善组织的金融账户；⑤法律、行政法规规定的其他措施。

县级以上人民政府民政部门对慈善组织、有关单位和个人进行检查或者调查时，检查人员或者调查人员不得少于两人，并应当出示合法证件和检查、调查通知书。

县级以上人民政府民政部门应当建立慈善组织及其负责人信用记录制度，并向社会公布。

民政部门应当建立慈善组织评估制度，鼓励和支持第三方机构对慈善组织进行评估，并向社会公布评估结果。任何单位和个人发现慈善组织、慈善信托有违法行为的，可以向民政部门、其他有关部门或者慈善行业组织投诉、举报。民政部门、其他有关部门或者慈善行业组织接到投诉、举报后,应当及时调查处理。

慈善行业组织应当建立健全行业规范,加强行业自律。国家鼓励公众、媒体对慈善活动进行监督,对假借慈善名义或者假冒慈善组织骗取财产以及慈善组织、慈善信托的违法违规行为予以曝光,发挥舆论和社会监督作用。

12.4.4 追究法律责任

1. 慈善组织违规处罚

慈善组织在日常管理活动中,有下列情形之一的,由民政部门责令限期改正;逾期不改正的,吊销登记证书并予以公告:①未按照慈善宗旨开展活动的;②私分、挪用、截留或者侵占慈善财产的;③接受附加违反法律法规或者违背社会公德条件的捐赠,或者对受益人附加违反法律法规或者违背社会公德的条件的。

慈善组织有下列情形之一的,由民政部门予以警告、责令限期改正;逾期不改正的,责令限期停止活动并进行整改:①违反《慈善法》第十四条规定造成慈善财产损失的;②将不得用于投资的财产用于投资的;③擅自改变捐赠财产用途的;④开展慈善活动的年度支出或者管理费用的标准违反《慈善法》第六十条规定的;⑤未依法履行信息公开义务的;⑥未依法报送年度工作报告、财务会计报告或者报备募捐方案的;⑦泄露捐赠人、志愿者、受益人个人隐私以及捐赠人、慈善信托的委托人不同意公开的姓名、名称、住所、通信方式等信息的。

慈善组织违反《慈善法》规定泄露国家秘密、商业秘密的,依照有关法律的规定予以处罚。

慈善组织有前两款规定的情形,经依法处理后一年内再出现前款规定的情形,或者有其他情节严重情形的,由民政部门吊销登记证书并予以公告。

慈善组织有违反《慈善法》第九十八条、第九十九条规定的情形,有违法所得的,由民政部门予以没收;对直接负责的主管人员和其他直接责任人员处二万元以上二十万元以下罚款。

开展募捐活动有下列情形之一的,由民政部门予以警告、责令停止募捐活动;对违法募集的财产,责令退还捐赠人;难以退还的,由民政部门予以收缴,转给其他慈善组织用于慈善目的;对有关组织或者个人处二万元以上二十万元以下罚款:①不具有公开募捐资格的组织或者个人开展公开募捐的;②通过虚构事实等方式欺骗、诱导募捐对象实施捐赠的;③向单位或者个人摊派或者变相摊派的;④妨碍公共秩序、企业生产经营或者居民生活的。

广播、电视、报刊以及网络服务提供者、电信运营商未履行《慈善法》第二十七条规定的验证义务的,由其主管部门予以警告、责令限期改正;逾期不改正的,予以通报批评。

慈善组织不依法向捐赠人开具捐赠票据、不依法向志愿者出具志愿服务记录证明或者不及时主动向捐赠人反馈有关情况的，由民政部门予以警告，责令限期改正；逾期不改正的，责令限期停止活动。

慈善组织弄虚作假骗取税收优惠的，由税务机关依法查处；情节严重的，由民政部门吊销登记证书并予以公告。

慈善组织从事、资助危害国家安全或者社会公共利益活动的，由有关机关依法查处，由民政部门吊销登记证书并予以公告。

慈善信托的受托人有下列情形之一的，由民政部门予以警告，责令限期改正；有违法所得的，由民政部门予以没收；对直接负责的主管人员和其他直接责任人员处二万元以上二十万元以下罚款：①将信托财产及其收益用于非慈善目的的；②未按照规定将信托事务处理情况及财务状况向民政部门报告或者向社会公开的。慈善服务过程中，因慈善组织或者志愿者过错造成受益人、第三人损害的，慈善组织依法承担赔偿责任；损害是由志愿者故意或者重大过失造成的，慈善组织可以向其追偿。

2. 慈善组织人员管理

志愿者在参与慈善服务过程中，因慈善组织过错受到损害的，慈善组织依法承担赔偿责任；损害是由不可抗力造成的，慈善组织应当给予适当补偿。

自然人、法人或者其他组织假借慈善名义或者假冒慈善组织骗取财产的，由公安机关依法查处。

县级以上人民政府民政部门和其他有关部门及其工作人员有下列情形之一的，由上级机关或者监察机关责令改正；依法应当给予处分的，由任免机关或者监察机关对直接负责的主管人员和其他直接责任人员给予处分：①未依法履行信息公开义务的；②摊派或者变相摊派捐赠任务，强行指定志愿者、慈善组织提供服务的；③未依法履行监督管理职责的；④违法实施行政强制措施和行政处罚的；⑤私分、挪用、截留或者侵占慈善财产的；⑥其他滥用职权、玩忽职守、徇私舞弊的行为。

违反《慈善法》规定，构成违反治安管理行为的，由公安机关依法给予治安管理处罚；构成犯罪的，依法追究刑事责任。

关键词

慈善组织，公益活动，信息公开，慈善募捐，慈善信托，慈善服务，慈善财产，追责机制，慈善捐赠，公益组织

作业题

1. 什么是慈善组织？它具有哪些特点？
2. 慈善捐赠有哪些要求？它遇到哪些具体问题？
3. 什么是慈善信托？如何做好我国慈善信托工作？
4. 什么是公开募捐？它有什么具体要求？
5. 如何开展社会公益活动，吸引更多人加入我国公益活动中来？
6. 登记部门如何做好慈善活动的监督工作？
7. 什么是慈善服务？我国做好慈善服务的障碍是什么？
8. 讨论题：如何加强我国慈善工作，促进社会公益活动？

案例分析

"轻松筹"引领个人救助向众筹发展[①]

2016年9月1日施行的《慈善法》规定，禁止没有公开募捐资格的个人和组织开展公开募捐，但不禁止个人求助，换句话说，如果只是为了解决自己及家庭成员的困难而发起筹款，《慈善法》不禁止，而朋友圈里的个人求助众筹就属于这一范畴。

《慈善法》的出台逐渐明确长久以来围绕个人救助众筹平台的一些质疑和困惑。近年来，我国涌现了大大小小的众筹平台，探索出符合社会现状和大众需求的新模式。正是有了这些个人救助众筹平台，才能汇聚星星之火，让无数身患重病却无钱医治的人看到希望，重获新生。

以"轻松筹"为例，从第一例"白血病爱心众筹"到现在，成立于2014年的"轻松筹"，在2015年共发起2.3万多例个人救助项目，筹款总额超过1.8亿元，获得379万多人次的支持。目前"轻松筹"平台的注册用户已超过8 700万，无数关于爱与希冀的故事在这里上演。在骄人成绩的背后，"轻松筹"历经摸索和试错，终于将"轻松筹"模式清晰完整地呈现在大家面前。

"轻松筹"模式

首先，"轻松筹"定位为基于社交网络的全民众筹平台，设有"尝鲜预售""梦想清单""微爱通道"三大频道，用户可以在"微爱通道"发起大病救助、灾难救助、扶贫助学等项目，申请社会救助。此外，项目发起人可以通过微信、微博、QQ等方式进行转发分享，而支持者可以通过微信支付等方式直接捐款，金额不限。

从保障信息真实性和用户利益的角度出发，"轻松筹"一方面要求用户在发起众筹后

---

① http://mt.sohu.com/20160829/n466569684.shtml.

不得随意修改资金及筹款内容，另一方面则搭建起一套非常严格的审核体系。"轻松筹"配有100人的项目审核团队，包括30名后台审核人员和70名电话客服人员，并制定了自己的审核流程，确保病人身份、病情信息真实，每天约有五六百个项目，都是由人工审核。

在对病情的审核上，"轻松筹"要求病人上传公立医院两年以内的病历和诊断证明，如果是民营医院的病历，则不允许发起筹款。病人自己描述的病情，都由工作人员与病历上的说明对比，看是否属实。为确保善款能够直接支付给发起人，"轻松筹"要求接收善款的银行卡必须是病人本人或医院账户的，该银行卡卡号在发起求助时就要填写，之后不得自行修改。一旦项目被举报，审核人员会打电话向筹款人及其主治医师等核实情况，发现是假的，筹款全部原路退回；即便项目确定是真实的，如果举报人仍对项目存疑，也可以申请退款。

《慈善法》的诞生规范了慈善行为，也为个人救助众筹领域提供了一个蓬勃发展的空间。关注公益、关注个人救助项目，这本是企业社会责任的一种体现，正是基于此，以"轻松筹"为代表的平台在这条道路上从开拓创新到逐渐完善形成自己独有的模式，逐步站在行业的最前沿。未来，中国的全民众筹行业还将继续突破和完善自我，为千千万万有梦想或需要帮助的人而努力。

中国红十字基金会轻松筹微基金

早在2016年1月，中国红十字基金会就与"轻松筹"携手，共同打造了快捷发起募捐项目、确保项目真实、资金管理规范的患者自主发起救助平台。中国红十字基金会轻松筹微基金正式成立。这意味着"轻松筹"成为我国首个获得公益牌照的众筹平台。

轻松筹微基金救助模式可概括为9个字："电子档"，即救助不受病种和年龄限制，受理电子求助材料，患者无须邮寄纸质资料；"配捐杠"，即中国红十字基金会投入50万元人道救助基金，采用配捐的方式助力贫困家庭的募捐；"社工帮"，即引入医院社工服务，协助患者申请人道救助，让患者免于奔波之苦。

思考题：

1. "轻松筹"模式的出现，对《慈善法》实施有什么影响？
2. "轻松筹"模式"在发展中可能遇到哪些瓶颈？

第13章
境外非政府组织境内活动管理

本章主要介绍和分析在华境外非政府组织的概念及其分类、境外非政府组织在华的发展历程以及《境外非政府组织境内活动管理法》出台前后我国在境外非政府组织管理上形成的独特的管理制度和创新性做法。通过学习，了解境外非政府组织在我国社会经济文化事业发展中所发挥的作用，并探讨境外非政府组织在华活动可能带来的潜在风险。

近年来，随着我国对外开放程度在横向与纵向不断深化，越来越多的境外组织不断将关注的重点放在我国。其中，除了传统的市场化组织，非政府组织作为一支独立于政府与市场之外的力量，日益成为国际化意涵的重要组成部分。随着我国社会建设的不断推进，本土社会组织在量和质两方面都呈现快速发展的态势。在这种背景之下，境外非政府组织在华开展活动时，除了传统的项目化运作方式，与我国社会组织合作亦成为重要的发展趋势。环境的变化影响着境外非政府组织在华开展活动的方式、方法、影响范围等，而境外非政府组织的变化则反过来要求我国政府在面对境外非政府组织的时候，不能以传统的眼光和方法实施鼓励性或限制性管理，而应当将管理建立在科学性之上。因此，本章将重点阐述以下几个方面的问题：什么是境外非政府组织？为什么需要对境外非政府组织的境内活动进行管理？管理的理论基础是什么？境外非政府组织境内活动的现实积极作用与潜在风险是什么？

13.1 境外非政府组织境内活动概述

党的十八届三中全会在《中共中央关于全面深化改革若干重大问题的决定》中有关激发社会组织活力的表述指出，"加强对社会组织和在华境外非政府组织的管理，引导它们依法开展活动。"此后，党的十八届四中全会在公报中亦提及在华境外非政府组织。随着2016年《慈善法》和《境外非政府组织境内活动管理法》等相关法律及其配套法律法规的出台，"境外非政府组织"概念成为我国推进国家治理、社会治理中一个独特的存在。但是，目前无论是在境外还是境内，有关"非政府组织"概念的内涵与外延，不同国家、不同地区、不同学者之间有着不同的理解，往往见仁见智，差异较大。因此，本章首先对境外非政府组织的相关概念进行厘清。

13.1.1 境外非政府组织的定义

1. 非政府组织的定义

非政府组织顾名思义就是不属于政府类的组织，但是并非所有政府之外的组织都属于非政府组织。按照传统的治理主体划分理论来看，政府和市场作为传统的治理主体，政府主要在公平原则下配置资源，而市场主要在效率原则下配置资源，但是由于存在政府失灵和市场失灵现象，因此需要"第三条道路"。"公益慈善组织与营利企业不同，它以公益慈善事业为目标，不以营利为目的，因此能够满足市场的需求，而在这些需求中，有些又是政府未及时识别或不便做、做不好的事情。也就是说，公益慈善组织可以弥补市场失灵和政府失灵。"[1]1945年，《联合国宪章》第71条正式使用"非政府组织"一词，即"经济及社会理事会得采取适当办法，俾与各种非政府组织会商有关于本理事会职权范围内之事件"。1952年，联合国经社理事会在其决议中将非政府组织定义为："凡不是根据政府间协议建立的国际组织都可被看作非政府组织"。另外，联合国在2003年出台的相关文件中将非政府组织定义为："在地方、国家或国际组织起来的非营利的自愿的公民团体"。但是由于语言使用习惯、历史文化发展背景、政治制度等的不同，其对非政府组织的表述不尽相同。"在国外，经常被使用的名称有：第三部门、非营利组织、独立部门、慈善部门、志愿者组织、免税部门、公民社会组织、草根组织等；在我国，已经使用的名称有民间组织、社会团体、社会中介组织、人民团体、社会组织、民间非营利组织等。"[2]不同的称谓背后都有其形成的特定历史，概念的多样性也预示着其内容的多样性。"全球非政府组织社区十分宽泛，组成它的每个机构都拥有各自的历史，彼此的价值观、想法、目标和工作方式也不尽相同。正如我的一位朋友所言，'它(全球非政府组织社区)是一片热带雨林，而不是一个大农场。'意即，它是一个高度多样化的生态系统，而不是只种植一到两种作物的农场。在很多观察者看来，这种多样性本身正是非政府组织领域内的重要力量和价值所在。"[3]

无论是非政府组织，还是公民社会，再或是第三部门，这些组织都具有一些基本的共同特征，正是这些基本特征将其与政府和市场区分开来。萨拉蒙认为这些特征包括5个部分：①组织性(Organized)，即它们都有某种结构，且不论它们是否有正式建制，或是已合法注册；②私立性(Private)，即它们不是国家机器的一部分，虽然它们可以从政府方面取得支持；③非利润分配性(Not Profit-distributing)，即从目的上看，它们不是商业性的，

---

[1] 邓国胜. 公益慈善概论[M]. 济南：山东人民出版社，2015：15.
[2] 马庆钰. 对非政府组织概念和性质的再思考[J]. 天津行政学院学报，2007(4)：40.
[3] 王帆. 200国际NGO在中国[M]. 北京：中国社会科学出版社，2011：212.

组织的管理者、捐赠者以及理事等利益相关者不从机构利润中分配红利；④自治性(Self-governing)，即它们有自身的内部治理机制，自己有权停止活动，能完全控制其自身事务；⑤志愿性(Voluntary)，即成为会员或参与其中既非法律要求也非强制。[①]

2. 境外非政府组织的概念

在"非政府组织"概念之前加上"境外"这一限定词，就对非政府组织的概念进行了重构。境外是相对于境内，在我国境内，对于非政府组织的表述更多的是使用"第三部门""非营利组织""社会组织""慈善组织"等，例如，2016年通过的《慈善法》中有关非政府组织的表述使用的是"慈善组织"。该法第8条规定："本法所称慈善组织，是指依法成立、符合本法规定，以面向社会开展慈善活动为宗旨的非营利性组织。慈善组织可以采取基金会、社会团体、社会服务机构等组织形式。"在《慈善法》出台之前，我国的慈善组织在组织形式上主要包括三类：基金会、社团法人以及民办非企业单位。因此，境外非政府组织并非专业名词，而是为区别于国内原有慈善组织而使用的词汇。

《境外非政府组织境内活动组织法》第2条规定：本法所称境外非政府组织，是指在境外合法成立的基金会、社会团体、智库机构等非营利、非政府的社会组织。但是，在境外，非政府组织所包含的组织形态更为丰富，其中包含科研机构、公立学校、公立医院等。对于这些组织形式的非政府组织，《境外非政府组织境内活动组织法》在附则第53条规定：境外学校、医院、自然科学和工程技术的研究机构或者学术组织与境内学校、医院、自然科学和工程技术的研究机构或者学术组织开展交流合作，按照国家有关规定办理。通过此种制度设计，一方面保证了传统意义上的境外非政府组织被纳入我国法律管理之下；另一方面，维持了科技、教育等领域的境外专业机构继续为我国社会经济发展和科技进步发挥作用。

13.1.2 境外非政府组织境内活动的界定

境外非政府组织在华开展活动时，哪些活动是合法的？哪些活动是违法的？哪些活动处于法律真空地带？

在《境外非政府组织境内活动管理法》颁布之前，《基金会管理条例》第13条仅规定，境外基金会代表机构设立登记的事项包括名称、住所、公益活动的业务范围和负责人。《外国商会管理暂行规定》第3条仅规定，外国商会必须遵守中华人民共和国法律、法规的规定，不得损害中国的国家安全和社会公共利益。正是由于法律对于境外非政府组织境内活动规定的模糊性，一方面造成境外非政府组织不清楚哪些在华活动是被允许的；另一方面也提高了政府在境外非政府组织境内活动方面监管的难度。按照约翰·霍普金斯大学非营利组织比较研究中心制定的非营利组织国际化分类(ICNPO)标准，非政府组织的

---

① 莱斯特·M.萨拉蒙，等. 全球公民社会——非营利部门视界[M]. 贾西津，等，译. 北京：社会科学文献出版社，2002：495-496.

活动领域主要包括：文化和娱乐；教育和研究；健康和社会服务；环境；发展和住房；法律、倡导和政治；慈善中介和弘扬志愿精神；国际；宗教；商业、专业协会和工会等12大领域。但是，根据我国发展的实际情况，上述12大领域并非全部适用我国，比如住房、政治等领域依然是非政府组织难以涉及的领域。对此，一些学者结合我国的实际情况认为，境外非政府组织境内活动领域主要包括：教育、卫生保健、扶贫与社区发展、中国本土NGO能力、环境与动物保护、政府能力建设、妇女权利保护、文化多样性保护、儿童发展、赈灾与重建、国际文化交流等。①

正是由于我国缺少对境外非政府组织在华活动领域解释的权威性法律，造成政府在境外非政府组织境内活动管理方面的"三不政策"。中国政府对在华境外非政府组织施行"不承认、不取缔、不干预"的"三不政策"，即政府不承认在华境外非政府组织的法律地位，在不危害中国国家安全或社会安定的前提下，不取缔已在华活动的境外非政府组织，也不干涉其内部事务。对于业已存在、数量庞大的在华境外非政府组织，登记管理机关无力对其做必要的监督及管理，只能"睁一只眼，闭一只眼"。②为此，《境外非政府组织境内活动管理法》第34条规定：国务院公安部门和省级人民政府公安机关会同有关部门制定境外非政府组织活动领域和项目目录，公布业务主管单位名录，为境外非政府组织开展活动提供指引。随着公安部门制定境外非政府组织活动领域和项目，将进一步明确境外非政府组织境内合法活动的边界以及中国各级政府在管理境外非政府组织方面的权力边界所在。

13.2 境外非政府组织的类型

"我国政府对在华境外非政府组织(简称在华境外NGO)的分类管理是对在中国境内活动的跨国(境)NGO，根据其差异性，进行科学的分类，探讨其发展规律、运作机理和治理机制，完善对其实施有效管理的政策法规体系，以便我国政府对其展开事前、事中、事后全过程多方位的管理。"③在对境外非政府组织分类管理之前，首先要明确非政府组织的分类。

在分类标准方面，既可以按照组织性质进行分类，也可以按照活动领域进行分类，还可以按照组织宗旨进行分类，不同的分类标准有其特定含义。

1. 按组织性质分类

按照组织性质，非政府组织可以划分为公益性非政府组织和互益性非政府组织。其

---

① 韩俊魁. 境外在华NGO：与开放的中国同行[M]. 北京：社会科学文献出版社，2011：516.
② 王丽娟，慕良泽. 在华境外非政府组织管理研究[J]. 河北学刊，2015(1)：166.
③ 陈晓春，施卓红. 在华境外非政府组织的分类管理探析[J]. 中国行政管理，2014(3)：48.

中，公益性非政府组织具有受众群体不特定的特点，主要以老人、儿童、残障人士等社会弱者以及妇女、失业人员等为主要服务对象，组织的使命是增进全社会或大部分人群的福祉；互益性非政府组织具有受众群体特定的特点，主要以少部分群体为主要服务对象，其组织的使命是增进少数特定人群的福祉。"互益性组织包括经济性团体、社会性团体和互助合作组织等，如行业协会、商会、职业团体、工会、联谊组织、互助合作组织等；公益性组织包括会员制公益性组织和非会员制公益性组织，如环保组织、基金会和从事公益事业的民办非企业单位等。"[1]公益性非政府组织和互益性非政府组织的制度设计主要是为了区分不同性质组织所享受税收优惠程度的不同，例如，根据美国国内税收法(IRC)的相关规定，从事501(c)(3)所规定的一个或多个免税目标(Exempt Purpose)包括慈善、宗教、科学、教育、公共安全测验、文艺、促进业余体育竞赛、防止虐待儿童或动物8个目标的公益性组织，不仅组织自身可以享受免税政策，而且向这类公益性组织捐赠的捐赠方相比501(c)(3)以外的互益性组织可以享受更多的税收优惠。

按照组织性质分类，目前《基金会管理条例》和《外国商会管理暂行规定》所调整的两类主要境外非政府组织——基金会和外国商会中，前者属于公益性非政府组织，后者属于互益性非政府组织。

2. 按组织活动分类

非政府组织存在的意义在于透过组织活动实现组织愿景，因此，通过对组织活动的分类可以有效地反映非政府组织活动的多样性。为此，约翰·霍普金斯大学的莱斯特·萨拉蒙和赫尔穆特·安海尔领导的研究小组对"联合国国际标准产业分类体系"(ASAC)、"欧共体经济活动产业分类体系"(NACE)以及"国家免税组织分类标准"(NTEE)等分类标准进行了分析和研究，基于对非政府组织的活动领域、活动范围、活动方式、活动受益者等分类标准，为使非政府组织的外延足够宽泛以涵盖不同国家的经验，同时又能准确地以一致的方式把这类实体从其他社会组织中区别出来，萨拉蒙研究团队根据非政府组织的主要活动领域区分不同非政府组织的不同类别，提出了"非营利组织国际分类体系"(International Classification of Nonprofit Organizations，简称ICNPO)。根据ICNPO分类体系，非政府组织(社会组织)可以划分为12大类27小类，其中12大类包括：文化和娱乐；教育和研究；健康；社会服务；环境；发展和住房；法律、倡导和政治；慈善中介和弘扬志愿精神；国际；宗教；商业、专业协会和工会；其他。[2]所谓主要活动，是指一个组织所从事的花费资源最多(在大多数情况下是一半以上)的活动。[3]

《中国发展简报》基于对在华开展活动的境外非政府组织的活动领域调查，按照活动

---

[1] 王名，刘培峰，等. 民间组织通论[M]. 北京：时事出版社，2004：17-18.
[2] 莱斯特·M. 萨拉蒙，等. 全球公民社会：非营利部门国际指数[M]. 陈一梅，等，译. 北京：北京大学出版社，2007：378-385.
[3] 莱斯特·M. 萨拉蒙，等. 全球公民社会：非营利部门国际指数[M]. 陈一梅，等，译. 北京：北京大学出版社，2007：365.

领域将在华境外非政府组织划分为19类,如表13-1所示。

表13-1 《中国发展简报》划分的在华境外非政府组织类型

组织类型	代表性组织
宗教类组织	世界宣明会、EDE、米索尔
人道主义救济和发展组织	乐施会、救助儿童会、国际计划、无国界医生组织、世界自然基金会和众多环境团体
私人基金会	福特基金会、帕卡德基金会、盖茨基金会、斯塔基金会、嘉道理慈善基金会
专家型非营利咨询和执行组织	美国温洛克国际农业发展中心、美国帕斯适宜卫生科技组织、派特、美国家庭健康国际、沛丰中国
维权活动组织	
政策研究智库	
专业协会	美国律师协会
互助、自主组织	香港视网膜病变协会、协康会

资料来源:中国发展简报网站,http://www.chinadevelopmentbrief.org.cn/periodical/6-67.html,访问日期为2016年9月1日。

此外,在ICNPO体系的基础上,徐莹按照活动领域,将境内非政府组织划分为7类,分别为:教育与研究(包括文化交流);社会服务;健康;发展与住宅;环境;宗教慈善;法律、倡导及政党。①

3. 按组织愿景分类

组织愿景是在华境外NGO的重要特征,包括组织目标、责任、使命、价值观等,基于组织愿景的分类,说明了主体"是什么"和"想做什么"。②组织愿景决定了组织的功能,也决定了组织使命的实现路径。按照组织愿景分类,可以将境外非政府组织划分为:支持型非政府组织、倡议型非政府组织、运作型非政府组织和宗教慈善类团体。其中,支持型非政府组织通常以基金会的形式存在,多数基金会一般不亲自运作项目,而只是资助其他机构开展一些项目。有一些基金会在资助当地机构开展活动的同时,自己也做一些项目。倡议型非政府组织,包括一些环境保护组织、人权组织、为残疾人权利呼吁的组织。运作型非政府组织不但给项目注入资金,而且通常都是开展项目活动的实际操作者,在项目运作过程中起到很大的作用,如国际小母牛项目组织中国办事处、英国救助儿童会中国项目办事处等。最后,宗教慈善类团体一般规模比较小,以各种各样的名义为中国项目募捐并开展活动。③

4. 按法律定义分类

传统的国家-市场二元结构导致我国社会发育迟滞,因此,我国无论在非政府组织培

---

① 徐莹.当代国际政治中的非政府组织[M].北京:当代世界出版社,2006:162-190.
② 陈晓春,施卓宏.在华境外非政府组织的分类管理探析[J].中国行政管理,2014(3):50.
③ 王名,刘培锋,等.民间组织通论[M].北京:时事出版社,2004:306-308.

育发展方面，还是在制度环境建设方面，在短时间内难以完全匹配境外非政府组织的发展要求。同时，由于每个国家的国情与社情不同，亦难以用传统的西方思维看待我国有关非政府组织的制度安排。由此，境外非政府组织管理标准的最终落脚点依然在于法律规范。

《慈善法》和《境外非政府组织境内活动管理法》等公益慈善领域专项法律出台之前，在华开展活动的境外非政府组织主要有以下几种。

第一，按照《基金会管理条例》《外国商会管理暂行规定》等中国现行的法律法规找到合适的业务主管单位[①]并依法在民政部登记注册，在中国设立代表机构的境外基金会和外国商会。例如，按照《基金会管理条例》依法设立的半边天基金会(美国)北京办事处、保尔森基金会(美国)北京代表处、保护国际基金会(美国)北京代表处、比尔及梅琳达·盖茨基金会(美国)北京代表处、国际救助儿童会代表处、李嘉诚基金会北京办事处等；按照《外国商会管理暂行规定》依法成立的中国日本商会、中国美国商会、中国意大利商会、中国法国工商会、中国香港(地区)商会、中国英国商会等。根据民政部出台的《基金会管理条例》《基金会年度检查办法》《外国商会管理暂行规定》等有关规定，针对境外基金会代表机构和外国商会的年度检查对象数量可以看出，目前，依法设立的境外非政府组织数量依然非常少。

根据民政部发布的《境外基金会代表机构2015年度检查结果公告》以及《外国商会2015年度检查结果》显示，2015年度检查结果合格的境外基金会代表机构数量只有26家，外国商会数量为19家，具体如表13-2所示。

表13-2　在华民政部登记注册境外基金会/外国商会统计

年份	境外基金会	外国商会
2015	26家	19家
2014	28家	19家
2013	23家	20家

第二，境外非政府组织通过与中国政府或授权的相关机构签订特别协议，在中国设立办事处，获得在华开展活动的身份合法性的基金会。例如，1987年，中国社会科学院代表中国政府同美国福特基金会签署了《中国社会科学院与福特基金会协议备忘录》，同意福特基金会设立北京办事处，并获得免税资格，此类境外非政府组织的行政合法性身份的获得属于一事一议，不具有普适性。

第三，境外非政府组织通过相关政府机构备案的方式，获得在华开展活动的"准合法性身份"。境外非政府组织备案方式一般适用于地方，由地方政府根据当地的境外非政府组织活动开展情况制定。例如，云南省针对区域内境外非政府组织的代表机构多、项目多的情况，为更好地规范境外非政府组织在云南省的活动，促进当地有关组织与境外非政府

---

① 外国商会在华登记注册不需要业务主管单位，只需要在民政部登记注册。

组织的友好合作，于2009年出台了《云南省规范境外非政府组织活动暂行规定》，其中第三条规定：省民政厅是境外非政府组织进入本省的备案机关；省外事办是境外非政府组织与本省有关组织开展合作事项的备案机关；省直有关部门是与其业务范围有联系的境外非政府组织的业务指导单位。由此，形成具有云南特色的"双备案管理制度"，赋予境外非政府组织在滇活动的"准合法性身份"。

第四，采用工商登记注册的方式，以外国公司企业的身份获得在华活动身份的合法性。1980年国务院发布的《关于管理外国企业常驻代表机构的暂行规定》、1983年国家工商行政管理局发布的《关于外国企业常驻代表机构的登记管理办法》、1981年外国投资管理委员会发布的《关于执行<国务院关于管理外国企业常驻代表机构的暂行规定>中若干问题说明的通知》规定了其他经济组织以工商登记方式开展活动的要求。《外国投资管理委员会关于执行<国务院关于管理外国企业常驻代表机构的暂行规定>中若干问题的说明》第一条规定：《暂行规定》第一条中的"其他经济组织"是指从事经济、贸易、技术、金融业务活动，但不称为公司、企业的组织，如日中经济协会、日本国际贸易促进协会、美中贸易全国委员会、加中贸易理事会等非营利性的经济团体。第三条规定：非营利性外国经济团体申请设常驻代表机构时，可以免交《暂行规定》第三条所要求提交的资本信用证明书。第六条规定：由于当前用房十分紧张，外国企业常驻代表机构的人数、驻在期限，由审批机关根据具体情况，从严控制。住房尚未落实的，不予批准。一次批准驻在期限最长不超过三年。期满后如果需要延长，外国企业应在期满前三个月向审批机关提出申请，经批准后，向工商行政管理部门申请登记。根据政府间的协定，需要在我国设立的常驻代表(办事)机构，按《暂行规定》办理登记手续，其人数、驻在期限、登记费等，按对等原则处理。第七条规定：批准机关在发给申请单位批准证书的同时，应书面通知工商行政管理总局。工商行政管理部门在登记注册后，应及时通知批准机关，如国家外资管委、外交部、公安部、海关总署、财政部税务总局。由此可以看出，对于不能通过"双重管理"条件在民政部登记注册的境外非政府组织可以通过工商登记注册的方式获得在华开展活动的合法身份，如绿色和平北京办公室在北京工商局登记注册，巴迪基金会北京代表处在国家工商行政管理总局登记注册。

第五，以在华项目运作为载体，设立项目办公室，在华单独开展活动或资助我国相关组织或个人。此类境外非政府组织在华时间取决于在华项目存续时间。例如，日本笹川和平财团于1989年与中国国际友好联络会共同设立了中日友好交流基金，其宗旨是利用该基金，通过开展中日两国在政治、经济、文化、教育等领域的人员交流，加深相互理解，促进友好与合作，培养两国所需人才，为中日两国的繁荣、发展和世界和平做出贡献。国际野生生物保护学会(WCS)为了在青藏高原和帕米尔高原开展有蹄类动物保护，在东北地区开展跨国界东北虎保护，在长江中下游地区对扬子鳄和斑鳖进行保护，在华南地区开展减少野生生物消费和贸易以及野生动物保护宣传教育项目，分别在拉萨、珲春、广州设立了三个项目办公室。[①]

通过上述分析可以看出，虽然我国的法律法规涵盖了境外非政府的主要组织形式，但是，我国实行"双重管理"的登记模式，提高了境外非政府组织在华登记注册的门槛，因此，很多境外非政府组织采用非登记注册的方式，游离于政府监督管理体制之外。根据王名的估计，中国的国际NGO数量为3 000~6 000个，其中，有2 000个基金会，1 000个实施机构，2 500个商会，1 000个基于信仰的组织。[②]但是，从政府公布的统计数据来看，政府所能掌握的境外非政府组织数量只是冰山一角。

为此，《慈善法》规定慈善组织可以采取基金会、社会团体、社会服务机构等组织形式。《境外非政府组织境内活动管理法》则进一步明确了境外非政府组织的类别，主要包括：在境外合法成立的基金会、社会团体、智库机构等非营利、非政府的社会组织。上述两部法律基本上涵盖了境外非政府组织的主要组织形式，为境外非政府组织在华活动获得合法身份打开了通道。

13.3 境外非政府组织在华发展历程

中华人民共和国成立后至改革开放之前，境外非政府组织很少能够进入我国开展活动。随着改革开放，国门不仅向境外市场组织敞开，越来越多的境外非政府组织逐渐进入我国，为我国的社会建设和科技发展提供了资金支持、技术支持、管理经验支持等。特别是随着2016年《慈善法》和《境外非政府组织境内活动管理法》两部法律的出台，改善了我国在境外非政府组织管理方面权责不明、部门分割、法律缺失等方面的问题。

按照对境外非政府组织境内活动带来重大影响的事件、法律规章制度出台等的时间节点划分，可以将境外非政府组织在华的发展历程分为三个阶段。

第一阶段是改革开放至1995年世界妇女大会的召开。改革开放后，在国际多边经济技术合作方面，1978年，中国政府决定改变传统的"纯捐助国"的做法，实行"有给有取"的方针，并于1979年与联合国开发计划署正式签署了技术合作《基本协定》，掀开了中国接受国际多边组织经济技术援助的序幕。除了官方之间的交流，一些境外非政府组织在此期间逐步进入我国。1979年9月，福特基金会代表团访华，随后福特基金会开始在华开展公益慈善项目，并于1988年通过与中国社会科学院签订协议备忘录的形式获得在华活动的合法身份和免税资格。由此，洛克菲勒基金会、世界野生动物基金会、国际小母牛项目组织、英国施乐会等境外非政府组织纷纷进入中国，在扶贫济困、动植物保护、公共卫生等

[①] 谢晓庆. 国际非政府组织在华三十年：历史、现状与应对[J]. 东方法学，2011(6)：121.
[②] 谢世宏，柯思林. 国际NGO在中国[N]. 中国发展简报，2012-12-3.

领域开展了一系列项目。为积极应对境外非政府组织进入中国开展活动的现实需求，1987年，国务院正式批准对外贸易经济合作部中国国际经济技术交流中心作为境外民间组织援华的协调机构。1992年，对外贸易经济合作部正式批准中国国际民间组织作为全国性、非营利性的独立社会法人成立，并于1993年在民政部登记注册。

作为境外非政府组织进入中国的初始阶段，由于缺少管理境外非政府的法律法规和经验，这一阶段对境外非政府组织的管理主要采用两种方式。第一，通过签订特殊合作协议的方式，境外非政府组织获得进入中国的合法身份。除了福特基金会与中国社会科学院签订备忘录，其他境外非政府组织通过"在华境外NGO挂靠中国社会科学院、中国残疾人联合会、中华全国妇女联合会、国家环境保护总局、国家外国专家局、国家扶贫办公室等单位，通过挂靠和项目合作获得在华活动的合法身份"。[①]第二，对于通过工商登记注册的境外非政府组织，政府按照"从事经济、贸易、技术、金融业务活动，但不称为公司、企业的组织"的方式进行管理。为此，国务院于1980年颁布了《国务院关于管理外国企业常驻代表机构的暂行规定》。此外，《外国投资管理委员会关于执行<国务院管理管理外国企业常驻代表机构的暂行规定>中若干问题说明的通知》(1981年)、《国家工商行政管理局关于外国企业常驻代表机构的登记管理办法》(1983年)等一系列规定的出台，为以工商企业名义登记的境外非政府组织提供了管理依据。

第二阶段为20世纪90年代中期至《慈善法》颁布。1995年，世界妇女大会和世界妇女NGO论坛在北京召开，共有3 000多家国际非政府组织参加了此次大会。"通过参加此次大会，许多中国富有社会责任感的知识分子，可以称为社会精英的代表，接触到真正意义上的公民社会概念；通过媒体的宣传，'民间组织''非营利组织''公民社会'等概念在中国逐渐大众化。通过这次会议，境外公益性民间组织和中国国内社会组织以及中国政府有了充分接触，找到了在中国开展项目活动的机会和资源；国际民间组织找到了中国合作伙伴，迈出了它们进入中国的第一步。"[②]因此，会后迎来了国际非政府组织纷纷进驻中国的高潮。1995年至1999年，在短短5年时间内就有46个国际非政府组织首次到中国开展项目活动。进入21世纪后，随着中国加入WTO，国际非政府组织进驻中国的速度再次加快。从2000年到2004年，至少有80个国际非政府组织来到中国，平均每年约有20个。[③]例如，以儿童为中心的、非宗教、非政治、非政府、非营利的国际人道主义发展组织——国际计划组织在世界妇女大会召开之后选择北京市延庆县作为进入中国的第一个项目点，由此拉开了其进入中国的序幕。

特别是2001年中国加入WTO后，行业协会、商会、贸易协会等各种形式的境外非政府组织加快了进入中国的步伐。2004年，国家税务总局批复了北京市地方税务局上报的关

---

① 施卓宏,陈晓春.在华境外非政府组织的注册制度探析[J].湖南大学学报,2016(6):59.
② 胡敏.境外公益性民间组织在华发展状况调研报告[D].北京:清华大学公共管理学院,2004:17.
③ 谢晓庆.国际非政府组织在华三十年:历史、现状与应对[J].东方法学,2011(6):119.

于美国福特基金会北京办事处等33家外国在华常驻代表机构免税问题的申请函，其中除福特基金会外，还包括英国救助儿童会、美国飞利浦海德基金会、英国玛丽斯特普国际、中国澳门巴迪基金会、国际铜专业协会、美国国际管道暖通器械协会、法国沛丰协会、英国GAFTA谷物与饲料贸易协会、国际唱片业协会、美国小麦协会等在华国际NGO。免税待遇的获得表明中国政府认可国际NGO在华活动的非营利性质并从税收制度上予以支持。

在这一阶段，有关非政府组织的相关制度建设得到完善，政府出台了一系列法律法规，如《社会团体登记管理条例》(1998年)、《民办非企业单位登记暂行办法》(1998年)、《基金会管理条例》(2004年)等。但是，有关境外非政府组织的法律法规只有《基金会管理条例》，在有关基金会形式之外的其他境外非政府组织方面，外国商会依然参照1989年出台的《外国商会管理暂行规定》，其他非服务类等境外非政府组织依然缺少获得合法性身份的正式渠道。

第三阶段为《慈善法》和《境外非政府组织境内活动管理法》的出台至今。2016年出台的《慈善法》作为公益慈善领域的最高法律，第一次系统地对我国境内存在的公益慈善组织形式、登记注册、募捐捐赠等都做了全面的规定，改变了之前不同组织形式的慈善组织适用不同的法规的混乱局面，也显示出我国对公益慈善事业的支持和重视。虽然《慈善法》中没有专门有关境外非政府组织的规定，其适用范围主要为在我国境内发起成立的基金会、社会团体、社会服务机构等慈善组织。但是，通过完善我国境内公益慈善事业的发展环境，增强境内慈善组织的能力，为境外非政府组织与境内慈善组织的合作提供了坚实的基础。

《境外非政府组织境内活动管理法》是一部专门规定了境外非政府组织在中国境内活动的相关法律，改变了之前我国在境外非政府组织管理方面的"不承认、不取缔、不干预"的"三不政策"，规定了境外非政府组织登记和备案，为境外非政府组织获得在华活动合法性身份提供了途径。由此，境外非政府组织在华活动逐步摆脱由于无法登记而面临被取缔的风险。

上述两部新颁布的法律将为境外非政府组织在华发展带来多方面的影响。首先，将改变境外非政府组织在华发展的格局。境外非政府组织在华发展在法律层面只有基金会和外商协会两种合法的身份，因此，大量的境外非政府组织采取不登记、不备案等方式在华发展，造成政府层面管理的混乱，也在一定程度上给国家安全、社会稳定等方面带来了风险。因此，随着新法律的颁布和实施，将有效识别境外非政府组织，将为我国社会经济发展带来积极影响的境外非政府组织纳入法律体系之中，另一方面将通过公安机关和民政部门的双重管理有效识别境外非政府组织可能带来的潜在风险，实现风险预警。其次，新法律为境外非政府组织进入我国境内开展活动提供了合法性的渠道和指引，因此，对于原来由于我国缺乏规范性制度环境而无法或不敢进入我国境内的境外非政府组织提供了进入的可能性和保障。特别是随着我国"一带一路"战略的提出，我国慈善组织"走出去"成为继经济组织"走出去"之后的重要内容,是提升我国在境外软实力的重要抓手。但是,出于我国慈善组织发展历史短、经验不足、资金不足、管理能力不足等方面的原因,我国慈善组织在"走出去"方面依然面临重重困难和挑战。对此,邓国胜认为,中国非政府组织在国际化的道路上面临的挑战主要包括外部挑战和内部挑战两大部分。首先,在外部挑战方面,主要包括制度化途径的缺失和法律建设迟滞造成的境内社会组织"走出去"无法可依以及与捐赠人、受援国本土非政府组织、其他国家的国际非政府组织等利益相关者关系的处理两方面;其次,在内部挑战方面,主要表现在专业性与能力以及对公益慈善理念的理解方面依然不足。① 因此,境外非政府组织进入境内开展活动,一方面满足了其自身的组织愿景,另一方面中国本地慈善组织在同境外非政府组织伙伴的合作过程中,在微观方面,可以学习其项目管理经验、人员管理经验、资金管理经验、公关经验等方面的知识,同时在与支持性境外非政府组织的合作过程中,有利于提高中国本土慈善组织自身在项目管理、筹资、组织管理等方面的能力。在宏观和中观方面,黄浩明通过对美国、英国和日本的非政府组织进入中国的案例研究,发现境外非政府组织可以在战略选择、合作伙伴选择、国际化业务和人才结构等方面为中国的慈善组织"走出去"提供启示:这三个国家的社会组织进入中国之后,能够结合中国国情,采取不同的战略进入模式,比较成功地在中国开展公益活动的项目;能够与中国业务相关的社会组织建立合作伙伴关系,根据不同的项目采取了不同的方法和措施,真正发挥出积极作用;业务工作与中国的发展规划和地方实际密切配合,确保项目在不同地区实施的有效性;项目管理人才就地取材,用人机制灵活并且招聘了中国境内一流的管理和专业人才进入管理团队。②

13.4 我国对于境外非政府组织的管理

我国对境外非政府组织的管理反映了政社关系的调整,无论是最初的"强国家弱社会",还是后来的"强国家强社会"再到"弱国家强社会"政社关系理念的变化,都显示出政社关系不是一成不变的,两者之间的关系随着时代变迁、环境改变不断发生变化。中国对境外非政府组织管理呈现一种动态变化的态势,相关法律体系不断完善,支持其发展的措施增多。因此,需要用历史发展的眼光看待我国对于境外非政府组织的管理。

13.4.1 境外在华非政府组织相关法律政策环境

不同于人治,法治强调依法治理,即治理主体在行使权力的过程中,需要摆脱主观因

---

① 邓国胜,等.中国民间组织国际化的战略与路径[M].北京:中国社会科学出版社,2013:62-66.
② 黄浩明.社会组织走出去:国际化发展战略与路径研究[M].北京:对外经济贸易大学出版社,2015,88-89.

素的影响,其决策主要建立在现有的法律法规基础之上。我国在管理境外非政府组织中,所行使的管理主要建立在法律基础之上,因此,通过境外在华非政府组织相关法律和政策环境的变化,可以有效分析法律制定者以及政府有关境外非政府组织管理的认识和态度。

2016年《慈善法》和《境外非政府组织境内活动管理法》出台之前,中国对非政府组织的管理主要依据国务院颁布的《外国商会管理暂行规定》《社会团体登记管理条例》《民办非企业单位登记管理暂行条例》《基金会管理条例》。其中,《社会团体登记管理条例》和《民办企业单位登记管理暂行条例》均不适用于在华境外非政府组织。此外,根据《社会团体登记管理条例》制定的《社会团体分支机构、代表机构登记办法》第18条有关境外非政府组织的规定:我国香港特别行政区、澳门特别行政区、台湾地区和外国社会团体在中国大陆设立分支机构、代表机构的,另行规定。因此,适用于境外非政府组织的法律只有2004年颁布实施的《基金会管理条例》。但是,在《基金会管理条例》中,涉及境外非政府组织的条款非常少,且表述笼统,如第6条规定,国务院民政部门负责下列基金会、基金会代表机构的登记管理工作:(四)境外基金会在中国内地设立的代表机构。第24条规定,担任基金会理事长、副理事长或者秘书长的香港居民、澳门居民、台湾居民、外国人以及境外基金会代表机构的负责人,每年在中国内地居留时间不得少于3个月。第25条规定,境外基金会代表机构不得在中国境内组织募捐、接受捐赠。附则第46条规定,本条例所称境外基金会,是指在外国以及中华人民共和国香港特别行政区、澳门特别行政区和台湾地区合法成立的基金会。

随着2016年《慈善法》和《境外非政府组织境内活动管理法》的颁布以及今后相关法律实施细则和配套法律的出台,境外非政府组织在华活动首次被纳入系统的法律框架之内。由此,一方面,境外非政府组织在华活动将有法可依;另一方面,我国政府在对在华境外非政府组织管理方面也将变得有理有据,引导境外非政府组织规范地在华发展。

13.4.2 有关境外非政府组织在华登记的管理

我国对境外非政府组织在华登记注册采用双重管理的方式,双重管理体制是一种将民间组织的注册机关与业务机构相分离的管理模式,注册机关负责社会组织的最终审批、年度检查、监督管理等工作,而业务机关负责社会组织注册的初审、公益项目指导、年度检查初审以及配合注册机关监督管理等事项。[①]"中国对境外非政府组织的登记管理十分严格,必须具有相应的名称、住所、宗旨、业务范围、活动领域、法定代表人及活动资金等,还必须有挂靠的业务主管部门。主管部门要求是经过中共中央、国务院以及地方县级以上党委、人民政府授权的'定职能、定机构、定编制'的正式机关。"[②]这种双重管理体制与境内社会组织的管理具有类似性,虽然双重管理制度设计有利于严把境外非政府组

---

① 施卓宏,陈晓春.在华境外非政府组织的注册制度探析[J].湖南大学学报,2015,29(6):59.
② 王丽娟,慕良泽.在华境外非政府组织管理研究[J].河北学刊,2015,35(1):166.

织登记注册的入口关，避免潜在的风险，便于政府对境外非政府组织的事后管理，但是，正如一些学者对境内社会组织的双重管理制度设计弊端的指责，这种双重管理体制限制了社会组织之间的竞争，不利于资源的优化配置，将大量的社会组织阻隔于合法性体系之外。"一方面由于目前社会组织在登记注册环节中，注册资金、会员数量等方面存在较为严格的准入条件，使得许多草根的社会组织难以获得登记审批。另一方面，在非竞争原则指导下，政府对新成立的社会组织审查程序更加严格，对与现有社会组织业务范围相同或相似的新成立的社会组织不予登记，只有少部分社会组织能与政府建立业务指导关系，获得基本的登记条件。"[①]有关境外非政府组织的双重管理制度设计一方面阻塞了境外非政府组织进入我国的正常渠道，另一方面，由于境外非政府组织登记注册的门槛高，因此，大量的境外非政府组织采取"不登记、不注册、不备案"的方式在华开展活动，这种信息不对称为政府的监督管理和服务带来了潜在风险。

《境外非政府组织境内活动管理法》的出台第一次明确了基金会、社会团体、智库机构等多种形式的境外非政府组织机构在华登记注册的事宜。该法第6条规定，国务院公安部门和省级人民政府公安机关，是境外非政府组织在中国境内开展活动的登记管理机关；国务院有关部门和单位、省级人民政府有关部门和单位，是境外非政府组织在中国境内开展活动的业务主管单位。第9条规定，境外非政府组织在中国境内开展活动，应当依法登记设立代表机构；未登记设立代表机构需要在中国境内开展临时活动的，应当依法备案；境外非政府组织未登记设立代表机构、开展临时活动未经备案的，不得在中国境内开展或者变相开展活动，不得委托、资助或者变相委托、资助中国境内任何单位和个人在中国境内开展活动。第11条规定，境外非政府组织申请登记设立代表机构，应当经业务主管单位同意；业务主管单位的名录由国务院公安部门和省级人民政府公安机关会同有关部门公布。该法为境外非政府组织在中国境内设立代表机构提供了明确的指引，但是，由于依然采用"双重管理"，原有的由于无法找到合适的业务主管单位，而无法在民政部门登记注册的境外非政府组织，在新的法律框架之下，依然面临登记难的情况，在这种情况下，其在华的身份和活动存在被判定为违法的风险。

13.4.3 有关在华境外非政府组织资金募捐的管理

《基金会管理条例》第25条规定，境外基金会代表机构不得在中国境内组织募捐、接受捐赠。因此，境外非政府组织在华开展活动所需经费只能通过境外非政府组织总部拨款或在境外进行筹资。例如，胡敏通过对境外非政府组织境内活动资金来源的调查发现，资金来源主要有如下几种：①来自国外总部或国际成员组织的直接拨款，例如福特基金会、能源基金会；②在国外由总部为中国项目特别向公众或某些企业筹资，例如香港苗圃；

---

① 游祥斌，刘江从．双重管理到规范发展——中国社会组织发展的制度环境分析[J]．北京行政学院学报，2013(4)：43-44．

③国内机构向国外的公益性基金会筹资，例如乐施会；④国内小范围筹资，例如与跨国企业合作开发项目、世界自然基金会和宜家家居的合作；⑤其他来源，①例如国际小母牛(HPI)在成功进入境内之后，为实现资金来源的本地化，国际小母牛中国办公室于2008年在四川省成立民办非企业单位——四川海惠助贫服务中心。"以往，HPI中国办的资金全部来自美国总部。到2012年，香港分会每年能为HPI中国项目办筹款上千万港币，占HPI中国办资金来源的53%左右，HPI总部的资金支持的比例已经下降到33%，而中国内地企业或基金会的资助已经占HPI中国办资金比例的14%左右。"②

新出台的《境外非政府组织境内活动管理法》第21条规定，境外非政府组织在中国境内活动的资金包括：境外合法来源的资金；中国境内的银行存款利息；中国境内合法取得的其他资金。境外非政府组织在中国境内活动不得取得或者使用前款规定以外的资金。境外非政府组织及其代表机构不得在中国境内进行募捐。对此，全国人大常委会法工委社会法室巡视员郭林茂的解释是："我们今年刚刚通过的《慈善法》规定，只有慈善组织才有资格进行募捐。慈善组织进行募捐必须取得民政部门核发的公开募捐资格。境外非政府组织的代表机构不是法人，并且来华临时活动都是短期的，因此不符合《慈善法》关于募捐的规定。"③

这种"只进不出"的制度设计一方面有利于限制境外非政府组织与境内社会组织之间的竞争，为境内社会组织的发展提供良好的环境；另一方面，有利于防止境外非政府组织利用公益慈善的名义进行非法集资，损害人民群众的利益。但是，对于一些已经本土化或者正在尝试本土化的境外非政府组织来说，仅依靠境外资金的支持，难以将本土化做得更深、更广。为了更好地推进境外非政府组织的本地化，在项目存续阶段，需要国内资金的支持。除了向社会募捐，政府采购是支持社会组织发展的重要方式之一，但是，中国境内的政府采购对在华境外非政府组织来说依然是难以有效利用的资源。"中国于2002年颁布了《中华人民共和国政府采购法》，并且已经有政府向非政府组织委托处理和购买服务的实践。然而，非政府组织向社会供给的公共服务仍未纳入政府购买范围之内，使绝大部分在华境外非政府组织很难从政府方面获取资金支持，这一方面制约了政府对境外非政府组织的有效监管，另一方面也不合乎公共管理在社会服务和福利范畴多元化的趋势，使非政府组织有机会接受大量的境外资金并受控于资助方。"④

13.4.4 有关在华境外非政府组织免税优惠的管理

"我国目前有18种税，纳税人发生了法定应税行为就应征收相应的税收。NGO的活

---

① 胡敏. 境外公益性民间组织在华发展状况调研报告[D]. 北京：清华大学公共管理学院，2004：33-34.
② 邓国胜，等. 中国民间组织国际化的战略与路径[M]. 北京：中国社会科学出版社，2013：144.
③ 王文硕. 将境外非政府组织在华活动纳入法制轨道——境外非政府组织境内活动管理法热点回应[N]. 人民公安报，2016-4-29(4).
④ 王丽娟，慕良泽. 在华境外非政府组织管理研究[J]. 河北学刊，2015(1)：166-167.

动可能涉及14种税，根据相关税法的规定，这14种税中对NGO有优惠政策的是10种，但NGO在组织运作和开展项目时涉及最多的是增值税、营业税、关税和企业所得税。"[①]虽然新颁布的《境外非政府组织境内活动管理法》第36条规定，境外非政府组织代表机构依法享受税收优惠等政策，但是相关的实施细则尚未出台，因此，对于境外非政府组织代表机构可以享受何种税收优惠政策，依然缺少统一的规定。目前，针对境外非政府组织在华代表机构可以享受的税收优惠政策散见于不同的法律法规。

1. 企业所得税

《企业所得税法》第26条规定，符合条件的非营利组织的收入为免税收入。《企业所得税法实施条例》第84条规定，《企业所得税法》第26条第(四)项所称符合条件的非营利组织，是指同时符合下列条件的组织：依法履行非营利组织登记手续；从事公益性或者非营利性活动；取得的收入除用于与该组织有关的、合理的支出外，全部用于登记核定或者章程规定的公益性或者非营利性事业；财产及其孳息不用于分配；按照登记核定或者章程规定，该组织注销后的剩余财产用于公益性或者非营利性目的，或者由登记管理机关转赠给与该组织性质、宗旨相同的组织，并向社会公告；投入人对投入该组织的财产不保留或者享有任何财产权利；工作人员的工资福利开支控制在规定的比例内，不变相分配该组织的财产。在此基础上，财政部、国家税务总局于2009年发布的《关于非营利组织企业所得税免税收入问题的通知》(财税〔2009〕122号)，进一步明确了非营利企业所得税免税收入的范围，主要包括：接受其他单位或者个人捐赠的收入；除《中华人民共和国企业所得税法》第七条规定的财政拨款以外的其他政府补助收入，但不包括因政府购买服务取得的收入；按照省级以上民政、财政部门规定收取的会费；不征税收入和免税收入孳生的银行存款利息收入；财政部、国家税务总局规定的其他收入。在有关非营利组织免税资格认定方面，财政部和国家税务总局发布的《关于非营利组织免税资格认定管理有关问题的通知》(财税〔2014〕13号)规定，认定的符合条件的非营利组织，必须同时满足以下条件：依照国家有关法律法规设立或登记的事业单位、社会团体、基金会、民办非企业单位、宗教活动场所以及财政部、国家税务总局认定的其他组织；从事公益性或者非营利性活动；取得的收入除用于与该组织有关的、合理的支出外，全部用于登记核定或者章程规定的公益性或者非营利性事业；财产及其孳息不用于分配，但不包括合理的工资薪金支出；按照登记核定或者章程规定，该组织注销后的剩余财产用于公益性或者非营利性目的，或者由登记管理机关转赠给与该组织性质、宗旨相同的组织，并向社会公告；投入人对投入该组织的财产不保留或者享有任何财产权利，本款所称投入人是指除各级人民政府及其部门外的法人、自然人和其他组织；工作人员工资福利开支控制在规定的比例内，不变相分配该组织的财产，其中工作人员平均工资薪金水平不得超过上年度税务登记所在地人均工资水平的两倍，工作人员福利按照国家有关规定执行；除当年新设立或登记的事业单位、社会

---

① 宋利. 境外非政府组织在华运作的税收问题研究[D]. 昆明：云南财经大学法学院，2015：9.

团体、基金会及民办非企业单位外,事业单位、社会团体、基金会及民办非企业单位申请以前年度的检查结论为"合格";对取得的应纳税收入及其有关的成本、费用、损失应与免税收入及其有关的成本、费用、损失分别核算。

无论是《企业所得税法》,还是实施条例,或是财政部和国家税务总局的相关通知,都规定享受免税政策的主体是符合相应条件的社会组织,但是对于社会组织没有设定国别限制,因此,可以认为只要符合上述法律和相关通知中有关免税资格认定条件的境外非政府组织的属于企业所得税免税收入范围的收入都可以享受企业所得税税收免除政策。

2. 增值税和营业税

增值税和营业税都属于流转税,两者都是以经济活动中商品生产、流通环节的流转额及非商品交易的营业额为征税对象的一类税收。两者的主要区别在于:增值税主要是针对在中国境内销售货物或者提供加工、修理修配劳务及进口货物环节实现的增值额征收的一种税,其征税的对象主要为有形动产;营业税是针对在中国境内提供各种应税劳务、转让无形资产或销售不动产所取得的营业额征收的一种税,其征税的对象主要为劳务、无形资产及不动产。

(1)《增值税暂行条例》第15条规定,外国政府、国际组织无偿援助的进口物资和设备属于免征增值税的项目。2001年实施的《外国政府和国际组织无偿援助项目在国内采购货物免征增值税的暂行办法(试行)》规定,外国政府和国际组织对我国提供的无偿援助项目在我国关境内所采购的货物,以及为此提供货物的国内企业适用于该法,并制定了38个国际组织名单,其中包括联合国开发计划署等联合国有关组织、国际劳工组织等同联合国建立关系的政府间机构、红十字国际委员会等有关国际组织和金融机构。

(2)《营业税暂行条例》和《营业税暂行条例实施细则》中虽然没有单独划定非营利性组织的免征范围,但是在第8条规定了社会福利机构、教育机构等7类具有公益性的免征营业税的项目。关于境外非政府组织境内活动的营业税免征问题,根据财政部和国家税务总局于1997年发布的《关于对社会团体收取的会费不征收营业税的通知》(财税字〔1997〕063号)第1条的规定,国家税务总局在2005年批复北京市地方税务局《关于在京外国商会是否免于征收营业税问题的请示》(京地税营〔2005〕48号)中指出,"对在京外国商会按财政部门或民政部门规定收取的会费,不征收营业税。对其会费以外各种名目的收入,凡属于营业税应税范围的,一律照章征收营业税。"因此,可以看出,境外非政府组织中,只有外国商会可以享受免征营业税的政策。

(3)"营改增"对境外非政府组织的影响。"营改增"是"营业税改征增值税"的简称。根据财政部、国家税务总局于2016年发布的《关于全面推开营业税改征增值税试点的通知》(财税〔2016〕36号)的规定,建筑业、房地产业、金融业、生活服务业等全部营业税纳税人,纳入试点范围,由缴纳营业税改为缴纳增值税。由于在华境外非政府组织在境内开展活动时,其存在形式多种多样,既包括依法在民政部门登记注册的基金会和外国商会,也包括在地方相关部门备案的组织,还包括大量采用工商登记注册的组织和未登记注册的组织。其中,采用工商登记注册的境外非政府组织,其登记注册的公司形式主要包括有限公司、合伙企业、个人独资企业、个体工商户等,由于其在华活动内容主要是提供服务,因此,依法属于营业税征收范围。随着"营改增"试点以及今后的正式实施,其对在华境外非政府组织会产生一定的影响。例如,2016年3月,财政部、国家税务总局公布的《营业税改征增值税试点实施办法》第1条规定,在中华人民共和国境内(以下简称境内)销售服务、无形资产或者不动产(以下简称应税行为)的单位和个人,为增值税纳税人,应当按照本办法缴纳增值税,不缴纳营业税。其中,单位是指企业、行政单位、事业单位、军事单位、社会团体及其他单位。第14条规定,下列情形视同销售服务、无形资产或者不动产:单位或者个体工商户向其他单位或者个人无偿提供服务,但用于公益事业或者以社会公众为对象的除外;单位或者个人向其他单位或者个人无偿转让无形资产或者不动产,但用于公益事业或者以社会公众为对象的除外。

3. 关税

2001年1月,财政部、国家税务总局、海关总署发布的《扶贫、慈善性捐赠物资免征进口税收暂行办法》(财税〔2000〕152号)第2条规定,对境外捐赠人无偿向受赠人捐赠的直接用于扶贫、慈善事业的物资,免征进口关税和进口环节增值税。第3条规定,本办法所称扶贫、慈善事业是指非营利的扶贫济困、慈善救助等社会慈善和福利事业。第4条规定,本办法所称境外捐赠人是指中华人民共和国关境外的自然人、法人或者其他组织。第5条规定,本办法所称受赠人是指经国务院主管部门依法批准成立的,以人道救助和发展扶贫、慈善事业为宗旨的社会团体;国务院有关部门和各省、自治区、直辖市人民政府。

随着2016年4月1日起实施的《慈善捐赠物资免征进口税暂行办法》的公布,财政部、国家税务总局、海关总署发布的《扶贫、慈善性捐赠物资免征进口税收暂行办法》同时被废止。新的暂行办法相比旧的暂行办法,其主要变化之一体现在受赠人的限定上。新的暂行办法第5条规定,本办法所称受赠人是指国务院有关部门和各省、自治区、直辖市人民政府;中国红十字会总会、中华全国妇女联合会、中国残疾人联合会、中华慈善总会、中国初级卫生保健基金会、中国宋庆龄基金会和中国癌症基金会;经民政部或省级民政部门登记注册且被评定为5A级的以人道救助和发展慈善事业为宗旨的社会团体或基金会。在旧的暂行办法中,除了政府之外,关于"经国务院主管部门依法批准成立的,以人道救助和发展扶贫、慈善事业为宗旨的社会团体"的规定并没有将境外非政府组织排除在外。但是,在新的暂行办法中,除了原有的政府机构之外,新增加了具有政府背景的基金会。虽然暂行办法第5条第3项规定了经民政部或省级民政部门登记注册且被评定为5A级的以人道救助和发展慈善事业为宗旨的社会团体或基金会可以成为受赠人,但是《境外非政府组织境内活动管理法》并不认同在华境外非政府组织属于具有独立法律地位的社会团体或基金会,而只将其看作境外非政府组织在华设立的具有代表机构性质的组织。因此,可以看出，境外非政府组织在华设立的代表机构被限制在《慈善捐赠物资免征进口税暂行办法》受赠人范围之外。因此，当境外的自然人、法人或其他组织向在华境外非政府组织代表机构捐赠用于慈善事业的物资时难以享受免征进口关税和进口环节增值税的政策。

13.4.5 我国在境外非政府组织管理方面面临的挑战和风险

改革开放以来，特别是在改革开放初期，发展类、科技类等境外非政府组织为我国的社会经济建设提供了巨大的资金和智力支持，同时也将境外的非政府、非营利理念带入我国，从而为我国本土社会组织的发展提供了可供参考的经验，并通过境内、境外非政府组织的合作，为我国社会组织在组织管理、募捐、资金管理、人事管理、项目管理、利益相关者关系处理等方面带来了成熟的经验。但是，出于境外非政府组织的来源多样、信息不对称等方面的原因，一些境外非政府组织借着"民主""人权""环保"等名义，干预我国内政，激化国内矛盾，试图在我国实现西方式的民主政治。因此，在积极鼓励境外非政府组织在我国境内依法开展活动的同时，需要清醒地认识到境外非政府组织可能带来的挑战和潜在风险。

1. 挑战与风险

(1) 监管体系不健全。虽然，我国于2016年出台了《慈善法》和《境外非政府组织境内活动管理法》，尤其后者是一部专门为境外非政府组织量身定做的法律。但是，由于目前相关的配套体系尚未完善，我国在对境外非政府组织的境内活动监管方面依然缺少有力的依据。例如，境外非政府组织代表机构境内活动的领域、项目以及业务主管单位名录等尚未出台，虽然构建了宏观的法律体系，但是与之配套的中观和微观体系依然不完备，导致大量的非登记注册境外非政府组织游离于政府监管体系之外。

(2) 思想意识领域的渗透。"美国国家民主基金会、人权观察等境外非政府组织，始终对我国的政治体制不满，它们所谓的向我国传播民主思想、推动人权进步的方式，竟然是通过支持它们所谓的'持不同政见者'，甚至新疆东突恐怖分子与西藏流亡分子来实现。"[①]面对思想意识领域的渗透，由于之前作为境外非政府组织登记机关的民政部门难以有效掌握境外非政府组织在华的非法活动，同时由于缺少执法权，我国在境外非政府组织方面设计的"双重管理"制度难以发挥有效的作用，登记机关和业务主管单位之间责权不明，难以形成协同效应，造成登记机关只负责登记，业务主管单位只负责挂靠，使对境外非政府组织境内活动的日常管理成为真空地带。

2. 风险管理

面对境外非政府组织境内活动可能带来的挑战和潜在风险，政府需要提高风险管理意识，针对挑战和风险提前预警，建立风险预警体系。

(1) 提高境外非政府组织登记注册的可操作性和业务主管单位监督管理的有效性。

---

① 邓建兴，冯立刚. 境外非政府组织的渗透威胁与对策研究[J]. 产业与科技论坛，2016(10)：7.

《境外非政府组织境内活动管理法》规定公安机关作为境外非政府组织的登记机关。"各个国家对境外非政府组织的管理都有不同的管理体制。例如,法国的法律规定,境外非政府组织到法国进行活动,应当向所在地的警察局提出申请,经过法国内政部的批准。中国的管理体制符合中国的国情。中国的公安机关有维护国家安全、维护社会秩序、制止和惩治违法犯罪行为的职责,还有管理户籍、国籍、出入境和外国人在华活动有关事务的职责。公安机关在管理外国组织机构及其人员在中国的活动方面,有着丰富的经验。法律把这个权力赋予公安机关,有利于公安机关为境外非政府组织在华活动提供更加便捷的服务。"[①]同时,该法第41条和第42条赋予作为登记机关的公安机关面对境外非政府组织的违法行为行使执法权的权力。例如,第41条规定,公安机关履行监督管理职责,发现涉嫌违反本法规定行为的,可以依法采取下列措施:约谈境外非政府组织代表机构的首席代表以及其他负责人;进入境外非政府组织在中国境内的住所、活动场所进行现场检查;询问与被调查事件有关的单位和个人,要求其对与被调查事件有关的事项做出说明;查阅、复制与被调查事件有关的文件、资料,对可能被转移、销毁、隐匿或者篡改的文件、资料予以封存;查封或者扣押涉嫌违法活动的场所、设施或者财物。此外,该法强化了业务主管单位的功能,细化了业务主管单位的职责范围,由此明确了登记机关和业务主管单位之间的权力边界,避免了相互推诿。该法第40条规定,业务主管单位负责对境外非政府组织设立代表机构、变更登记事项、年度工作报告提出意见,指导、监督境外非政府组织及其代表机构依法开展活动,协助公安机关等部门查处境外非政府组织及其代表机构的违法行为。

(2) 构建境外非政府组织的退出机制。境外非政府组织退出中国境内的途径主要有两种:一种是主动退出,即该组织或中国境内的代表机构完成预定的项目,实现了预设目标,实现了组织的愿景,从而退出;另一种是被动退出,即由于组织或项目存在违法行为或外部环境不再适合组织继续开展活动,因此不得不退出。对于第一种情况,选择权在于境外非政府组织,此时,防止公权力对私权利的侵害是应有之意。为此,《境外非政府组织境内活动管理法》第51规定,公安机关、有关部门和业务主管单位及其工作人员在境外非政府组织监督管理工作中,不履行职责或者滥用职权、玩忽职守、徇私舞弊的,依法追究法律责任。对于第二种情况,需要登记机关和业务主管单位积极作为,通过公权力的行使保护公共利益和其他合法的私人利益。为此,《境外非政府组织境内活动管理法》第47条规定,境外非政府组织、境外非政府组织代表机构有下列情形之一的,由登记管理机关吊销登记证书或者取缔临时活动;尚不构成犯罪的,由设区的市级以上人民政府公安机关对直接责任人员处十五日以下拘留:①煽动抗拒法律、法规实施的;②非法获取国家秘密的;③造谣、诽谤或者发表、传播其他有害信息,危害国家安全或者损害国家利益的;④从事或者资助政治活动,非法从事或者资助宗教活动的;⑤有其他危害国家安全、损害

---

① 王文硕. 将境外非政府组织在华活动纳入法治轨道——境外非政府组织境内活动管理法热点回应[N]. 人民公安报,2016-4-29.

国家利益或者社会公共利益情形的。

(3) 推进本土社会组织自身能力以及国际化。一方面，我国本土社会组织自身在能力、资金、经验等方面存在不足，对于境外非政府组织存在一定的依赖性。根据资源依赖理论，当一个组织对另外一个组织在资源方面存在依赖性，那么前一个组织的自主性就会受到威胁，其自身的行动策略会受制于资源供给方。因此，强化我国本土社会组织的发展能够在一定程度上消弭境外非政府组织对我国可能带来的不利影响。另一方面，通过推进我国本土社会组织的国际化，能够提升我国的软实力，改善国际形象，让世界上更多的国家和人民了解我国的政策，防止由于信息不对称造成境外非政府组织对信息的垄断。"一些INGO在国际上开展活动，自觉或不自觉与本国的国际战略保持一致，是为国家外交战略服务的……而这些INGO走出国门，不仅可以发挥巨大作用，解决很多政府做不了、做不好的问题，提高ODA资金的使用效率，而且可以传播文化与价值观，是国家软实力的重要象征。"[1]

关键词

境外非政府组织，双重管理，登记管理，税收优惠，《慈善法》和《境外非政府组织境内活动管理法》

作业题

1. 简述境外非政府组织的分类。
2. 我国有关境外非政府组织境内活动的法律法规有哪些？
3. 境外非政府组织在华发展分为哪几个阶段？在不同阶段政府的管理有哪些特点？
4. 《境外非政府组织境内活动管理法》在哪些方面实现了创新？
5. 我国在境外非政府组织管理方面面临哪些挑战和潜在风险？

案例分析

云南省有关境外非政府组织境内活动的"双重备案"制度创新[2]

2009年，为进一步理顺境外非政府组织的登记管理体制，云南省作为地方试点开始进行境外非政府组织的管理政策探索。2009年12月29日，云南省政府办公厅正式发文《云南

---

[1] 邓国胜，等. 中国民间组织国际化的战略与路径[M]. 北京：中国社会科学出版社，2013：192.
[2] 张强，等. 中国政社合作的"发展型协同共治"模式——基于云南省境外非政府组织管理的探讨[J]. 北京航空航天大学学报，2015(3)：19-21.

省规范境外非政府组织活动暂行规定》，实行机构(民政厅具体负责)和合作事项(外事办具体负责)的"双备案"制度。

机构备案是指境外非政府组织进入云南省开展活动须向云南省民政厅进行备案。由于境外机构开展项目必须找到中方相关组织作为合作方，因此，针对具体项目，中方合作机构须负责向外事办申请合作项目备案。云南省社会团体、基金会、民办非企业单位应当在合作前将拟合作事项报业务主管单位同意后，由业务主管单位报省外事办备案。厅局级的公益性事业单位应当在合作前将拟合作事项报省外事办备案；其他公益性事业单位，应当在合作前将拟合作事项报上一级主管部门同意后，由上一级主管部门报省外事办备案。

境外非政府组织机构备案的主要内容包括：组织名称(中英文)、注册地、在云南省的代表机构(包括名称、负责人、地址、联系电话)、业务指导单位、业务范围以及有效期限。备案须满足的条件包括：①有在云南省开展项目活动的意愿，该意愿应当是实质性的并有书面文件；②经业务指导单位审查同意；③与云南省有关组织合作；④境外政府依法批准设立或者注册；⑤项目活动有利于本省经济社会建设与发展。申请合作事项备案时主要的申报资料包括：申请方名称、联系方式、拟合作项目名称、项目概况(包括时间、地点、领域、拟投入资金金额、经费来源及使用计划)、拟合作的境外非政府组织的中英文名称、总部所在地国家或地区及组织简介。

目前，正式备案的境外非政府组织共有37家，分别来自美国、德国、荷兰、英国及中国香港等国家与地区，与此同时，有5家机构正式注销备案。

此前，许多境外机构基本上是公司注册，通过工商注册，以公司的形式进行资金管理，如世界宣明会基金有限公司、微笑行动中国基金有限公司、国际奥比斯项目公司、国际专业服务机构有限公司等。在项目实施中，往往会出现项目管理与项目性质之间的冲突。境外非政府组织进行机构备案之后，政府部门可以提供正式的组织机构代码，以便办理银行账户、相关税务、本地员工五险一金等手续(境外人员还是走外事或外专局系统，目前的外方人员不多，大概有50多人，而且主要来自我国台湾和香港等地区)。

与此同时，项目合作备案的实施使得境外非政府组织在本地开展工作的流程清晰化。据乐施会、苗圃行动、社区伙伴等境外非政府组织代表介绍，未实施"双备案"制度之前，没有正式的沟通渠道，即便是很好的发展项目也很难找到合适的地方合作伙伴。"双备案"制度出台后，工作流程很清晰，从暗箱运作变为桌面上的透明业务，有利于建立合作信任。以乐施会为例，每年10月份可以通过年度报告向相关政府部门(民政厅、外事办、省扶贫办)汇报沟通，以便它们了解乐施会的扶贫、发展、救灾等各项工作。在与政府的正式合作中，信息交互多有利于资金瞄准机制，如应对旱灾，政府有关部门可以提供清晰的旱灾情况报告。与此同时，乐施会也向政府有关部门学习相关业务，如乡村的台账、备灾仓库的储备等。为此，乐施会目前已经在所有项目的拨款条件中都要求合作机构办理项目备案。

云南省为了更好地实施"双备案"制度，还特别建立了两个联席会议机制。一是于

2005年建立的由分管副省长为召集人、45个部门为成员的"云南省加强境外非政府组织在滇活动管理联席会议",联席会议内还建立了由几个主要职能部门参加的小范围协调机制。二是在2006年初,根据云南省委常委会的决定,成立了省委常委、省委政法委书记任组长,分管政法、外事的两位副省长任副组长的"加强非政府组织协调管理领导小组"。

两个协调机制自建立以来,及时制定工作制度,明确成员单位职责任务,并多次召开会议通报情况,分析形势,研究加强管理工作措施,及时处理影响社会稳定的重大问题。

云南省在开展境外非政府组织管理"双备案"制度前,大部分境外非政府组织的业务开展处于灰色地带,经常由于似是而非、道听途说影响基层政府和社会各界对其的认知,从业人员常被有关部门工作人员进行身份登记和开展谈话,造成工作业务和人员心理的不稳定,不仅不能维持现有团队的发展,也无从谈及社会组织的人才引进。实施"双备案"制度后,机构及其工作内容具有合法性,相关从业人员的身份具备了一定程度的合法性,不仅各类社会组织登记数量有所发展,社会组织工作人员的心理逐步稳定,团队建设也有很大提升,境外非政府组织和本地社会组织之间的人才交流日趋频繁,为吸引社会各界人才加入社会组织奠定了很好的基础,促进了当地NGO行业的人才发展环境的改善。

与境外非政府组织之间建立的共治关系,拓展了社会服务的多样化,使得社会治理的内容更加立体化,也带来了人才、服务多元化的良性影响。

思考题:

1. 如何看待云南省有关境外非政府组织管理的"双备案"制度创新?

2. 云南省"双备案"的做法与《境外非政府组织境内活动管理法》中有关境外非政府组织备案制度的规定有何异同?

第14章
社会组织参与政府购买公共服务管理

社会组织参与政府购买公共服务是一种新型公共服务提供方式,对于提高公共服务供给效率,提升公共服务供给质量,完善政府购买公共服务具有重要意义。社会组织通过参与政府购买公共服务,不仅使得自身进入公共服务领域,获得政府的承认和支持,而且能够增强自身能力,加快组织发展。本章将主要阐述社会组织参与政府购买公共服务的学理基础、国际经验和中国实践。

14.1 社会组织参与政府购买公共服务的学理基础

在通常情况下,公共服务由政府来供给。政府向社会组织购买公共服务是指政府将自身可以直接提供的公共服务事项,通过直接拨款或公开招标的方式,交给有资质的社会组织来完成,并根据最后所提供的公共服务的数量和质量来支付相应费用的公共服务运作模式。[1] 从垄断供给到与社会组织合作供给公共服务,是政府职能转变的要求,代表了公共服务供给方式创新的一种潮流。社会组织通过参与公共服务供给,能够为自己创造有效的生存空间,从而实现自身的发展。政府向社会组织购买公共服务,事实上成为政府支持社会组织发展的重要举措。政府购买公共服务与社会组织承接公共服务的背后,有深厚的理论基础。

14.1.1 公共物品理论

1. 公共物品的特性与分类

公共物品是指在消费或使用上具有非排他性和非竞争性的物品。1954年,萨缪尔森讨论了"纯公共物品"[2],即每个人消费这种物品时,都不会导致他人对该物品消费的减

---

[1] 王浦劬,萨拉蒙,等. 政府向社会组织购买公共服务研究:中国与全球经验分析[M]. 北京:北京大学出版社,2010:3-4.

[2] Samuelson Paul A. The Pure Theory of Public Expenditure[J]. Review of Economics and Statistics, 1954, 36(4): 387-389.

少。可以说，萨缪尔森概括出纯公共物品在消费上非竞争性的特征。1959年，马斯格雷夫总结出纯公共物品的"非排他性"特征。[①]所谓非排他性是指产品在消费过程中产生的利益不能为某个人或某些人所专有，也不能排除利益覆盖范围内的社会成员对公共产品的享受。非竞争性和非排他性构成当代公共物品界定标准的两项基本特质。萨缪尔森和马斯格雷夫的界定标准只是定义了所有公共产品中的两个极端，而大量介于两极中间的公共物品则被忽视。1965年，布坎南提出了"俱乐部理论"，将注意力放在公共物品定义的连续性处理上，从而弥补了萨缪尔森等人研究的不足。布坎南认为，公共物品是通过俱乐部方式消费的，当新成员加入现有俱乐部时，一方面会分摊生产成本，使边际生产成本减少；另一方面会带来拥挤成本，使边际拥挤成本增加，当减少的边际生产成本等于增加的边际拥挤成本时，成员数量就是消费该产品的最优俱乐部规模。[②]

2. 公共物品生产与提供的分离

对于公共物品供给而言，提供(Provision)和生产(Production)是两个不同的概念。提供涉及的是谁来出钱的问题，即谁来为公共物品付款，以供人们消费。提供者主要承担出资、主导、规划和监督等职责。生产涉及的是谁来制造的问题，即生产者直接进行公共物品的具体生产。萨瓦斯认为，服务的生产者直接组织生产，或者直接向消费者提供服务，而服务安排者则指派生产者给消费者，指派消费者给生产者，或选择服务的生产者。[③]例如，政府有责任提供国防安全，但是具体国防物资的生产却可以交给私营公司或社会组织来生产。公共物品的提供和生产是可以分开的，既可以由同一个单位或机构来同时承担提供和生产的任务，也可以由不同的单位或机构来分别承担公共物品的生产和提供任务。两者的组合决定了公共物品或公共服务由谁来提供以及如何提供及由谁生产。

3. 公共物品供给的多元主体

非竞争性和非排他性是界定公共物品的两个基本特质，但是这并不能决定公共物品的生产。通常认为，政府是公共物品供给的当然主体。但是，政府并不是公共物品的唯一提供者，这是因为政府供给的公共物品主要是纯公共物品。纯公共物品主要作为一种理论分析上的理想模型存在，现实中的公共物品多为准公共物品。在公共物品的连续统中，它们或者趋向私人物品一端，或者趋向纯公共物品一端，许多物品兼有私人物品和纯公共物品两者的性质。实际上，要在纯私人物品与纯公共物品之间划出一条清楚的界限是不可能的。[④]既然如此，适用于纯公共物品的"政府供给"就需要针对实际公共物品的实际"趋向"做出调整，适当引入其他供给主体。

[①] R. A. Musgrave. The Theory of Public Finance: A Study in Public Economy[M]. McGraw-Hill, Kogakusha, 1959.

[②] James M. Buchanan. An Economic Theory of Clubs[J]. Economica, New Series, 1965, 32(125): 1-14.

[③] 萨瓦斯. 民营化与公私部门的伙伴关系[M]. 周志忍, 等, 译. 北京: 中国人民大学出版社, 2002: 68.

[④] David N. Hyman. Public Finance: a Contemporary Application of Theory to Policy[M]. 10th Edition. Boston:South-Western, Cengage Learning, 2010.

因此，公共物品的多种形态和公共物品生产与提供的分离，使得公共物品的供给主体呈现多元化趋势。公共物品不仅可以由政府来提供，而且在一定条件下可以由私人部门和第三部门来供给。政府失灵、市场失灵、志愿失灵的存在，意味着公共物品的有效供给绝非依靠单一机制就可以实现，而是要依靠多维的复合机制才能有效提供。因此，依靠强制的政府机制、依赖利润的市场机制和依赖信任的志愿机制都可以成为公共物品的供给主体。

民营化、市场化和社会化正在成为公共物品供给的新趋势。公共服务市场化的核心是采用市场机制来补充并优化政府公共服务的质与量。①公共服务市场化反映了政府权威和市场交换功能的有机结合，主要包括4个方面的内容：政府对公共服务进行供给的决策和执行分开；引入竞争机制，提高公共服务供给效率；引入顾客导向，给予消费者进行选择的权利和机会；引入成本核算，实现公共资源的有效配置。公共服务社会化是指根据不同公共服务项目的性质和特点，以社会需求为导向，鼓励各种社会力量来参与提供和改善公共服务，实现公共服务供给主体和供给机制的多样化。政府与社会组织合作来供给公共服务，是社会化的最主要形式。公共服务民营化意味着在公共服务供给中政府角色的缩减和私营部门角色的增加。民营化是对政府具有最终供给责任的公共服务，通过合同外包等手段，将服务生产过程从政府部门转移到非政府部门，包括企业和社会组织等。民营化意味着以政府高度介入为特征的某种制度安排向较少政府介入的另一种制度安排的转变。②

14.1.2　政府供给公共服务的理论基础

1. 市场失灵

"市场失灵"理论解释了政府提供公共物品的必要性。市场失灵是指由于市场自身存在的各种缺陷以及外部条件缺陷而引起的各种问题，包括垄断、外部性、信息不对称、分配不公平以及公共物品短缺等方面。

公共物品固有的非排他性和非竞争性使得市场机制在供给公共物品时存在"搭便车"和"边际成本"问题，使得公共物品供给存在低效和失衡的缺陷。所谓"搭便车"，是指公共物品由于具有非排他性，在消费这类物品时，即使不付费，供给者也很难将该消费者排除在外，因而消费者倾向成为免费搭乘者(Free-rider)。公共物品非竞争性的存在也使得免费搭乘者一般不会受到其他人的反对，因为他的消费并不会影响其他人的消费，也不会带来额外的成本负担。这样，由于"搭便车"问题的存在，若公共物品的供给者为私人部门，它往往无法收回提供公共物品的成本。因为大家都试图掩盖自己的真实偏好，个人消费"量"变得不确定，而卖方又无法排除不付费的人，这就会导致价格机制不能有效发挥作用，最终使竞争市场无法在帕累托效率水平上提供该物品。当然，一旦市场出现失灵，

---

① 沈荣华. 公共服务市场化反思[J]. 苏州大学学报, 2016(1).
② 康晓光. 非营利组织管理[M]. 北京：中国人民大学出版社, 2011：214.

就需要政府介入，通过税收手段筹集资金来提供这些产品。所谓"边际成本"问题是由公共物品非竞争性带来的，由于多一位消费者并不会使公共物品提供的成本增加，也不会使原有消费者的消费量减少。在这种情况下，收费会使得一些消费者放弃选择该物品。既然边际费用为零，消费者选择不消费该物品对社会整体而言有害无益，不收费才更具有效率，因此，公共物品应由政府免费提供。①在市场失灵理论看来，政府需要介入公共物品的提供。相对于市场，政府在提供公共物品时更有动力和积极性，提供公共物品是政府的天然职责。

2. 政府职责

供给公共物品是政府本身的重要职责。霍布斯指出，国家在本质上是一个由人们通过订立契约而获得授权的独立人格，它能够按照其认为有利于维护大家的和平和共同防卫的方式来行使力量和手段。②国家本身就是一种具有公共物品性质的社会契约，提供公共服务是政府的一项职能。马克思主义认为，国家不仅是一个阶级统治的机关，而且是一个社会管理的机关。因此，国家不仅承担着阶级统治的职能，而且承担着社会管理的职能。承担社会管理职能，提供公共服务反映了统治集团的成熟。韦伯认为，国家是一个在一定疆域之内拥有合法使用暴力的垄断地位的团体。③国家同时处于国际和国内层面，因此，国家既是国内层面的暴力垄断者，也要在国际层面运用暴力保证国内社会稳定，为了自身安全，国家必须要提供公共服务。

政府提供公共物品的目的是降低整个社会的交易费用。在决定一类物品由谁提供时，政府应该这样思考：该物品由私人提供和由国家提供，采用哪种方式交易费用较低？政府如何降低其交易费用？交易费用是厘定政府与市场边界的尺度。政府的职能是以更低的交易费用提供公共物品。④另外，政府是直接生产还是购买服务，取决于交易费用的比较。萨瓦斯指出，公共物品的提供者与生产者合一会产生官僚制费用，即维持和管理层级系统的费用，两种费用的比较决定了提供和生产功能是否值得分开。⑤政府应该以更低的交易费用来提供公共物品。

政府供给公共物品的方式取决于其所面临的政治风险。政府在管治民众和治理地方事务方面的高度集权具有很高的政治风险。为了降低政治风险，政府采取的一种办法就是纵向分权，包括中央政府向地方政府分权(地方分权)及地方政府向社会分权(社会分权)。⑥政

---

① Samuelson P. A. Aspects of Public Expenditure Theories[J]. The Review of Economics and Statistics, 1958,40(4): 332-38.
② 霍布斯. 利维坦[M]. 黎思复，等，译. 北京：商务印书馆，1985：132.
③ 马克斯·韦伯. 学术与政治[M]. 冯克利，译. 北京：北京三联书店，2005：55-56.
④ 邢会强. 财政法的经济学根基——交易成本公共物品理论的提出[J]. 政法论丛，2012(1).
⑤ 萨瓦斯. 民营化与公私部门的伙伴关系[M]. 周志忍，等，译. 北京：中国人民大学出版社，2002.
⑥ 费孝通. 中国士绅[M]. 赵旭东，秦志杰，译. 北京：北京三联书店，2009.
曹正汉. 中国上下分治的治理体制及其稳定机制[J]. 社会学研究，2011(1).

府让社会组织和企业来生产公共物品实际上是一种社会分权,目的在于降低政治风险。

3. 政府失灵

公共物品的特殊属性和政府机构的内在特质,使得政府在供给公共物品时总是倾向浪费资源且效率偏低,即存在政府失灵。

韦斯布罗德认为,政府在供给公共物品方面存在局限性。[①]任何投票者都有对于公共物品的需求,政府、市场和社会组织都是满足个人公共物品需求的手段,这三者之间存在相互替代性。个人在收入、财富、宗教、种族背景、教育水平等方面的差异,使得个人对于公共物品存在不同的需求。政府供给公共物品和公共服务的数量和质量取决于政治决策过程,因此,政府在供给公共物品时通常会考虑中位选民(Median Voter)的需求。这导致政府在供给公共物品时存在单一性缺点,只能满足一部分社会需求,而无法满足其他选民对于公共物品的需求。同时,政府作为典型的科层制组织,不可避免地会出现运转成本高,服务效率低以及社会无效率等问题。政府失灵理论认为,政府在提供公共服务时存在一定的局限性。

14.1.3 社会组织提供公共服务的理论基础

1. 契约失灵理论

契约失灵理论(Contract Failure Theory)解释了社会组织提供公共物品的必要性。所谓契约失灵是指由于信息不对称,导致只依靠生产者和消费者之间的契约难以防止生产者坑害消费者的机会主义行为出现的现象。

亨利·汉斯曼[②]从营利组织的局限性入手分析了为何某些物品只能由社会组织来供给。营利组织只有在满足特定条件以后,才能以效率最大化的价格和数量来提供商品或服务。但是,交易情境和产品性质,往往造成生产者与消费者之间在产品和服务质量上存在明显的信息不对称,这就使得消费者无法对厂商承诺的商品或服务做出准确判断。由于信息不对称,营利性组织完全有能力通过提供劣质商品和服务来获取不当利益和额外利益,使得消费者的利益遭受重大损害,这就使得他们往往在最初不能达成最优的契约,即使契约达成,也很难实施契约。也就是说,只依靠生产者与消费者之间的合约,无法防止生产者坑害消费者的机会主义行为。

社会组织在供给服务和商品时,不能把获得的净收入(Net Earning)分配给该组织实施控制的个人,包括组织成员、管理人员、理事等。在非分配约束下,信任是成为社会组织供给服务的驱动力。由于不能在成员间分配组织开展活动时所获得的剩余,这就在一定程度上约束了机会主义行为动机,减少生产者的欺诈行为,从而有助于维护消费者的利益。

---

① 田凯. 西方非营利组织理论评述[J]. 中国行政管理,2003(6).
② Hansmann. The Role of Nonprofit Enterprise[J]. The Yale Law Journal, 1980, 89(5): 835-901.

2. 第三部门比较优势理论

第三部门比较优势理论认为,社会组织在提供公共物品时比政府和市场更有优势。"志愿部门的人类服务机构,是否有一些可以保证其对某类消费者提供服务时比营利性部门和公共部门更具比较优势的特点?"对于志愿部门供给公共服务是否比政府和市场更具比较优势这一问题,比尔斯和格伦内斯特指出,"我们提出的观点是,与其他部门的机构相比,志愿机构的比较优势在于,它们特别含糊且混合的结构使其能够克服由主权-代理关系错位,中间选民不愿意,政治家发给下属的信息不明确,市场缺乏兴趣等因素造成的问题。"[①] "特别含糊且混合的结构"成为第三部门的比较优势,具体见表14-1。

表14-1 三个部门的比较

部门	驱动者	结构	核心财源	工作人员
公共的	中间选民及重新选举	官僚的	税收	有偿的 有一些志愿者
私人的	股东和一些与利益相关的目标	官僚的	销售收入	有偿的
志愿的	多种利益相关者	模糊的	税收、捐款、收费	有偿的及志愿者

资料来源:《英国社会政策论文集》。

3. 志愿失灵理论

志愿失灵解释了社会组织在提供公共服务时的局限性。志愿失灵是指社会组织偏离社会公益宗旨,而出现的资源配置效率低或价值取向的非公共现象。

萨拉蒙认为,志愿失灵包括4个方面的内容。[②] ①慈善供给不足,即志愿组织在开展公益活动时所需要的开支与其所能够募集到的资源之间存在巨大的缺口。②慈善的特殊主义,即志愿组织往往集中关注社会中的特殊人群,而忽视了一些最需要帮助的群体的利益。③家长作风,即控制慈善资源的人往往根据自身喜好来决定提供什么样的服务,而忽略了社区需求,从而造成志愿组织往往会供给较多富人喜爱的服务,穷人真正需要的服务却供给不足。④业余主义,即受资金的限制,志愿组织无法吸引足够的专业人员,因此只能依靠业余人员来提供服务。可见,社会组织在提供公共物品的过程中有时并不能达到弥补市场缺陷和政府缺陷的理想目标,相反,由于外部条件的缺失和自身的缺陷,社会组织在供给公共物品的过程中也会产生新的问题,从而影响政府功能和市场功能的有效发挥,引起更大的效率损失。志愿失灵理论认为,相对于社会组织,政府在供给公共物品时更能保障公平性。

---

① 格伦斯特. 英国社会政策论文集[C]. 苗正民, 译. 北京: 商务印书馆, 2003.
② 莱斯特·M. 萨拉蒙. 公共服务中的伙伴——现代国家与非营利组织伙伴关系[M]. 田凯, 译. 北京: 商务印书馆, 2008: 50.

14.1.4 政府购买与社会组织承接公共服务的理论基础

1. 治理理论

治理理论的重要创始人詹姆斯·N.罗西瑙认为，治理是在一系列活动领域有别于"统治"的管理机制，它们虽未得到正式授权，没有法定权威和强制力量，却能够有效地发挥作用。[1]罗茨指出，治理意味着一种新的统治过程，要在新的条件下，采用新的方法来统治社会。在此基础上，罗茨从6个维度对治理进行了界定。①作为最小的国家管理活动的治理，它指的是国家削减公共开支，以最小的成本取得最大的效果。②作为公司管理的治理，它指的是指导、控制和监督企业运行的组织体制。③作为新公共管理的治理，它指的是将市场的激励机制和私人部门的管理手段列入政府的公共服务。④作为善治的治理，它指的是强调效率、法治、责任的公共服务体系。⑤作为社会控制体系的治理，它指的是政府与民间、公共部门与私人部门之间的合作互动。⑥作为自组织网络的治理，它指的是建立在信任与互利基础上的社会协调网络。[2]

格里·斯托克梳理了当时流行的各种治理理论，提炼出5种主要的观点。[3]它们分别是：①治理意味着一系列来自政府但又不限于政府的社会公共机构和行为者；②治理意味着在为社会和经济问题寻求解决方案的过程中存在界限和责任方面的模糊性；③治理明确肯定了在涉及集体行为的各个社会公共机构之间存在权力依赖；④治理意味着参与者最终将形成一个自主的网络；⑤治理意味着办好事情的能力不限于政府的权力，不限于政府的发号施令或运用权威。

全球治理委员会对于治理的界定具有较大的代表性和权威性。治理是各种公共的或私人的机构管理其共同事务的诸多方式的总和。它是使相互冲突的或不同的利益得以调和并且采取联合行动的持续过程。这既包括有权迫使人们服从的正式制度和规则，也包括各种人们同意或以为符合其利益的非正式的制度安排。它有4个特征：①治理不是一整套规则，也不是一种活动，而是一个过程；②治理过程的基础不是控制，而是协调；③治理既涉及公共部门，也涉及私人部门；④治理不是一种正式的制度，而是持续的互动。[4]中国学者俞可平认为，"治理"一词的基本含义是指在一个既定的范围内运用公共权威维持秩序，满足公众的需要。治理的目的是在各种不同的制度关系中运用权力去引导、控制和规范公民的各种活动，进而最大限度地增进公共利益。所以，治理是一种公共管理活动和公共管理过程，它包括必要的公共权威、管理规则、治理机制和治理方式。

治理理论不是一个统一的理论体系，而是包含多种理论流派。但是，治理理论的核心内容仍然是国家、社会以及公民的共同治理，即多中心治理。奥斯特罗姆夫妇多中心治

---

[1] 詹姆斯·N.罗西瑙.没有政府的治理[M].张胜军，等，译.南昌：江西人民出版社，2001.
[2] R.A.W.罗茨.新治理[J].木易编，译.马克思主义与现实，1999(5).
[3] 格里·斯托克.作为理论的治理：五个论点[J].国际社会科学杂志，1999(1).
[4] 全球治理委员会.我们的全球伙伴关系[M].香港：牛津大学出版社，1995：23.

理理论认为，治理最重要的基础是政府、市场与第三部门和公民之间互助与协作的治理框架。①这突出了治理主体的多元性，强调各方主体的积极互动和沟通，重视在彼此平等和商量的前提下制定有关规章制度。多中心体制理论主张公共服务的供给是一个多元主体的合作、协同过程，允许消费者、提供者和生产者在不同的综合层次混合和搭配运作。②

通过总结治理理论的研究成果，我们可以归纳出治理理论的主要特征。①治理的主体是多元的。治理是一种由共同目标支持的管理活动，关注的是共同目标的实现，而非管理活动的实施主体。因此，只要是有助于实现共同目标的主体都应该纳入治理主体的考量范围。②治理具有边界和责任上的模糊性。主体的多元化导致治理过程中不同主体之间的互动，使得政府与社会、公共部门与私人部门之间的界限不再泾渭分明，同时不同部门之间的责任分担也会不可避免地变得模糊。③治理强调目标、效率和效益，因此，治理的方式和手段灵活多样。

治理理论对于公共服务的供给具有重要的启示。政府是主要的公共服务供给主体，但不是唯一的供给主体，因此，政府可以通过转变职能，将一部分公共服务供给责任转移给社会组织、企业、事业单位或个人。公共服务供给可以采取灵活多变的供给方式，政府向社会组织购买公共服务就是一个当然的选项。公共服务的多元供给会面临边界和责任模糊的问题，因此要建立完备的公共服务供给责任机制、监管机制和绩效评估机制。

2. 政社关系理论

在政府购买公共服务中，社会组织是公共服务的承接主体和出售方，政府是公共服务的转移主体和购买方。政府向社会组织购买公共服务，既代表了政府对于转变社会服务供给方式的要求，也意味着国家与社会的关系正在发生变迁和调整。服务供给方式的转变，主要是通过政府与社会组织之间关系的调整来实现。从两者关系的角度看，政府与社会组织之间既存在冲突和竞争，也存在依存和合作。社会组织能够提供公共服务，并不意味着一定会参与政府购买公共服务。

Kramer提出了"服务提供角色的类型"理论③，从基本特征、权力关系和服务持续时间三个方面，概括出公共服务供给过程中志愿组织与政府互动关系的三种类型。①主体性志愿服务。在政府提供服务较少的领域，志愿机构是唯一的、主要的服务供给主体。在政府与志愿组织的权力关系中，志愿组织占据主导地位。只要政府不提供服务，志愿组织就会持续不断地提供该种服务。在这种模式下，志愿组织提供服务具有不确定性，取决于政府的意愿。②互补性志愿服务。当志愿机构与政府在社会服务的提供上存在互补(Complementary)关系时，双方提供公共服务的能力相当，可以互相补充。志愿组织与政府之间存在均衡的权

---

① 埃莉特·奥斯特罗姆. 公共事务的治理之道：集体行动制度的演进[M]. 余逊达，陈旭东，译. 上海：上海三联书店，2000.
② 迈克尔麦金斯. 多中心体制与地方公共经济[M]. 毛寿龙，译. 上海：上海三联书店，2000：6.
③ Ralph M. Kramer. Voluntary Agencies in the Welfare State[M]. California: University of California Press, 1981.

力关系。由于志愿组织与政府提供的服务不同,志愿组织能够长期供给某种特定的公共服务。③补充性志愿服务。当志愿机构提供与政府服务具有相似或相同性质的服务时,由于政府处于主导地位,志愿机构只能提供政府服务的延伸服务。志愿机构是政府服务的补充性质(Supplementary)或者提供相同性质的服务,以延伸政府系统。政府在两者权力关系中占据主导地位。当政府开始提供服务时,则意味着志愿组织提供服务的终止。

萨拉蒙提出了公共服务供给中的政府与社会组织"伙伴"(Partner)关系模式。[①]①提出"第三方政府理论"来修正福利国家理论。在福利国家理论下,公共服务均由政府主导和负责,社会组织与政府之间呈现冲突的模式。福利国家理论并未对作为"资金和指导的提供者"的政府和"服务递送者"的政府这两种角色做出区分。在观察美国社会福利发展历史之后,萨拉蒙发现,虽然政府在各种政策领域的支出仍然在不断增加,但是政府主要扮演的是资金提供者和指导者的角色。在提供具体的社会服务的时候,美国依赖大量的第三方——州、市、县、大学、医院、行业协会以及社会组织等来提供实际的服务。在社会福利供给领域,出现了经费支出与服务输送二元化的情况。在这样的分工下,社会组织扮演了所谓的"第三方政府"角色,通过服务的输送,社会组织能够与政府形成密切的合作伙伴关系。②提出"志愿失灵"理论来修正"政府失灵"和"市场失灵"理论。传统理论认为,社会组织是市场失灵和政府失灵的补充者,在公共服务供给体系中处于边陲角落。萨拉蒙则指出,志愿主义机制本身就是一种有效率的社区服务供给方式。但是,就像政府机制与市场机制一样,志愿主义机制也会有失灵的状况。在志愿主义机制所专长的领域中,若遇到其无法处理的情况,就是政府或市场机制介入的时候,在这个理论之下,政府、企业与社会组织是共同创造社会服务的互补模式。萨拉蒙的分析指出,在不同理论指导下,社会组织与政府之间会产生不同的互动关系。当社会组织处于第三部门的时候,社会组织可以通过公共服务(物品)的提供与输送来达到与政府形成亲密合作伙伴关系的目的;在志愿失灵的条件下,政府、企业与社会组织是共同创造社会服务的互补关系。

Gidron等[②]提出了"政府-第三部门互动模式"。所有的福利服务中都包含两个关键因素:"服务的资金筹集与授权"和"服务的实际配送"。这两类活动可以由不同的制度来实施。以这两种要素为核心变量,可以将政府与社会组织的互动关系区分为4种基本模式。①政府支配模式(Government-dominant Model)。在这个模式中,政府在资金筹措和服务配送中占据支配性地位:政府既是主要的财政提供者,又是福利服务的主要提供者。政府通过税收制度来筹集资金,由政府雇员来传送需要的服务。虽然政府扮演经费提供和公共服务执行的双重角色,类似"福利国家"概念,但是与"福利国家"不尽相同。在这个模式下,政府虽然主导服务,但不表示它必须对社会组织不愿意提供的福利项目担负经费

---

① 莱斯特·M.萨拉蒙.公共服务中的伙伴——现代国家与非营利组织伙伴关系[M].田凯,译.北京:商务印书馆,2008.

② 田凯.西方非营利组织理论述评[J].中国行政管理,2003(6).

及执行的责任。相反地，它可以通过财税系统与政府基金来输送民众需要的资源。②社会组织支配模式(Third Sector-dominant Model)。在这个模式中，社会组织在资金筹措和服务配送中起到支配性作用。产生这种模式是出于意识形态或宗教的原因，对政府提供社会服务有一种强烈的反对情绪；或者是因为这些地区对社会服务还没有普遍需求。社会组织支配模式和政府支配模式分别处于政府与社会组织模式的两极。③双重模式(Dual Model)。这是处于政府支配模式和社会组织支配模式之间的一种模式。在这种混合模式中，政府和社会组织都大量卷入资金筹措和服务配送当中，但都局限在各自界定的领域。这可以采用两种不同的形式：其一，社会组织通过给国家力量没有达到的顾客传送同样类型的服务，来补充国家提供的服务；其二，社会组织通过提供政府没有提供的服务，来补足政府的服务职能。在这两种情况下，最显著的特征都是存在两个相当大的、但相对自治的关于服务的资金筹措和配送体系。④合作模式(Collaborative Model)。在这种模式中，政府和社会组织共同开展公共服务，但它们不是分离的工作。典型的情况是由政府提供资金，由社会组织配送服务。合作模式包括两种方式：①"合作的卖者"模式(Collaborative-vendor Model)。在这个模式中，社会组织只是作为政府项目管理的代理人出现，拥有较少的处理权或讨价还价的权利。②"合作的伙伴关系"模式(Collaborative-partnership Model)。在这个模式中，社会组织拥有大量的自治和决策的权利，在项目管理上更有发言权。

Young[①]从理性选择理论出发，延伸出社会组织与政府的互动关系模式。他将互动关系分为：①补充性(Supplementary)模式。社会组织能够满足政府所无法提供的公共财货的需求。当政府失灵时，社会组织可以提供政府所无法提供的服务。例如，理性的政治人物施政时会考虑争取大多数的选票，以获得再次执政，因此，必须根据大多数中位投票者(The Median Voter)的立场来设计政策，政策只能根据大多数人的需求予以设计。由于受到中位选民的影响，政府提供的公共产品力求统一性、公平性。那些不能从政府获得满足又无法在市场上获得替代品的选民的需求，为NGO增补政府服务的不足提供了巨大的空间。②互补性(Complementary)模式。社会组织被视为政府的伙伴，通过政府的经费资助，协助政府执行公共财货的输送。该模式反映出社会组织与政府的经费支出有着直接正向的互动关系，即当政府的经费支出增加时，由社会组织承接的活动规模也同时扩大。③抗衡性(Adversarial)模式。社会组织督促政府在公共政策上做出变革，并勇于对社会大众负起责任；相应地，政府也会通过法规的制定去影响社会组织的行为。因此，在互动过程中可能会有冲突的情形。在理性选择途径中，当立法与行政部门产生互动时，理性的代议士会通过滚木立法(Logrolling)、换票(Vote-trading)的方式，利用制度的多数来影响政策结果，这样的制度设计使得理性的利益集团会通过寻租(Rent-seeking)的方式来游说代议士，制定

---

① Young D. R. Alternative Models of Government-nonprofit Sector Relations: Theoretical and International Perspectives[J]. Nonprofit and Voluntary Sector Quarterly, 2000, 29(1): 149–172.

有利于自身的政策。在这种情况下，政府与社会组织有时会产生相抗衡的互动关系。

3. 资源依赖理论

资源依赖理论关注的是组织间关系，以社会交换理论为出发点，假设控制其他组织所依赖的资源使一个组织获得权力。[①]

围绕组织间的权力和依赖，Pfeffer和Salancik提出了4个重要假设：①组织最重要的是关心生存；②为了生存，组织需要资源，而组织自己通常不能生产这些资源；③组织必须与它所依赖的环境中的因素互动，而这些因素通常包含其他组织；④生存建立在一个组织控制它与其他组织关系的能力基础之上。[②]一个组织对另一个组织的依赖程度取决于三个决定性因素，即资源对于组织生存的重要性；组织内部或外部一个特定群体获得或自行裁决资源使用的程度；替代性资源来源的存在情况。

组织间的依赖并非只是单向的，事实上组织间的依赖也可以是相互的。伯特引入"结构自主性"模式来解释共同抉择和公司绩效。伯特认为，社会网络中的行动者只要避免依赖其他人，在社会结构中占据相对稀疏的(非竞争性的)位置，并且受到那些占据相对拥挤的位置的行动者的依赖，他们就将受益。[③]

资源依赖理论在组织间关系上具有很强的解释力，抓住了获取资源是组织的主要活动这一点。但是，资源依赖理论只从资源的单一角度来分析复杂的行为，因而使得其解释力存在不足。因此，资源依赖理论可以用以解释组织间的控制和被控制关系、组织的权力来源等问题。霍尔认为，资源依赖绕开了目标问题，这似乎违反了实际决策的真实过程。[④]

根据资源依赖理论，组织间关系中的权力与一个组织对另一个组织的依赖程度呈负相关。[⑤]在政府职能转移和政府购买中涉及不同的主体，不同的主体控制着不同的资源。这些主体都拥有提供某项公共服务这一共同目标，因而不同主体之间应当是一种相互依赖的关系，掌握着不同资源的不同主体就对其他主体具有不同程度的控制力。

14.2
社会组织参与政府购买公共服务的国际经验

政府购买公共服务最早出现于欧美发达国家。20世纪70年代末期，为了应对普遍面临的福利国家危机，欧美各国纷纷通过民营化、私有化等措施来进行福利改革，不断将市场

---

① 马迎贤. 组织间关系：资源依赖理论的历史演进[J]. 社会，2004(7).

② Jeffrey Pfeffer, Gerald Salancik. The External Control of Organizations: A Resource Dependence Perspective[M]. Silicon Valley: Stanford University Press, 2003.

③ Bur R. S.Corporate Profits and Cooptation: Networks of Market Constraints and Directorate Ties in the American Economy[M]. Salt Lake City:Academic Press Inc., 1983.

④ 理查德·H. 霍尔. 组织：结构、过程及结果[M]. 张友星，等，译. 上海：上海财经大学出版社，2003：299.

⑤ 马迎贤. 组织间关系：资源依赖理论的历史演进[J]. 社会，2004(7).

机制和志愿机制引入社会福利供给。在这样的背景下,政府向社会组织购买公共服务应运而生。目前,欧美国家政府向社会组织购买服务的模式基本形成,相关的制度设计和运作方式也比较成熟。普遍的做法是,通过制定专门性的制度来规范政府向社会组织购买公共服务。

14.2.1 英国

英国的社会组织作为独立部门已经存续较长时间,在经济社会生活和公共服务供给中占有重要地位。

20世纪80年代到90年代中期,以撒切尔夫人和梅杰为首的英国保守党政府对公共服务供给进行了市场化改革,政府购买服务作为社会福利改革的重要内容得到大范围推广。第一,对政府承担的职能与服务进行市场检验。[1]所谓市场检验是指公共部门在提供公共服务前要先决定"是自己生产还是向别人购买"、目前所从事的活动是否有必要、这些活动和任务是否可以通过私有化的方式来提供,对这些问题的回答决定了是否需要进行市场检验。当某项活动和任务是政府义不容辞的责任且无法实行私有化的前提下,就不能进行市场检验。市场检验包括确认活动的范围和性质、建立服务水平和质量标准、竞争招标和选择、协商和确定具体细节、监测和评价等步骤。英国各级政府都设有一定的指标,即多大比例的工作任务必须通过市场检验程序。第二,公共服务供给采取公私生产服务模式。1986年,英国政府出台"政府利用民营企业"的评估报告,指出有关政府部门的活动必须采用竞争招标与外部委托(合同出租)的方式来办理。20世纪70年代至90年代,面对政府财政压力过大、国有企业效率低下、政府失灵突显的紧迫情况,以撒切尔夫人和梅杰为首的保守党政府对英国的公共服务进行了以自由主义和市场化为主题的改革,并取得了积极的效果,如有效遏制经济继续恶化并使之有所好转、引入市场机制提高公共服务水平、引领世界公共服务改革创新等。但是,对公共开支削减的实际效果并不明显,其改革也陷入困境。第三,以竞争求质量。20世纪90年代,提高公共服务质量和顾客满意度提到政府购买服务的议程,主要措施是开展"公民宪章运动"和"竞争求质量运动"。1991年,梅杰政府发表了《竞争求质量》白皮书,主张引入竞争机制,提高政府能力。从1991年到1993年底,共有389项工作任务经历了市场检验,私营部门获得了价值8.85亿英镑的合同。

布莱尔政府进一步推广政府向社会服务机构购买服务的做法,将其制度化和常态化。1998年,英国政府发布《政府和志愿及社会部门关系的协议》(COMPACT),初次确定了政府和社会组织之间的合作伙伴关系。1998年,《教育改革法案》将购买服务引入教育机构。到20世纪末,英国政府开始广泛应用公私合作方式。为了推进社会组织参与公共服务的提供,2006年,英国政府公布了社会组织《公共服务行动计划》。2007年,英国内阁办公室发布了《第三部门在社会和经济复兴中的重要作用》的报告,涵盖了政府购买第三部

---

[1] 李军鹏. 政府购买服务的学理因由:典型模式与推进策略[J]. 改革,2013(12).

门公共服务的长期战略。布莱尔政府在总结分析前政府公共服务改革成就和存在问题的基础上，顺应英国民众对公共服务质量的需求，强调公共服务良好合作的重要性，形成政府、市场与社区、志愿组织等合作的局面，利用多种力量，推进多元治理，实现公共服务的提升。

代表保守党的卡梅伦政府，更加重视发挥社会组织在社会公共服务中的作用。上任伊始，卡梅伦政府提出并启动了"大社会(Building The Big Society)"计划，试图改变任何问题都依靠政府来解决的做法，培养和支持以志愿服务和博爱为宗旨的新型公共服务文化，致力于打造一个"还政于民"的社会。为了落实"大社会"计划，卡梅伦政府颁布了一系列配套措施，包括社区自我运作、开放公共服务，建立大社会银行、发展国家公民服务计划、公开政府信息等。① "大社会"计划的内容主要包括以下几个方面。

(1) 职能转移。英国政府遵循"小政府、大社会"的方针，把越来越多的公共服务功能下放到民间，涵盖教育、医疗、交通、安全、信息技术和环境保护等方面。具体做法有以下几个方面：①中央政府的权力向地方政府、社区及志愿者转移；②允许人们自己制定相应的措施来处理住房、规划和教育问题；③鼓励慈善机构和社会团体经营一些公共服务；④政府建立一个"大社会银行"，以支持计划的顺利实施。英国政府拿出10亿英镑培育社会组织和社会型企业，填补政府裁减机构后存在的公共服务空缺，公共服务的提供渠道得到拓宽。同时，政府通过授权和分解责任，对人员实行聘任制或合同制，用市场的办法来解决行政问题，政府相应承担的职能减少，管理成本大大降低，服务效率明显提升，政府职能完成转型。

(2) 法律支持。2010年，卡梅伦政府对COMPACT进行了修订，引入更加严格的问责机制，加大了对政府履责情况的检查力度，强化了对政府违反协议行为的责任追究。2011年，英国政府发布《开放的公共服务白皮书》(Open Public Services White Paper)，② 第一次明确指出，高质量的公共服务是每个人享有的权利。白皮书对政府如何改进公共服务做出规划，将"选择""放权""多元化""公平性"和"责任"确定为英国政府改进公共服务的五大关键原则。通过白皮书的发布，政府将为慈善组织与社会企业提供更多的帮助，让它们参与公共服务的公平竞标。这些政策协议并不具备法律效力，类似政府和社会组织之间的相互承诺。

2012年2月28日，保守党议员克里斯·怀特(Chris White)提交的《公共服务(社会价值)》[the Public Services(Social Value) Act 2010—2012]提案经英国上议院终审一致通过。它要求英国政府部门在公共服务采购进程中选择目标机构时，不能只考虑其服务是否低价或高产，而必须考虑其服务所带来的社会、经济与环境价值，做到以一个公平的价格购买

---

① 王楠，杨银付. 英国"开放公共服务"改革框架及启示[J]. 中国行政管理，2016(3).
② Open Public Services White Paper. https://www.gov.uk/government/uploads/system/uploads/attachment_data/file/255288/OpenPublicServices-WhitePaper.pdf, 2016-08-28.

真正造福于当地社区的服务。英国正式以法律的高度规范政府采购公共服务的行为，并要求社会组织在履行公共服务合同时，必须考虑如何改善服务对象社区的经济、社会与环境，这将帮助成千上万的社区组织、慈善机构和社会企业赢得公共服务合同。

(3) 财政支持。首先，在政府采购上，英国政府每年用于采购公共服务的资金高达2 360亿英镑，其中约11%的公共服务合同由社会企业与慈善组织执行。这使得政府在获得具有高成本收益服务的同时，又支持了社会组织的发展。其次，对社会组织进行重点扶持。英国政府将每年博彩业收益的16.7%通过政府基金分配给全国的各类慈善组织，并设立面向公益活动的财政部专项资金。而计划中还提到了"大社会银行"，将银行的一些"休眠"账户中剩余的小笔存款集中起来，为志愿组织提供资金。最后，注重公民参与。在"大社会"计划内，公民参与的管理体系得以建立，地方社区被赋予更大的权力，人民的力量得到充分发挥。"大社会"模式倡导富人为穷人服务、能人为社区服务、人与人互相服务。鼓励人们互相接触、沟通、服务，以期望逐渐改变冷漠的社会人际关系，缩小人与人之间的距离感，"让下一代生活在同一起跑线上"。除了英国政府提供的必要支持，社区、社会组织、非营利社会型企业、个人之间也开始互相提供服务。特别是社区居民在社区运作中同时充当设计者、提供者、生产者、使用者，他们可以根据个性化需求设计各项公共服务内容，整个社区将形成民主设计、决策、实施、监督一体化的社会网络。这样，通过挖掘和利用一切社会资源，可以做到资源的高效和最大化利用。

(4) 具体举措。"大社会"计划包括：①社区自我运作。下放社区的规划、建设和管理权力，免费为社区提供土地，由全体社区居民共同制定当地发展规划，并培训居民自我管理社区，自我提供服务。②购买公共服务。支持慈善机构和社会企业更多地参与公共服务管理。③成立以慈善为导向的公司。公司在社区的规划、建造和管理中承担具体业务，其盈利用于社区各项服务。④市场化操作。社区建设项目全部采用竞标形式，开发过程通过市场运作，公开透明，接受全体社区居民监督。⑤大社会银行。激活社会不良资产，盘活死账呆账，用于公共服务。⑥鼓励志愿活动。设立全国性的"大社会日"，把定期参与社区活动作为评价公务员的重要内容。⑦"国家公民服务"计划。让青少年参加为期两个月的夏季社会服务，使他们在未来成为积极的、负责任的公民。⑧确保政府信息公开。让公民获得由政府掌握的更多数据。

14.2.2 美国

1. 以合同外包为主要形式

在美国，政府购买公共服务属于民营化的议题范围。①根据美国学者的定义，民营化是指政府将承担的行政管理或公共服务职能转移给民间，由民间进行生产或者提供服务。政府撤资、政府委托和政府淡出是民营化的三种类型。其中，政府委托是指政府将管理或

---

① 常江. 美国政府购买服务制度及其启示[J]. 政治与法律，2014(1).

者服务职能,部分或者全部委托给私人办理,政府仅承担监督责任。政府委托的方式包括合同外包、特许经营、提供补助、抵用券和强制。其中,合同外包与中国的政府购买服务最为接近。承接合同的机构既可以是营利性的企业,也可以是社会组织。合同外包是美国政府购买公共服务的主要方式。根据萨瓦斯的计算,美国至少有200种服务是由承包商向政府提供的。大多数社会服务都是由私人组织或者社会组织来提供的。[①]合同外包实质上是在政府付费的情况下引入市场机制来供给公共物品的一种方式。

2. 购买服务的边界

美国政府判定一种服务是否可以实现合同外包的标准主要有以下两个。

(1) "政府固有职能"(Inherently Government Functions)禁止外包。政府固有职能是指那些与公众利益具有紧密关系,必须由政府雇员来行使的职能。美国联邦采购政策局(Office of Federal Procurement Policy,OFPP)于1992年发布的第92号政策函[②]对"政府固有职能"做出了原则性阐释。如果某项职能与公共利益密切相关,以至于应当由政府公务人员执行,即属于政府固有职能。从行为性质上看,政府固有职能分为统治行为(司法、国防、资源管制等)和货币交易及相应权利(税收及分配,国库账目及货币供应调控等)。为了帮助政府部门识别"政府固有职能",联邦采购政策局详细列举了19项"政府固有职能":刑事侦查;公诉和审判(仲裁和其他替代性纠纷解决方法除外);军队指挥;外交事务和外交政策的决定;政府部门政策的决定权,如对管制内容和适用范围的决定;联邦施政计划优先顺序和预算请求的决定权;联邦政府雇员的指挥管理;情报和反情报活动的指挥和控制;选任联邦政府雇员的决定;联邦政府雇员的职位描述和考核标准的决定;政府财产处分条件的决定;联邦采购活动的重要决定,包括决定采购哪些财产和服务、参加有关招标投标的投票、批准合同文件、决标、合同管理、决定合同价格是否合理以及终止合同;对信息公开请求申请的批准;对决定重要权利或资格的听证会召开的批准;核发联邦执照及检查的批准;预算政策方针和策略的决定;规费、关税、罚金、赋税和其他公共基金的征收、控制和分配;财政账户的控制;公共信托的管理。通过这种负面清单的形式,美国政府可以避免不恰当地将政府职能外包,即列明不允许外包的事项,未列入的属于可以外包的事项。

(2) 绩效评估。根据1993年颁布的《联邦政府绩效和结果法》(Government Performance and Results Act),政府部门在决定是否将某项职能进行外包前,需要对该项职能进行成本-收益分析,然后根据绩效评估的结果做出决定。外包的前提条件是某项服务在市场上具有一定的提供者,政府又能够以一个公平、有竞争力的价格从市场上获取。外包服务的成本不仅要低于政府部门自己提供的成本,而且服务的质量是可以监控和评价的。

---

① 萨瓦斯. 民营化与公私部门的伙伴关系[M]. 周志忍,等,译. 北京:中国人民大学出版社,2002:75.
② https://www.whitehouse.gov/omb/procurement_policy_letter_92-01,2016-08-20.

3. 以"公共合同"为中心的运作模式

美国开展政府购买服务，核心是通过"公共合同"(Public Contract)来规范其运作和实施。①

(1) 签订合同的程序。为了适应不同的购买程序，美国政府将购买的公共服务区分为硬服务和软服务。硬服务是指有具体的服务质量标准，双方可以事先详细约定权利义务与价格，监管成本较低的服务事项，例如垃圾收集、拖车、道路维护等。软服务是指难以进行明确的成本收益衡量，服务质量标准不易量化，监管成本较高的服务事项，包括精神卫生服务、婴幼儿照料、养老服务等。硬服务符合竞争性招标的条件，故大多采用竞争模式；软服务允许采用非竞争模式。

① 竞争模式。政府签订公共合同的基本要求就是必须通过全面、公开的竞争程序。竞争程序中最常见的模式就是公开招标或者竞争性谈判。公开招标的程序大致可分为确定招标的服务种类、准备招标合同细则、发布招投标说明、投标、评估标书和决标6个阶段。竞争性谈判是指政府部门要求潜在的缔约人递交符合政府规定条件的"意向请求"(Requests for Proposals)，之后政府部门与每个递交意向的缔约人进行单独会谈，以期选出最好的、能满足政府要求的价格的要约，然后政府从中选择最合适的人选。

② 非竞争模式。它主要包括协商模式和合作模式。第一，协商模式。政府部门会主动联系几家有一定知名度和声誉的民间机构基于政府部门需要的服务事项撰写服务计划书。服务计划书中只需要包括最核心的服务内容和设想，并不要求列明详细的服务方式和具体价格。政府部门根据服务计划书的内容选择合适的机构进行协商谈判，共同确定服务方案。在这种模式下，民间机构在服务提供方式等方面有很大的自主选择或者自行设计的空间。除了适用于软服务，对于首次以竞争模式选择服务提供商，在合同到期进行续约时，可以视情况采取协商模式。第二，合作模式。政府部门和民间机构建立合作关系，共同研究设计合同内容和服务方式，以满足社会公众的需求。在这种情况下，合同的内容往往比较有弹性，不会包括任何绩效标准。该方式旨在建立一种长期的双方合作关系，并不是购买短期的服务项目。同时，在服务过程中，随着双方信息的相互反馈，合同内容将不断被修改。一般情况下，与政府部门建立合作关系的服务提供者都是在这一领域具有丰富经验的民间机构。这种模式主要适用两种情况。第一种情况是政府部门介入一个全新的服务领域，从来没有提供过类似的服务，缺乏对该项服务和相关社会公众的了解，需要借助民间机构的力量。第二种情况是通过竞争性招标双方已经建立了较为密切、信任的合作关系，在合同到期时需要延展合同的情形。政府部门必须注意要在开始合作谈判之前向该地区所有可能的服务提供者都提供了洽谈机会，并且不断根据服务目标要求服务提供者改进服务质量。

(2) 合同形式的选择。政府购买的服务合同从形式上分为任务导向合同(Design

---

① 常江. 美国政府购买服务制度及其启示[J]. 政治与法律，2014(1).

Contracting)和结果导向合同(Performance Contracting)。前者在合同中列明服务的具体任务、内容、规格等,重在规范服务提供者的行为内容。对服务提供者的监管主要基于是否完成合同约定的各项任务。后者更加关注服务的最终效果,并不对具体的服务过程做详尽的规定。政府部门基于服务结果支付费用,而非基于服务提供者的行为付费。服务提供者在履行合同时有更大的自主权和灵活性。

(3) 服务提供者的选择。美国参与公共服务提供的民间机构按照是否以营利为标准,分为营利性机构和非营利性机构。根据《合同竞争法》,政府部门应当为市场上所有潜在的服务提供者提供同等的机会。因此,在法律规定层面,服务提供者应当是营利性机构还是非营利性机构并没有强制性的规定。

考虑到营利性机构对于利润的追求,营利性机构适宜承担以效率为主要目标的服务事项(大部分为硬服务,如街道保洁、高速公路维护);对于那些除了关注效率,还同时关注其他价值的服务事项(大部分为软服务),适宜由非营利性机构承担。因为对于这些软服务,非营利性机构追求的目标和价值往往和政府部门是一致的。

(4) 服务质量的监管。根据联邦法和双方合同约定,政府部门通常可以采取如下监管措施。一是信息报告制度。服务提供者按月或者按季度根据政府部门的要求报送与服务有关的各类信息。二是实地巡查制度(Site Visits)。政府部门定期或者不定期委派监理机构或者直接派工作小组对服务提供者进行现场检查,有时候根据服务的特点,也可以聘任退休人员或家庭主妇对服务提供情况进行监测。三是投诉处理制度。接受服务的公众可以向政府部门直接投诉。政府部门对投诉进行分类、判断并要求服务提供者改进。四是审计监督制度。委派专业的审计机构对服务提供者的财务状况进行检查。五是阶段性评估制度。政府定期对服务质量进行综合性评估,并决定是否延续合同或更换服务提供者。

(5) 合同纠纷的解决。赋予政府部门解约权,政府部门享有随时终止合同的特殊权利,即政府部门认为终止合同是为了"政府利益"时就可以终止合同。与此同时,对于合同纠纷,除了可以向法院起诉,允许服务提供者向政府部门提请内部审查和行政复议。

14.2.3 欧盟

欧盟成员国的政府购买行为受到欧盟统一的约束指令的规范,遵循三项基本原则,即透明度原则、非歧视原则和竞争性原则。在国家层面,各个成员国可根据自身国情设定不同的方式和手段。对于大多数国家而言,政府购买的法律法规都分布在联邦、州以及地方等不同层次。下文对德国和瑞典两国政府购买社会组织服务的经验进行简要介绍。[①]

(1) 政府购买公共服务的基本原则。德国和瑞典两国政府在进行公共服务购买时遵循以下6个原则:①私法原则。政府采购公共服务合同是一种民事合同,合同中政府以私法

---

① 民政部民间组织管理局德国、瑞典考察团. 德国、瑞典政府向社会组织购买服务情况考察报告[J]. 中国社会组织, 2013(11).

主体与提供服务的机构签订合同。②预算法原则。采购项目和金额严格依照预算进行，因此，在政府购买公共服务之前，需要首先明确政府在提供公共服务方面的基本职能。③平等待遇原则。在信息获得、产品技术标准以及招投标程序等各方面都应给予所有的服务提供机构平等一致的待遇，为保证这一原则的实现，每一次采购信息都应按照标准格式刊登在指定刊物上。④公开透明原则。购买服务程序应该公开并且在有监督的状态中进行，对服务提供机构和产品的各项要求应在招标文件中清晰、完整地体现。⑤充分竞争原则。招标程序有严格规定，瑞典要求采购公告信息从发布到投标不得少于52天。⑥非歧视原则。禁止所有基于地域因素联合本地的服务提供机构排斥外来服务提供机构的行为。

(2) 政府购买公共服务的范围。依据欧盟指令，社会公共服务一般属于非优先服务，各国可自行制定相关规定。总体而言，政府购买公共服务的合同金额在20万欧元以上的项目，须在欧盟范围内招标；合同金额在20万欧元以下的，可在本国内进行采购。就购买公共服务的对象而言，德国要求但不限于非营利法人参与申请，但引入营利组织与社会组织共同竞标也会导致一些问题。

(3) 政府购买公共服务的方式。在德国和瑞典，购买公共服务的方式主要有协商和招标两种。在协商方式中，政府会与服务提供机构的联合会进行协商，不与单独的服务机构发生关系，协商一致后，服务提供机构与服务对象签订合同，合同内列明所有可能提供的服务项目、服务费用以及审查办法。在招标方式中，门槛以上的项目招标有开放程序、邀请投标和谈判程序等，三种程序都需要发出招标公告；门槛以下的项目可通过开放程序、限制性招标和自由招标等方式进行招标，自由开标可不发出招标公告。

瑞典的《自由选择法》对购买方式进行了制度创新。与《招标法》不同，《自由选择法》规定，服务提供方已存在于市场之中，通过申请获得政府购买的合同；服务提供方有提供服务方案的自由。一旦提供申请的服务提供者所描述的项目服务条件，就获得资质。无论哪个服务机构提供服务，都遵循一样的价格，避免由于价格恶性竞争影响服务质量的现象发生。当价格水准保持不变，服务对象可在众多服务提供者中选择服务机构，选择的标准是服务机构提供服务的质量以及服务对象自身的偏好。

14.2.4 新西兰

新西兰公共服务供给主要以合同外包或契约的形式交给企业或社会组织完成。[①]新西兰在推行公共服务市场化改革方面比较激进和彻底，政府在整个公共服务领域全面实行绩效管理，设立公共服务委员会负责管理绩效合同、与供货部门签订绩效框架协议，以特定的价格生产特定数量与质量的公共物品与服务。

新西兰公共服务供给模式具有4个特点：①分享所有权和购买责任；②分离政策与执

---

① 李军鹏. 政府购买服务的学理因由、典型模式与推进策略[J]. 改革，2013(12).

行；③分离投资、购买和服务供给；④在服务供应商中制造竞争。新西兰公共服务模式是一个三层体系：第一层是政策性部委，直接向部长汇报；第二层是提供服务的皇家机构，由217个皇家实体组成，主要提供教育、卫生、交通与科研服务，引入竞争机制；第三层是私人或社会组织，与皇家机构竞争服务合同。[①]

14.2.5　经验总结

从欧美发达国家政府购买社会组织公共服务的实践来看，可以总结出如下基本经验。

(1) 社会组织成为政府购买公共服务的重要承载主体。随着时代的发展，公共服务供给正逐渐从政府垄断性提供向政府、市场、社会共同提供转变，以满足人们的多样化需求。欧美发达国家普遍将社会组织看作重要的合作伙伴，甚至是处理社会福利的第一道防线。社会组织在参与政府购买公共服务的过程中，自身能力得到了培育和提高。与此同时，社会组织参与政府购买公共服务，也有助于塑造新型政府管理方式。

(2) 引入市场机制和志愿机制，采取灵活多样的政府购买公共服务的方式。从欧美发达国家的实践来看，政府购买公共服务供给的方式主要有合同外包、公私合作、政府补助、凭单制等。

(3) 合理确定政府购买公共服务的范围。并非所有的公共服务都可以成为外包对象，能否外包有一定的判定标准。明确政府购买的范围，不仅需要从理论上对公共物品做出分类，同时需要以清单列举的方式公布政府供给的公共物品，建立政府采购目录制度。事实上，目前欧美国家政府购买公共服务涵盖大多数公共服务领域，特别是教育、公共卫生、文化、社会服务、环境保护等公共服务领域。

(4) 建立相对完善的法律法规体系和稳定可调的政策体系。政府要建立并完善购买服务的法律法规和政策体系，对公共服务生产、供给过程中的主体进行必要的规范和制约，引导政府购买服务实践的有序进行，维护公平竞争的秩序。虽然不同国家在政府购买社会组织服务的具体操作上各具特色，但是，那些典型国家都具备一个完善的法律法规和政策体系。

(5) 建立一套完善的购买制度。具体包括严格的政府购买服务程序，确保政府购买制度健康稳定发展；资金筹措与分配制度，确保能够通过多种渠道来筹措资金；科学有效的监督和评估制度等。

14.3　社会组织参与政府购买公共服务的中国实践

20世纪90年代以来，我国加快推动政府职能转变，促进公共服务供给方式改革，在政

[①] 理查德·诺曼. 新西兰行政改革研究[M]. 北京：国家行政学院出版社，2006：55-57.

府向社会组织购买公共服务方面进行了有益探索，取得了重大进展，形成一些典型的经验与做法，为我国进一步推进政府购买服务积累了宝贵经验。

14.3.1 发展阶段

我国政府向社会力量购买公共服务大致经历了以下4个阶段。

1. 个案初创时期

1996年到1997年为个案初创和初步探索时期。1996年，我国开始试点新的政府采购制度。与此同时，一些发达地区率先进行了政府采购的尝试。同年，上海基督教青年会接受上海浦东新区社会发展局的委托，将一个新建小区的公建配套设施改建为综合性的社区中心——上海浦东新区罗山市民会馆。以"罗山市民会馆"公有民营托管为标志，我国开启政府向社会组织购买公共服务的尝试。

2. 试点扩大时期

1998年到2002年为政府采购试点扩大期和政府采购制度化建设时期。1998年，国务院明确财政部为政府采购的主管部门，履行拟定和执行政府采购政策的职能。1999年4月，财政部颁布了《政府采购管理暂行办法》，这是我国第一部关于政府采购的全国性部门规章，对于政府采购制度建设及操作规范做出了较为系统的规定。1999年6月，财政部发布《政府采购合同监督暂行办法》和《政府采购招标投标管理暂行办法》，这两个配套规定分别规定了政府采购合同的监督规则和招标过程的管理与监督方案。1999年8月，全国人大常委会第11次会议通过了《中华人民共和国招标投标法》，用于规范工程采购的招标投标方式和过程。2000年4月和7月，国务院相继批准发布了《工程建设项目招标范围和规模标准的规定》《招标公告发布暂行办法》和《工程建设项目自行招标试行办法》，以便更好地执行《招标投标法》。2002年6月，九届全国人大常委会第二十八次会议通过了《中华人民共和国政府采购法》。

地方各级政府相继在财政部门设立或明确了政府采购管理机构，负责制定政府采购政策，监督管理政府采购活动。1998年10月，深圳市人大颁布了《深圳经济特区政府采购条例》，这是我国第一部政府采购地方性法规。截至2002年，全国大部分地区都颁布了地区性的政府采购管理办法。

这一时期，政府向社会组织购买公共服务的试点继续扩大。继罗山会馆以后，2000年，上海市政府在卢湾等6个区的12个街道开始依托养老机构开展居家养老试点。此后，各省主要城市纷纷开始政府购买社会组织服务的探索和实践，政府购买服务的范围逐渐扩大，规模迅速增大。

3. 全面推进时期

2003年到2012年为政府采购规范化和法制化发展时期，政府购买公共服务进入全面推进时期。2003年1月1日，《中华人民共和国政府采购法》正式实施，标志着我国形成包括《中华人民共和国政府采购法》《中华人民共和国合同法》《中华人民共和国行政诉讼法》和《中华人民共和国行政复议法》等在内的政府采购法律体系。2007年底，财政部启动了申请加入WTO的政府采购协议。

随着政府采购制度的不断完善，政府购买公共服务的进程明显加快。2007年，国务院办公厅发布了《关于加快推进行业协会商会改革和发展的若干意见》，明确提出建立政府购买行业协会服务的制度。2011年7月，民政部发布的《中国慈善事业发展指导纲要(2011—2015年)》指出，在"十二五"期间，中国将建立和实施政府购买公共服务制度。2011年12月，《民政事业发展第十二个五年规划》提出，政府要向社会组织开放更多资源，向社会组织转移职能，并扩大税收优惠。

2012年2月，财政部出台的《2012年政府采购工作要点》中第一条提到，财政部将研究制定推进和规范服务采购的指导意见，逐步扩大公共服务、商务服务及专业服务的政府采购实施范围。2012年3月19日，在第十三次全国民政会议上，国务院总理温家宝表示，政府的事务性管理工作、适合通过市场和社会提供的公共服务，可以通过适当的方式交给社会组织、中介机构、社区组织。2012年，中央财政首次安排2亿元专项资金，用于支持社会组织参与社会服务。2012年9月，民政部和财政部联合发布了《中央财政支持社会组织参与社会服务项目资金管理办法实施细则》，对政府购买社会组织公共服务的项目申报条件、评审程序、监管体系等做出相应规定。2012年11月14日，民政部和财政部出台了《关于政府购买社会工作服务的指导意见》，进一步规范了政府向社会组织购买公共服务。

政府购买公共服务在全国主要城市迅速开展试点。2003年以来，上海、北京、浙江、广东等地方政府向社会组织购买公共服务的探索不断增多，形式多样。购买的服务领域涉及教育、公共卫生和艾滋病防治、扶贫、养老、残疾人服务、社区发展、社区矫正、文化、城市规划、公民教育、环保、政策咨询等方面。2005年12月19日，国务院扶贫办、亚行、江西省扶贫办和中国扶贫基金会在北京启动"非政府组织与政府合作实施村级扶贫规划试点项目"，这是第一个通过规范程序招标进行的公共服务购买项目，标志着政府购买公共服务进入规范化试点阶段。

在这一时期，相关的地方性法规和政策性规范文件同步推进，地方政府购买社会服务试点得以进一步规范化。全国大部分地方省级政府都出台了政府向社会组织购买公益服务、养老服务、社区服务、社工服务等专门文件。大部分省级政府关于加强社会组织管理发展的综合性文件中，都对推动政府向社会组织购买服务提出了原则性要求。

4. 顶层设计与底层推动相协调时期

2013年至今，进入顶层设计与底层推动相协调时期。2013年7月31日，国务院总理李克强主持召开国务院常务会议，研究推进政府向社会力量购买公共服务。2013年9月30日，国务院发布《关于政府向社会力量购买服务的指导意见》。2013年11月，十八届三中全会通过的《中共中央关于全面深化改革若干重大问题的决定》(以下简称《决定》)提出,要"发挥市场在资源配置中的决定性作用",要"推广政府购买服务,凡属事务性管理服务,原则上都要引入竞争机制,通过合同、委托等方式向社会购买。"《决定》多次强调了社会组织参与政府购买公共服务的重要性。至此,政府购买公共服务上升到国家战略层面,成为构建现代国家治理体系的重要组成部分。各级地方政府在向社会组织购买公共服务方面的实践活动进一步走向深化。

14.3.2 顶层设计

1. 《关于政府向社会力量购买服务的意见》

《关于政府向社会力量购买服务的意见》(国办发〔2013〕96号)是中国政府向社会力量购买公共服务的纲领性文件。该指导意见首次提出了政府向社会力量购买公共服务的目标任务,"十二五"时期形成统一有效的购买服务平台和机制。到2020年,在全国基本建立比较完善的政府向社会力量购买服务制度。

(1) 购买主体。政府向社会力量购买服务的主体是各级行政机关和参照《公务员法》管理、具有行政管理职能的事业单位。纳入行政编制管理并且经费由财政负担的群团组织,也可根据实际需要,通过购买服务方式提供公共服务。

(2) 承接主体。承接政府购买服务的主体包括依法在民政部门登记成立或经国务院批准免予登记的社会组织,以及依法在工商管理或行业主管部门登记成立的企业、机构等社会力量。承接政府购买服务的主体应具有独立承担民事责任的能力,具备提供服务所必需的设施、人员和专业技术的能力,具有健全的内部治理结构、财务会计和资产管理制度,具有良好的社会和商业信誉,具有依法缴纳税收和社会保险的良好记录,并符合登记管理部门依法认定的其他条件。承接主体的具体条件由购买主体会同财政部门根据购买服务项目的性质和质量要求确定。

(3) 购买内容。政府向社会力量购买服务的内容为适合采取市场化方式提供、社会力量能够承担的公共服务,突出公共性和公益性。教育、就业、社保、医疗卫生、住房保障、文化体育及残疾人服务等基本公共服务领域,要逐步加大政府向社会力量购买服务的力度。在非基本公共服务领域,要更多、更好地发挥社会力量的作用,凡适合社会力量承担的,都可以通过委托、承包、采购等方式交给社会力量承担。对应当由政府直接提供、不适合社会力量承担的公共服务以及不属于政府职责范围的服务项目,政府不得向社会力量购买。

(4) 购买机制。各地要按照公开、公平、公正原则,建立健全政府向社会力量购买服务机制,及时、充分地向社会公布购买的服务项目、内容以及对承接主体的要求和绩效评价标准等信息,建立健全项目申报、预算编报、组织采购、项目监管、绩效评价的规范化流程。购买工作应按照《政府采购法》的有关规定,采用公开招标、邀请招标、竞争性谈判、单一来源、询价等方式确定承接主体,严禁转包行为。购买主体要按照合同管理要求,与承接主体签订合同,明确所购买服务的范围、标的、数量、质量要求,以及服务期限、资金支付方式、权利义务和违约责任等,按照合同要求支付资金,并加强对服务提供全过程的跟踪监管和对服务成果的检查验收。承接主体要严格履行合同义务,按时完成服务项目任务,保证服务数量、质量和效果。

(5) 资金管理。政府向社会力量购买服务所需资金在既有财政预算安排中统筹考虑。随着政府提供公共服务的发展所需增加的资金,应按照预算管理要求列入财政预算。要严格管理资金,确保公开、透明、规范、有效。

(6) 绩效管理。加强政府向社会力量购买服务的绩效管理,建立严格的绩效评价机制。建立健全由购买主体、服务对象及第三方组成的综合性评审机制,对购买服务项目数量、质量和资金使用绩效等进行考核评价。评价结果向社会公布,并作为以后年度编制政府向社会力量购买服务预算和选择政府购买服务承接主体的重要参考依据。

2. 《关于支持和规范社会组织承接政府购买服务的通知》

2014年11月25日,财政部和民政部联合颁布了《关于支持和规范社会组织承接政府购买服务的通知》(财综〔2014〕87号)[①](以下简称《通知》),为激发社会组织活力,为支持和规范社会组织承接政府购买服务提供了指导性意见。

(1) 突出问题。《通知》指出,当前政府购买公共服务领域中的突出问题是社会组织承接政府公共服务的能力不足。突出表现为:社会组织在数量、规模等方面相对滞后,专业素质不高,内部治理不健全,政社不分、管办一体、责任不清,独立运作能力较弱,社会公信力偏低,筹集和整合社会资源能力不强等。因此,要将提升社会组织公共服务能力作为开展政府购买服务的基础性工作,支持和引导社会组织健康有序发展,充分发挥社会组织在承接政府购买服务中的主体作用。

(2) 加大对社会组织承接政府购买服务的支持力度。①加强社会组织培育发展。重点培育和优先发展行业协会商会类、科技类、公益慈善类、城乡社区服务类社会组织。统筹利用现有公共服务设施,以适当方式为社会组织开展服务创造必要条件,大力支持社会组织积极参与政府购买公共服务活动。②逐步扩大承接政府购买服务的范围和规模。政府在购买民生保障、社会治理、行业管理等公共服务项目时,同等条件下优先向社会组织购买。在民生保障领域,重点购买社会事业、社会福利、社会救助等服务项目。在社会治理领域,重点购买社区服务、社会工作、法律援助、特殊群体服务、矛盾调解等服务项目。在行业管理领域,重点购买行业规范、行业评价、行业统计、行业标准、职业评价、等级评定等服务项目。公平对待社会组织承接政府购买服务,鼓励社会组织进入法律法规未禁止的公共服务领域。

(3) 探索多种有效方式,加大社会组织承接政府购买服务的支持力度。按照《政府采购法》和国办发〔2013〕96号文件规定,采用公开招标、邀请招标、竞争性谈判、单一来

---

① http://www.mof.gov.cn/zhengwuxinxi/caizhengwengao/wg2014/wg201412/201505/t20150511_1229636.html.

源采购等方式确定承接主体,有针对性地培育和发展一批社会组织。试点推广利用财政资金支持社会组织参与服务示范项目,逐步加大政府向社会组织购买服务的力度。引导、支持社会组织募集资金参与服务。贯彻落实国家对社会组织各项税收优惠政策,符合条件的社会组织按照有关税收法律法规的规定,享受相关税收优惠。

(4) 进一步建立健全社会组织承接政府购买服务信用记录管理机制。①社会组织承接政府购买服务应当具备以下条件:有独立承担民事责任的能力;有开展工作所必需的条件,有固定的办公场所,有必要的专职工作人员;有健全的法人治理结构,有完善的内部管理、信息公开和民主监督制度;有完善的财务核算和资产管理制度,有依法缴纳税收、社会保险费的良好记录;近三年内无重大违法记录;法律、行政法规规定的其他条件。②社会组织在承接政府购买服务时,应当按要求提供登记证书、年检结论、年度报告、财务审计报告、依法缴纳税收和社会保险费,无重大违法记录的声明等相关证明材料,供购买主体审查。③按照公开、公正、公平原则,推进社会组织登记管理和承接政府购买服务的信息公开和信息共享,加强政府向社会组织购买服务的绩效管理和绩效评价。建立健全由购买主体、服务对象及专业机构组成的综合性评价机制。各级财政部门要配合购买主体及相关机构加强政府购买服务活动的监管和绩效评价,在推广政府购买服务过程中,对守信社会组织予以支持和激励,对失信社会组织予以限制和禁止。

14.3.3 基层实践

在政府购买与社会组织承接公共服务的基层实践中,北京、上海和广东走在全国的前列。

1. 北京市

(1) 构建制度体系。北京市致力于构建一个"1+3+N"的政府购买制度体系。①一项总管理制度。2014年6月,北京市政府办公厅发布了《北京市人民政府办公厅关于政府向社会力量购买服务的实施意见》(京政办发〔2014〕34号),为加大政府向社会力量购买服务的力度,积极构建公平、优质、高效的公共服务体系,提供了总体性指导。②三项重点配套制度。即购买服务资金预算管理、与政府购买服务衔接的机构编制规定、承接主体资质条件标准的配套文件,由市财政局、市编办、市民政局和市工商局分别制定。2014年7月和8月,北京市财政局分别印发了《北京市2014—2015年市级政府向社会力量购买服务指导性目录》(以下简称《购买服务指导性目录》)和《北京市市级政府向社会力量购买服务预算管理暂行办法》(以下简称《预算管理暂行办法》)。③N项政策措施,即在购买范围、绩效评估、监督检查、社会组织扶持等方面建立多项相关政策措施。

(2) 购买服务范围。《购买服务指导性目录》明确规定了北京市政府购买服务范围的十二大类,不仅涵盖民生、社会公共事务、社会管理、咨询决策、城市基础服务等方面,还特别增加了公益文化创作与运营等文化类,国民体质测试指导、全民健身指导等体育类、交通执法、营运车辆综合性能检测等交通类。

(3) 购买方式。北京市政府一直在不断创新政府购买方式，主要有：①公开招标。政府各职能部门要与承接主体签订项目合同，明确服务内容、对象、服务范围、期限、数量、质量、标准、资金总额和支付方式，以及购买主体和承接主体双方的权利、义务、违约责任等内容。②直接补助。主要有政府资助补贴、以奖代补等方式。此外，还有开展定向购买方式，采用单一来源采购，创新地加入竞争性谈判、询价等环节，以降低政府购买成本。

(4) 资金来源。北京市政府购买服务的资金来源主要有财政支出、福利公益金等。《预算管理暂行办法》明确规定，北京市政府对购买服务资金采用"以事定费"的预算统筹管理，不设定专项基金。政府各职能部门按《购买服务指导性目录》进行调研，制定年度购买服务项目申报书，并进行申报。市财政局进行评审，批复后，将各职能部门购买服务年度计划信息向社会公布，并进行绩效评估。

(5) 运作流程和监督方式。北京市政府购买服务的总体流程为：①提出购买项目。②制定购买细则，主要是确定购买主体/承接主体、购买方式、购买程序、购买合同等。③报请政府审议。④确定购买规模。⑤组织实施购买。⑥进行绩效评价。按照《预算管理暂行办法》，对200万元以上的政府购买服务重点项目要实行绩效评价，实施政府监督检查、专家评审、群众测评、社会监督等监督考核手段。对于绩效评价不好的项目，将缩减后期资金。

2. 上海市

上海市将政府向社会组织购买公共服务纳入创新社会管理和公共服务的总体布局中，采用契约化管理和合同式服务，通过政府购买的方式让社会组织介入公共服务供给中来。

(1) 完善相关制度。上海各级政府出台了多项相关文件，推动政府购买社会组织服务工作向制度化、规范化方向发展。2007年，浦东新区出台了《浦东新区关于政府购买公共服务的实施意见(试行)》。2010年3月，闵行区出台了《关于规范政府购买社会组织公共服务实施意见(试行)》，明确了购买服务的思想、基本内涵、实施原则、操作规程等内容。2011年4月，上海市委办公厅、市政府办公厅印发《关于进一步加强本市社会组织建设的指导意见》，明确提出要加大政府职能转变力度，建立购买服务机制，提出"对协助政府参与社会管理和公共服务的社会组织，要通过项目招标、合同管理、评估兑换等形式，建立政府购买服务机制。政府部门要将购买服务的资金列入部门年度预算，并逐步扩大购买服务的比例。"此后，其他区县相继出台了政府购买社会组织服务的专门性指导意见或实施办法。2012年8月25日，上海市财政局印发了《上海市市级政府购买公共服务项目预算管理暂行办法》和《上海市市级政府购买公共服务项目目录(2013年度)》，明确规定了政府购买公共服务项目目录、预算管理、职责分工等内容。2015年5月，上海市政府发布《上海市政府购买服务管理办法》，对购买主体、承接主体、购买内容、预算管理、政府采购、合同管理、绩效评价、信息公开、监督管理等内容做了规定。上海市基本上建立起一套比较完整的政府购买服务制度体系。

(2) 购买服务范围。上海市公共服务购买实践，目前基本涵盖民生服务的各个方面，并在其他领域逐步扩展。根据《上海市政府购买服务管理办法》，政府购买服务的范围主要集中在：①基本公共服务。公共教育、劳动就业、人才服务、社会保险、社会救助、养老服务、儿童福利服务、残疾人服务、优抚安置、医疗卫生、人口和计划生育、住房保障、公共文化、公共体育、公共安全、公共交通运输、三农服务、环境治理、城市维护等领域适宜由社会力量承担的服务事项。②社会管理性服务。社区建设、社会组织建设与管理、社会工作服务、法律援助、扶贫济困、防灾救灾、人民调解、社区矫正、流动人口管理、安置帮教、志愿服务运营管理、公共公益宣传等领域适宜由社会力量承担的服务事项。③行业管理与协调性服务。行业职业资格和水平测试管理、行业规范、行业投诉等领域适宜由社会力量承担的服务事项。④技术性服务。科研和技术推广、行业规划、行业调查、行业统计分析、检验检疫检测、监测服务、会计审计服务等领域适宜由社会力量承担的服务事项。⑤政府履职所需辅助性事项。法律服务、课题研究、政策(立法)调研草拟论证、战略和政策研究、综合性规划编制、标准评价指标制定、社会调查、会议经贸活动和展览服务、监督检查、评估、绩效评价、工程服务、项目评审、咨询、技术业务培训、信息化项目管理和运维、后勤管理等领域适宜由社会力量承担的服务事项。⑥其他适宜由社会力量承担的服务事项。

(3) 购买方式。上海市的政府购买以定向购买为主。[①]定向购买是指政府将一个项目或者一项职能直接委托给特定的机构，通过支付现金、实物或者提供政策优惠作为购买的方式，该购买方式有三种具体的实践形态：项目形式、非项目形式、直接资助形式。项目方式是指政府部门根据社会需求将公共服务设置成相关项目，然后委托给特定机构。非项目形式是指针对综合性与复杂性的情况，委托的公共服务不能进行项目化管理，政府只做原则性的规定，允许承接主体发挥自身主动性与创造性的形式。上海市禁毒委员会办公室、市司法局社区矫正工作办公室、团市委社区青少年事务办公室向市自强社会服务总社、市新航社区服务总站、市阳光社区青少年事务中心三家社会组织购买公共服务的方式主要是购买服务人员，主管单位以每位社工每年大约5万元的标准支付。直接资助形式的做法是，作为购买者的政府对于承担公共服务职能的机构给予一定的资助，资助的形式既有经费资助、实物资助，也有优惠政策扶持。例如，浦东新区社会发展局按照"小政府、大社会"理念，以直接资助的形式创建浦东新区罗山市民会馆，不仅为罗山市民会馆提供资金上的资助(总投入856万元，其中社会发展局投入218万元)，还提供房屋与场地(市场估计价200万元)，并在扩大会馆规模、动员社会资源等方面得到浦东社会发展局的优惠政策扶持与帮助。

上海市政府购买服务中存在招投标的方式。招投标是指政府的公共服务项目向社会公开招标，参与投标的机构通过项目申请，以质取胜，并由政府付费的一种购买方式。招投

---

① 徐家良，赵挺.政府购买公共服务的现实困境与路径创新：上海的实践[J]. 中国行政管理，2013(8).

标是一种典型的项目化运作形式。就中标项目的投标来看，参与投标的机构往往只有3~5家，具备竞标能力的社会组织参与远远不足。浦东新区政府购买服务不完全是竞争性的，而是带有支持性和培育性的。公益创投也是典型的项目化运行方式，即公益组织发现社会需求，设置创造性的公益项目，然后向政府部门申请资助。

从上海市的政府购买实践来看，除了市民政局的公益招投标，上海市政府购买公共服务的方式以定向购买为主。

(4) 资金来源。资金来源主要有三种渠道。第一种渠道是财政预算资金。政府各职能部门都有年度预算资金，用于购买本部门的公共服务。从上海市政府相关部门来看，大多数政府职能部门将本部门年度预算资金用于政府购买。从区县政府来看，浦东新区已经将政府购买教育公共服务全部纳入公共预算，并且作为一个单独的条目列入部门的公共预算。第二种渠道是专项发展资金。比如在全国养老压力运行高态势下，成立居家养老服务补助的专项发展资金。第三种渠道是预算外资金。它主要为福利彩票公益金。上海福利彩票公益金占市民政局政府购买经费较大的比重。上海市社区服务中心购买公共服务的资金主要来自福利彩票公益金，体现"扶老、助残、救孤、济困"的宗旨。

(5) 运作流程和监督方式。目前，上海市政府购买服务中已形成政府购买信息发布、购买主体和承接主体资格评估、过程监督、绩效考核(效益评价)等较完善的运作流程。

尽管上海市政府购买服务以定向购买为主，但其社区服务中心公益招投标的流程比较规范，评估指标体系较全面。公益招投标的流程分为立项与招标、投标与评审、项目实施、过程监督、绩效评估5个环节。首先由市与区县民政局提出项目招标需求，然后满足资质要求的单位提交申请。社区服务中心是社区公益服务项目招投标的工作平台，作为受托机构负责招标工作方案和各环节的具体组织实施、投标方案的评估审议、协助有关方面对资助项目的过程进行监督评估与效益评价等。从招投标的流程来看，涉及招标方、受托机构、投标方三个主体。

随着政府购买公共服务工作的持续开展，评估的作用越来越大，上海市民政局和上海市社区服务中心专门制定《上海社区公益服务招投标项目评估指标体系(暂行)》，设定项目完成情况、服务满意度、财务绩效、组织能力建设、综合效益评价5个一级指标，用于评估所有上海社区公益服务招投标的中标项目，既可以作为评定接受上海市福利彩票公益金资助的主要依据，又为中标项目提高项目品质提供技术指导。2012年2月，上海市颁布《社区公益服务项目绩效评估导则》，对上海市公益服务类社会组织在社区运作的公益服务项目进行绩效评估，充分发挥社区公益服务项目资助机构与第三方评估机构的作用。

3. 广东省

广东省将政府职能转变、社会组织体制改革与政府购买公共服务三者结合起来，政府购买公共服务是政府职能转变的重要手段。[①]①推进社会组织自治与承接政府转移的职

---

① 李军鹏. 政府购买公共服务的学理因由、典型模式与推进策略[J]. 改革，2013(12).

能。《广东省深化社会组织体制改革工作方案》明确提出，要全面推进社会组织民间化、自治化和市场化，要求社会组织与政府职能部门或事业单位彻底分离。2012年，广东省分别出台由省编办牵头编制的政府转移职能目录、由财政厅牵头编制的向社会组织购买服务目录、由民政厅牵头编制的社会组织目录。②完善购买政府公共服务实施办法。2012年5月，广东省政府办公厅印发了《政府向社会组织购买服务暂行办法》，规定通过政府向社会组织购买服务，培育和发展社会组织，支持社会组织承接政府职能转移。除法律法规另有规定，或涉及国家安全、保密事项以及司法审判、行政决策、行政许可、行政审批、行政执法、行政强制等事项外，鼓励政府大范围向社会组织购买服务。③出台政府购买公共服务目录。2012年8月，广东省财政厅发布了《2012年省级政府向社会组织购买服务项目目录》，基本公共服务、社会事务服务、行业管理与协调事项、技术服务事项、政府履职所需辅助性和技术服务等262项服务项目被纳入第一批政府采购服务范围，首次具体明确了在政府职能范围内哪些事项可以交由社会组织承担，哪些应由政府履行。

广州和深圳是广东省政府购买社会组织公共服务实践的两个典型城市，下文分别进行介绍。

1) 广州市的探索

(1) 购买服务范围。2013年1月23日，广州市民政局发布《广州市具备承接政府职能转移和购买服务资质的社会组织目录管理试行办法》。2013年7月10日，广州市财政局发布的《广州市财政局关于印发广州市本级政府向社会组织购买服务目录(第一批)的通知》确定了140个服务项目被纳入政府采购服务范围，涉及基本公共服务、社会事务服务、行业管理与协调事项、技术服务事项、政府履职所需辅助性和技术性服务等。①2014年12月30日，广州市财政局发布的《关于贯彻<广东省政府向社会力量购买服务暂行办法>的通知》(穗财行〔2014〕455号)规定，除法律法规另有规定，或涉及国家安全、保密事项以及司法审判、行政决策、行政许可、行政审批、行政执法、行政强制等特定事项外，属于政府承担的基本公共服务、社会事务服务、行业管理与协调、技术服务以及政府履职所需辅助性事务等事项，适合采取市场化方式提供、社会力量能够承担的，原则上通过政府向社会力量购买服务的方式，逐步转由社会力量承担。政府新增或临时性、阶段性的公共服务事项，凡适合社会力量承担的，原则上都按照政府购买服务方式进行。

(2) 购买方式。根据《关于贯彻<广东省政府向社会力量购买服务暂行办法>的通知》(穗财行〔2014〕455号)的规定，广州市政府向社会力量购买服务的形式有三种：①服务外包。引入竞争机制，将政府购买服务事项通过合同、委托等方式，交给符合条件的承接主体来完成，根据其所提供服务的数量和质量交付服务费用。承接主体不得转包。②补助或奖励。对兼顾或义务提供公共服务的社会力量，政府通过给予资金支持来降低特定产品

---

① 广州市财政局关于印发广州市本级政府向社会组织购买服务目录(第一批)的通知[EB/OL]. http://gznpo.gzmz.gov.cn/xinxi/InfoContent/5128/66426.html，2016-08-15.

或服务的价格,从而使消费者具备购买能力,或弥补特定社会力量的生产成本,提高其提供公共服务的水平和能力。③政府确定的其他方式。

(3) 资金来源。根据《关于贯彻<广东省政府向社会力量购买服务暂行办法>的通知》(穗财行〔2014〕455号)的规定,根据现行财政财务管理制度,购买主体购买服务所需资金从其部门预算安排的公用经费或经批准使用的专项经费中解决。重大项目、重大民生事项或党委、政府因工作需要临时确定的重要事项,按照财政专项资金管理规定和"一事一议"原则,专项研究确定购买服务的资金规模和来源。政府购买服务资金实行国库集中支付。各部门依据购买服务的合同或协议,按现行的部门预算政府采购资金支付流程支付。

(4) 运作流程和监督方式。根据《关于贯彻<广东省政府向社会力量购买服务暂行办法>的通知》(穗财行〔2014〕455号)的规定,运作流程如下所述。

① 编制购买服务预算。购买主体应根据当年政府向社会力量购买服务目录,结合同级党委、政府工作部署以及部门预算安排、本单位工作实际等因素,编制年度购买服务预算,纳入部门预算管理,经同级财政部门审核后,主动向社会公开所需购买服务项目的范围、标的、数量、质量要求、评价方法以及承接主体的条件、服务期限等内容,按规定开展向社会组织购买服务。

② 实施购买服务。购买服务根据《中华人民共和国预算法》《中华人民共和国政府采购法》《中华人民共和国合同法》和《政府采购非招标采购方式管理办法》等有关规定组织实施。重大项目、重大民生事项或党委、政府因工作需要临时确定的重要事项,由财政部门委托第三方机构通过公开招标方式确定供应方组织实施。其余项目中,属于政府采购范围的,应按规定采取公开招标等方式实施;不属于政府采购范围的,除单笔金额较小的项目外,均应通过公开竞争方式实施。

③ 严格的合同管理。通过上述方式确定承接主体后,购买主体应及时与承接主体签订购买服务合同,明确购买服务的时间、范围、标的、数量、质量要求、资金支付和违约责任等,并负责对合同的履行进行跟踪监督,及时验收结算。承接主体要严格履行合同义务,按时完成服务项目,确保服务数量、质量和效果。

④ 资金安排和支付。根据现行财政财务管理制度,购买主体购买服务所需资金从其部门预算安排的公用经费或经批准使用的专项经费中解决。重大项目、重大民生事项或党委、政府因工作需要临时确定的重要事项,按照财政专项资金管理规定和"一事一议"原则,专项研究确定购买服务的资金规模和来源。政府购买服务资金实行国库集中支付。各部门依据购买服务合同或协议,按现行的部门预算政府采购资金支付流程支付。

市民政局参与政府向社会力量购买服务绩效评价;市监察局负责对政府向社会力量购买服务工作进行监督检查;市审计局负责对政府向社会力量购买服务资金的使用情况进行审计监督。

购买主体负责购买服务的具体组织实施,并会同有关部门对承接主体进行资质审查,对承接主体提供的服务进行跟踪监督,在项目完成后组织考核评估和验收。按照"谁组织,谁负责"的原则,购买主体按《中华人民共和国政府信息公开条例》等规定,主动将购买服务相关的购买内容、承接主体、购买方式、资金安排、绩效评价和监督检查结果等内容向社会公开,接受财政、监察、审计等部门的监督及社会监督。

2) 深圳市的探索[①]

(1) 购买服务范围。早在20世纪90年代中期,深圳就在城市环境卫生领域开始尝试政府购买服务。深圳最具有典范意义的政府向社会组织购买服务是依托社工服务的购买。2007年,深圳市按照"党委统一领导、政府主导推动、民间组织运作、公众广泛参与"的社会工作发展格局,由组织部门牵头,民政部门具体负责,在全国率先出台《关于加强社会工作人才队伍建设推进社会工作发展的意见》《政府采购社工服务合同》《社工机构行为规范指引》和《政府购买社工岗位需求规定》等7个配套文件,形成以"政府购买"社会工作服务为主要形式的社会工作格局。从2009年5月开始,深圳将购买社工服务纳入政府采购中心的招投标系统。

(2) 购买方式。深圳市对社会组织提供的社会工作服务,主要是通过政府采购或特定委托方式,建立财政主导的社会组织社会工作服务购买机制。政府购买社会组织社会工作服务的主要形式是购买岗位。根据对象定岗位、以需求定数量和不新增行政、事业编制的原则,设置两类社会工作岗位。一类是有关党政机构、人民团体、事业单位编制内的社会工作岗位,主要采取提升转换方式予以配备。另一类是社会组织派驻社区、社会福利与社会救助机构、学校、医院的社会工作者,这类岗位按照服务对象的一定比例设置,主要通过政府购买服务的方式由社会组织派驻。此外,深圳市正在探索政府新增社会服务不再通过自己办机构而是通过社会提供服务的做法,即停止存量(体制内机构)增长乃至逐步消化存量,逐步扩大增量(体制外机构特别是社会组织)的方式,完善公共服务的多元供给机制。

(3) 资金来源。深圳市对社会组织提供的社会工作服务,是以财政主导的社会组织社会工作服务购买机制。同时注意探索通过其他资金渠道筹集资金,如民政福利彩票收入等。

(4) 运作流程和监督方式。深圳市对社会组织提供的社会工作服务的具体运作方式是:由各区社会工作主管部门将政府所需购买的社会工作服务及具体要求通过各区政府采购中心向社会公布,以招标的方式确定服务供应方;部分特殊事项在一定时期内可以实行定向购买社会工作服务。服务供应方确定后,由区社会工作主管部门与服务供应方签订正式合约。每年年终由区社会工作主管部门会同财政部门、第三方评估考核组织,根据合约要求,按照评估标准对购买的服务事项实施情况进行考核,市社会工作主管部门对考核情况予以监督。

---

① 赵立波. 完善政府购买服务机制,推进民间组织发展[J]. 行政论坛,2009(2).
李海平. 政府购买公共服务法律规制的问题与对策——以深圳市政府购买社工服务为例[J]. 国家行政学院学报,2011(5).

总体来看，当前中国政府向社会组织购买公共服务已取得初步成效。[1]第一，加快了政府职能转变，提高了公共服务供给水平。欧美发达国家政府购买社会组织公共服务，主要是为了解决福利国家危机，提高公共服务供给效率。受到欧美国家公共服务民营化浪潮以及我国社会组织蓬勃发展态势的影响，20世纪90年代以来，经济体制转型与社会服务需求的增加，要求政府转变自身职能，即从大包大揽的全能型政府转变为"有所为，有所不为"的有限型政府。政府购买社会组织公共服务正好适应政府职能转变这一要求，不仅有助于增加公共服务供给，还能提高公共服务供给的数量和质量。第二，促进了社会组织的发展，壮大了志愿者队伍。社会组织在参与政府购买公共服务时，不仅获得了经济支持，而且获得了进一步成长的空间。为了获得政府资助，社会组织不断提升自己，增强自身提供专业、高效、优质社会服务的能力。在提供公共服务的过程中，社会组织频繁与公众接触，直面公众监督，对组织的信息透明度和公开性提出了更高的要求。

关键词

社会组织，政府购买，公共服务，政府职能，购买内容，购买程序，资金筹措

作业题

1. 什么是政府购买公共服务？
2. 社会组织为何要参与公共服务供给？它能够生产哪些公共服务？
3. 政府为何要选择由社会组织来提供公共服务？政府如何购买社会组织生产的公共服务？
4. 社会组织参与政府购买公共服务的国际经验有哪些？
5. 中央政府关于社会组织参与政府购买公共服务的推进措施有哪些？
6. 地方政府关于社会组织参与政府购买公共服务的基本模式有哪些？
7. 政府购买公共服务对于社会组织发展的影响有哪些？

案例分析

北京立德社会工作事务所承担政府购买的实践[2]

立德社会工作事务所(以下简称立德)成立于2011年，其组织使命是扎根社区、汇聚资

---

[1] 中民慈善捐助信息中心. 中国政府购买社会组织服务研究报告[EB/OL]. http://crm.foundationcenter.org.cn/html/2014-01/806.html, 2016-08-10.

[2] 中民慈善捐助信息中心. 中国政府购买社会组织服务研究报告[EB/OL]. http://crm.foundationcenter.org.cn/html/2014-01/806.html, 2016-08-10.

源，为特殊人群自我成长和社区治理创新提供专业而综合的服务。立德致力于成为专业社工服务的综合提供者的社会组织。目前，立德的服务项目主要集中在北京市朝阳区的残疾人帮扶和儿童教育领域。

(一) 政府向该机构购买服务的基本情况

自设立之初，立德就与朝阳区政府有紧密的联系，不仅事务所办公地点(包括场地、水费、电费等)由所在街道办免费提供5年，其开展的项目均为朝阳区政府和所在街道购买的服务。其中，主要有7个项目点，每个项目点的服务对象人数在300人左右。残疾人帮扶项目的内容主要是提升残疾人的独立生活能力，通过培训使他们具备一定的就业技能，并与残疾人所在的街道、有关企业合作落实残疾人就业。每周，立德的专业社工会在社区"温馨家园"为残疾人提供3～4次服务。

立德目前的工作人员是7名，其中5名属于朝阳区政府购买社工岗位，政府购买社工岗位的资金包括人员工资和所有的行政管理费用。朝阳区政府每年出资100万元左右用于购买20个社工岗位。

朝阳区政府购买服务计划的信息一般是通过政府网站传达下来，但政府网站有时发布信息较为滞后，申报截止前一天才公布相关信息的情况偶有发生，导致有申报意愿的社会组织没有足够的时间准备申报材料。在获知朝阳区政府购买服务相关的信息后，立德准备材料进行申报，申报后等待区政府公布评审结果。从信息发布到结果公布的全部过程一般为2～3个月。

立德一年获得的政府购买服务的资金为70多万元，其中绝大部分用于残疾人帮扶项目，4万元左右用于儿童教育领域。资金的拨付方式为分期拨付，偶尔会由于行政流程的问题发生延迟拨付的情况，但是基本不会影响项目的运作和机构的正常运转。

在服务项目的运行过程中，朝阳区政府采用过程监控和结果评估相结合的方式对项目的实施和结果进行评估。在此期间，每个月恩派都会作为独立的第三方通过审核项目进度报告、现场考察等方式对项目的实施情况进行监督。项目结束后，区政府会对项目进行总体评估，包括对受益对象、街道社区负责人进行访谈，获取相关的信息，同时比照预算，进行财务及项目报告的审核。

鉴于全职社工人数有限，立德的项目实施重点依靠大批志愿者参与。志愿者以北京高校学生为主，在对志愿者提供相关培训后，采用社工带义工的模式进行服务。然而，志愿者的流动性较大是比较突出的问题，长期志愿者和专业志愿者的数量非常有限，特别需要具有体育、艺术等专业背景的志愿者。此外，社区居民作为志愿者主动参与服务的人数也较少。

(二) 主要经验与存在的问题

立德能够顺利申请政府购买服务项目的原因主要有以下几点：一是注重与政府的双向沟通，能够把握政策导向，项目设计会重点考虑政府关注的民生领域，比如残障群体帮扶。二是重视项目设计与社区居民需求的一致性，确保自己提供的服务能够满足社区居民的需要，得到受益群体的认可。立德目前申请的项目都是由朝阳区政府资助，也尝试申请过北京市的项目，但是由于缺少与北京市社会建设办公室的对接渠道，所以一直没有申报成功。另外，一些项目的设计初衷很好，如单亲家庭培训，但由于受益对象不愿承认此身份，而无法开展项目。三是在实际运作中，保证项目质量和资金透明，树立自己的品牌，以获得政府的持续性支持。

如何在政府提供资金的同时保证社会组织实施项目的独立性，是许多社会组织面临的问题。立德相关负责人表示，这主要与地方政府的实际操作有关，朝阳区政府对服务实施的干预度相对较小，并且将定期评估委托给第三方机构，所以立德基本可以在预算范围内自主开展活动，根据实际情况进行活动调整。而西城区政府的干预力度就比较大，每个月都会要求社会组织到区政府汇报工作进展并提交下个月的工作计划，所以社会组织的自主独立空间就比较小。

目前，立德在申报政府购买社会组织服务项目时存在的比较突出的问题是缺乏撰写项目建议书的技巧。立德正在通过组织社工参加相关的培训来弥补不足，但是政府项目的申报和其他项目建议书又有差异，所以建议政府能够为社会组织专门提供这方面的培训。

政府购买服务的资金只限于项目支出，对社工的培训费用不包括在购买服务的经费中，社会组织需要自行承担对社工的培训费用。对社工的督导和培训是开展社会服务工作所必需的，因此建议在预算中允许列支社工培训费用，以减轻组织负担，促进组织专业化发展。

此外，社会组织需要为政府购买服务项目的资金纳税，社工岗位的资金也需要纳税。立德每年须缴纳30 000~40 000元的税费，相当于一笔项目的运行经费。相关负责人建议减免社会组织承接政府购买服务项目的税费。

总体来说，在北京市政府购买社会服务的实践中，立德是一个相对成功的社会组织案例。它的执行团队共有15人，其中有博士1人、硕士4人及社工师3人，并有强大的学术团队做社会工作的指导顾问。同时，立德也很注重媒体宣传，在社区乃至整个北京市都有很大的影响力。良好的社会声誉对其成功申请政府的服务项目有很大的益处。

思考题：
1. 结合案例，谈谈社会组织如何才能成功地申请到政府项目。
2. 社会组织在参与政府购买公共服务的过程中，如何确保自主性？

参考文献

[1] 陈德权，王玉波，蒋龙翔. 社会中介组织管理概论[M]. 沈阳：东北大学出版社，2014.

[2] 徐家良. 社会团体导论[M]. 北京：中国社会出版社，2011.

[3] 周俊. 社会组织管理[M]. 北京：中国人民大学出版社，2015.

[4] 褚莹，蔡建旺，余之晟. 改革慈善[M]. 北京：社会科学文献出版社，2016.

[5] 朱健刚. 公益蓝皮书：中国公益慈善发展报告(2014)[M]. 北京：社会科学文献出版社，2015.

[6] 蔡建旺. 重新审视社会组织国家战略定位和能力建设[N]. 公益时报，2015-08-12.

[7] 王爱敏. 社会组织薪酬制度研究[J]. 中国社会组织杂志，2014-2-24.

[8] 李成彦. 组织薪酬管理[M]. 大连：东北财经大学出版社，2008.

[9] 刘昕. 薪酬管理[M]. 北京：中国人民大学出版社，2007.

[10] 邓国胜. 公益项目评估——以"幸福工程"为案例[M]. 北京：社会科学文献出版社，2003.

[11] 朱义勤. 刍议行政事业单位项目资金管理[J]. 当代经济，2012(24).

[12] 刘晓. 论企业全面预算管理体系的构建与实施[J]. 管理观察，2009(3).

[13] 谢晓霞. 民间非营利组织财务管理理论与实务[M]. 北京：经济管理出版社，2013.

[14] 邓哲. 对完善事业单位项目支出资金管理的思考[J]. 财政税务，2012(9).

[15] 金罗兰. 我国非营利组织与项目管理[J]. 北京工商大学学报，2005(6).

[16] 陆建桥. 我国民间非营利组织会计规范问题[J]. 会计研究，2004((9).

[17] 张和清，等. 农村社会工作[M]. 北京：高等教育出版社，2008.

[18] 方巍，祝建华，等. 社会项目评估[M]. 上海：上海人民出版社，2012.

[19] 韩俊魁. 非营利组织项目管理[M]. 北京：社会科学出版社，2015.

[20] [美]蒂莫西·J. 克罗彭伯格(Timothy J. Kloppenborg). 现代项目管理[M]. 戚安邦，等，译. 北京：机械工业出版社，2010.

[21] 彼特·德鲁克. 非营利组织管理[M]. 北京：机械工业出版社，2007.

[22] 栾群. 私法中社团法人和财团法人的分类及社团管理[J]. 社团管理研究，2009(5)：32.

[23] 王名,李勇,蓝煜昕,等.社会组织与社会治理[M].北京:社会科学文献出版社,2014:210-243.

[24] 陈金罗.社团立法与社团管理[M].北京:法律出版社,2007:28.

[25] 沈国琴.社会团体登记制度反思[J].北方法学,2010(1):91-92.

[26] 陶传进.社会团体发展的前瞻与思考[J].社会治理,2016(1):36.

[27] 赵宏伟.社会团体财务管理创新研究[J].财会研究,2014(4):52.

[28] 李坚,陈德权.公共事业管理概论[M].北京:首都经济贸易大学出版社,2007.

[29] 邓胜国,等.民间组织评估体系[M].北京:北京大学出版社,2007.

[30] 廖鸿,等.中国民间组织评估[M].北京:中国社会出版社,2007.

[31] 上海社会科学院政府绩效评估中心.非营利组织绩效评估[M].上海:上海社会科学院出版社,2015.

[32] 徐家良,廖鸿,等.中国社会组织评估发展报告(2015)[M].北京:社会科学文献出版社,2015.

[33] 陈金罗,刘培峰,等.转型社会中的非营利组织监管[M].北京:社会科学文献出版社,2010.

[34] 邓国胜.非营利组织"APC"评估理论[J].中国行政管理,2004.

[35] 王守文."SCC"理论:中国社会组织评估机制研究[D].武汉:华中科技大学,2013.

[36] 朱志伟.APC理论在非营利组织评估中的应用[D].苏州:苏州大学,2015.

[37] 邓国胜.非营利组织评估体系研究[J].中国行政管理,2001.

[38] 潘旦,向德彩.社会组织第三方评估机制建设研究[J].华东理工大学学报:社会科学版,2013.

[39] 李玉林.慈善中国[M].天津:百花文艺出版社,2015.

[40] 郑功成.中华人民共和国慈善法解读与应用[M].北京:人民出版社,2016.

[41] 周秋光.中国近代慈善事业研究[M].天津:古籍出版社,2013.

[42] 王名,徐宇珊.基金会论纲[J].中国非营利评论,2008(1):17-18.

[43] 基金会中心网.美国企业基金会[M].北京:社会科学文献出版社,2013:2-6.

[44] 傅昌銮.基金会内部治理机制的关键要素分析及评估研究[J].企业研究,2014(8):13.

[45] 卢玮静,赵小平,陶传进,等.基金会评估:理论体系与实践[M].北京:社会科学文献出版社,2014:277-299.

[46] 杨岳,柴梅.我国基金会管理及其法律环境的现状和近期发展[J].中国民政,2003(10):25.

[47] 周秋光,曾桂林.中国慈善简史[M].北京:人民出版社,2006:96-382.

[48] 邓国胜. 公益慈善概论[M]. 济南：山东人民出版社，2015：15-18.

[49] 王帆. 200国际NGO在中国[M]. 北京：中国社会科学出版社，2011：210-220.

[50] 莱斯特·M. 萨拉蒙，等. 全球公民社会——非营利部门视界[M]. 贾西津，等，译. 北京：社会科学文献出版社，2002：15-50.

[51] 陈晓春，施卓红. 在华境外非政府组织的分类管理探析[J]. 中国行政管理，2014(3)：48.

[52] 谢晓庆. 国际非政府组织在华三十年：历史、现状与应对[J]. 东方法学，2011(6)：121.

[53] 邓国胜，杨义凤，赵小平，等. 中国民间组织国际化的战略与路径[M]. 北京：中国社会科学出版社，2013：62-66.

[54] 黄浩明. 社会组织走出去：国际化发展战略与路径研究[M]. 北京：对外经济贸易大学出版社，2015：88-89.

[55] 王丽娟，慕良泽. 在华境外非政府组织管理研究[J]. 河北学刊，2015(1)：166.

[56] 胡敏. 境外公益性民间组织在华发展状况调研报告[D]. 北京：清华大学公共管理学院，2004：15-50.

[57] 王浦劬，萨拉蒙，等. 政府向社会组织购买公共服务研究：中国与全球经验分析[M]. 北京：北京大学出版社，2010.

[58] E. S. 萨瓦斯. 民营化与公私部门的伙伴关系[M]. 周志忍，等，译. 北京：中国人民大学出版社，2002.

[59] 莱斯特·M. 萨拉蒙. 公共服务中的伙伴——现代国家与非营利组织伙伴关系[M]. 田凯，译. 北京：商务印书馆，2008.

[60] 詹姆斯·N. 罗西瑙. 没有政府的治理[M]. 张胜军，等，译. 南昌：江西人民出版社，2001.

[61] 沈荣华. 公共服务市场化反思[J]. 苏州大学学报，2016(1).

[62] 李军鹏. 政府购买服务的学理因由：典型模式与推进策略[J]. 改革，2013(12).

[63] 王楠，杨银付. 英国"开放公共服务"改革框架及启示[J]. 中国行政管理，2016(3).

[64] 常江. 美国政府购买服务制度及其启示[J]. 政治与法律，2014(1).

[65] 徐家良，赵挺. 政府购买公共服务的现实困境与路径创新：上海的实践[J]. 中国行政管理，2013(8).

[66] 民政部民间组织管理局德国、瑞典考察团. 德国、瑞典政府向社会组织购买服务情况考察报告[J]. 中国社会组织，2013(11).

[67] 李维安. 非营利组织管理学[M]. 北京：高等教育出版社，2005.

[68] 康晓光. 非营利组织管理[M]. 北京：中国人民大学出版社，2011.

[69] 王名，王超. 非营利组织管理[M]. 北京：中国人民大学出版社，2016.

[70] 王名. 非营利组织管理概论[M]. 北京：中国人民大学出版社，2010.

[71] 中国非营利组织人力资源管理指南[R]. 温洛克民间组织能力开发项目，2005.

[72] 中国非营利组织志愿者管理指南[R]. 温洛克民间组织能力开发项目，2005.

[73] 国际标准的非营利组织理事会：供中国非营利组织参考的框架[R]. 温洛克民间组织能力开发项目，2005.

[74] 王绍光. 多元与统一：第三部门国际比较研究[M]. 杭州：浙江人民出版社，1999.

[75] 萨拉蒙，等. 全球公民社会：非营利部门视界[M]. 贾西津，等，译. 北京：社会科学文献出版社，2002.

[76] 林修果. 非政府组织管理[M]. 武汉：武汉大学出版社，2010.

[77] 张霞，张智河，李恒光. 非营利组织管理[M]. 济南：山东人民出版社，2005.

[78] 王名. 非营利组织的社会功能及其分类[J]. 学术月刊，2006(9).

[79] 程玥，马庆钰. 关于非政府组织分类方法的分析[J]. 政治学研究，2008(3).

[80] 俞可平，等. 中国公民社会的兴起和治理的变迁[M]. 北京：社会科学文献出版社，2002.

[81] 陈德权. 非营利科技中介战略与政府选择[M]. 沈阳：东北大学出版社，2010.

后 记

社会组织管理问题在中国政府转型和社会转型进程中，具有重要影响和划时代意义。社会组织管理制度、管理体系和管理方式等的顶层设计关乎中国社会发展进程的快慢和稳定。本书的编委们正是站在教学和科研的前沿，从学生学习的特点出发，紧扣国家出台的重大制度与政策的调整和争论，提供一个相对规范、内容新颖、架构严谨、知识全面、满足多样教学需要的教材读本。

本书是一本实践探索性教材，在教材编写期间，尚有一些法规政策处在征求意见阶段，同时，一些法规政策处在实施的前期宣传阶段，在实践中具体会出现哪些问题，有待理论学者、政府官员和社会组织从业人员坚持正确道路，不断加以总结和提炼，力争在较短时间内，建立起具有我国特色的社会组织管理理论。

教材应是包容"教"和"学"的综合体。编委们经多次讨论、多轮修改，终于奉上有较小缺陷的知识体系。最令主编感动的是，王猛副主编是在暑假期间工作尚未安稳和要照顾小孩子的纷繁事务中承担三个章节的编写，而且在后期做了大量细致入微的校稿工作；秦伟江副主编最早加入编写组，最早提供编写的框架和思考，后期校稿工作中主动承担问题较大的章节修改；蔡建旺主任来自实务界，对具体实务管理问题有深刻体会，加上周俊教授的无私帮助，写出理论和实务交融的篇章；梁勇副主编后来居上，参与编写的时间晚但行动快，很快完成第五章的撰写；何乃柱博士不但推荐彭飞燕老师加入编写组，更在繁忙的暑期慈善公益活动和会务中完成自己章节的编写；彭飞燕老师以非常专业和高效率的撰写完成书稿写作；徐晞老师态度认真，行事谦逊，比较早地完成自己承担的任务；谢晓霞老师则是深耕社会组织财务管理多年，提炼出一章精品内容，提升了本书的权威性。

机缘有时候会改变一个人的人生轨迹。主编是在出席广西大学一个社会组织研讨会上，结识了中央民族大学的李健老师，其创建的微信圈不断有知名学者加入，不断有精品知识被提炼出来，在这里认识了诸多圈内好友，包括编写组的编委们。此外，俞祖成老师因为要回国办理相关事务，遗憾地退出编写组，但推荐了几位好友加入，对本书编写也给出自己的建议。由此，在清华大学出版社编辑施猛的支持下，终于拿出本书，成为国内目前较少以"社会组织管理"作为书名的教材。感谢他们的支持和帮助。

当然，本书的出版离不开单位领导和同志的支持，特别是东北大学的娄成武教授、孙萍教授、魏淑艳教授、李坚教授等在各方面给予支持，一并表示感谢。我相信，其他参与编写本书的老师的单位同仁也一定都给予我们大力的支持，名字不能一一道来，在此冒昧、笼统地表示感谢。最后，还要感谢我的学生团队，如王欢、王庆、温祖卿、任桃、刘嬿、王文瑜、韩俊瑛、任佳倩的数据和资料整理工作。

家人是永远和最宝贵的财富，无以言表，一书奉上。

主编
2016年9月于东北大学浑南校区